JOSÉ MIGUEL PARRA

Historias de la historia del antiguo Egipto

ALMUZARA

Primera edición: febrero de 2025

Editorial Almuzara • Colección Historia
Editora: Ángeles López
Corrección: María José Pérez
Maquetación: Joaquín Treviño

www.editorialalmuzara.com
pedidos@almuzaralibros.com - info@almuzaralibros.com

Editorial Almuzara
Parque Logístico de Córdoba. Ctra. Palma del Río, km 4
C/8, Nave L2, nº 3. 14005 - Córdoba

Imprime: Liberdúplex
ISBN: 978-84-10526-26-6
Depósito legal: CO-28-2025
Hecho e impreso en España - *Made and printed in Spain*

Es Ra quien le da al difunto la cebada y la espelta, el pan y la cerveza
(PT 205)

Para Alfonso Martínez Ortega (2022†),
la mejor de las personas,
el más cuerdo de los egiptolocos.

Índice

Introducción

Este es un libro que ha tardado mucho en completarse, demasiado. Empezó con unas ganas tremendas pocas semanas antes de la pandemia y durante el confinamiento siguió viento en popa encerrado en casa. Al poco de terminar el ataque del maldito bicho, un luctuoso suceso familiar me dejó sin muchas ganas de continuar, las cuales quedaron luego constreñidas durante los dos años que mi biblioteca se pasó en un guardamuebles...; pero por fin este año, ya con todo en su sitio y mis libros en sus flamantes nuevas estanterías suecas, la tarea ha concluido. Un proceso con el que he disfrutado enormemente, como siempre.

Trabajoso también ha sido el título, sugerido por mi paciente editora. A comienzos de los años ochenta, Carlos Fisas publicó un libro de gran éxito que se titulaba *Historias de la historia*, donde, a partir de la sección del mismo nombre que tenía en la radio, narraba anécdotas, detalles poco conocidos y desmentía hechos históricos que la *vox populi* tenía por verdaderos sin serlo. Con total admiración y el deseo de que alcance un éxito similar, le tomamos prestado parte del título para continuar en este volumen la tarea comenzada en el 2015 en mi libro *Eso no estaba en mi libro de historia del Antiguo Egipto*. No da la documentación faraónica para tantos detalles sabrosos como los narrados por Fisas sobre el mundo moderno; pero desde luego sí para presentar al lector aspectos poco conocidos del mundo de los faraones que espero le resulten tan interesantes de leer como para mí ha sido investigarlos.

El objetivo ha sido abarcar un poco todo el espectro de esta irresistible cultura antigua, de modo que aquí tratamos temas tan variados como el amor de los egipcios por sus jardines y las múltiples personalidades de estos; pero también qué sistema utilizaban para transportar cargas pesadas en un mundo (teóricamente) sin ruedas. Asimismo, prestamos atención a sus sempiternos contactos con la zona de Siria-Palestina y las influencias mutuas entre ambas regiones. Por supuesto, estando como estamos en el país de las momias, no podemos dejar de darle un repaso al negocio de la muerte, que tiene *tela*. Un tránsito al otro mundo que por entonces llegaba a la gente con mucha más facilidad que hoy día y las pruebas de ello son un tanto sorprendentes. De igual modo repasamos la poco conocida capacidad económica de la que disfrutaban las mujeres, la extraña relación que en general mantenían los súbditos del faraón con los sabrosos gorrinos y muchos muchos temas más, todos igual de fascinantes.

Para leer este libro no hay un orden concreto. Hay apartados (siete) y dentro de cada uno varios capítulos (tres) relacionados entre sí, pero que en realidad no se continúan ni preceden. Son lecturas independientes perfectamente autónomas. De modo que uno puede empezar en orden con el apartado «Cosas del valle del Nilo» y terminar con «Mujeres al poder» y disfrutar entre uno y otro del contenido del libro exactamente igual que si decide ir picoteando por el índice y empezar leyendo el último capítulo, saltar luego al segundo y continuar por el octavo o aquel cuyo título le haya llamado más la atención. Al no ser un texto acumulativo, donde la argumentación de un capítulo sirve de base para el siguiente, hay algunos datos que se pueden repetir; porque era necesario presentarlos de nuevo atendiendo a esa independencia lectora de cada capítulo. Y, dicho esto, no queda sino desearle al lector un entretenido recorrido por el antiguo Egipto.

Agradecimientos

En el apartado gráfico, quisiera agradecer al Metropolitan Museum of Art de Nueva York (https://www.metmuseum.org/art/collection), al Museo de Brooklyn de Nueva York (https://www.brooklynmuseum.org/opencollection/collections), al Museo Egipcio de Turín (https://collezioni.museoegizio.it) y a la Biblioteca Pública de Nueva York (https://digitalcollections.nypl.org) su política Creative Commons y de dominio público para las fotos de los objetos de sus colecciones en sus páginas web.

También quiero darle las gracias más efusivas a Gema Menéndez (UNED) por haber sacado tiempo para utilizar sus dotes de epigrafista para realizar el maravilloso dibujo de Niankhkhnum sobre un burro y de la estela con orejas de Deir al-Medina, sin olvidarme de algunas contribuciones bibliográficas, a Pilar Zarzoso por la foto del jardín de Djehuty y a Nacho Ares por poner siempre a mi disposición su completo archivo fotográfico y prestarme la foto de Tutankhamón saliendo de un loto y del relieve con orejas del templo de Kom Ombo..., ah, y por esos artículos también.

Gracias son debidas asimismo a David García (CSIC) por el libro de los jardines, a Angus Graham (Universidad de Upsala) por el artículo del Nilo y a José Manuel Galán (CSIC) por los datos sobre los ostraca de Djehuty.

Por su parte, Andrés Diego Espinel (CSIC), Marina Escolano Poveda (Universidad de Liverpool) y Vicky Almansa Villatoro (Universidad de Harvard) siempre han estado ahí para proporcionarme ese artículo que no encontraba. La segunda de ellos, además, tuvo la amabilidad de traducirme un pequeño fragmento de un texto del papiro Anastasi IV. Gracias muy de veras a los tres.

— I —
COSAS DEL VALLE DEL NILO

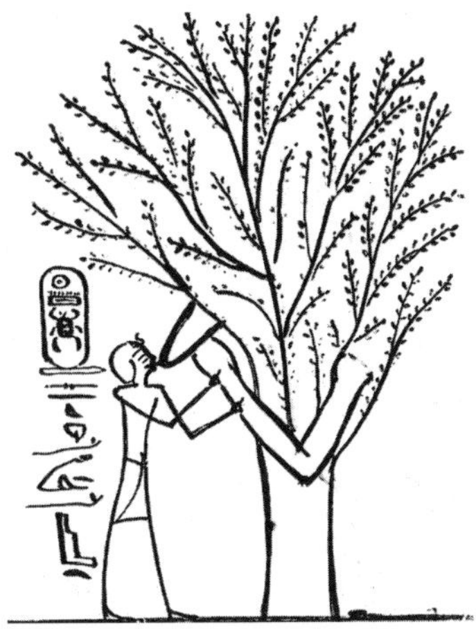

Un voluble curso de agua que atraviesa una llanura inundable flanqueado de montañas y desiertos, así podríamos definir la geografía básica de Egipto. Una región que nos imaginamos polvorienta y reseca, como en efecto era, quizá también por ello eran los egipcios muy amantes de los jardines, tanto reales como funerarios. Unos remansos de paz para ellos llenos de simbolismo y utilidad. Asimismo, corre la idea que los egipcios eran poco menos que seres de luz que dominaron el Mediterráneo oriental sin brutalidades; pero solo hasta que empezamos a sumar un ejemplo tras otro de que a violentos no les ganaba ninguno de sus vecinos. Y el caso es que no lo proclamaban menos y tampoco lo ocultaban mejor, como sí hicieron con lo que era la principal fuente de proteínas de la gente del común, piaras y piaras de gorrinos que corrían libres por los poblados transformando la basura que se acumulaba en sus calles en rápidas proteínas. Detalles de una civilización, la egipcia, de la que cada vez vamos conociendo más.

1

Sicalípticos, mágicos y refrescantes

En un mundo donde el calor y el desierto eran la norma, solo en parte aplacados por la pacífica energía de uno de los más majestuosos ríos del mundo, pero no por ello menos peligroso o benéfico, se comprende su deseo de poder gozar de un pequeño oasis propio. Disponer de un jardín repleto de verdeante vida, sombras abundantes y un estanque donde nunca faltara el agua se convirtió en un anhelo de todos los habitantes del valle del Nilo. Algo que se comprueba desde el principio de la civilización faraónica, donde pocas cosas había más relevantes que los templos. Eran las casas de los dioses y como tales debían contar con un jardín digno de sus moradores, como vemos en un sello cilíndrico predinástico encontrado en Nagada. En él aparece un edificio construido con materiales perecederos identificado como un templo gracias a los dos mástiles con banderola que significan «dios» y delante del cual una palmera simboliza el bosquecillo sagrado anejo al mismo. Un ejemplo más desarrollado de este tipo de arboledas, y bastante posterior, pues se fecha a finales del Reino Antiguo, lo encontramos en el templo de Medamud, situado a unos 5 km al norte de Tebas. Se trata de un santuario formado por un patio de entrada desde el que se pasa a dos capillas, cada una situada bajo un montículo de arena y accesibles por sendos corredores, todo ello rodeado por un muro que delimita un espacio poligonal de planta irregular que contuvo un bosque sagrado. En un momento indeterminado, la arboleda fue talada y sus árboles quemados. Fueron estos restos carbonizados los que han permitido identificarla.

Estos jardines ya no dejaron nunca de acompañar a las casas de los dioses, como podemos ver en la de Amón en Karnak. El camino de acceso a este templo quedó señalado durante el Reino Nuevo con dos filas de árboles, que conducían hasta el pilono de entrada desde el embarcadero junto al río. Cuando al comienzo de la Baja Época Pinedjem marcó la vía procesional con las esfinges que hoy vemos, mantuvo la vía arbolada por detrás de ellas, mientras que por delante colocó jardineras con plantas: un camino sombreado que servía de comunicación con la arboleda que sabemos ocupaba el espacio entre el templo propiamente dicho y el muro del recinto que lo aislaba del resto del mundo. En el templo de Ra en Heliópolis, esta arboleda constaba de al menos doscientas perseas.

Los jardines del templo de Karnak en Tebas antes de la construcción del pilono de Ramsés II. Cada árbol está rodeado por un alcorque con murete. Tumba de Neferhotep en Khokha (TT 48). xviii dinastía (Davies 1933, ii, lám. 3)

Para hacernos una idea de la importancia de los jardines en las casas de los dioses basta con saber que en el papiro Harris I (reinado de Ramsés IV) se recoge un inventario de 433 de ellos repartidos entre los distintos templos de la zona tebana, sesenta y cuatro en Heliópolis y cinco en Menfis. Su abundancia se explica porque no solo servían para adornar y atemperar el calor del terreno sagrado con su sombra, sino también para proporcionar frutos destinados a su consumo durante el culto. Solo para la fiesta «Hacer Tebas festiva para Amón» (de veinte días de duración y a lo largo de once años) y para la fiesta Opet (de veintisiete días de duración y a lo largo de treinta y un años), Ramsés III entregó 144 720 flores de loto para llevar en la mano, 349 000 tallos de papiro, 770 200 manojos de vegetales, 1 975 800 ramos de flores y 1 975 800 medidas de flores, entre otras muchas ofrendas similares.[1] Como le dice Ramsés III al dios Ra:

1 Papiro Harris I (H. Breasted: *Ancient records of Egypt*, iv, 1906, p. 139, § 245).

> He hecho para ti arboledas y muelles, que contienen árboles de dátiles; lagos provistos de flores de loto, flores de papiro, flores *isi*, flores de todas las tierras, flores *dedmet*, mirra y dulces y fragantes maderas para tu bello rostro.[2]

El mismísimo globo solar, Atón, requería de sombras y Akhenatón se ocupó de procurárselas. A pesar de que su principal característica son las interminables hileras de altares de ofrendas expuestos al duro sol egipcio, en los santuarios tanto del Gran Templo de Atón como del Pequeño se han encontrado hileras de árboles.

La estrecha relación entre los árboles y el mundo de lo divino queda reflejada asimismo en la figura del itifálico dios Min, que muchas veces es calificado como «el primero del jardín» y era la divinidad bajo cuya advocación quedaban las tierras a las cuales la crecida no alcanzaba. La eterna erección de este dios de la fertilidad explica que la lechuga fuera su planta, pues el jugo de sus hojas recuerda al esperma; pero no es su única conexión con el mundo vegetal, porque se consideraba que la palmera dum era una manifestación suya, del mismo modo que la acacia lo era de Horus, el sauce de Osiris y el tamarisco de Upuaut. Esta relación arbórea no era algo único de las deidades masculinas; de hecho, no son pocas las diosas-árbol que se conocen en Egipto. Las más destacadas son Nut, Isis y Hathor, «señora del sicómoro», que poseen con este árbol una relación especialmente estrecha: en las tumbas a veces las vemos aparecer de uno de estos árboles para dar comida y agua al difunto. Una imagen que resulta especialmente viva en la tumba de Tutmosis III en el Valle de los Reyes (KV 34), donde los brazos de Isis salen de entre las ramas de una acacia para ofrecerle su pecho y amamantar al difunto soberano (véase la portadilla de esta sección).

Al igual que con los dioses, la conexión entre los faraones y los jardines debió quedar establecida desde muy temprano; no obstante, la primera tumba real donde se han encontrado jardines importantes es el complejo de la pirámide Romboidal, construida por Esnefru. Con su doble pendiente, es la primera pirámide construida con caras lisas y en el diseño del complejo se incluyó una amplia modificación del paisaje circundante. Además de una pirámide subsidiaria al sur de la principal, a medio camino de la orilla del río siguiendo un *wadi*[3] se construyó un

---

2 Papiro Harris I (H. Breasted: *Ancient records of Egypt*, IV, 1906, p. 146, § 264).

3 *Wadi* es una palabra árabe que significa «rambla».

edificio de culto protegido por un recinto de 88 × 56 m de perímetro. El espacio que quedaba entre este muro y el templo se convirtió en un amplio jardín compuesto por fila tras fila de árboles, cada uno dentro de un alcorque de entre 50 y 100 cm de diámetro con un canal circular de irrigación.

Otro templo funerario real donde se han encontrado restos de jardines es el de Montuhotep II, en el circo de Deir al-Bahari. Se trata de un edificio con una rampa que da acceso a una estructura central rodeada por soportales. Estaba previsto que constara de una hilera de grandes árboles flanqueando toda la vía procesional desde el acceso al recinto, detrás de los cuales habría una arboleda de especies más pequeñas y, entre cada árbol grande, un arriate de flores. Al final solo se plantaron los cuatro pares de árboles grandes más cercanos al templo, los tres primeros con sicómoros y el último con tamariscos, la misma especie que formaba la siguiente zona del jardín, compuesta por cincuenta y cinco árboles en ordenadas filas que flanqueaban a los anteriores. Al norte de la arboleda los arqueólogos han encontrado restos de un jardín circular de 13,50 m de diámetro señalado por dos círculos concéntricos de adobes, entre los cuales crecía un sicómoro especialmente grande, al sur del cual había una superficie de adobes (1,65 × 5,20 m) que bien puede ser un altar.

Por su parte, a comienzos de la dinastía XVIII, Ahmose nos cuenta lo siguiente respecto de la tumba de su abuela, dejando claro que los jardines eran parte integrante del diseño de cualquier edificio de calidad, y más si era para la tumba de una reina venerable:

> Recuerdo a la madre de mi madre, a la madre de mi padre, la «gran esposa del rey» y la «madre del rey», Tetisheri la justificada. Ya tiene una tumba y un monumento funerario en la tierra de la provincia tebana y de la provincia abydena, pero os he dicho esto porque mi majestad quiere hacer una heredad con pirámide para ella en la necrópolis, cerca del monumento de mi majestad, que se excave su estanque, se planten sus árboles, se establezcan sus panes…[4]

Décadas después, la reina Hatshepsut decoró su cercano templo funerario con dos estanques en forma de T rodeados de arbustos, más un par de árboles a cada lado de la rampa que conduce a la segunda

---

4 J. Tyldesley: *Chronicles of the queens of Egypt*, 2006, p. 81.

terraza. Los estanques sirvieron para realizar algún tipo de rito, porque, además de tallos de papiro, en su interior apareció un bastón arrojadizo de frita. Por su parte, la mansión de millones de Ramsés II (en realidad las de todos los faraones) también tuvo su séquito de plantas, el cual vemos representado en la tumba de Nedjemger (TT 138), «supervisor de los jardines del Rameseo». Algo similar sucede en el templo de Medinet Habu, construido por Ramsés III, el cual «estaba rodeado de jardines y zonas de atraque, repletas de fruta y flores para las dos diosas-serpiente», como nos cuenta el papiro Harris I.[5] Como es lógico, los jardines asimismo formaron parte de las residencias principales de los soberanos de las Dos Tierras; pero la documentación sobre ellos es escasa, apenas algunas menciones en textos como los cuentos del papiro Westcar, donde se nos describe al faraón Esnefru mientras recorre arriba y abajo el lago del suyo acompañado por veinte mujeres de su harén vestidas solo con trajes de red. Restos físicos de los mismos no se han encontrado demasiados. En Tell al-Daba (Avaris), en el Delta, aparecieron los de varios jardines con hileras de árboles y arriates con flores fechados en la XIII dinastía. Los jardines de la capital hicsa constan de bancales y alcorques, mientras que unas franjas delimitadas por pequeños muretes dividen los espacios en zonas rectangulares y quizá sirvieran de canales de riego. De los cinco jardines identificados, el cuadrado que forman los árboles del más grande de ellos (G 1) es una clara referencia a la gran sala central del cercano palacio, mientras las estrechas filas de bancales son el equivalente hortícola del dormitorio. Por su parte, la cuadrícula de bancales del jardín G 2 consta de 3 × 10 de ellos, exactamente los mismos que casillas tiene el tablero del senet. Refrescantes, útiles y repletos de significado, así eran los jardines en el antiguo Egipto, como no vamos a tardar en ver.

Los otros jardines palaciales que se conocen se encuentran todos en Amarna, la capital construida en el Egipto Medio por Akhenatón. Allí no solo los encontramos formando parte de la decoración de edificios como el harén septentrional o representados en las tumbas de los nobles en las cercanas montañas al este, también se han encontrado físicamente en ciertos espacios del Gran Palacio, la Casa del Rey y el Palacio Norte, por ejemplo, pero sobre todo en «la sombra de Ra», el Maru Atón. Este consta de dos grandes recintos gemelos, el primero de unos 218 × 113 m y el segundo de 158 × 83 m, cuyo espacio interior

5 Papiro Harris I, 5: 14 (H. Breasted: *Ancient records of Egypt*, IV, 1906, p. 115, § 194).

estaba ocupado en ambos casos por un gran lago alrededor del cual había jardines y varios pabellones, algunos de piedra y otros de ladrillo; uno de ellos, de hecho, estaba repleto de pequeños estanques en forma de T que formaban una estrecha y compacta hilera encajados pies con cabeza y rodeados por un pavimento decorado con plantas y aves acuáticas.

Sabedores de su utilidad y deseosos de imitar en lo posible al monarca, todos los egipcios querían disponer de su propio jardín. Un sueño imposible, porque solo los más pudientes podían mantenerlo, así que desde un primer momento ese remanso de verdor contenido se transformó en un símbolo de relevancia social. Algo reflejado a la perfección en el cuento de Sinuhe, que al final de su vida es recompensado por su monarca con infinidad de bienes y alardea de ello:

> Se me dio una «casa de propietario de huerto» como propiedad, de las que se suelen atribuir a un Amigo difunto. Numerosos obreros la construyeron y todos sus árboles fueron plantados de nuevo. [...]
>
> Me fueron asignados servidores del *ka* y me fue concedido un dominio funerario. Había en él tierras cultivadas con un huerto junto al lugar funerario, como se hace para un Amigo de rango superior.[6]

¿Por qué resultaba tan caro mantener un jardín de una cierta envergadura?, básicamente por la cuestión del riego. En la llanura de inundación, los terrenos elevados que quedaban a salvo de la crecida no abundaban y estaban mayormente ocupados por los poblados, los graneros, etc., por lo que en muchas ocasiones el único espacio disponible para construirse un jardín se encontraba al borde del desierto. En cualquier caso, se encontrara donde se encontrara, se trataba siempre de un terreno donde no llegaba el agua y que solo había un modo de regar: a fuerza de brazos, lo cual requería contar con mano de obra suficiente y los recursos para pagarla.

La primera mención conocida a un jardín particular es de principios de la IV dinastía y la encontramos en los textos de la mastaba de Metjen:

> ... y con una heredad tapiada de 200 codos de largo y 200 codos de ancho, acondicionada con buenos árboles y un amplio estanque en ella; fue plantada con higueras y viñas. Está escrito en un documento real y sus nombres están registrados del mismo modo en este documento real.

6 «Las aventuras de Sinuhé» (J. López: *Cuentos y fábulas del antiguo Egipto*, 2005, p. 56).

Los árboles y viñas fueron plantados en gran número y el vino de allí fue producido de gran calidad. Un jardín fue hecho para él en tierra de 1 *kha*[7] y 2 *ta*[8] dentro del recinto, que fue plantado con árboles.[9]

El jardín de la tumba de Ineni, con sus interminables filas de árboles frutales de todo tipo (dibujo de Nina de Garis Davies, según Loeben, 2014, p. 26)

El Reino Antiguo parece haber sido un período donde los jardines que más placer producían a sus dueños eran las huertas, sin duda por su capacidad para proporcionar alimentos frescos. Productos hortofrutícolas que luego vemos en las paredes de sus tumbas amontonados sobre las mesas de ofrendas, mientras que los bancales propiamente dichos

7 Unidad de superficie que equivale a mil codos cuadrados (un codo real es igual a 52,3 cm).

8 Unidad de superficie que equivale a mil codos cuadrados.

9 N. C. Strudwick: *Texts from the pyramid age*, 2005, p. 193, n.º 108.

aparecen de forma mucho más limitada y desaparecen casi por completo de la decoración durante el Reino Medio. Lo más probable es que en esta época los jardines de las mansiones de los privilegiados contaran también con zonas verdes destinadas al mero disfrute de sus moradores; pero estos lujuriosos retiros donde se mezcla el placer de los vergeles con la parte práctica de la producción de frutos solo se vuelven habituales en la iconografía al comienzo del Reino Nuevo. De hecho, la representación más antigua que se conoce de un jardín durante la XVIII dinastía, el de Ineni, nos lo presenta como una mezcla de un terreno de recreo y de producción, dispuestas sus plantas en ordenadas filas al estilo del Reino Antiguo y no como un estanque central rodeado de verdor, como será típico del Reino Nuevo. A partir de entonces, pese a seguir produciendo, los huertos quedan relegados iconográficamente a un motivo de orgullo funerario. No obstante, su importancia en la vida diaria queda reflejada en la tumba de Sennefer (TT 96), por ejemplo, donde las irregularidades del techo (imposibles de alisar al ser afloramientos de sílex) fueron pintadas para asemejarse una viña en tres dimensiones como la que seguro cobijó bajo su sombra al difunto en su casa.

Los jardines que en adelante vemos en las tumbas desde el Reino Nuevo son verdaderos alardes de paisajismo, perfectamente regulares y llenos de la simetría que tanto les gustaba a los egipcios. Se trata de un recinto rectangular cuyo punto focal es un estanque con esa misma planta, si bien en ocasiones tiene forma de T. Es la reserva con la que se riega el jardín, de modo que cuando ello es posible se excava hasta alcanzar la capa freática,[10] gracias a la cual se llenaba y se disponía de agua todo el año. Por este motivo, su nivel fluctuaba con el cambio de estación, siendo más alto en la época de la crecida. Esta variación queda reflejada en las representaciones, donde alrededor del núcleo central del estanque se aprecian a veces un par de franjas concéntricas de otro color que indican los niveles del agua dentro del estanque, como en el Libro de los Muertos de Nakht o en la tumba de Nebamón. Cuando no se alcanzaba la capa freática, era necesario llenarlo a cubetazos. Alrededor del estanque u ocupando una posición central parecida suelen situarse las viñas, que se dejaban crecer sobre pérgolas para crear zonas de sombra bajo las que pasear. En torno a estos elementos se

10 Es decir, lo que para los egipcios suponía llegar a las aguas del Nun, que son diferentes a las de Hapy, que era el Nilo.

plantan el resto de especies formando anillos sucesivos. Unas veces en forma de hilera continua que rodeaba todo el estanque y otras en forma de hileras paralelas a cada lado del mismo. Eso sí, guardando perfecta simetría, de modo que podemos ver líneas de plantas de la misma especie o bien líneas donde el perfil de una palmera se alterna con el perfil de un árbol, que puede ser de la misma o diferente especie. El elemento final del jardín es un quiosco, donde el dueño de la tumba puede solazarse mirando su pequeño vergel. Todo esto queda aislado del resto del mundo mediante un muro que mantiene la arena y a los animales alejados, a la vez que proporciona intimidad. Tanto la entrada al jardín como el estanque y el quiosco se sitúan siguiendo el eje longitudinal del terreno.

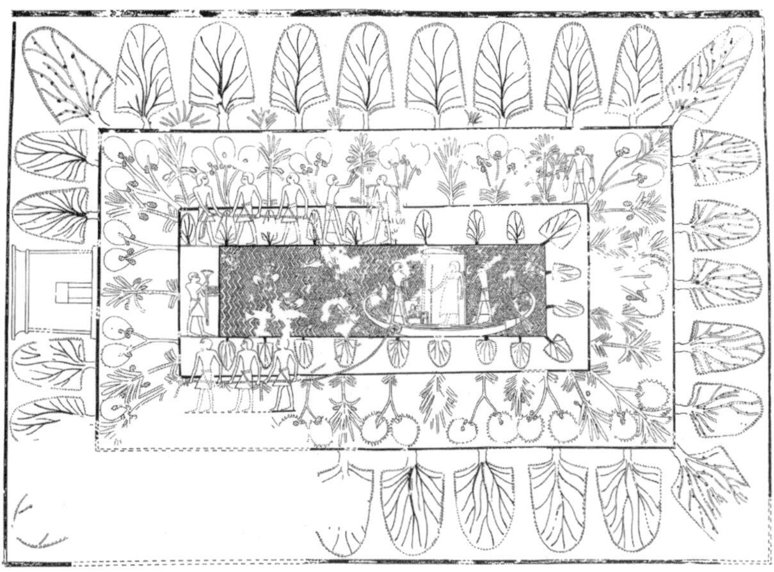

El jardín de la tumba de Rekhmire en Qurna (TT 100). Mientras el difunto disfruta en su barca arrastrada por servidores, dos jardineros llevan agua con una pértiga. En torno al estanque se pueden ver las distintas franjas de terreno a las que llegaba el agua dependiendo de la estación del año. XVIII dinastía (Davies 1943 1943, II, lám. CX.)

En ocasiones, estos jardines ideales que se ven en la decoración de las tumbas venían acompañados, o eran sustituidos, por jardines reales situados delante del hipogeo. Podía tratarse de un árbol solitario, como se encontró Howard Carter en una tumba de Deir al-Bahari, acompañado a veces por un agujero lleno de agua en el patio que hacía las veces de estanque, pero en otras era todo un jardín en miniatura. De estos solo se han encontrado dos, uno en el patio de la tumba de Djari (TT 366) y otro delante de una tumba anónima de Dra abu al-Naga, ambas de comienzos de la XII dinastía. Este último, descubierto por el Proyecto Djehuty, consiste en un pequeño terreno de 3 × 2,2 m de lado y 0,4 m de alto delimitado por muretes de adobe de 14 cm de grosor enlucidos después con yeso; un pequeño canal de 5 cm de anchura lo separa de un murete de ladrillos de adobe a soga que lo delimita y protege por el exterior. El recinto interior presenta una retícula de veintitrés cuadrados de 30 × 30 cm separados por muretes de 8 cm de grueso, entre los cuales se encuentran tres espacios de mayores dimensiones y dos pequeñas elevaciones cuadradas. Cada miniparcela contuvo una planta distinta, de las que por ahora se han identificado cilantro, melón amargo y flores de la familia de las margaritas, acompañadas por un árbol en la esquina noreste, del que asoma de la tierra un fragmento de tronco de 40 cm. En la esquina suroeste dos escalones permitían que los jardineros accedieran al jardín para cuidarlo. Se trata de un jardín/huerta como los que se han excavado en Amarna, pero en miniatura; no solo por el número mucho más reducido de bancales cultivados, sino porque en la ciudad del Atón estos miden un codo cuadrado.

El jardín funerario de una tumba anónima de Dra Abu al-Naga, descubierto por el Proyecto Djehuty (foto de Pilar Zarzoso)

Entrar y salir de mi tumba, refrescarme en su sombra, beber el agua de mi estanque todos los días, que sean firmes todos mis miembros, que el Nilo me dé el alimento de las ofrendas, legumbres según sus estaciones, que me pasee por las orillas de mi estanque cada día indefinidamente,

> que mi alma se pose sobre el follaje de los árboles que he plantado, que me refresque bajo mis árboles, que coma el pan que éstos dan.[11]

Así describe sus anhelos para con su jardín el bueno de Pehsukher, conocido también como Tjenenu (XVIII dinastía), en su estela autobiográfica en la tumba TT 88. Como vemos, parece un deseo de lo más normal, disfrutar de las cosas buenas de la vida y contar con un lugar donde descansar y saciar la sed; pero con los textos y representaciones artísticas faraónicos siempre conviene ir un poco más allá. Los egipcios eran muy amantes de los juegos de palabras y de los significados no evidentes a simple vista, de modo que estos jardines poseen un subtexto, un mensaje que no es evidente a simple vista y encontramos en los elementos que los componen. Empecemos por el estanque, donde hallamos tilapias, un animal que incuba a sus alevines en la boca antes de escupirlos, lo que también hace tras haberlos introducido ahí al sentir peligro; un comportamiento que los egipcios identificaron con el de la diosa Nut, que se traga al dios sol por la noche para parirlo renacido al amanecer. También encontramos flores de loto (nenúfares), que cuando se pone el sol se hunden en las aguas para emerger solo a la mañana siguiente con los primeros rayos de Ra, un nuevo símbolo de renacimiento. Asimismo, podemos ver patos, sin duda un alimento sabroso como lo son las tilapias; pero que poseían un escurridizo significado erótico y de renacimiento, pues en los Textos de las Pirámides el rey puede ascender al firmamento convertido en uno. Ah, y no nos olvidemos de la propia agua, que era el Nun, el océano primordial que contenía todos los elementos de la vida. Si pasamos a las plantas terrestres nos encontramos con el árbol persea, perenne y por lo tanto inmortal, y cuyos frutos están asociados en los textos con la llegada de la crecida, además de aparecer en los poemas de amor relacionado con la promesa de dar vida. Por su parte, los sicómoros amamantan al difunto renacido (véase la portadilla de esta sección), mientras que la mandrágora y la granada tienen un innegable significado erótico, pues en los textos sirven de metáforas de los senos de la amante. Interpretaciones similares presentan otras de las plantas del jardín, que se convierte gracias a ellas en un potente generador de vida y tensión sexual destinado a permitir que el difunto reviva en el más allá..., además de en un centro productor de vituallas para su ofrenda diaria.

11 *Urk.* IV, 1525-1527 (J.-C. Hugonot: *Le jardin dans l'Égypte ancienne*, 1989, p. 170).

Jardines quizá no tan perfectos y manicurados, pero sin duda igual de acogedores y refrescantes para sus bien situados dueños existieron de verdad; aunque como las poblaciones egipcias tienden a perpetuarse en sus emplazamientos originales, esto supone que las casas modernas van construyéndose sobre las antiguas y ello impide su excavación arqueológica. El más antiguo descubierto hasta el momento pertenece a la XIII dinastía y se ha encontrado en Abydos. Forma parte de la palacial residencia del alcalde de la ciudad, casi como un elemento independiente. Quizá sea un añadido para las siete estancias que forman los apartamentos particulares de su esposa, «la noble e hija del rey, Reniseneb». Está formado por tres hileras de cuatro maceteros enterrados, cada uno con un sicómoro. Con todo, es la descripción que hace Ineni en su tumba (TT 81, XVIII dinastía) del contenido de su jardín la que nos da una idea del tamaño y variedad de plantas que podían llegar a adornarlos:

> 73 sicómoros, 31 perseas, 170 palmeras datileras, 120 palmeras dum, 5 higueras, 3? *nehet net dab,* 2 árboles de aceite *ben*, 12 viñas, 5 granados, 8? *kesbet*, 16? *ruym*, 5 árboles espina de Cristo, 5? *tyun*, 1 palmera argun, 2? *jet-des*, ? árboles *ished*, ? *ihe*, 3? *ima*, 9 sauces y 10 tamariscos.[12]

En Amarna, que al ser abandonada tras la muerte de Akhenatón quedó olvidada y protegida por las arenas del desierto, se han encontrado bastantes restos arqueológicos de jardines de recreo. De las 532 residencias estudiadas por el momento, veintidós de ellas cuentan con zona ajardinada. Algunos de ellos pueden llegar a tener entre una tercera parte y la mitad de la superficie de la mansión a la que acompañan; aunque no todo el mundo podía permitirse uno así, de modo que sus dimensiones varían notablemente. Los más grandes estudiados miden 74 × 36 m y 57 × 28 m, mientras que el más pequeño solo ocupa un recinto de 4 × 6 m con un árbol en cada rincón. Siguen la distribución de los jardines anteriores, pero con la particularidad de que muchos de los más grandes cuentan con una capilla donde seguramente se guardaba una estatua de la familia real y relieves con Akhenatón, Nefertiti y sus hijas mientras adoran al Atón. Unas pocas de ellas eran de sillares y el resto de adobes, con unas dimensiones que varían desde los 39 m^2

12 M.-F. Moens: «The ancient egyptian garden in the New Kingdoms», *OLP,* 15 (1984), p. 12.

hasta los 2 m^2; pero todos ocupan el espacio que en el resto de jardines egipcios ocuparía el quiosco donde sus dueños se solazaban. En los jardines más grandes el estanque sigue siendo el elemento central, pero en los más pequeños este desaparece. Lo más interesante es que, como se ve en los restos de la residencia de un anónimo «director del ganado del (dios) Atón», las filas de árboles se encuentran en el lugar que ocuparían las columnas en un templo faraónico. De modo que, en Amarna, los jardines particulares pueden haber sido puntos de religiosidad, pequeños templos simbólicos dedicados a la adoración del rey, su esposa y sus hijas.

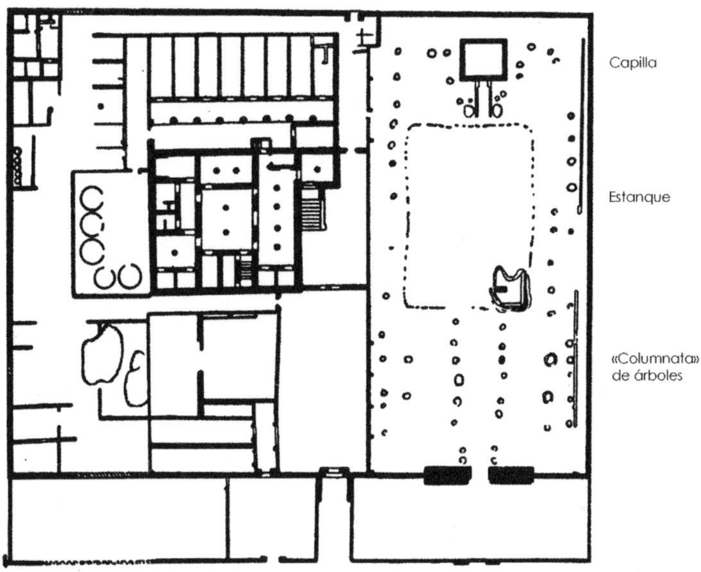

Plano de la casa del «director del ganado del (dios) Atón» en Amarna, con su amplio jardín-templo a la izquierda (dibujo de L. Borchardt, según Loeben, 2014, p. 31, fig. 7)

Ya fuera en Amarna o en el resto de Egipto, la tarea de los jardineros no era sencilla; porque se encargaban de mantener con vida y floreciendo vegetales plantados en terrenos poco propicios para ello por la falta de agua. En ningún sitio se aprecia mejor su técnica que en el jardín de Montuhotep II en Deir al-Bahari, donde cada uno de los ocho árboles grandes a ambos lados de la calzada fue plantado dentro de un inmenso agujero de unos 10 m de profundidad y unos 5 m de diámetro. Estos agujeros se rellenaron con tierra fértil y arena del río. Lo mismo sucedió a menor escala con los árboles pequeños, cada uno plantado dentro de un agujero de 1,20-1,40 m de diámetro y 1,80 de profundidad relleno con una base de 1,30 m de *tafl* «roca» y sobre ella una mezcla de arena y ladrillos rotos.[13]

Incluso cuando se contaba con un estanque, el agua era necesario cargarla en cántaros que se transportaban con una pértiga y luego se vaciaban en el punto deseado del jardín. Un trabajo que se hizo algo más cómodo a partir del Reino Nuevo, cuando se inventó el *shaduf*, una pequeña «grúa» que permitía sacar el agua con algo menos de esfuerzo, bien para derramarla sobre conducciones abiertas, bien para rellenar cántaros. Para retener el agua y la humedad, en torno a cada árbol se disponía un alcorque redondo, que en algunos casos se completó con un murete del que se conocen ejemplos de planta cuadrada y con tubo de riego. Con todos estos trabajos previos y el posterior día a día de acarrear agua, no es de extrañar que los maestros de escriba se burlen de las fatigosas tareas de los jardineros en la *Sátira de los oficios:*

> El vinatero levanta su pértiga-yugo. Cada uno de sus hombros está cargado de edad. Una hinchazón tiene en el cuello y supura. Pasa la mañana regando puerros y la tarde cilantros, tras haber pasado el mediodía en el palmeral. De modo que sucede que finalmente se hunde y muere por causa de sus repartos, más que ninguna otra profesión.[14]

Un trabajo duro, sin duda, si bien uno para el que nunca faltó demanda. Sabemos incluso de la llegada de viñadores sirios al Delta a partir del Reino Nuevo, sin duda para mejorar la calidad de los caldos egipcios y en consonancia con la influencia asiática que el valle del Nilo comenzó a experimentar a partir de su expansión territorial.

El último aspecto de los jardines que nos queda por mencionar es su función como lugar destinado a las lides amorosas, pues disponer de un bello jardín podía servir como elemento básico de seducción. Su aislamiento del mundo, el frescor proporcionado por la sombra de los árboles y la posibilidad de atemperar los calores refrescándose en un estanque lo hacían más que perfecto para ello, en especial si le sumamos el quiosco, donde los encuentros podían transcurrir cómodos sobre un lecho. En principio, solo los propios árboles del jardín estaban al

---

13 Recordemos que se trata de ladrillos sin cocer hechos con barro del Nilo y, por lo tanto, repletos de sustancias nutritivas para la vegetación.

14 Papiro Sallier II, 12 (W. K. Simpson en ídem (ed.): *The literature of ancient Egypt*, 2003, p. 434).

tanto del secreto de los amantes, como reflejan los poemas amorosos del Reino Nuevo:

> Ven a pasar el día en la felicidad, y mañana, y pasado mañana, hasta un total de tres días sentada bajo mi sombra. [...] El secreto de la hermana está conmigo, durante sus paseos. Soy lo bastante discreto como para no decir lo que veo, ¡no diré una palabra![15]

Por desgracia para algunas parejas, no todos se mostraban igual de discretos. Así le dijo la esposa del sacerdote Ubaoner a su intendente planeando su regodeo sexual: «Haz que se prepare el quiosco que está en el estanque. Y ella pasó el día allí, bebiendo con el plebeyo. Después de que llegó el anochecer, él se fue y se introdujo en el estanque».[16] Con lo que no contaba la despreocupada pareja es con que el intendente le fuera con el cuento de que la señora tenía un amante al esposo de esta, que organizó una elaborada venganza que terminó con los dos adúlteros quemados por orden del faraón. Un castigo que nos muestra que los egipcios no eran ese pueblo de paz que a muchos les gusta pensar.

15 Papiro de Turín 1966 (B. Mathieu: *La poèsie amoureuse de l'Égypte ancienne*, 1996, p. 86).

16 «Los cuentos del papiro Westcar» (J. López: *Cuentos y fábulas del antiguo Egipto*, 2005, p. 91).

2

Somos gente pacífica... ¡Y no nos gusta gritar!

Todo empezó al final de la época faraónica, cuando Heródoto escribió eso de que «ellos [= los egipcios], sin lugar a dudas, recogen el fruto de la tierra con menos fatiga que el resto de la humanidad...».[17] Esta tremenda feracidad del Nilo lo convirtió varios siglos después en el «granero de Roma» y terminó creando en el imaginario occidental una duradera imagen de la vida en el antiguo Egipto como la de un edén bucólico donde los frutos de la tierra se recogían prácticamente sin esfuerzo. Una idea que vino a sumarse a la que tenían los griegos de Egipto como fuente de toda la sabiduría, por eso sus sabios viajaban al país del Nilo a formarse: filósofos como Platón, médicos como Galeno o historiadores como el propio Heródoto, por citar a unos pocos. Sería después la tremenda influencia cultural de Alejandría, con sus sabios y su biblioteca, la que terminaría por consolidar esta creencia en todo el Mediterráneo. Ficciones ambas que acabaron unidas con posterioridad en la fértil imaginación de gnósticos, herméticos, masónicos, etc. y han llegado hasta nosotros apenas matizadas. Tal es así que los egipcios gozan hoy en todo el mundo de fama de pueblo pacífico y sabio, en completa armonía con la naturaleza. Una idea compartida incluso por grandes egiptólogos de no hace tantas décadas:

> En realidad, como era tan agradable vivir a orillas del Nilo, los egipcios desbordaban agradecimiento hacia los dioses, señores de todas cosas. Por esta misma razón, hasta en la tumba buscaban la manera de gozar de los bienes de este mundo.[18]

17 Heródoto: *Historia* II, 14 (traducción de C. Schrader).

18 P. Montet: *La vie quotidienne en Égypte*, 1946, p. 7.

Desgraciadamente, se trata de una imagen que no se corresponde en absoluto con la realidad.

En el antiguo Egipto la violencia era una constante y eso desde antes, mucho antes de que apareciera la cultura faraónica, como podemos comprobar en el cementerio 117 de Djebel Sahaba, situado en el extremo sur del lago Nasser. De las 61 personas allí enterradas, el 26,2 % tenían lesiones aparecidas muy poco antes del fallecimiento (*perimortem* en lenguaje científico) y el 62,3 % presentaban lesiones curadas o sin curar, casi todas producidas por proyectiles líticos. Todo ello resultado de diferentes ataques contra hombres, mujeres y niños sin discriminar edades o sexos en un período que se sitúa entre 13,4 y 18,2 miles de años atrás.

No podía ser de otro modo, pues la civilización faraónica (aparecida en el 3100 a. C.) interpretaba el universo como un desordenado caos que amenazaba con engullir la pequeña burbuja de paz y orden representada por el valle del Nilo. Esto suponía que todos los extranjeros, «los nueve arcos», como se los llama en los textos, suponían un peligro potencial con el cual tenía que lidiar el faraón. Al fin y al cabo, esa era una de sus principales obligaciones: mantener la *maat,* que viene a significar «lo que es correcto», y suele traducirse como «justicia». Algo que difícilmente podía conseguirse con buenas palabras. De hecho, en Amarna han aparecido los cuerpos de cinco hombres (de edades entre veinticinco y más de cincuenta años) cuyos omóplatos presentaban una herida por apuñalamiento que atravesaba el músculo, pero sin penetrar más allá; es decir, una herida dolorosa, que dejaba inutilizado durante algún tiempo al personaje, pero no ponía en peligro su vida. Sus excavadores consideran que es algún tipo de castigo, destinado a poner fuera de circulación temporalmente a sus víctimas, realizado además de forma ritual; porque para recibir ese tipo de herida el reo tenía que estar tumbado boca abajo en el suelo y con los brazos abiertos en ángulo recto.

Solo se conoce una imagen de un soldado egipcio siendo derrotado en batalla y tiene su explicación. Como los egipcios consideraban que todo lo escrito cobraba vida al ser leído, en su combate contra el caos, el faraón nunca podía aparecer derrotado y sus soldados tampoco, una idea institucionalizada y sintetizada en la imagen del monarca mientras golpeaba al enemigo con su maza. Muy amigos de la magia simpática, la utilizaron para que cada movimiento del rey fuera una derrota del enemigo, dibujando bajo sus pies en las estatuas, en las suelas de sus sandalias y en algunos de los pasillos por los que caminaba en palacio nueve arcos o imágenes de los enemigos tradicionales del país: nubios, libios y asiáticos. Así, sus meros desplazamientos se convertían en una ceremonia de execración en la cual, literalmente, pisoteaba a los extranjeros que amenazaban al país. Del mismo modo, como para los egipcios los templos eran representaciones del universo, en las fachadas de sus pilonos, convertidas en la frontera del mundo ordenado, solemos encontrar imágenes del faraón que carga contra el caos representado por los extranjeros, a los cuales aplasta, machaca y atraviesa con flechas, mientras su carro se abre camino entre ellos dejando a su paso una estela de cadáveres y un cosmos ordenado.

Un egipcio atacado por unos arqueros libios, que están a punto de cortarle el cuello. Reinado de Akhenatón (Parkinson y Schofield 1994, p. 161, fig. 1)

Mientras los nueve arcos se mantuvieran tranquilos, los egipcios hacían poco más que contenerlos mediante la magia simpática de las caminatas del rey y las ceremonias de execración. En estas últimas, sobre una grosera figurilla humana que a veces tenía forma de enemigo maniatado y otras era un mero cacharro de cerámica, se escribía con tinta roja el nombre de todos los enemigos a los que se quería mantener a raya, así como una lista de las posibles maldades que podían cometer:

> Todo rebelde de este país, todos los hombres, todos los magistrados, todos los súbditos, todos los varones, todos los castrados, todas las mujeres; todo jefe, todo nubio, todo campeón, todo mensajero, todo aliado y todo confederado de todo país extranjero que se rebele, y que se encuentre en el país de Wawat, de Zatjiu, Irtjet, Yam, Iankh, Masit,

Kaau, que se rebele o que conjure, que cree problemas debido a cualquier mala palabra contra el Alto y el Bajo Egipto será destruido para siempre.[19]

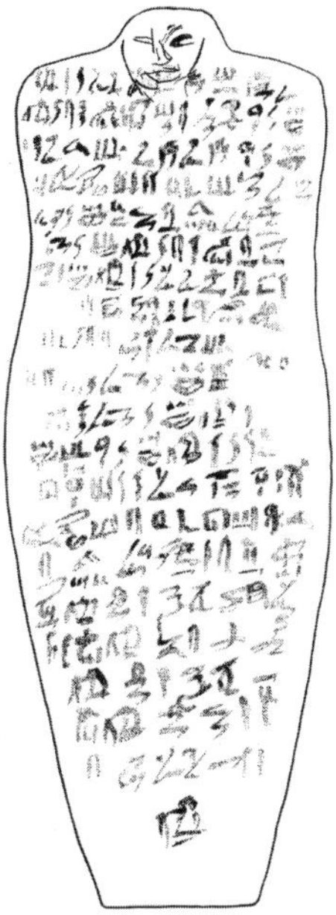

Figurita de execración egipcia (15,5 × 5 cm) con texto hierático.
XII dinastía. Museo de El Cairo (63955) (Posener 1987, lám. 4)

Seguidamente, ese soporte era destruido. Si había sido moldeado con cera, era arrojado al fuego, si con cerámica u otro material duro podía ser quemado, roto, aplastado, embebido en orina y, luego, casi siempre enterrado. Estas ceremonias se realizaban con cierta frecuencia, sobre todo en las zonas fronterizas o conquistadas; pero cuando fallaban y los enemigos actuaban como tales, el faraón no tenía más remedio que ponerse en marcha con sus ejércitos para atajar el problema de raíz.

La paleta de Narmer nos demuestra que los propios habitantes del valle del Nilo podían ser considerados por el faraón enemigos cuya vida era necesario segar. Estamos en las etapas finales de la creación del Estado unificado, cuando el monarca del sur buscaba derrotar a sus últimos opositores en el Delta egipcio para convertirse en el primer

19 A. Roccati: *La littérature historique sous l'Ancien Empire égyptien*, 1982, p. 67, § 45.

soberano de la I dinastía: los cadáveres de diez enemigos decapitados nos lo muestran. Algunos siglos después, durante el Reino Antiguo la vida de los egipcios ya no se podía tomar en balde, como aprendemos en el cuento de Khufu en el papiro Westcar. Cuando, deseoso de comprobar la capacidad del mago Djedi de cercenar una cabeza y revivir al decapitado ser recolocándosela, Khufu ordenó traer a un condenado de la prisión, pero Djedi se lo reprochó: «¡Ciertamente, no a un ser humano, soberano señor mío! Mira, no está permitido hacer cosa semejante al rebaño augusto de Dios».[20]

Parece que la guerra en el exterior tampoco fue algo extraño, si bien escasa durante el Reino Antiguo y más habitual durante el Reino Nuevo. Weni (VI dinastía) nos cuenta que fue enviado a Asia (quizá el desierto oriental) a pacificar a los moradores de las arenas y que su «expedición regresó en paz, tras haber masacrado las tropas de allí en muchas decenas de millares».[21] Pese a la victoria, no cabe duda de que los egipcios sufrieron bajas durante los enfrentamientos, con unos resultados que podemos ver físicamente en unos restos del Reino Medio. Se trata de los de más de sesenta soldados fallecidos en combate enterrados en una tumba de Deir al-Bahari. Datados probablemente a principios de la XII dinastía, muchos de ellos aparecieron con puntas de flechas clavadas y fracturas de todo tipo, en especial en los antebrazos, de resultas de sus intentos de defenderse de los golpes de sus contrincantes.

Recientemente, se ha descubierto en el cementerio de las Tumbas Sur de Amarna el enterramiento de un soldado egipcio; el cual nos permite comprobar que la dura vida del militar descrita en los textos satíricos, destinados a los futuros escribas, no se quedaba corta. Se trata del individuo 59, cuyos huesos nos desvelan los peligros de su violenta profesión. Tenía un total de diecinueve fracturas en las costillas, las cuales presentaban cuatro etapas de curación: cinco se habían soldado al menos un año antes de la muerte; dos estaban en un estado de sanación muy avanzado tras haberse roto varios meses antes; las once que se había fracturado apenas unas semanas antes de fallecer estaban curándose; pero es la última la que destaca, porque seguía abierta, seguramente al haberse producido durante el suceso que causó su fallecimiento, pues ni siquiera había comenzado a curarse. No son sus únicas heridas de guerra, porque en el canto de la mano presenta la típica

20 J. López: *Cuentos y fábulas del antiguo Egipto*, 2005, pp. 94-95.
21 N. C. Strudwick: *Texts from the pyramid age*, 2005, p. 355, n.º 256.

herida defensiva que se produce al poner la mano para detener un golpe malintencionado y en el esternón un golpe muy fuerte. Por otra parte, en la cadera izquierda se ven las huellas del proyectil que se clavó en ella años antes de la muerte y, un poco por encima, la herida de otra punta de flecha, esta vez rodeada de una amplia infección que fue el origen de su fallecimiento cuando contaba la avanzada edad por entonces y para su profesión de treinta y cinco-treinta y nueve años. ¿Acaso herido en combate, o en un enfrentamiento durante el cierre de los templos de Amón por todo el país, fue llevado hasta Amarna para fallecer allí en su cama? El caso es que, hasta entonces y pese a sus múltiples magulladuras, su vida no había sido demasiado mala; porque es uno de los pocos muertos del cementerio que no presenta anemia. Desde su ingreso en el ejército recibió una alimentación abundante y con proteínas animales que lo mantuvo bien nutrido y lo hizo crecer por encima de la media, hasta alcanzar 1,67 m de altura.

Con la llegada del Reino Nuevo, al convertirse Egipto en una de las potencias dominantes en Siria-Palestina, los conflictos bélicos se volvieron algo tan habitual como la violencia ejercida contra los derrotados. Ahmose, hijo de Abana, describe así la ira del faraón Tutmosis I mientras ataca a los rebeldes nubios y la suerte que corrieron después sus cabecillas:

> Su majestad se enfureció como una pantera, disparó y su primera flecha se clavó en el pecho de aquel enemigo. Entonces, éstos [...][22] abatidos por la llamarada de su cobra-*uraeus*. Al momento, se llevó a cabo una matanza y sus vasallos fueron traídos como prisioneros. Su majestad navegó río abajo, estando todas las tierras extranjeras en su puño, y aquel maldito *iuntiu* iba colgado boca abajo de la proa del barco de su majestad, *Halcón*, atracado en Karnak.[23]

Lucir enemigos muertos a modo de trofeos de caza es un alarde publicitario de la capacidad para la violencia del faraón, y de su victoria, por supuesto. Algo que volvemos a encontrar en época de Amenhotep II. Sin embargo, siendo este un rey amante de los alardes deportivos, llevó la demostración un poco más lejos, pues desde Siria-Palestina condujo sus trofeos hasta Nubia, con parada en Tebas:

22 [...] indica que se ha perdido o suprimido texto en el original.
23 Tumba de Ahmose, hijo de Abana, en Elkab (J. M. Galán: *El imperio egipcio*, 2002, p. 42).

> Su majestad regresó a su padre Amón con el corazón henchido, tras haber matado con su propia maza a siete jefes que estaban en la región de Takhshi, quienes colgaban cabeza abajo de la proa del barco-halcón de su majestad, llamado *Aakheperura, quien consolida las Dos Tierras.* Seis de estos enemigos fueron colgados delante de la muralla de Tebas, al igual que sus manos cortadas. El otro enemigo fue llevado río arriba hasta Nubia y colgado de la muralla de Napata, para hacer que se presenciaran las victorias de su majestad eternamente y por siempre en todas las tierras llanas y montañosas de Nubia, pues él ha conquistado a los del sur y ha atrapado a los del norte, hasta los confines de la tierra entera sobre la que brilla Ra.[24]

Traerlos muertos y colgados bocabajo tenía también un significado simbólico, ya que en los textos funerarios es así como se impide el correcto uso del cuerpo a los enemigos de los dioses y se los condena a la oscuridad. Lleno de imaginación, en otra ocasión Amenhotep II incluyó los despojos de los vencidos en su desfile triunfal en forma de manos cercenadas como adorno de los carros de combate que habían participado en la campaña en Siria-Palestina de su séptimo año de reinado: «Trajo: 16 maryanu vivos en ambos extremos de su carro; 20 manos en la testuz de sus caballos; 60 toros como impuestos delante de él».[25] Se puede decir que el deportista faraón tenía un ramalazo bastante violento, como pudieron comprobar los desgraciados habitantes de las ciudades de Ituryn y Mektilyn, a los que decidió convertir en ¿ejemplo de su poder?:

> Su majestad [...] trajo 34 de sus jefes, 57 guerreros sirios, 231 asiáticos vivos, 372 manos, 54 caballos, 54 carros, así como todas las armas de guerra, todos los «brazo fuerte» de Retenu, sus hijos, sus mujeres y todas sus pertenencias. Después de que su majestad viera el numeroso botín, fueron convertidos en prisioneros. Dos zanjas fueron hechas alrededor de todos y llenadas con fuego; su majestad la estuvo vigilando hasta la salida del día, con su hacha en la mano derecha, solo, con nadie con él. Ahora, el ejército estaba lejos de él, aparte de los sirvientes del faraón.[26]

---

24 Estela de Amenhotep II en el templo de Amada (J. M. Galán: *El imperio egipcio*, 2002, pp. 152-153).

25 Estela de Menfis de Amenhotep II (U. Matić: *Body and frames of war in New Kingdom Egypt*, 2019, p. 230, doc. 10).

26 Estela de Menfis de Amenhotep II (G. J. Shaw, *War and trade with the pharaohs*, 2017, pp. 92-93).

Los trofeos de los faraones no siempre eran enemigos muertos. Tras una victoria en Siria, uno de los jefes vencidos por las tropas de Tutankhamón llegó vivo hasta Egipto, pero de un modo muy humillante: dentro de una jaula. No es el único faraón que se ensañó con un enemigo, aunque en este caso se trataba de uno que lo había tenido más de un decenio batallando. Es lo que le pasó a Ramsés III tras vencer a los libios definitivamente en el año 11 de su reinado. El enemigo tuvo 2715 muertos, cuyas manos y falos se amontonaron ante el faraón mientras los escribas tomaban buena cuenta de todo. Seguidamente, desfilaron ante el soberano los 2052 prisioneros capturados, de los que solo 1200 eran soldados, el resto mujeres y niños que habían acompañado al ejército libio a la batalla. Su jefe se presentó ante el soberano de las Dos Tierras:

> Kaper vino para implorar la paz, como un ciego; depositó sus armas sobre el suelo, al mismo tiempo que las de su ejército, y lanzó un grito hacia el cielo implorando que se le devolviera a su hijo. Entonces, sus manos y piernas fueron inmovilizados de tal modo que permaneciera de pie, sin moverse, donde estaba [...]. Entonces se apoderaron de Kaper y se lo llevaron; su ejército, que había confiado en él para salvarlo, fue masacrado. Fue muerto con las manos atadas, como un pájaro caído, sobre el carro, a los pies de su majestad. El rey era como Montu el poderoso, con los pies sobre su cabeza, mientras que, delante de él, los jefes, en su puño, eran muertos.[27]

Un barco regresa de guerrear en Siria-Palestina trayendo consigo a un prisionero dentro de una jaula colgada sobre la cubierta. Reinado de Tutankhamón (modificada de Grimm 1987)

27 Medinet Habu, «Poema del año 11» (C. Lalouette: *L'empire des Ramsès*, 1995, p. 315).

Un ejemplo de este tipo de ajusticiamiento se descubrió hace no muchos años en el recinto de Mut en Karnak: se trata de un joven de veinte-veinticinco años que había sido ejecutado rompiéndole el cuello mientras tenía las manos y los pies atados a la espalda, como representan siempre los egipcios a los prisioneros . No todos sufrían esa suerte, ni siquiera los libios, pues los mejores de entre sus soldados fueron sumados por el faraón las diferentes guarniciones egipcias junto a la frontera y el resto llevados a Egipto y esclavizados. El objetivo de tamaña inquina por parte de Ramsés III nos los explica él mismo:

> Tras haber sido muertos en su propia sangre y reducidos a una pila de cadáveres, hice de tal modo que en adelante dejaran de errar por la frontera de Egipto. [...] Se les ha dado una lección para millones de generaciones.[28]

El ensañamiento del faraón se puede comprender, pues no parece que los libios fueran una gente muy clara de entendederas. Apenas una generación antes ya habían sufrido una derrota similar a manos de Merenptah, la cual terminó de forma igual de violenta para ellos: «No dejaron a nadie del pueblo de los libu [...] todos en su tierra [...] por centenares de miles y decenas de miles, el resto encima de la estaca [= empalados] al sur de Menfis».[29] Puede que la descripción del castigo no sea muy concreta, pero sí lo es el determinativo[30] que la acompaña y no deja lugar a la duda sobre la suerte sufrida por los ejecutados . Una violencia que el heredero de Ramsés II mostró igual de implacable en Nubia, como podemos leer en esta misma estela del templo de Amada: «El resto, sus dos manos fueron cortadas debido a sus crímenes, ambas orejas y ambos ojos fueron cogidos y transportados fuera de Kush. Se dejaron en montones en sus ciudades».[31] Recientemente se han excavado en Tell al-Daba lo que para algunos son las primeras pruebas reales de esta costumbre, pues en varios puntos de un palacio fechado en la XV dinastía se han encontrado cerca de una treintena de manos

28 Medinet Habu, «Poema del año 11» (P. Grandet: *Ramsès III*, 1995, p. 180).

29 Estela de Merneptah en Amada (U. Matić: *Body and frames of war in New Kingdom Egypt*, 2019, p. 281, doc. 39).

30 Los determinativos son jeroglíficos (ideogramas) que no se leen, pero se escriben detrás de las palabras para informar al lector del campo semántico al que pertenecen.

31 Estela de Merneptah en Amada (U. Matić: *Body and frames of war in New Kingdom Egypt*, 2019, p. 282, doc. 39).

cortadas. Se trata de una costumbre que permitía recompensar luego al soldado que las presentaba ante su señor como muestra de su valeroso desempeño en combate. Realizada a todos los enemigos caídos una vez finalizada la batalla, la amputación se convertía en un método contable que facilitaba la tarea a los escribas que tomaban nota de todo para los anales reales. En un momento dado, con el mismo propósito se amputaron también los falos. Manos y penes cercenados además impedían que el enemigo fuera completo al más allá.

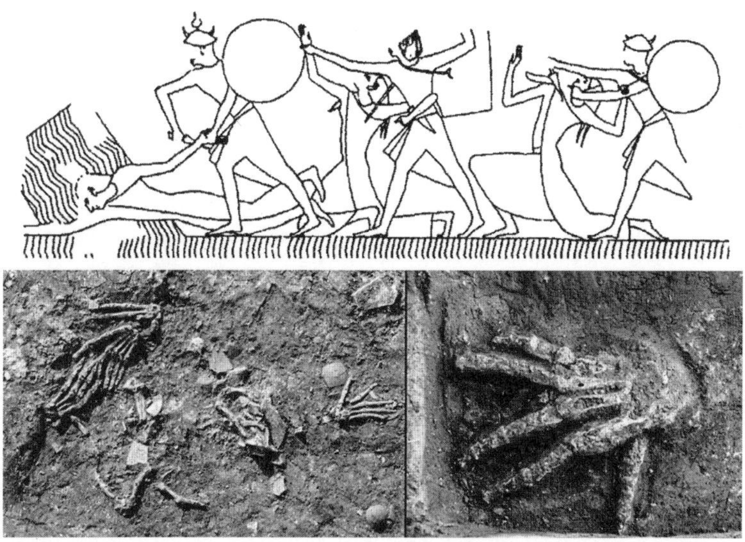

Arriba: durante la batalla de Kadesh, un soldado shardana le corta la mano a un hitita vencido. Abajo: grupo de manos cortadas y detalle de una de ellas encontradas en varios depósitos de un palacio de Tell al-Daba (Galán 2003; Internet)

En otras ocasiones los monarcas del valle del Nilo no se mostraron tan sangrientos, pero no por ello menos crueles, pues desarraigaron a pueblos enteros de sus regiones de origen para asentarlos en otras por completo ajenas a ellos y sus culturas, una de las políticas de control y sometimiento preferidas por los asirios:

> El buen dios que aplasta los nueve arcos, que pisotea los países extranjeros de los norteños [...]. Rey victorioso, poderoso contra los países extranjeros, un espadachín valeroso como Montu, que se lleva la tierra de Nubia hacia la tierra del norte [= el Delta], y a los asiáticos a Nubia; ha colocado a los shasu en la tierra occidental y ha asentado a los libios

> en las cimas. Repletas están las fortalezas que ha construido, con el botín de su poderoso brazo; uno que asesina Khurru [= Palestina] con su espada. Retenu [= Siria] ha caído ante su carnicería.[32]

No sabemos, sin embargo, si estos pueblos desplazados también fueron marcados (¿al fuego?), como hizo Ramsés III con aquellos de los vencidos pueblos del mar que admitió en Egipto como sirvientes: «Ellos fueron marcados como "esclavos" y estampillados con mi nombre, sus esposas y sus hijos igual».[33] En cualquier caso, lo más curioso de todo es que la tremenda inquina demostrada contra los extranjeros de todo tipo que rodean el valle del Nilo era, en realidad, una construcción ideológica..., excepto cuando intentaban asentarse por la fuerza en el valle del Nilo, claro está. Esta imagen del extranjero vil y emisario del desorden sería su *topos*, es decir, la imagen que se tiene de él y permite incorporarlo al mundo ideológico de los faraones para poder lidiar con él desde un punto de vista meramente intelectual. Se trata de una imagen que contrasta notablemente con las circunstancias reales del trato a los extranjeros en el valle del Nilo, su *mimesis*, que era plenamente cordial cuando llegaban con permiso y deseaban integrarse.

Ya llegaran en grupo como esclavos, prisioneros de guerra o miembros del séquito de una princesa desposada con el soberano, o bien de forma individual como enemigo derrotado en buena lid en el campo de batalla y obsequiado por el faraón a su vencedor, como un miembro de otra corte cuyos servicios aprecia el monarca o como un artesano o mercader que decide cambiar de aires, todos los extranjeros tenían una oportunidad para ser aceptados sin problemas, como leemos en la Biblia: «Un arameo errante fue mi padre y bajó a Egipto y establecióse allí como inmigrante...».[34] No obstante lo cual, es bien cierto, como demuestra la documentación faraónica, que el faraón se mostraba cuidadoso a la hora de permitir la entrada de extranjeros en Egipto, por entonces una tierra de promisión para africanos y siriopalestinos. El faraón no quería que el país se le llenara de gentes sin asimilar:

32 Inscripción en el templo de Abu Simbel (K. A. Kitchen: *Ramesside inscriptions*, II, 1976, p. 207: 1).

33 Papiro Harris I (U. Matić: *Body and frames of war in New Kingdom Egypt*, 2019, p. 284, doc. 40).

34 Deuteronomio 26, 5.

> Frontera sur, hecha en el año 8, bajo la majestad del rey del Alto y del Bajo Egipto, Khakaura Senuseret III, a quien se dé vida para siempre jamás; para prevenir que ningún negro pueda cruzarla, por agua o por tierra, con un barco, o rebaño de los negros; excepto un negro que venga a comerciar en Iken [Mirgissa] o con un mensaje. Todas las cosas buenas deben ser hechas con ellos, pero sin permitir que un barco de negros pase por Heh [¿Semna?], yendo corriente abajo, para siempre.[35]

Este control de paso existía para cualquier extranjero que viniera a Egipto a comerciar, no importa que fueran nómadas del desierto occidental o gentes llegadas del Canaán. No podía ser de otro modo, porque desde la época predinástica el comercio fue una constante de la civilización egipcia; pero el comercio implicaba poner en contacto el orden egipcio con el caos exterior, de tal modo que incluso una actividad pacífica como esta se encontraba sometida a las leyes de la violencia. Comerciar podía significar la muerte tanto para los mercaderes egipcios que se adentraban en tierras ignotas como para los mercaderes extranjeros que intentaban abandonar el desorden de sus terruños para alcanzar el valle del Nilo o territorios bajo el control del faraón. Una carta del rey Burnaburiash de Karaduniyash (Babilonia) a Akhenatón (o a su padre, Amenhotep III) lo informa de que sus mercaderes han sido asesinados y robados y clama justicia:

> Canaán es tu país y sus reyes son tus sirvientes. En tu país he sido expoliado. Haz que te rindan cuentas y compensa por el dinero que se llevaron. Mata a los hombres que mataron a mis servidores y venga así su sangre. Y si no matas a esos hombres volverán a matar, ya sea una de mis caravanas o a tus propios mensajeros, de modo que los mensajeros entre nosotros dejarán de circular.[36]

Está claro que los «súbditos» del faraón conocían cuál era la obligación de este y podían echárselo en cara si la encontraban a faltar. Por eso mismo, cuando un extranjero conseguía asentarse en el valle del Nilo, las cosas pintaban bastante bien para él. Penetrar en la burbuja de orden demostraba su deseo de abandonar el caos, de empezar a vivir según *maat*, solo necesitaba un nombre egipcio y empezar a comportarse como tal para quedar asimilado.

35 Estela de Senuseret III en Semna (I. Shaw: *Egyptian warfare and weapons*, 1991, p. 18).
36 W. L. Moran: *The Amarna letters*, 1992, p. 16, EA 8.

Como hemos visto, a pesar de su imagen de pacíficos, los egipcios podían ser brutales en la guerra, no en vano Senuseret III aplicó en Kush una política de tierra quemada y Seti I habla de querer cortarle la cabeza a los shasu. Lógicamente, resulta imposible que esa violencia quedara limitada a las tierras extranjeras y tenemos pruebas de que existió en el valle del Nilo desde el predinástico, pues en el cementerio de Adaima se han encontrado varios degollamientos y una decapitación. De la época tinita se conocen varios ejemplos de violencia ritual, como el de la etiqueta de Djer, donde aparece un personaje atado y arrodillado a quien le clavan en el pecho lo que parece un cuchillo, mientras el ejecutor sujeta con la otra mano un cuenco. Pruebas tangibles de este tipo de muertes ritualizadas las encontramos en el cementerio real de Abydos, donde muchos súbditos de los faraones tinitas tuvieron el «privilegio» de perder la vida para acompañar a sus señores al más allá ¡hasta 590 hombres y mujeres en el caso de Djer! Mucho más modesto, Aha se había conformado unos años antes con la compañía de 36 hombres jóvenes de entre veinte y veinticinco años; aparentemente, todos estrangulados a la vez en una ceremonia que también incluyó a siete leones jóvenes. No obstante, los sacrificios humanos eran tan costosos para la corte y la sociedad que no tardaron en desaparecer, al contrario que la violencia latente en la sociedad que los produjo.

Para el Reino Antiguo, la época de las grandes pirámides de piedra, no nos faltan ejemplos de violencia, el primero de ellos en el cementerio de los trabajadores encargados de construir las de Guiza. Aquí se han encontrado cráneos con el parietal izquierdo aplastado, tanto de hombres como de mujeres, es decir, la herida típica de un violento ataque frontal realizado por una persona diestra. El duro trabajo y el hacinamiento en el poblado al pie de las pirámides sin duda provocaba mucho estrés en sus habitantes, lo que acababa generando una ira desfogada a veces de forma mortal. Por eso el ya mencionado Weni se muestra tan ufano de haber dirigido a sus tropas sin que los soldados se enzarzaran entre sí.

Incluso la gente de la clase alta sufría esta violencia. Víctima de un ataque especialmente furibundo parece haber sido un joven robusto de veinte-veinticinco años, el «supervisor del gran tribunal», «supervisor de los dos graneros» y «superintendente de los sacerdotes de Ptah» Hefi (VI dinastía), como nos explican las heridas que presenta su momia, enterrada en Sakkara. No obstante, los aviesos golpes que le dieron en la cabeza, uno en el hueso frontal que lo tumbó bocabajo y un segundo en la región occipital de su parietal derecho, no consiguieron matarlo. Sobrevivió algunos años.

A finales de la VI dinastía el Estado egipcio se estaba descomponiendo y eso pudo llevar a estallidos de violencia como el que destruyó el palacio de Akhmim y acabó con tres generaciones de la familia de Hefefi, hijos, padres y abuelos, ahorcados violentamente; un ataque del que no poseemos más datos que sus momias del cementerio de Hagarsa. Un caso similar de las mismas fechas, pero mucho más sangriento y en el Delta, nos topamos en el destruido templo de Mendes. Allí fueron masacradas más de treinta y cinco personas de todas las edades. Las escenas son dantescas y repartidas por el recinto vemos instantáneas de la extrema violencia: aquí un apiñado montón de muertos de la misma familia, con una anciana que cayó exánime encima de su esposo y este sobre alguien más joven (¿su hijo, su nieto?); allí a un adolescente caído de boca frente a la muralla mientras huía con una rata en la mano (¿su comida, su mascota?)...

El cementerio de Elefantina durante el Reino Antiguo nos presenta más pruebas de esa aparentemente sempiterna violencia del valle del Nilo. Se trata de 405 esqueletos, de los cuales 158 son varones, 75 mujeres, 101 un niños y el sexo de 71 no ha podido ser identificado. Los síntomas de haber sufrido actos violentos en vida están presentes en casi la tercera parte de ellos (30 %), mujeres incluidas, lo que es un porcentaje muy elevado. Como la población femenina no iba a la guerra, se ha llegado a sugerir que todos esos golpes podrían ser el resultado de la actividad represora de los funcionarios del faraón. Quizá cuando iban a cobrar los impuestos, como se ve en numerosos relieves y se describe en la *Sátira de los oficios*.

Por su parte, un hallazgo realizado en el cementerio del Reino Medio de Abydos nos obliga a enfrentarnos a una realidad que lleva milenios existiendo, la violencia doméstica. Se trata del de una mujer de treinta-treinta y cinco años cuyo esqueleto presenta numerosas heridas: costillas rotas a ambos lados de la caja torácica (como un boxeador al que castigan con golpes de izquierda y derecha), el segundo metacarpo de la mano izquierda quebrado (una típica herida defensiva, producida cuando uno levanta la mano para parar un golpe) y un fractura múltiple en los extremos distales del radio y el cúbito (por lo general producida por una caída hacia delante que se intenta frenar con las manos). Como la soldadura de los huesos demuestra que tuvieron tiempo de sanar, en principio se trataría de heridas sin conexión, solo cuando las leemos junto con la última marca del cuerpo obtenemos la verdadera historia. Se trata de una fisura presente en la parte interna de la quinta y la sexta costillas izquierdas (en el extremo cercano al esternón), realizada por la hoja del objeto cortante con el cual la mujer fue apuñalada por la espalda. El ataque fue de una violencia extrema, porque solo el hueso evitó que fuera atravesada de lado a lado. Es ahora cuando cobran sentido las otras fracturas y se convierten en desgraciados testigos de una vida de constantes abusos físicos, interrumpida definitivamente con un asesinato.

Una violencia que también sufrió una mujer que intentó plantarle cara a un antiguo amante, el sacerdote Penanuqet, un despreciable personaje que durante los reinados de Ramsés IV y Ramsés V consiguió convertir la isla de Elefantina en su dominio personal: «Memorándum relativo al hecho de que el hombre prendió fuego a la casa de la sirvienta [...] Mutneferet. [Ella fue] a decírselo. Él la dejó ciega y dejó ciega también a Baksetshyt, su hija. Hoy día todavía están ciegas».[37] No es este el único facineroso faraónico cuyo nombre conocemos, porque también de época ramésida tenemos a Paneb, un capataz del poblado de Deir al-Medina de carácter difícil, que lo mismo amenazaba a un vecino del poblado con matarlo un día que se cruzaran a solas en la montaña como intentaba agredir a su padre adoptivo, y tampoco le hacía ascos a seducir mujeres casadas o tomar por la fuerza al objeto de su pasión: «Memorándum relativo al hecho de que despojó a Iyemuau de sus vestidos y la tumbó sobre el remate de un muro y la forzó».[38] Por suerte, y a pesar de lo que pudieran hacer pensar estos ejemplos, en el antiguo Egipto las mujeres eran exactamente iguales a los hombres en el aspecto legal y podían denunciar estos malos tratos ante el tribunal, como hizo una mujer del poblado de Deir al-Medina:

> Año 20, tercer mes del verano, día 1. Día que el trabajador Amenemope compareció ante el tribunal formado por [siguen siete nombres] [laguna en el texto] diciendo: «En cuanto a mí mi marido [laguna en el texto]. Entonces me pegó, me pegó [laguna en el texto]. E hice que trajeran a su madre, él [laguna]».
>
> Se encontró que no tenía razón, y uno hizo [laguna en el texto] y le dije: «Si tu [laguna en el texto] delante de los magistrados».
>
> Y realizó [un juramento delante del señor] diciendo: «Igual que Amón vive [laguna en el texto]».[39]

---

37 Papiro de Turín 1887, recto 2, 10-11 (P. Vernus: *Affaires et scandales,* 1993, p. 127).
38 Papiro Salt 124, recto 1, 29 (P. Vernus: *Affaires et scandales,* 1993, p. 110).
39 Ostracon Nash 5r (A. G. McDowell: *Village life in ancient Egypt,* 1999, p. 34).

Lo curioso es que este tipo de denuncias de violencia interpersonal ante los tribunales no son nada abundantes, no porque fueran pocos los casos existentes, sino porque quizá entraba en marcha un sistema distinto con el cual la sociedad lidiaba con ellos: el recurso a la familia. Solo cuando esa vía fallaba, se presentaba una denuncia formal. Podemos verlo en el ejemplo anterior, porque la denunciante comenta que hizo atraer a la madre de su esposo, posiblemente con la intención de que lo ayudara a modificar su comportamiento..., sin éxito como vemos. Además, lo de pelearse con la esposa podía ser motivo para no ir al trabajo el día siguiente: «Tenermontu, ausente: pelea con su esposa».[40] Las particularidades de la lengua egipcia dejan claro a los especialistas que los dos esposos recibieron golpes y, dado que los trabajadores debían de ser bragados en el trabajo duro, parece que la esposa era de armas tomar, pues al día siguiente su marido no pudo ir a trabajar. Siempre que esa ausencia no se deba a una suspensión de un día de empleo y sueldo, por supuesto.

En cualquier caso, tan iguales eran las mujeres a los hombres que conocemos un caso en el que una instigó el asesinato de dos policías. Se trata nada menos que de la madre de Piankhi, sumo sacerdote de Amón y virrey de Kush durante el convulso reinado de Ramsés XI, último soberano del Reino Nuevo. Se trata de «la principal del harén de Amón-Ra», de modo que no era un personaje cualquiera, quizá por eso le «sopló» a su hijo el nombre de dos *medjay* que parecen haberse ido de la lengua respecto a algún «sucedido» y este tomó la decisión de deshacerse de ellos, escribiendo tres cartas que ordenaban lo mismo. Una de ellas dirigida a su madre, instigadora de su decisión, a quien le dice:

> He tomado nota de todas las cuestiones sobre las cuales me escribiste. En cuanto a la mención que haces de la cuestión de esos dos policías los cuales tú dices que han dicho, únete a Payshuuben y Tjaraoy, este escriba, y haz que esos dos policías sean traídos a mi casa, llega al fondo de su acusación rápidamente y haz que sean asesinados y haz que sean arrojados al agua por la noche.[41]

40 Ostracon Cairo 25521, r.º 12 (J. Černý: «Quelques ostracas hiératiques inédits», *ASAE*, 27 (1927), p. 191.

41 Papiro Bibliothèque Nationale 196, i-197, v (E. Wente: *Letters from ancient Egypt*, 1990, pp. 183-184, n.º 303).

Y ya que hablamos de la violencia de y contra las mujeres, desviémonos un poco para centrarnos en sus retoños. El caso de los niños egipcios es curioso, porque, si bien parece claro por los restos arqueológicos que eran considerados personas desde el momento de su nacimiento, digamos que la violencia social contra ellos era algo esperado por parte de los adultos y esperable por parte de los niños. Nada mejor para dejarlo claro que el extendido uso de la letra con sangre entra como herramienta pedagógica, como vemos en algunas imágenes y textos en los que se alienta a los estudiantes a perseverar en sus tareas: «No pases el día haraganeando o te golpearán; la oreja de un muchacho se encuentra de hecho en su espalda y escucha cuando se la golpea».[42] Y lo mismo sucede cuando es un escriba veterano que cuenta a un aprendiz cómo fue su formación años atrás.

> Mira lo que te digo: cuando tenía tu edad, estaba encerrado en un bastón; fue el bastón el que me domesticó. Así permanecí durante tres meses, atado en el suelo del templo mientras mis padres se encontraban en el campo con mis hermanos y mis hermanas. El bastón sólo me abandonó cuando mi mano se volvió hábil, cuando sobrepasé al que me había precedido, cuando me encontré a la cabeza de todos mis compañeros, habiendo triunfado sobre ellos gracias a la calidad de mis escritos.[43]

No implica esto que no fueran queridos por sus padres o sus maestros, pero sin duda los consideraban incapaces de concentrarse en una tarea si no era recordándoselo dolorosamente de vez en cuando. Un trato que con certeza podían esperar de todos los adultos, quienes tampoco se libraban de él. Del mismo modo que una mujer podía ser la responsable de que dos hombres acabaran asesinados con nocturnidad y alevosía, sabemos que algunos hombres fueron objeto de un delito que en principio siempre parecen sufrir las mujeres, como es un ataque sexual: «Cargo relativo a la violación realizada por este marinero Panakhtta contra un trabajador del campo de la heredad de Khnum, señor de Elefantina».[44] Es posible que más que ante un delito sexual nos encontremos con una venganza en la que se deseaba humillar al violentado para borrar una afrenta de algún tipo.

---

42 Papiro Anastasi III (R. Caminos: *Late egyptian miscellanies,* 1954, p. 218).

43 Papiro Anastasi V (R. Caminos: *Late egyptian miscellanies,* 1954, pp. 250-251).

44 Papiro de Turín 1887, verso 3.4-5 (E. Peet: «A historical document of Ramesside age», *JEA*, 10[2] (1924), p. 124.

De hecho, ni siquiera los monarcas se libraron de esta violencia, como descubrieron Pepi I (vi dinastía), Amenemhat I (xii dinastía) y Ramsés III (xx dinastía) al verse objeto de una conjura del harén para acabar con sus vidas. Solo el primero de ellos consiguió eludir la muerte que le tenían destinada los conspiradores, que consiguieron atravesar con sus espadas al segundo y rebanarle el gaznate el tercero. Es posible incluso que haya más casos de ataques contra el soberano de las Dos Tierras, porque la arqueología de las mastabas de Sakkara sugiere que también Teti fue objeto de una conjura palaciega; un soberano de quien Manetón (i, frag. 20) nos dice fue asesinado por sus guardaespaldas.

El recurso a la violencia estaba tan presente en todos los ámbitos de la sociedad egipcia que los propios dioses de la enéada recurren a ella con pasmosa facilidad y, siendo todos de la misma familia, nos ofrecen un catálogo de variopintos ejemplos de violencia doméstica, con hermanos que atacan a hermanos (Seth asesina a Osiris para convertirse en rey de Egipto), tíos a sobrinos (Seth intenta violar a Horus para desprestigiarlo y que así este no pueda reinar en el valle del Nilo), hijos a madres (Horus le corta la cabeza a su madre Isis en un ataque de celos; Geb viola a su madre Tefnut) o nietas a abuelos (Isis hace que una serpiente muerda a Ra para obligar a este a confesarle su nombre secreto).

Casos similares de violencia doméstica se describen también en la literatura egipcia, como la sirvienta apaleada por orden de su señora del papiro Westcar: «Pasaron los días y Reddjedet riñó a la sirvienta e hizo que se la castigara con golpes. Entonces la sirvienta dijo a las gentes que estaban en la casa: "¿Puede ella hacer esto contra mí?"».[45] O una mujer que intenta seducir a su atractivo cuñado y, al no dejarse este, convence a su marido de que la ha violado. Una noticia que genera en él unas comprensibles ansias asesinas, como leemos en el cuento de *Los dos hermanos*:

> Entonces el hermano mayor se puso como un leopardo del sur, agarró su lanza y la cogió en su mano. El hermano mayor esperó detrás de la puerta de su establo para matar a su hermano menor cuando viniera al anochecer para hacer entrar las bestias en el establo.[46]

45 J. López: *Cuentos y fábulas del antiguo Egipto*, 2005, p. 98.

46 J. López: *Cuentos y fábulas del antiguo Egipto*, 2005, pp. 125-136.

Toda esta violencia se podía ejercer, incluso, cuando la persona ya estaba muerta, mediante el uso de la *damnatio memoriae* (condena de la memoria), un sencillo ritual que consistía en borrar el nombre de la persona (una reina como Hatshepsut, por ejemplo) o del dios (como sucedió con Amón en la época amárnica) de cualquier texto que se encontrara. De este modo se hacía desaparecer el recuerdo de la persona y su existencia en el mundo quedaba en nada.

Y es que la vida a orillas del Nilo no era un bucólico remanso de paz donde las estaciones se sucedían generosas y todo el mundo vivía en pacífica coexistencia, alejado el hambre gracias a las puntuales aguas del Nilo. En realidad, las crecidas eran irregulares y pocas veces alcanzaban la altura perfecta: demasiado altas y todo quedaba inundado y destruido (las casas de adobes se deshacían como azucarillos en el café); demasiado bajas y muchos campos se quedaban sin regar y eso suponía una hambruna segura. Excepto los nobles, casi todos los egipcios se encontraron siempre al borde del hambre. Además, las condiciones higiénicas generales eran desastrosas, ni el alcantarillado ni la recogida de basuras existían, de modo que la salubridad de las casas era escasa y poblados, ciudades y campos de cultivo bullían de parásitos. Sin olvidarnos de las exigentes labores físicas que llevaban a cabo (trabajos pesados y peligrosos) ni del propio clima (el polvo constante y el sol), los cuales se cobraban un peaje en forma de lesiones, oftalmias, abrasiones en los dientes… Toda esta presión medioambiental y de subsistencia se sumaba a las tensiones propias de cualquier sociedad, generando una violencia latente que en ocasiones se manifestaba con desastrosos resultados. Las pruebas son innegables, la Antigüedad fue un mundo violento y los egipcios no fueron una excepción, como tampoco lo fueron en hacer uso del cerdo como insustituible fuente de proteínas con las que paliar los quejidos de su estómago.

3

Nos encanta la chacina, pero a los dioses no

En la consulta del psicólogo, el paciente le cuenta sus problemas con el deseo de que este pueda encontrar el origen o una explicación a sus cuitas personales. Y si nos imaginamos a un humanizado cerdo mientras visita al especialista, la verdad es que podemos comprender los motivos de su consulta. Da igual lo importante que haya sido y es para la alimentación humana desde su domesticación; por algún extraño motivo este animal, tan parecido a nosotros en lo biológico que nos sirve de campo de experimentación médica y como productor de sustancias como la insulina, siempre ha contado con un importante grupo de detractores. Dos conceptos del animal que en muchas ocasiones aparecen de forma simultánea, como podemos ver en dos ejemplos medievales del siglo XII; porque si el texto del *Liber de naturis rerum* destaca su valentía, su capacidad para alimentarse con cualquier cosa y la facilidad con la que tiene crías, el del *Liber animalium* lo califica de criatura que rechaza a Dios, porque nunca levanta la vista del suelo, y de ser despreciable, tan atacado por la glotonería que lo lleva a comer basuras e incluso a sus propias crías. Un desagrado que ha sido llevado al extremo para convertirlo en un animal impío e incomestible, por motivos desconocidos todavía, para la religión judía y la islámica. Hasta no hace demasiado tiempo, los egiptólogos pensaban que algo semejante había sucedido a orillas del Nilo con este suido, el cual habría sido considerado un animal impuro. Exactamente como ya dijera Heródoto, quien en su *Historia* (II, 47-48) cuenta que para los egipcios era un animal impuro, que los porqueros eran unos apestados sociales a quien nadie concedía su hija en matrimonio y que el sacrificio del animal estaba prohibido a todos los dioses, excepto a la Luna.

Algo de razón no le faltaba, porque la ausencia de representaciones de este animal en las paredes de las tumbas resultaba cuando menos sospechosa. Si de la época predinástica se conocen pequeñas figuritas con forma de cerdo talladas en diversos materiales e incluso la figura híbrida de barro de una diosa cerdo, inconfundible con su cabeza porcina y sus pechos, ese tipo de representaciones desaparecen por completo con la aparición de Estado. Hasta el punto de que solo se conoce una imagen de un cerdo del Reino Antiguo. Se encuentra en la mastaba de Kaiemhaset (v dinastía) y está tan deteriorada que no es posible ofrecer una identificación al cien por cien segura de lo que parece una pareja de cerdos mientras se acoplan. Con todo, siempre se ha identificado como un cochinillo al animal que un supervisor parece estar dando leche con la boca en la mastaba de Kagemni (vi dinastía). Desde luego, a primera vista lo parece, pero hay un detalle del relieve que permite verlo como lo que verdaderamente es: un cachorro de perro. Se trata de sus patas, que terminan con claridad en garras y no en las pezuñas partidas de los cerdos. Esculpir un cerdo y «olvidarse» de sus pezuñas no es un error que los artistas egipcios hubieran cometido, en especial cuando están trabajando para el visir. Una ausencia similar de representaciones encontramos durante el Reino Medio, donde solo en la tumba de Khety en Beni Hassan (xi dinastía) encontramos a una piara (un macho, cinco hembras y un cochinillo) que camina pacífica junto a un canal, en cuyas aguas un cocodrilo con las fauces abiertas muestra el lado peligroso de los campos egipcios.

Dando de «beber» a un cachorro de perro, que siempre se suele identificar como un cochinillo. Mastaba de Kagemni (foto del autor)

La cosa cambia un poco durante el Reino Nuevo. De esta época conocemos siete tumbas donde se representan cerdos, dos de ellas se encuentran en Elkab, las de Renni y Paheri, donde vemos a estos dos alcaldes tomar nota detallada de sus rebaños y piaras: «Realización del contaje del ganado por el alcalde de Iunyt, supervisor de los campos de la región del Sur, el hombre de confianza de su señor desde Perhathor hasta Nekheb, el escriba Pahery».[47] Las cinco restantes fueron excavadas en la necrópolis occidental de Tebas. Dos de ellas pertenecen a Ineni (TT 81) y a Amenemhat (TT 123), que asisten sentados al desfile de sus animales, entre los cuales hay una piara. Y, por una casualidad que nos permite ver que en el antiguo Egipto existían nombres que se ponían de moda, las tres últimas tumbas pertenecen a difuntos sin relación entre ellos, pero llamados todos Nebamón. Si en la TT 145 vemos de nuevo un recuento de ganado con cerdos, en la TT 24 y en la TT 146 podemos ver a una piara de cerdos que ayudan a introducir la simiente en el terreno tras la siembra.

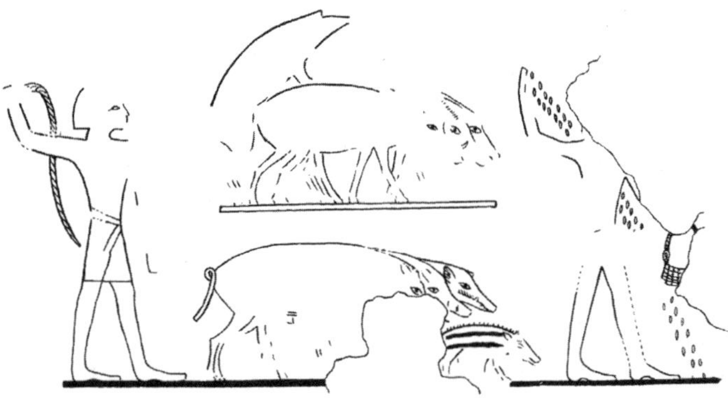

Alentados por un porquerizo, unos cerdos (dos de los cuales están copulando) caminan tras el granjero que siembra para introducir la simiente en la tierra. Tumba de Nebamón en Luxor (TT 24). XVIII dinastía (Newberry 1928, lám. XIX 2)

A partir de este momento no vuelve a haber representaciones de gorrinos en las tumbas, aunque sí los encontramos mencionados en algunos textos funerarios, donde no aparecen bajo la más favorecedora de las luces. Estas menciones sirvieron para confirmar a los estudiosos los motivos de la mala fama del animal. La cosa comienza ya con los

47 Elkab Tumba 3 (F. Pérez Vázquez: *El cerdo en el antiguo Egipto*, 2005, p. 49).

Textos de las Pirámides, donde podemos leer:

> ¡Ojalá que Horus no pueda ir con malas intenciones [= contra el rey difunto]! No le abras tus brazos, dile en cambio: «¡Tu nombre es "ciego a causa del cerdo"! Ve a Anpet [= Mendes] ve al norte, vea a Netjer [= Iseion]».[48]

Aquí el puerco aparece mencionado como causante de la ceguera de Horus. Una opinión negativa que explicaría su consideración de elemento impuro, como corroboran después los Textos de los Ataúdes, donde la carne de cochino está prohibida en una circunstancia concreta: «Conozco a las almas de Nekhen: es Horus, Duamutef y Qebehsenuef. A no decir comiendo cerdo»;[49] pero al fin se nos explica con detalle el motivo del supuesto aborrecimiento faraónico al cerdo:

> Entonces Ra dijo: «¡Vuelve a echar un vistazo entonces a este cerdo negro!». Entonces, Horus echó un vistazo al susodicho cerdo negro, y entonces Horus gritó debido al estado de su ojo que estaba enfurecido, y dijo: «Mira, mi ojo está como cuando ese primer golpe que Seth lanzó contra mi ojo». Entonces Horus perdió el conocimiento delante de él.
>
> Entonces Ra dijo: «¡Vosotros, ponedlo sobre su lecho hasta que recupere el conocimiento!». Es que Seth se había transformado contra él en cerdo, y entonces lanzó un golpe contra su ojo. Entonces Ra dijo: «El puerco es execrable para Horus». «¡Ojalá que recupere el conocimiento!», dijeron los dioses; de ahí la execración de este cerdo para el amor de Horus, por los dioses y sus seguidores; además, cuando todavía era un niño se le sacrificaba un cerdo, cuando su ojo todavía no estaba enfermo.[50]

Misterio resuelto. El cerdo era despreciado por los súbditos del faraón porque no era sino una manifestación de Seth. Como manifestación del dios del mal y el caos resulta lógico que fuera aborrecido y su carne no se consumiera y mucho menos se ofrendara a los dioses. De hecho, su carácter impuro es tal que en el Libro de los Muertos lo vemos «contaminando» un terreno y volviéndolo impracticable para según qué ritos:

> Actuar como sigue en la sala de las Dos Maat: que se recite esta fórmula estando puro, purificado, vestido con hábitos de lino, calzado con

48 Textos de las Pirámides, 534, § 1268b (Y. Volokhine: *Le porc en Égypte ancienne*, 2014, p. 110).
49 Textos de los Ataúdes, 158 (P. Barguet: *Textes des sarcophages*, 1986, p. 576).
50 Textos de los Ataúdes, 157 (P. Barguet: *Textes des sarcophages*, 1986, p. 574).

sandalias blancas, maquillado con galena, ungido con mirra. Ofrecer bueyes, aves, resina de terebinto, pan y cerveza, legumbres. Ahora bien, habrás trazado este dibujo por escrito sobre un suelo puro, con ocre de Nubia sembrada en una tierra que no hayan pisado ni cerdos ni ganado menor.[51]

Finalmente, es una imagen del Libro de las Puertas la que nos proporciona los últimos detalles de la malignidad del cerdo. Este aparece en el juicio de Osiris dentro de una barca junto con un mono armado con un bastón angulado, que parece presto a golpearlo con él. El gorrino es identificado como «aquel que traga». ¿Qué se ha tragado el cerdo? No cabe duda de que es el ya mencionado ojo de Horus, la Luna, que se ve obligado a escupir gracias a los golpes que le propina el dios Thot (en su forma de mono). De este modo se mantiene el orden cósmico, que ve aparecer y reaparecer diariamente a la luna, a la vez que el puerco se convierte en una imagen del difunto, que confiesa sus faltas y es juzgado por ellas ante el tribunal de los dioses presidido por Osiris. Todos estos rasgos negativos en el mundo de lo divino se transforman en el mundo real en una comparación con los rasgos menos atractivos del gorrino, es decir, su impaciencia y agresividad cuando está hambriento. Unos defectos que Intef, hijo de Sent, asegura no poseer en su estela de Abydos: «Soy amable en las oficinas, alguien tranquilo y que no lanza gruñidos. Soy amable y no irascible, alguien que no ataca a una persona por un comentario».[52]

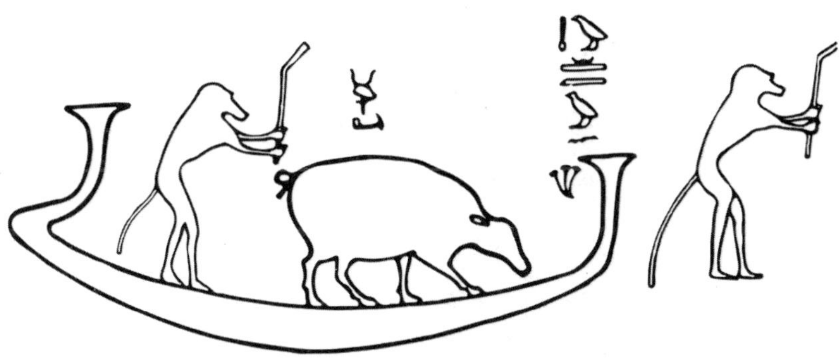

En el Libro de las Puertas, en la escena del juicio de Osiris aparece una barca con un mono que alza un bastón para golpear a un cerdo (modificada de Volokhine 2014, p. 119, fig. 21)

51 Libro de los Muertos, 125 (P. Barguet: *Le Livre des Morts des anciens égyptiens*, 1967, p. 165).

52 Museo Británico, EA581 (M. Lichtheim, *Ancient egyptian literature*, I, 1975, p. 122).

Lo realmente peculiar de los ejemplos anteriores son las anteojeras que Heródoto parece haber puesto a los historiadores al estudiar al animal; porque, si bien en ellos los aspectos negativos del cerdo son innegables, existen ejemplos similares donde el animal aparece como un objeto valioso. Y son tantos como para haberles permitido matizar la errónea opinión del historiador griego. Fijémonos primeramente en la literatura.

En el texto de *El campesino elocuente* se narran las desventuras de un campesino del Wadi Natrun llamado Khunanup que, cuando iba al mercado de Iti-Tawy a vender sus productos, es despojado de sus bienes por un abusivo funcionario de nombre Nemtynakhte. Ante tamaño abuso, va a reclamar justicia al superior de este, Rensi, quien tarda en hacer justicia porque queda tan prendado de la elocuencia del campesino que lo hace regresar una y otra vez ante él solo para tener el placer de volver a escucharlo. Finalmente, tras defender su causa ante el magistrado por novena vez, Rensi dicta justicia y al bueno de Khunanup no solo le devuelven sus bienes, sino que también le entregan los del malhechor:

> Entonces, el mayordomo jefe Rensi, el hijo de Meru, hizo que los guardias fueran a buscar a Nemtynakhte. Fue traído y una lista fue hecha de sus propiedades [...] seis sirvientes [...] su cebada, su trigo, sus burros, sus cerdos y sus rebaños [...] de Nemtynakhte le fue dado al campesino [...].[53]

La otra mención literaria a los cerdos aparece en un texto conocido como *Las admoniciones de un sabio egipcio*, donde se describen todas las calamidades que sufre el Doble País cuando desaparece el orden generado por el faraón:

> ¡Qué desgracia! ¡No se comen más que plantas y no se bebe sino agua! ¡No se encuentran ni frutos ni forraje para las aves; estamos reducidos a coger el grano de la boca de los cerdos! ¡Ningún rostro es agradable por la postración originada por el hambre![54]

Algo parecido referente a la alimentación de los cerdos nos encontramos en la tablilla Carnarvon, donde se habla de la presencia de los hicsos en Egipto y se dice al respecto:

53 V. A. Tobin: «The tale of the eloquent peasant», en W. K. Simpson (ed.): *The literature of ancient Egypt*, 2003, p. 44.

54 P. Leiden 244, r.º 6.1-3 (Y. Volokhine: *Le porc en Égypte ancienne*, 2014, p. 100).

> ¡Mirad, los *aamu* han avanzado hasta Cusae, han sacado sus lenguas a la vez! Tenemos seguridad en la posesión de nuestra Tierra Negra. Elefantina es fuerte y la parte media está con nosotros hasta Cusae. Los mejores de sus campos están siendo arados para nosotros. Nuestro ganado está en las marismas de papiro. El trigo es enviado a nuestros cerdos. Nadie se lleva nuestro ganado [...].[55]

Leyendo estos textos resulta evidente que los cerdos no solo no eran considerados despreciables, sino más bien al contrario, un bien valioso cuya alimentación se cuidaba tanto como para darles valioso grano. Valían tanto que eran una propiedad digna de ser dejada en herencia a un hijo, algo bien sabido desde que se tradujeron los textos de la tumba de Metjen (IV dinastía): «La propiedad de su padre, el juez y escriba Inpuemankh le fue dada, sin trigo y cebada y la propiedad de la heredad, pero con dependientes y rebaños de burros y de cerdos».[56] Pese a sus cortas patas, era una riqueza semoviente tan valiosa que ya desde el Reino Medio existen funcionarios encargados de supervisar su cría, como es el caso de Montuwoser (XII dinastía), quien en su estela funeraria nos cuenta: «Fui supervisor de reses, supervisor de cabras, supervisor de burros, supervisor de ovejas, supervisor de cerdos»,[57] además de presumir de su inmensa piara con el mismo orgullo que lo hace nuestro viejo conocido, Renni: «El noble, príncipe, supervisor de sacerdotes y escriba, Renni, viviente de nuevo, supervisando la realización del censo: 122 vacas, 100 ovejas, 1200 cabras y 1500 cerdos».

En los propios Textos de los Ataúdes encontramos alguna recitación neutra, donde los suidos aparecen como elemento habitual del mundo del valle del Nilo:

> Los halcones viven de los pájaros, los chacales de merodear, los puercos del desierto, los hipopótamos de las marismas, los hombres de Nepri, los cocodrilos de los peces, los peces del agua que está en el río, de acuerdo al orden de Atum...[58]

---

55 Tablilla Carnarvon (A. H. Gardiner: «The defeat of the hyksos by Kamose: the Carnarvon tablet, n.º I», *JEA*, 3 [1916], p. 103).

56 N. C. Strudwick: *Texts from the pyramid age*, 2005, p. 193, n.º 108.

57 The Metropolitan Museum of Art, 12.184 (M. Lichtheim: *Ancient egyptian autobiographies*, 1988, p. 104, n.º 44).

58 Textos de los Ataúdes, 80 (P. Barguet: *Textes des Sarcophages*, 1986, p. 473).

Los marranos son algo tan cercano y diario que incluso sirven como elemento de comparación favorable para el difunto: «El puerco yacía; el puerco está enfermo y, si están *(sic)* enfermos, aquí estoy enfermo también».[59] Y no terminan aquí las referencias funerarias al cerdo como un animal benéfico, si bien en este caso solo la hembra de la especie. En el Libro de Nut, la diosa del cielo se traga a sus hijas las estrellas al amanecer para parirlas de nuevo al anochecer, pero su esposo Geb, que no comprende al principio lo que ha sucedido, la llama: «Cerda que se come a sus lechones».[60] De este modo, utilizando un comportamiento de la gorrina primeriza o mal alimentada que se come a alguna de sus crías, los egipcios explican un fenómeno natural y, al hacerlo, identifican a esta con la diosa y califican de forma más que positiva al animal. Un animal, la «gran gorrina del norte del cielo», que aparece como la diosa celeste encargada de la salvaguardia de la Osa Mayor en el firmamento. Si bien, curiosamente, lo hace con forma de hipopótama híbrida; porque, de algún modo, en el ideario faraónico el «caballo de los ríos» y la cerda quedaron identificados. Esta capacidad protectora aparece también en la diosa Reret, cuyo nombre significa «la puerca», que de nuevo con forma de hipopótamo hembra híbrido aparece en los marfiles mágicos, con los cuales se creaba un entorno seguro para los recién nacidos y sus madres.

Del mismo modo, el decreto de Nauri proclamado por Seti I avisa de graves repercusiones contra cualquiera que se atreviera a robar las propiedades que alimentaban el funcionamiento del templo del rey en Abydos, entre las cuales menciona los cerdos. Unos animales que Amenhotep hijo de Hapu, jefe de los mayordomos del faraón Amenhotep III, se complace en donar en abundancia al templo de Ptah en Menfis: un millar de cerdos y un millar de lechones, nada menos. Un gesto que nada tiene de extraño, porque gracias a los calendarios de fiestas y ofrendas grabados en las paredes del templo de Medinet Habu sabemos que al dios Sokar se le ofrendaban una cabra y un cerdo el día 24 del 4.º mes de *akhet*. Solo con estos datos habría bastado para matizar desde un principio la relevancia de los cerdos en la sociedad faraónica, que la arqueología ha terminado por demostrar era notablemente más importante de lo sospechado. Solo

59 Textos de los Ataúdes, 107 (P. Barguet: *Textes des Sarcophages*, 1986, p. 144).
60 Y. Volokhine: *Le porc en l'Égypte ancienne*, 2014, p. 149.

necesitaba dedicar tiempo al estudio de los restos de animales encontrados en los yacimientos, algo que únicamente comenzó a hacer a partir de la década de 1970.

No hace demasiados años, en los estratos predinásticos de Sais, en el Delta, aparecieron importantes restos óseos de cerdos, semejantes a los encontrados en Fayum, Merimde, Maadi, Badari..., es decir, en todos los grandes yacimientos predinásticos egipcios. Por su parte, en 1983 se descubrió en el Delta occidental el poblado de Kom al-Hisn, fechado en el Reino Antiguo, cuya arqueofauna ofrecía unos datos muy peculiares. Por un lado, estaban los abundantes restos que demostraban la función del poblado como centro ganadero dedicado a la cría de reses. Por el otro, el análisis de los animales consumidos mostraba algo hasta entonces insospechado: el consumo de carne de cerdo era muy superior al de cabra y oveja, siendo el doble de importante para la alimentación del poblado que el de los ovicápridos. Las reses apenas contaban, porque una vez alcanzada la edad requerida eran trasladadas a algún lugar para su sacrificio y consumo. Pocos años después se descubriría dónde iban a parar y para qué: se trata del poblado de los trabajadores que construyeron las pirámides de Guiza, Heit al-Ghurab, hallado en 1989 y formado por varias zonas: el Recinto Occidental; el Recinto Oriental, donde están las galerías donde habitaban los trabajadores; la Ciudad Oeste, donde vivían los altos funcionarios; el Edificio Administrativo Real, donde trabajaban los escribas; y la Ciudad Oriental, donde quizá vivían los familiares de los trabajadores y otros grupos auxiliares. En el Recinto Oriental y en la Ciudad Oeste abundan los restos de consumo de reses y menguaba hasta casi ser nimio el de cerdos, lo que significaba que recibían su ración de proteínas de manos del faraón, que las producía en forma de vacas en Kom al-Hisn. Por el contrario, en la Ciudad Este, que no formaba parte de la estructura oficial destinada a los trabajadores, el consumo de cerdo era tan importante como en el poblado del Delta. Eran sus habitantes quienes habían de procurarse sus proteínas animales y el modo más sencillo de hacerlo era criando gorrinos. Tanta importancia tenían estos animales que, en tiempos de peligro, eran uno de los bienes que se intentaban poner a salvo, como vemos entre los escombros del saqueado templo de Mendes, en el Delta. Allí, entre los cadáveres de una sangrienta matanza a finales de la VI dinastía de la que lo desconocemos todo, los restos de un cerdo aparecieron entre los de dos varones adultos y un niño. ¿Una familia que huía de sus asesinos con su bien más valioso? No hay modo de saberlo.

Los cadáveres de un hombre y un cerco en el suelo de Mendes (Redford 2010, p. 49, fig. 4.10)

Sí sabemos, en cambio, que en el poblado de los trabajadores de Amarna sus habitantes se preocuparon de construir unas porquerizas adecuadas para criar a sus cerdos. Se trata del llamado edificio 400, formado por un patio común dotado de un abrevadero donde se alimentaba a los animales, que se encerraban en pequeños corrales de unos 2 m^2. Sin duda, los obreros de Akhenatón las consideraron necesarias para poder contar con un suministro adecuado de proteínas animales, alejados como estaban más de un kilómetro de la propia ciudad de Amarna donde, por cierto, los cerdos forman la mitad de los restos de animales que aparecen durante las excavaciones.

Otro lugar en el cual sabemos hubo este tipo de instalaciones para la cría de cerdos es en el poblado de los trabajadores de Deir al-Medina; más bien en sus cercanías, porque dentro del recinto solo había casas. Desafortunadamente no hemos encontrados restos físicos de ellos, pero sí documentación que los menciona:

> Hiciste para él buenos planes, y todo lo que decías era tenido en cuenta. E hiciste que fuera soltado [...] y me dijiste: «Debes ir a nuestra casa y entrar en un establo, aquel donde las dos cajas están junto a la *pocilga*. Mira en frente de esas dos muelas y encontrarás dos agujeros con las herramientas de cobre dentro de ellos».[61]

61 Ostracon British Museum 5631 recto (E. Wente: *Letters from ancient Egypt*, 1990, p. 146, n.º 196).

Como bien valioso, el cerdo era utilizado en todo tipo de transacciones entre particulares: «Otra cuestión: ve a coger el cerdo que Neby te dará y ocúpate de él»,[62] así le dice en una carta el portaestandarte Maiseti a un soldado llamado Hat. Y en uno de los ostraca (DeM 73 verso) encontrado en el poblado vemos que servía de moneda de cambio.[63] De tal modo que un particular pagó un ataúd decorado por el que le pedían 25,5 *deben* con una cabra de 3 *deben*, una cabra de 2 *deben*, dos troncos de sicómoro de 2 *deben*, un cerdo de 5 *deben*, una *tela* grande y una pequeña de 5 *deben* más 8,5 *deben* en fragmentos de bronce. A este documento le podemos añadir otro que parece ser una especie de recordatorio escrito para un porquero del Reino Nuevo:

> Cuenta del valor de arrendamiento de los cerdos que están en posesión del porquero Penmerur: cerdos diversos 50. Lo que le han confiado en el primer mes de la estación de *shemu*, el día 22 del año 3, la propiedad correspondiente por el servidor Peniay. Lo que se le ha confiado en el primer mes de la estación de *peret*, el día 28, en la barca del «superior de los barcos» Ykesem: 1 cerdo macho; lo que corresponde a: 2 cerdos jóvenes; 1 cerdo hembra preñado; lo que hace: 4 cerdos diversos; lo que se le ha confiado al superior de los almacenes Paser. Lo que le ha sido dado por el oficial de transporte Mia, que está destinado al transporte fluvial de cerdos: un cerdo; en total 5 cerdos.[64]

El cerdo es una máquina prodigiosa. Al ser omnívoro puede digerirlo casi todo, de modo que si se lo deja suelto por las calles se alimenta de lo que encuentra sin hacer ascos a nada, ni siquiera a los excrementos humanos, que los no muy higiénicos habitantes de las Dos Tierras amontonaban en los lugares de paso por fuera de sus casas. Por si fuera poco, no solo es capaz de producir carne y grasa a una velocidad notable, sino que tiene un par de amplias camadas al año y ni siquiera resulta necesario preocuparse de alimentarlo; aunque ya hemos visto que en los criaderos a los cerdos egipcios se les daba grano. Como saben los

---

62 Cairo 58054 (S. Thorpe, *Daily life in ancient egyptian personal correspondence*, 2021, p. 74).

63 Los egipcios no tenían moneda, pero sí una unidad de cambio, el *deben*, que en esta época equivalía a 91 g. Para realizar una transacción se calculaba el valor del objeto en *deben* teóricos y luego el pago se realizaba en bienes de diferentes valores teóricos (incluidos pedazos u objetos de metal) que sumaban la cantidad estipulada entre vendedor y comprador.

64 Papiro Cairo CG 58071 recto (Y. Volokhine: *Le porc en Égypte ancienne*, 2014, p. 183).

productores de jamón, el tipo de alimentación influye en su sabor. De hecho, como hemos visto antes en la tablilla Carnarvon, si los cerdos son cebados adecuadamente todo va bien, hay comida para todos y no merece la pena comenzar una guerra.

No solo se consumía su carne, se aprovechaba todo del cerdo. Sabemos por las etiquetas de algunos recipientes que la grasa de cerdo era un producto apreciado y, gracias a diversos textos médicos, que cualquier parte del gorrino servía para hacer un producto medicinal: dientes, cerebro, hiel, hígado, grasa, ojos, sangre e incluso ¡los excrementos! (en el capítulo 12 hay un ejemplo). Este uso medicinal de los gorrinos quizá pueda explicarse (entre otros varios motivos) porque los egipcios los veían a diario dejando limpios de basuras sus poblados y eso quizá sirvió para dotar a sus diversos componentes de un cierto valor terapéutico añadido: si eran capaces de «sanar» el poblado, igual podían sanar a una persona.

Son briznas de información las que se recogen al respecto, pero es innegable que los puercos eran una constante en el día a día del valle del Nilo. Y lo mejor de todo es que contamos con un testigo de primera mano, incapaz de mentir, que desecha por completo, si ello fuera necesario tras las páginas anteriores, que el cerdo era despreciado y no se consumía a orillas del Nilo durante la época faraónica. Se llama Nakht.

Nakht fue un tejedor del templo *keny* de Setnakhte, el primer faraón de la XX dinastía. No pertenecía a la clase superior de los trabajadores, ni mucho menos, quizá por ello su familia prescindió de la momificación a la hora de enterrarlo, limpio y vendado, en un ataúd de madera de una cierta calidad. Decimos su familia porque murió con entre catorce y dieciocho años, sin tiempo para haberse independizado y formar la suya propia; pero tras salir de una infancia malnutrida y repleta de infecciones, que se prolongaron especialmente durante sus dos últimos años de vida: antracosis (pulmones dañados al respirar a diario partículas de carbón), esquistosomiasis (enfermedad parasitaria que produce anemia), tenia (otro parásito intestinal que te roba parte de los nutrientes que comes), malaria (sí, el mosquito anófeles también hizo de las suyas con nuestro joven tejedor) y, la que más nos importa a nosotros, triquinosis, una infección parasitaria que se produce al consumir carne de cerdo poco o mal cocinada. Solo en torno al 35 % de los infectados mueren por la triquinosis, de modo que no podemos decir que comer cerdo matara a Nakht; pero sí que se combinó con el resto de sus infecciones y dolencias para acabar con su vida.

— II —
POR TIERRAS ASIÁTICAS

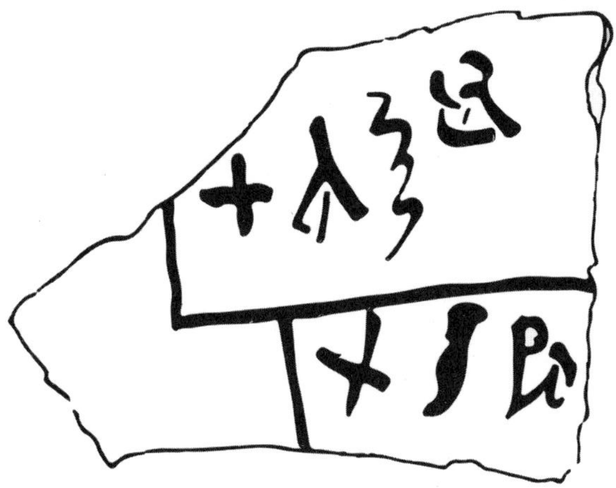

Lejos de ser un país contenido por su geografía, Egipto siempre estuvo en contacto con sus zonas limítrofes. En el norte, la zona de Siria-Palestina era un interesante lugar de paso, indefectible por cuestiones geográficas, por el que salían los productos africanos y llegaban los bienes de allende. Ya desde el Neolítico sabemos de los importantes contactos de los egipcios con la región, que se prolongaron hasta el final de la cultura faraónica independiente, en la época de esplendor de asirios, persas y macedonios. Hubo aquí aculturación no forzada que llevó, quién lo hubiera dicho, a la invención de la mayor de las herramientas de la cultura humana. Por supuesto, los egipcios incorporaron ese mundo ajeno a su literatura pasado por su particular filtro y, como donde las dan las toman, lo mismo sucedió al revés. Hasta el punto de que, en el libro más vendido de la historia de la humanidad, la Biblia, vemos no pocas salpicaduras faraónicas.

4

Una guía de viaje por Retenu

La relación entre el valle del Nilo y las tierras de Retenu —conocidas después como las bíblicas tierras del Canaán— se remonta a los primeros momentos de la historia faraónica, cuando la arqueología nos permite sospechar que fue insospechadamente estrecha. Solo hemos de fijarnos en una de las culturas predinásticas del valle del Nilo, Maadi (localizada a unos cinco kilómetros al sur de El Cairo y fechada entre el 4000 a. C. y el 3500 a. C.), la cual parece claro mantuvo fluidos contactos comerciales con esta región. Ese comercio llegó incluso al sur de Egipto, pues en la tumba U-j de Abydos aparecieron 750 recipientes importados con vino resinoso endulzado con higos, todos taponados con una tela o cuero sujetos en su sitio con una cuerda asegurada con un sello de barro del Nilo. Cuando algunos cientos de años después Egipto se convirtió en el primer Estado unificado de la historia (en torno al 3100 a. C.), estos contactos no solo no desaparecieron, sino que incluso se fortalecieron e incrementaron. Así nos lo cuentan los numerosos asentamientos faraónicos repartidos por el camino que recorre la costa y comunica el Delta egipcio con el sur de Palestina, en muchos de los cuales hubo población egipcia. De hecho, en varios de ellos como Ain Besor, Rafia, Tel Erani y Arad han aparecido sellos con el nombre del faraón Narmer; aunque no solo del fundador del Estado egipcio, porque en el primero de esos yacimientos se encontraron cerca de un centenar de fragmentos de sellos de varios de sus sucesores, como Djer, Den, Anedjib y probablemente Semerkhet. Seguramente fue por entonces cuando los pueblos de Siria-Palestina pasaron a ser uno de los «nueve arcos», que es como los textos egipcios se refieren a los enemigos tradicionales de Egipto. No es que existiera con ellos un constante estado de guerra, ni mucho menos, solo que los egipcios habían incorporado a los «asiáticos» a su esquema mental del mundo. Eran uno de los potenciales peligros que intentaban penetrar en la burbuja de orden rodeada de caos que la cosmografía egipcia consideraba era el valle del Nilo, cuyas fronteras el faraón tenía como tarea principal mantener intactas.

A pesar de su importancia hasta entonces, la presencia egipcia en el sur de Palestina desapareció de forma súbita durante la II dinastía por motivos mal conocidos. Esta tónica se mantuvo durante el Reino Antiguo, lo cual no significa que los contactos entre ambos territorios se interrumpieran. En la ciudad de Ebla (Tell Mardik, en lo que actualmente es Siria) se encontraron varios objetos de lujo con los cartuchos de los faraones Khafra y Pepi I; un indicio claro de la existencia de un comercio regular, o cuando menos de un intercambio de regalos institucionales, entre ambos reinos. Ese comercio alcanzaba al menos hasta la ciudad de Biblos, donde los egipcios iban a buscar madera de construcción desde como mínimo el reinado de Esnefru, quien se trajo de allí cuarenta barcos cargados. La importancia del comercio con Siria-Palestina era mucha, por eso los faraones se preocuparon por mantener expeditas a toda costa las vías comerciales terrestres que lo permitían, recurriendo a la fuerza cuando lo consideraron conveniente. Weni, un alto funcionario de época de Pepi I nos lo cuenta en su biografía (en el capítulo 2 hay otro atisbo de la misma):

> Cuando Su Majestad actuó contra los moradores de las arenas asiáticos, reunió un ejército de muchas decenas de millares [...]. Esta expedición regresó en paz, habiendo demolido sus fortalezas; esta expedición regresó en paz, habiendo talado sus higueras y viñedos; esta expedición regresó en paz, habiendo prendido fuego a todas sus casas; esta expedición regresó en paz, habiendo masacrado a las tropas allí en muchas decenas de millares; esta expedición regresó en paz, habiendo traído consigo a un gran número de las tropas de allí como cautivos.[65]

La de Weni es una de las primeras descripciones de Retenu que tenemos desde la perspectiva de los egipcios: la de una tierra aparentemente bien nutrida de árboles. Una descripción algo más pormenorizada nos la proporciona la que quizá sea la obra literaria faraónica más conocida: *Las aventuras de Sinuhe*.[66] La historia es como sigue: mientras su hijo Senuseret I

65 Museo de El Cairo CG 1435 (N. C. Strudwick: *Texts from the pyramid age*, 2005, pp. 354-355, n.º 256).

66 No confundir esta obra de la XII dinastía con la *novela* del mismo título de Mika Waltari, que transcurre en la XVIII dinastía.

se encontraba en el desierto occidental derrotando a los libios, el faraón Amenemhat I es asesinado en su palacio. Desde la capital se envían entonces mensajeros para comunicar la noticia al príncipe guerrero, que parte de inmediato a poner orden en la corte. De forma casual, Sinuhe escucha cómo esos mensajeros informan a otro de los príncipes del suceso y, aterrorizado porque él es un alto funcionario del harén —donde se ha gestado toda la conspiración—, decide abandonar Egipto camino de Retenu. Su primer problema fue atravesar la frontera del Delta, algo que consiguió aprovechando la noche para dejar atrás la línea de fortalezas que vigilaban el acceso al valle del Nilo; logrado esto, Sinuhe casi muere de sed en el desierto, del que fue rescatado por un pastor. Tras llegar hasta Biblos y pasar allí algún tiempo, Ammunensh, soberano de Retenu Superior, le ofrece cobijo en su corte y lo convierte en un gran personaje del idílico reino, al que desposa incluso con la primogénita de sus hijas:

> Era un buen país, su nombre era Iaa. Había higueras en él y viñas; tenía más vino que agua. Mucha era su miel, abundante su aceite, y había toda clase de frutas en sus árboles. Había cebada y trigo, y toda clase de ganados, sin límite.[67]

El alto cargo ejercido por Sinuhe en la corte del faraón y la posición geográfica de Retenu hicieron que el exiliado se convirtiera en punto de referencia para los viajeros egipcios que pasaban por la zona: «El mensajero que venía hacia el norte o que volvía hacia el sur, hacia la Residencia [= la corte del faraón], se detenía junto a mí»,[68] lo cual nos permite sospechar que quizá todo fue un montaje y que el exiliado egipcio estaba actuando como infiltrado del faraón en un punto neurálgico de la geopolítica de la zona. Mientras, veía a sus hijos convertirse en fuertes guerreros jefes de tribu, pero esta idílica existencia de Sinuhe perdió su atractivo al ver llegar la ancianidad, muchos años después. Entonces escribió una carta al soberano egipcio pidiéndole permiso para regresar, bien por nostalgia del Doble País, bien porque su tarea de espionaje había sido larga y se merecía un buen retiro. El deseo le es concedido y no solo es admitido en la corte como uno de los preferidos de la familia real, sino que el soberano le obsequia con todo tipo de bienes, incluida una tumba bien nutrida.

67 «Las aventuras de Sinuhé» (J. López: *Cuentos y fábulas del antiguo Egipto,* 2005, p. 48).
68 «Las aventuras de Sinuhé» (J. López: *Cuentos y fábulas del antiguo Egipto,* 2005, p. 49).

Como vemos, a pesar de que seguía sin haber poblaciones egipcias en Siria-Palestina, el contacto entre Retenu y el valle del Nilo nunca se interrumpió. Otro texto del Reino Medio nos habla del tipo de relación que existía por entonces entre ambas tierras, que era fundamentalmente comercial. En la tumba de Khnumhotep II en Beni Hassan no solo se nos describe, sino que vemos cómo tenía lugar. En una de las escenas que decoran las paredes aparece una larga fila de beduinos asiáticos llegados a Egipto con sus mercancías. Se trata del jefe Abishay acompañado de su familia y su caravana de asnos cargados de productos. Fiel a la tradición burocrática egipcia, el texto describe la visita de los cananeos como sigue:

> Sexto año bajo la majestad del Horus Semtauy, el rey de Egipto Senuseret II. Relación de los cananeos que vienen con *kohol*, que trajo consigo el hijo del jefe Khnumhotep. Número total de cananeos del país de Neshu: treinta y siete.[69]

Como resulta evidente por los textos que acabamos de mencionar y por las mercancías que se intercambiaban, las relaciones entre Egipto y Retenu no da la impresión de haberse interrumpido nunca. De hecho, hasta el Reino Nuevo parecen haber sido mayormente amistosas y pacíficas; sin embargo, su ya mencionada visión del mundo obligaba a los egipcios a dejar a un lado esta realidad cada vez que mencionaban o representaban a los extranjeros (en este caso los asiáticos). Así, cuando en los textos o imágenes oficiales nos encontramos con un asiático, tanto su imagen como la de su modo de vida o su territorio son despreciados y vilipendiados sin piedad. El motivo es muy sencillo: dado que para los egipcios las cosas escritas/dibujadas cobraban vida al ser leídas, al someter virtualmente a todos los extranjeros en sus documentos generaban la magia simpática que permitiría derrotarlos y tenerlos controlados en el mundo real. En las *Instrucciones para Merikara* se dice de ellos:

> Pero, al respecto de los extranjeros, dicho sea esto: el vil asiático sufre por el lugar donde se encuentra, escaso de agua, carece de muchos árboles y los caminos difíciles debido a las montañas. Nunca se ha asentado en un lugar, acuciado por la necesidad deambula a pie por el desierto. Ha estado luchando desde el tiempo de Horus. Ni conquista ni puede ser conquistado. No anuncia el día de la lucha, es como un ladrón al cual la sociedad ha expulsado.

---

69 J. M. Galán: *Cuatro viajes en la literatura del antiguo Egipto*, 2.ª ed. 2000, p. 71.

> Pero, del mismo modo que vivo y seré lo que soy, estos bárbaros eran como una fortaleza sellada que he rodeado y asediado. Hice que el Delta los golpeara, capturé a su gente y me apoderé de su ganado, hasta el punto de que los asiáticos detestaron Egipto. No te preocupes por él, pues el asiático no es sino un cocodrilo en su orilla del río, el cual ataca en un camino solitario, pero no invade la zona de una ciudad populosa.[70]

Como descripción no puede ser más negativa y contundente. El mundo alejado de Egipto (Siria-Palestina en este caso) es un lugar de pesadilla, donde las fuerzas del caos campan por sus respetos. Es una tierra repleta de desoladas montañas, a la par que falta de vegetación y reseca, pues no cuenta con el Nilo y su benéfica crecida dadora de vida. Lógicamente, estas circunstancias se reflejan también en sus habitantes, porque el asiático carece de cualquier rastro de civilización. Dado que no vive en un mundo dominado por el equilibrio y el orden, no hace sino vagar por el desierto sin destino, imposible de conquistar, incapaz de asentarse. Más que personas parecen animales salvajes, con los que comparten tanto el modo de actuar, errabundo e impredecible, como el mundo desequilibrado donde habitan. No hay más que ver cómo se comporta en la guerra, durante la cual no sigue las normas; pues ataca siempre a traición y de modo imprevisto, con aviesas intenciones. El asiático es cobarde y temible como el cocodrilo, porque solo se atreve a atacar cuando la presa está sola, nunca cuando hay una muchedumbre. Como habitante del caos, el asiático (los nueve arcos, en realidad) es un pusilánime incivilizado.

Durante el Segundo Período Intermedio, algo más de la mitad septentrional del valle del Nilo estuvo dominada por una dinastía de origen asiático, los hicsos. Durante años mantuvieron una lucha por el poder con los príncipes tebanos de la XVII dinastía, hasta que finalmente estos consiguieron acorralarlos en su capital en el Delta, Avaris. Sería el faraón Ahmose quien consiguió derrotarlos, unificando así el valle del Nilo y dando comienzo con ello a la primera dinastía del Reino Nuevo, la XVIII. El nuevo monarca del Doble País no se limitó a expulsar a los hicsos, sino que los persiguió hasta sus bases en Siria-Palestina, inaugurando así una política que continuarían todos sus sucesores. Egipto se convirtió entonces por primera vez en un imperio

70 «The teaching for king Merikare» (W. K. Simpson, en ídem (ed.): *The literature of ancient Egypt*, 2003, pp. 161-162).

que extendía su dominio territorial por Nubia (en el sur) y político por toda Siria-Palestina, cuyos reyezuelos mantenían su independencia, pero reconocían al faraón como la potencia superior a la que debían pagar tributo. Algo que los soberanos egipcios se encargaban de recordarles a menudo con incursiones casi anuales, que muchas veces no eran sino meros alardes de poder militar sin enfrentamientos bélicos. Además del tributo, por supuesto, el interés principal de los egipcios fue el control de las vías de acceso al imprescindible estaño, sin el cual no se podía fabricar la aleación mágica del momento, el bronce. Esto hubiera supuesto no disponer de más metal que el cobre para fabricar armamento y objetos de lujo, lo cual era inconcebible.

Con todo y con eso, hubo faraones como Tutmosis III que mostraron un interés genuino por el territorio sirio-palestino, que gracias a él podemos conocer un poco mejor. Mientras anduvo de campaña, el faraón se entretuvo con el gran pasatiempo regio: la caza, que casi termina mal para él. Así nos lo cuenta uno de sus oficiales de confianza, Amenemheb, apodado Mahu:

> Volví a presenciar otra ocasión magnífica llevada a cabo por el señor de las Dos Tierras en Niy. Cazó 120 elefantes con sus colmillos. Yo tomé entonces al elefante más grande de entre ellos, que estaba luchando contra su majestad. Yo fui quien cortó su mano [= trompa], cuando todavía estaba vivo ante su majestad y yo estaba de pie en el agua, entre dos rocas. Mi señor me recompensó, entonces, con oro [...] 5 piezas de tela.[71]

Estamos, por tanto, ante un paisaje de sabana capaz de soportar grandes rebaños de proboscídeos y otro tipo de animales como leones. Su interés no fue puramente cinegético, porque el gran conquistador egipcio decoró una parte del Akh-Menu («el más glorioso de los monumentos»)[72] con todo un compendio de las plantas y animales que se fue encontrando en Siria-Palestina durante las dieciocho campañas militares que dirigió contra la región. Es lo que se conoce como el «jardín botánico de Karnak»:

---

71 Tumba TT 85 en Sheikh abd al-Qurna (J. M. Galán: *El imperio egipcio*, 2002, p. 131).

72 Se trata del edificio construido para la celebración de la primera fiesta *Sed* de este faraón, situado en la parte más oriental del templo de Amón en Karnak, detrás el sanctasanctórum.

Detalle de uno de los relieves que decoran el «jardín botánico» del Akh-menu de Tutmosis III en el templo de Amón en Karnak. XVIII dinastía (foto del autor)

> Año 25 bajo el rey de Egipto Menkheperra —¡que viva por siempre!—. Plantas que su majestad encontró de la tierra extranjera de Retenu.
>
> [...] todas las plantas extrañas, todas las flores típicas que están en la Tierra-de-dios que su majestad trajo, cuando su majestad prosiguió hacia el Alto Retenu para derrotar a las tierras extranjeras del norte, según había ordenado su padre Amón...[73]

Por supuesto, el interés económico de Egipto era compartido por las demás potencias de la zona, con las que el país del Nilo mantuvo sus dimes y diretes tanto diplomáticos como bélicos. En un principio se trató del reino que los egipcios llamaban Naharina, más conocido entre nosotros como Mitani. Una potencia efímera (1500-1300 a. C. aproximadamente) cuyo núcleo se encontraba al noreste de Siria y de la cual todavía hoy conocemos muy poco; al punto de que la localización exacta de sus dos capitales, Washshukanni y Taidu, sigue siendo desconocida. En su momento de mayor extensión sus dominios alcanzaban desde el Mediterráneo hasta las montañas del Zagros, encontrándose rodeado al noroeste por Hatti, al sureste por Asiria y al suroeste por el control egipcio sobre Canaán. De hecho, los primeros enfrentamientos de Egipto y Naharina comenzaron con Tutmosis I,

73 J. M. Galán: *El imperio egipcio*, 2002, p. 108.

como nos explica en su tumba Ahmose, hijo de Abana: «Después de esto, su majestad procedió hacia Retenu, para descargar su furia por todas esas tierras. Cuando su majestad alcanzó Naharina, su majestad encontró a ese enemigo reuniendo tropas. Entonces su majestad causó una gran matanza entre ellos».[74] Un estado de conflicto que se perpetuó hasta el reinado de Amenhotep II, cuando entre ambos reinos se estableció una alianza:

> Cuando el príncipe de Naharina, el príncipe de Hatti y el príncipe de Sangar [= Babilonia] oyeron sobre la gran victoria que yo había conseguido, todos rivalizaron el uno con el otro para ofrendarme todos los productos de su país. Hablaron en su corazón al padre de sus padres, con el fin de implorar la paz ante su majestad y obtener que se les diera el aliento de vida.[75]

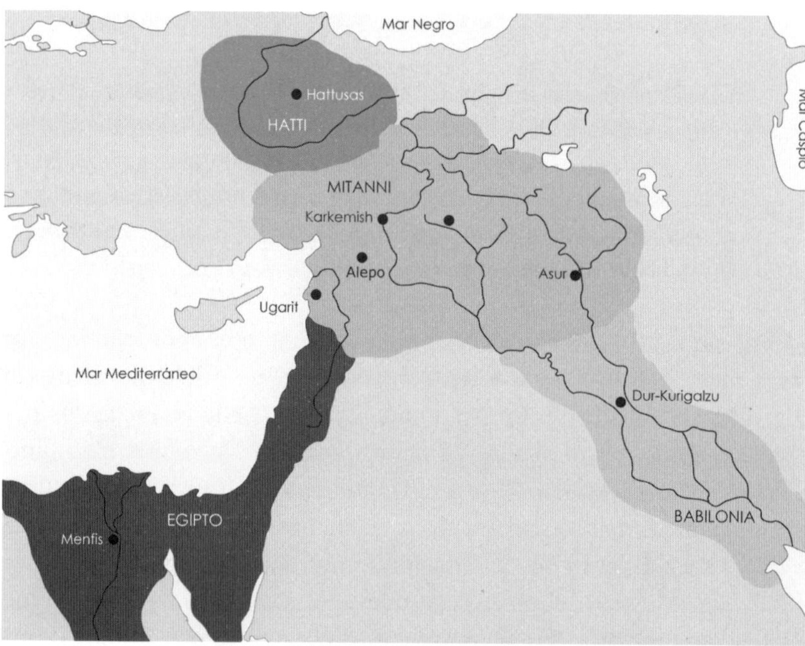

Mapa con las principales potencias del Mediterráneo oriental c. 1400 a. C. (dibujo del autor)

74 M. Lichtheim: *Ancient egyptian literature*, II, 1976, p. 14.
75 Estela del templo de Amada (C. Lalouette: *Thèbes*, 1995, p. 392).

Este cese de hostilidades fue duradero y pareció consolidarse con el matrimonio de su hijo, Tutmosis IV, con una princesa mitania, enlace que su nieto, Amenhotep III, repitió por partida doble con las princesas mitanias Tadu-Hepa y Gilu-Hepa.

Las cartas de Amarna, parte de la correspondencia diplomática intercambiada entre la corte egipcia de Amenhotep III y Akhenatón y el resto de reyes y príncipes de Siria-Palestina, permite hacerse una idea cabal, pero fragmentaria, del tipo de relación existente entre ellos. Cuando el remitente escribía a un soberano al que consideraba un igual lo dejaba claro en la salutación: «Di al rey de Egipto, mi hermano: mensaje del rey de Alashiya [= Chipre]. Para mí todo va bien y ojalá que para ti todo vaya bien»,[76] señalando la ausencia de jerarquía entre ellos. Cuando existía una relación de subordinación, la adulación del uno hacia el otro era evidente, tanto como su deseo de mostrarse como un vasallo fiel y cumplidor, siempre atento a satisfacer los deseos del faraón y mantenerlo informado de las cosas de la región:

> Al rey, nuestro señor: mensaje de Baaluya y mensaje de Bet-ili. Caemos a los pies de nuestro señor. Ojalá todo vaya bien para nuestro señor. Aquí, con las tierras de nuestro señor todo va muy bien.
>
> [...]
>
> Además, ¡hemos oído lo siguiente: Zitana ha llegado y hay 90 000 infantes que han llegado con él. No obstante, no hemos confirmado el informe, si están realmente allí y han llegado a Nuhashshe, de modo que voy a enviar a Bet-ili hacia él. Tan pronto como nos reunamos con ellos, de inmediato enviaré a mi mensajero para que pueda informarte de si es o no así.[77]

En el texto de la paz internacional conseguida por Amenhotep II aparece otra de las principales potencias de la región, Hatti. El núcleo del reino hitita, algo más longevo que Mitani (1600-1100 a. C. aproximadamente), se encontraba en la zona central de la península anatólica y su capital era Hatusas, descubierta en 1906. Pese a sus constantes luchas de poder en la corte, Hatti demostró ser más fuerte que Mitani, de la cual terminó apoderándose, quedando como la única potencia que hacía frente a los egipcios en Retenu. Con ese impulso, los hititas se apoderaron de algunos principados cananeos

76 W. L. Moran: *The Amarna letters*, 1992, p. 111, EA 38.
77 W. L. Moran: *The Amarna letters*, 1992, p. 257, EA 170.

que siempre habían «pertenecido» al bando egipcio, como Kadesh, centro neurálgico de comunicaciones. La lógica reacción egipcia supuso muchos años de enfrentamientos bélicos. No obstante los cuales, el respeto entre ambos reinos existía. ¿Cómo si no explicarse la llamada de auxilio que Ankhesenamón, la reina viuda de Tutankhamón, realizó a Suppiluliuma pidiéndole que le enviara a uno de sus muchos hijos varones para desposarse con ella y convertirse así en rey de Egipto?:

> Mi esposo ha muerto. Un hijo no tengo. Pero para ti, dicen, los hijos son muchos. Si me dieras uno de tus hijos se convertiría en mi esposo. ¡Nunca escogeré a uno de mis sirvientes para convertirlo en mi esposo![78]

Al principio el rey hitita se muestra lógicamente receloso, pero tras comprobar sus enviados que la propuesta era seria, mandó a Egipto a su hijo Zannanza, el cual resultó asesinado de camino al tiempo que los ejércitos egipcios pasaban a la ofensiva. Estos enfrentamientos alcanzaron su clímax décadas después, en el año 5 del reinado de Ramsés II, con la famosa batalla de Kadesh, la cual terminó en tablas en lo militar; pero en lo político con la ciudad en manos hititas.

Resulta interesante comprobar que de resultas del dominio del faraón sobre una parte importante de Siria-Palestina, a partir de la XIX dinastía en las fuentes egipcias el asiático deja de ser un nómada carente de hogar fijo, para pasar a ser un peligro que espera paciente tras las murallas de una ciudad fortificada. Tan paciente que nuevas potencias como Asiria estaban naciendo en la región. Lo mismo Egipto que Hatti, a cuyas puertas comenzaba a llamar, se dieron cuenta de la conveniencia de dejar de lado sus viejas rencillas para así poder concentrarse en conservar el *statu quo*. El tratado de paz entre Hattusil III y Ramsés II se firmó el año 21 del reinado del faraón.

Sin duda, el acuerdo de paz permitió prolongar algunos decenios el control de ambas potencias en Siria-Palestina; pero como nada es eterno, a finales de la XIX dinastía el equilibrio sociopolítico estaba cambiando, no solo en el valle del Nilo, sino también en Retenu, que vio cómo el dominio faraónico menguaba y pasaba a convertirse en un lejano recuerdo. Un texto egipcio titulado *Las desventuras de*

78 H. G. Güterbock: «The deeds of Suppiluliuma as told by his son, Mursilli II», *Journal of Cuneiform Studies* 10[3] (1956), pp. 94-95.

Wenamón es muy revelador al respecto. Narra el viaje hasta Biblos de un funcionario del templo de Karnak a finales de la xx dinastía. ¿Su misión? Conseguir madera para construirle una barca a Amón. Por desgracia para él, las cosas no eran como antes, como comprueba en sus carnes cuando le roban el dinero y se presenta ante el soberano de Biblos intentado conseguir la madera sin pagarla. Lo que un siglo antes hubiera podido comprar a crédito sin problemas, hoy se le exigía con malas maneras y un trato displicente y despectivo que lo pagara por adelantado:

> En cuanto a mí mismo, no soy, yo no soy tu servidor, ni soy tampoco el servidor de quien te ha enviado. Cuando llamo gritando hacia el Líbano, el cielo se abre y los maderos están ahí, depositados a la orilla del mar.[79]

¡Si Tutmosis III levantara la cabeza!

Finalmente, durante la Baja Época el control egipcio sobre Canaán desaparece por completo; sin embargo, el recuerdo de la antigua grandeza imperial estaba grabado en la memoria de todos los faraones y hubo alguno que quiso recuperarla. Unos intentos que quedaron registrados en los anales históricos de los reinos que por entonces se repartían el territorio cananeo. Si durante la xviii dinastía fueron los anales del reino hitita, durante la xxii dinastía fue la Biblia.

Sería el fundador de la xxii dinastía, Sheshonq, quien intentó reconquistar Canaán en el vigésimo año de su reinado, cuando su posición como faraón había quedado ya firmemente establecida. Esta exitosa primera campaña fue descrita por los egipcios en el portal Bubastita de Karnak, mientras que el punto de vista contrario, el de los pueblos que sufrieron sus consecuencias, aparece en dos cortos textos bíblicos. El primero es poco más que la mención del suceso y de los latrocinios sufridos por Jerusalén a manos de los soldados del faraón:

> Y sucedió que, el quinto año del rey Roboam, Shishaq, monarca de Egipto, subió contra Jerusalén y se apoderó de los tesoros de la Casa de Yahveh y del palacio real; todo lo cogió. Asimismo, cogió todos los escudos de oro que Salomón había fabricado.[80]

79 J. López: *Cuentos y fábulas del antiguo Egipto*, 2005, p. 202.
80 I Reyes 14, 25-26.

Algunos detalles más encontramos en el segundo, que menciona la composición de las fuerzas atacantes:

> Y el año quinto del rey Roboam. Shishaq, rey de Egipto, subió contra Jerusalén —pues fueron desleales a Yahveh—con mil doscientos carros y sesenta mil jinetes, siendo innumerable el ejército que vino con él de Egipto: libios, sukkíes y etíopes. Y se apoderó de las ciudades fortificadas de Judá y llegó hasta Jerusalén.[81]

Desgraciadamente para los egipcios, el éxito alcanzado no tuvo continuidad, porque Sheshonq falleció al poco de regresar a Egipto y ninguno de sus sucesores quiso —o pudo— continuar su política extranjera. Un intento consiguieron hacer por renovarla los faraones nubios de la XXV dinastía, quienes tras conquistar Egipto se asomaron a Canaán con ganas de reverdecer el poderío egipcio. Para su desgracia, con ello solo consiguieron irritar al intratable Imperio asirio, que por entonces se había erigido en el dominador de la región, el cual acabó por invadir y conquistar Egipto expulsando del mismo al último soberano kushita.

Los problemas internos de Asiria permitieron que en el Doble País surgiera la XXVI dinastía, llamada saíta por su ciudad de origen, Sais, en el Delta. Se trata de un período de renacimiento faraónico en lo económico y cultural, el cual culminó con un nuevo intento de participar en la política regional del Canaán, dominada por entonces por el Imperio persa, que había derrotado al asirio sin contemplaciones. Irritados por la injerencia faraónica, los persas conquistaron Egipto y sus soberanos se convirtieron en la XXVII dinastía. Tras un breve período de recuperada libertad, obtenida por las efímeras XXVIII, XXIX y XXX dinastías merced a los problemas internos en la corte del rey de reyes, los persas conquistaron de nuevo el valle del Nilo esta vez de forma definitiva. Un control solo terminado con su derrota ante Alejandro Magno y la coronación de este como nuevo faraón en el 332 a. C.; pero en cuanto pudieron, los flamantes soberanos ptolemaicos regresaron de nuevo a Retenu para convertirlo en parachoques ante posibles intentos de invasión del valle del Nilo. Para entonces, un invento nacido por culpa de la influencia cultural egipcia, el alfabeto, hacía siglos que se había impuesto definitivamente como sistema de escritura en el mundo mediterráneo.

---

81 2 Crónicas 12, 2-3.

5

El alfabeto que no inventaron los fenicios

Hoy día, la lectura es una herramienta que empezamos a controlar, o al menos nuestros profesores se esfuerzan en que lo consigamos, desde que tenemos apenas cuatro o cinco años de edad. A partir de unos mimbres básicos que pasan por aprenderse menos de treinta signos diferentes, lentamente vamos cogiendo soltura en su manejo y a los pocos años gracias a ella tenemos a nuestro alcance todo el conocimiento acumulado por la humanidad. Este invento genial tardó bastante en estar disponible para el almacenamiento de información, pues los primeros sistemas de escritura no fueron alfabéticos, sino que utilizaban pequeños dibujos (ideogramas) para transmitir su mensaje.

La escritura apareció de forma prácticamente simultánea en Egipto y Mesopotamia, si bien durante décadas se pensó que el honor de la invención le correspondía a la Tierra entre los Ríos, de donde los egipcios habrían copiado/adaptado la idea de usar pequeños signos como sistema mnemotécnico. El origen de esta hipótesis fue la ausencia de documentación sobre los primeros pasos de la escritura en el valle del Nilo, justo lo contrario que sucedía en Mesopotamia, donde esa evolución estaba perfectamente documentada. La cosa habría sido como sigue. Por motivos evidentes relacionados con su bienestar y el pago de impuestos, la gente quería conservar una memoria física de sus posesiones, de modo que crearon unas pequeñas fichas de barro de formas simples (canicas, conos, discos...), a cada una de las cuales identificaron con un producto diferente. Fichas que después se hicieron algo más complejas al añadírseles marcas, de tal modo que un disco con una cruz pasó a significar «cabras, ovejas», un disco con rayas horizontales «lana» y un cuarto lunar con rayas horizontales «plata». Al cabo del tiempo decidieron que para no perderlas lo mejor era guardarlas todas juntas dentro de una bola de barro; pero al hacerlo se dieron cuenta de que cada vez que necesitaban comprobar las cantidades había que romper la bola, lo cual no era muy práctico. Se pasó entonces a presionar en el exterior de la bola las diversas fichas que iba a contener, haciendo así innecesario romper el envoltorio cada vez. No pasó mucho tiempo antes de que alguien se diera cuenta de que ni las fichas ni la bola eran necesarias: bastaba con los signos escritos en el exterior. A partir de aquí el sistema se fue haciendo más complejo y sutil hasta convertirse en una escritura completa. De hecho, como dibujar en el barro húmedo es bastante incómodo, estos primeros ideogramas acabaron siendo representados mediante diferentes incisiones de la punta del cálamo, naciendo así la escritura cuneiforme. La fecha tradicional para la invención de la escritura mesopotámica es el 3200 a. C. en la ciudad de Uruk. Tenemos, incluso, un texto sumerio de c. 2100-2000 a. C. donde se explica cómo sucedió todo:

> Su discurso fue muy impresionante; su significado muy profundo; la boca del mensajero fue demasiado pesada; no pudo repetirlo. Como la boca del mensajero fue demasiado pesada y no pudo repetirlo, el señor de Kulab [= Enmerkar] moldeó un poco de arcilla y puso las palabras en ella como sobre una tablilla. Antes de ese día palabras sobre arcilla nunca había habido; pero ahora, cuando el sol se elevó ese día… ¡así fue! El señor de Kulab había puesto palabras como sobre una tablilla… ¡así fue![82]

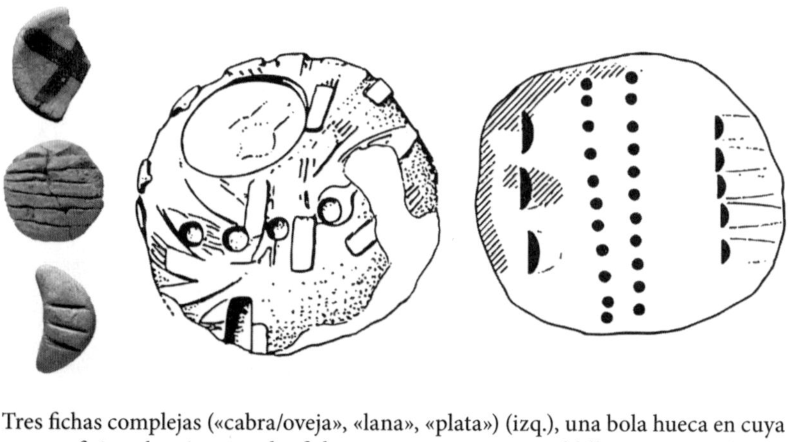

Tres fichas complejas («cabra/oveja», «lana», «plata») (izq.), una bola hueca en cuya superficie se han impreso las fichas que contiene y una tablilla numérica (der.) (Woods, 2010, p. 61: cat. 24, p. 62: cats. 27 y 28; Cooper, 2004, p. 75, figs. 4.3 y 4.4)

82 «Enmerkar y el señor de Aratta» (H. L. J. Vanstiphout: *Epics of sumerian kings,* 2003, p. 85, líneas 500-506).

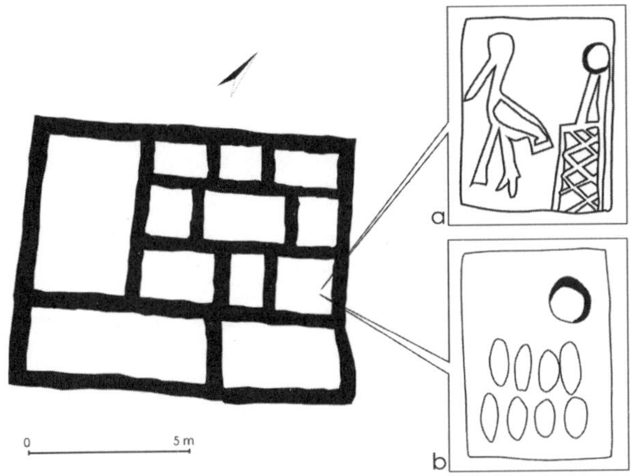

Planta de la tumba U-j de Abydos con dos ejemplos de etiquetas con escritura arcaica: a) el nombre de la ciudad de Bubastis; b) la cifra ocho (dibujo del autor)

En cambio, se tenía la impresión de que en Egipto la escritura jeroglífica surgía de la nada como una herramienta lista para su uso justo con la I dinastía y la aparición del Estado. Era como si de un día para otro se hubiera pasado de una sociedad que no sabía escribir a otra que tenía archivos oficiales y bibliotecas. La única conclusión lógica era que la idea de la escritura había sido inventada en la tierra del Tigris y el Éufrates, y llevada hasta el valle del Nilo gracias a los contactos comerciales entre una y otra. Así, tras haber comprobado la utilidad de la herramienta, los egipcios habrían decidido desarrollar su propio sistema adoptado a su lengua; pero recientes hallazgos arqueológicos han terminado por demostrar que no sucedió así. El culpable de este cambio de perspectiva fue el descubrimiento de la tumba U-j en el cementerio real de Abydos, fechada en el 3320 a. C. Perteneciente a un soberano anónimo de la dinastía 0, ya hemos visto en el capítulo 4 que contenía un importante ajuar funerario el cual fue cuidadosamente inventariado. Unos 125 recipientes recibieron una inscripción con tinta, que en otros 160 recipientes fue sustituida por una diminuta etiqueta de hueso o marfil (un puñado de ellas son de piedra) de apenas unos centímetros de lado atada al cuello de los mismos. Algunas podemos leerlas y son las primeras muestras que poseemos de escritura egipcia, menos estructurada que la que encontraremos después en las dinastías tinitas; pero por ello mismo prueba de una invención autóctona en el valle del Nilo. Sus antecedentes serían las cerca de dos mil marcas de alfarero de las épocas anteriores, entre las cuales encontramos ya signos como (dios) , (territorio montañoso) , (corona roja) , (cerrojo) , que luego formarán parte de los jeroglíficos habituales utilizados por los escribas faraónicos.

Fueron los primeros pasos de una escritura que no escribía vocales (algunas semivocales) e interpretaba los jeroglíficos como estructuras de una, dos o tres consonantes con las cuales formaban las palabras.[83] Para facilitar su lectura, estos fonogramas eran acompañados de un par de ayudas visuales, cuya información se sumaba al fonograma sin añadirle consonantes. La primera eran los complementos fonéticos, un grupo de veinticinco jeroglíficos (con seis variantes) equivalentes cada uno a una única consonante o semivocal. Colocados detrás de cada jeroglífico informaban al lector sobre la estructura consonántica de cada uno.[84] La segunda ayuda es un jeroglífico que tampoco se lee e informa al lector del grupo semántico al que pertenece la palabra, como puede ser un árbol 𓆭. En cuanto a sintaxis, la frase en egipcio siempre empieza con el verbo, al que sigue el sujeto, al que siguen a su vez los complementos, que siempre van en este orden: directo, indirecto y circunstancial. Solo cuando uno de ellos se pronominaliza pasa a escribirse inmediatamente detrás del sujeto. Para complicar algo más la cosa, como dibujar ideogramas es bastante lento e incómodo, los escribas terminaron por utilizarlos solo para escribir en monumentos y estelas, inventándose una escritura cursiva que simplificaba enormemente la forma de los ideogramas y permitía escribirlos con rapidez. Se trata del hierático, utilizado en las cosas del día a día, como escribir cartas, llevar la contabilidad, etc. Dado que los escribas lo escribían con rapidez, muchas veces terminaban uniendo los signos con ligaduras, lo que dificulta la lectura. Milenios después, de esta escritura cursiva surgió otra, el demótico, donde los signos ya no se parecen en nada a los jeroglíficos originales. Tras la escritura del último texto jeroglífico datado que se conoce, en la pared del templo de la isla de File el 24 de agosto del 394 a. C., no sería hasta 1822 cuando el genio de Jean-François Champollion, sumado al trabajo previo de otros estudiosos como Thomas Young, consiguió desentrañar la escritura de los faraones. No fue sencillo, porque desde hacía milenios para escribir en Occidente se utilizaba el alfabeto y los jeroglíficos era una escritura por completo enigmática que se pensaba era simbólica, solo cuando se desechó esa idea se pudo avanzar en su desciframiento.

83 Cuando es necesario, para poder pronunciarlas, en sus transcripciones los egiptólogos añaden una «e» entre las consonantes.

84 No se escribían siempre y no siempre había un signo monolítero (así se llaman) por cada consonante del jeroglífico.

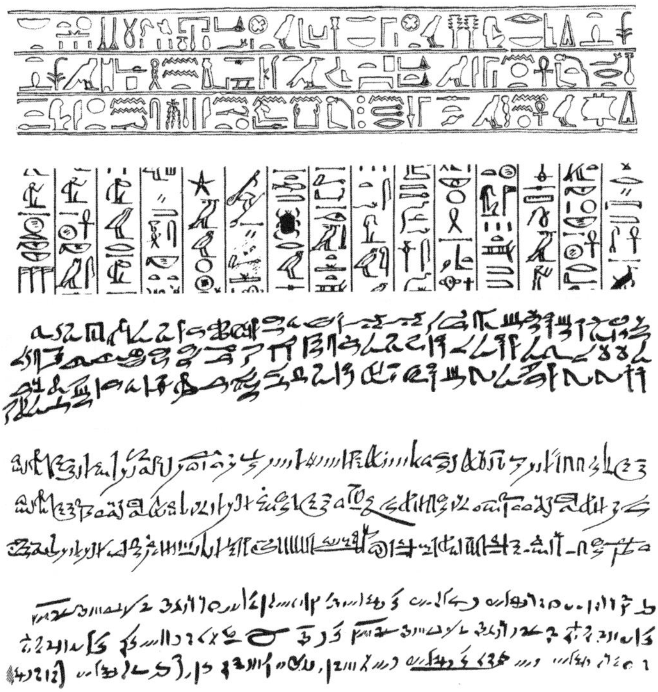

Tipos de escritura egipcia. De arriba abajo: jeroglífica (XII dinastía), jeroglífica cursiva (XVIII dinastía), hierática (XII dinastía), hierática (XX dinastía) y demótica (siglo III a. C.) (Collier y Manley, 1998, p. 110 [dibujo de R. Parkinson], Naville, 1886; Loprieno, 1995, p. 17)

¿Cuándo apareció entonces el alfabeto y quiénes fueron los inventores de esta maravillosa herramienta que tanto simplifica la transmisión de conocimientos? Pues, a pesar de la creencia generalizada, no fueron los fenicios quienes tuvieron la idea genial, que seguidamente llegaría hasta nosotros a través de los griegos, que la adaptaron a sus necesidades, como tan brillantemente nos describe Heródoto:

> Y por cierto que, al instalarse en la región que he citado, esos fenicios que llegaron con Cadmo —entre quienes se contaban los gefireos— introdujeron en Grecia muy diversos conocimientos, entre los que hay que destacar el alfabeto, ya que, en mi opinión, los griegos hasta entonces no disponían de él. En un principio se trató del alfabeto que siguen utilizando todos los fenicios; pero, posteriormente, con el paso del tiempo, a la vez que introducían modificaciones en el sonido de las letras, lo hicieron también con su grafía. Por aquellas fechas, en la mayoría de las regiones, sus vecinos eran griegos de raza jonia, que

> fueron quienes adoptaron las letras del alfabeto, que los fenicios les habían enseñado, y las emplearon introduciendo en ellas ligeros cambios; y, al hacer uso de ellas, convinieron en darles —como, por otra parte, era de justicia, ya que habían sido fenicios quienes las habían introducido en Grecia— el nombre de «caracteres fenicios».[85]

En realidad, la invención del alfabeto tuvo lugar no solo mucho antes, sino también a muchos cientos de kilómetros al sur de la costa cananea. ¿Dónde?, en las minas de turquesa de Serabit al-Khadim, situadas en la península del Sinaí y explotadas desde siempre por los mineros al servicio del faraón. ¿Cuándo?, c. 1900 a. C., lo que viene a situarnos durante el reinado de Amenemhat III, el sexto faraón de la XII dinastía durante el Reino Medio egipcio. Estos fueron el lugar y el momento en el cual se escribieron los primeros textos del mundo con una escritura alfabética, el protosinaítico.

Como ya hemos visto, el concepto de alfabeto no era algo desconocido, porque los egipcios ya contaban con signos monolíteros, los cuales utilizaban como complementos fonéticos; pero también para escribir los nombres de los faraones y, sobre todo, de algunos personajes extranjeros. Desgraciadamente para los egiptólogos encargados de traducirlos y los estudiantes que se inician en su conocimiento, los egipcios nunca quisieron dar el paso de escribir todos sus textos con esa limitada lista de signos. El valor simbólico y cultural de la escritura jeroglífica era tan grande que no vieron la necesidad de prescindir de ella en favor de una escritura puramente alfabética.

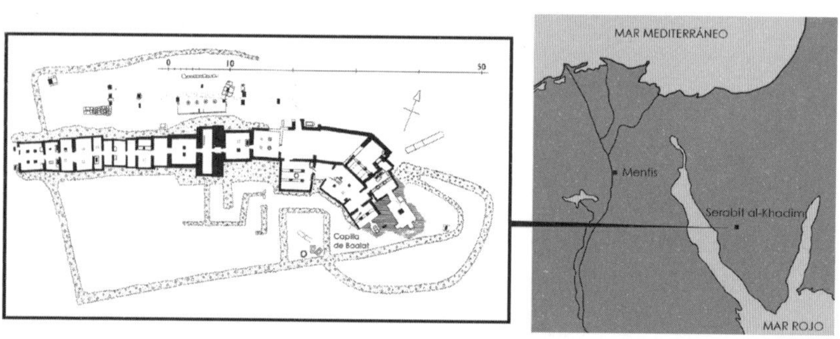

Mapa del Sinaí con la ubicación de las minas de Serabit al-Khadim y un plano del templo de Hathor allí situado (Arnold, 2003, p. 17; dibujo del autor)

85 Heródoto: *Historia* v, 58 (traducción de Carlos Schrader).

La primera inscripción protosinaítica fue descubierta en 1905 por Hilda, la esposa de W. M. F. Petrie, que como siempre hacía lo acompañó durante su expedición a la península del Sinaí. Alertado así, Petrie encontró nueve más de estas raras inscripciones ilegibles escritas con signos jeroglíficamente familiares; pero, sobre todo, se dio cuenta de que eran alfabéticas: «Me siento dispuesto a ver en este uno de los muchos alfabetos que estuvieron en uso en tierras del Mediterráneo mucho antes del alfabeto fijo seleccionado por los fenicios».[86] Las investigaciones posteriores descubrieron nuevos textos hasta reunir un corpus de aproximadamente cuarenta inscripciones, repartidas entre los innumerables grafitos dejados en las minas —en especial la mina L— por las expediciones egipcias llegadas al lugar para conseguir turquesa, así como en el camino hacia el templo dedicado a la diosa Hathor allí construido, en cuyo interior aparecieron cuatro estatuillas con pequeños textos protosinaíticos.

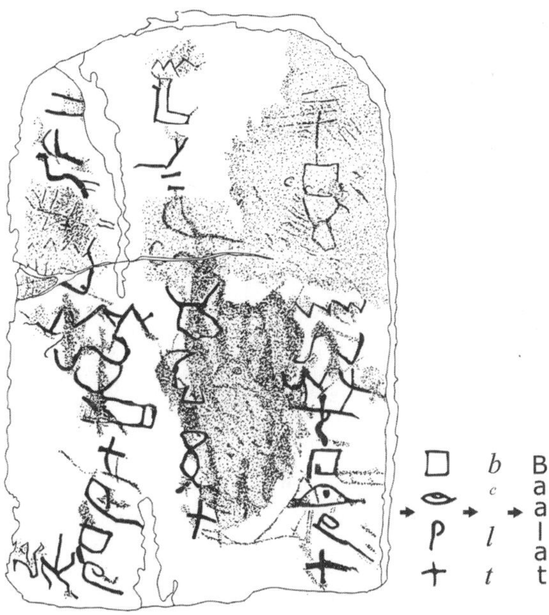

La estela protosinaítica, Sinaí n.º 353, dedicada a Baalat y encontrada a la entrada de la mina L, en un bloque desgajado de la montaña por causas naturales (Hamilton 2006 p. 347, A)

86 W. M. F. Petrie: *Researches in Sinai,* 1906, p. 131.

La primera traducción de estos extraños textos protosinaíticos se la debemos al genio filológico de A. H. Gardiner, quien publicó el resultado de sus estudios en 1916. Este egiptólogo británico formado en Berlín observó que entre los signos usados en esas extrañas inscripciones había algunos cuyas formas derivaban de jeroglíficos egipcios, mientras que el aspecto de otros unas veces procedía de las formas y otras de los nombres de las letras protocananeas. De modo que decidió intentar la traducción de esos magros textos partiendo de la hipótesis de que se trataba de un alfabeto utilizado para escribir una lengua semítica. Y así fue como se volvieron a leer tras miles de años estas inscripciones rupestres.

Estatua cubo protosinaítica, Sinaí n.º 346, descubierta a la entrada de la sala de Sopdu del templo de Hathor en Serabit al-Khadim. Se puede leer el nombre «Nam, minero jefe» en el lateral derecho; cada palabra está escrita en una dirección: de arriba abajo, de izquierda a derecha y en bustrófedon (Hamilton 2006 p. 337, fig. A.9)

¿Quién fue el responsable de esta invención que terminaría teniendo una influencia tan grande en la historia de la humanidad? Como es evidente, los funcionarios egipcios que iban de expedición a las minas no necesitaban inventarse un nuevo sistema de escritura; pues dominaban uno que utilizaron con fruición en las paredes de los *wadis* cercanos al templo y las minas. Tenía que ser alguien no formado en escritura jeroglífica. Por fortuna, en la zona queda abundante documentación de su presencia y nos permite identificarlos sin problemas. Se trata de grupos de asiáticos llegados desde Retenu para ayudar a los enviados del faraón en las más variadas actividades mientras duraba la expedición.

Durante la campaña minera, cananeos y egipcios compartían un mismo espacio desértico apartado de todo en el que realizaban tareas muy penosas; sin embargo, es probable que al terminar la jornada de trabajo ambos grupos se separaran de forma espontánea sin más motivo que hablar lenguas diferentes e incluso que los asiáticos contaran con su propio punto de extracción, la mina L, en torno a la cual solo se han encontrado inscripciones protosinaíticas y no egipcias. En ese punto perdido del mundo, en medio del laberinto de ramblas que era la zona minera solo encontramos un edificio, el templo dedicado a la diosa egipcia Hathor, a la cual los cananeos identificaban con su diosa Baalat. Durante la XII dinastía, la que luego fue considerada capilla de Sopdu/Ptah, estuvo dedicada a Baalat y posiblemente contuvo algunas de las estatuillas con inscripciones protosinaíticas. No obstante, quizá fuera el deseo de rendir homenaje a la diosa fuera del propio templo y su conocimiento de que los egipcios lo hacían con Hathor mediante grafitos lo que condujo a estos semitoparlantes llegados del Canaán a inventar la más prodigiosa herramienta de la humanidad.

El lugar y las circunstancias de la invención del alfabeto no parecen ofrecer dudas, pues se ha comprobado que todos los jeroglíficos utilizados por los cananeos como modelo para las letras del alfabeto protosinaítico aparecen en las inscripciones jeroglíficas de las minas. En cuanto a si sus creadores eran gentes que supieran leer y escribir, las particularidades de la escritura protosinaítica parecen demostrar no solo que sus inventores desconocían la escritura jeroglífica, sino también que eran analfabetos. Con todo, algún estudioso considera que alguno de ellos expresó su creatividad mediante *carmina figurata* en sus inscripciones; es decir, distribuyendo los signos de su grafito según el perfil muy estilizado de una cabeza de res. Un detalle muy llamativo al respecto es el sentido de escritura del protosinaítico, que siempre es al contrario de lo que sería correcto en egipcio, donde se empieza a leer desde el lado hacia el que miran los jeroglíficos animados. Además, el orden es algo casi por completo ausente de las inscripciones, algo inimaginable en un texto jeroglífico, en el cual los signos están distribuidos dentro de su cuadrícula con parsimoniosa atención. Su desconocimiento del sistema de escritura egipcio se puede ver también cuando confunden y utilizan como si fueran idénticos dos signos completamente diferentes para los egipcios. Es lo que pasa con la víbora cornuda *(f)* y la cobra en reposo  *(dj)*, que para ellos no representan sino una serpiente y utilizan para escribir la misma letra de forma indiferenciada. De igual modo, hay algunos signos cuya forma leen mal e identifican con un objeto de su cultura de aspecto semejante, como sucede con la maza 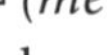 *(menu)* y el remo  *(heru)*, los cuales consideraron representaban la aguja de una fíbula. Pocas dudas caben de que alguien mínimamente versado en la escritura jeroglífica egipcia bajo ninguna circunstancia hubiera cometido errores tan groseros. Como tampoco puede haberlas de que de haber conocido otro sistema de escritura lo hubieran utilizado, por tanto, podemos decir con confianza que los inventores del alfabeto protosinaítico eran analfabetos.

También parece claro cómo se produjo la transición desde los jeroglíficos egipcios hasta el alfabeto. Lo primero que hicieron fue elegir un grupo de los muchos jeroglíficos egipcios utilizados en las abundantes inscripciones de la zona. Quizá sea elucubrar demasiado, pero es posible que decidieran utilizar estos signos en vez de inventarse unos nuevos para demostrar a los egipcios que los cananeos, esos analfabetos llegados del lejano Retenu, eran capaces de utilizar sus símbolos para escribir. No obstante, como desconocían el significado real de los jeroglíficos los interpretaron literalmente. Por ejemplo, el verbo «hacer» en egipcio antiguo se leía algo parecido a *iri* y se escribía con el signo ; pero esto es algo que los semitas desconocían, pues solo vieron en él lo que representaba y le dieron el valor de «ojo», *ayin*, en su lengua. Igual sucedió con el resto de signos protosinaíticos. El siguiente paso consistió en prescindir del nombre completo de lo que representaba cada signo para quedarse solo con el sonido inicial del mismo, lo que se conoce como acrofonía. Como ejemplo tenemos los jeroglíficos 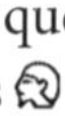 *(tep)* y  *(her)*, que sirvieron de modelos para la letra «r». Con su lógica de analfabetos en jeroglíficos, para los cananeos no eran sino una variante del mismo signo, «cabeza», a pesar de que en egipcio el primer signo sirve para escribir palabras como «primero» y el segundo es la preposición «sobre». A continuación, al signo «cabeza» que acaban de crear lo llamaron por su nombre en cananeo, o sea, *rash*, para luego simplificarlo y quedarse únicamente con el sonido inicial de la palabra, «r». Así es como los cananeos obtuvieron una cantidad limitada de símbolos[87] con los cuales podían representar los sonidos de todas las palabras de su idioma. El alfabeto había nacido y se utilizó

87 Entre veintisiete y veintinueve, porque resulta difícil decidir si algunos son signos diferentes o variantes de alguno.

para escribir frases como: «[...] para Baalat» o «En nombre de Nam, minero jefe». Sin embargo, un invento como este no podía permanecer confinado durante mucho tiempo a una región tan perdida del mundo como el Sinaí.

En el Reino Medio lo encontramos en Egipto en Illahun, donde un gato de lizo (parte de un telar) presenta cuatro pequeñas letras (BM 70881) y quizá en un sello (UCL 36468) con otras tantas letras. Durante el Reino Nuevo aparece en un ostracon de la tumba TT 99 de Senneferi, donde hay un breve texto alfabético y su contrapartida hierática; en otro ostracon del Valle de las Reinas, donde de nuevo se podría ver un texto alfabético y su correspondencia hierática (véase la portadilla de esta sección), y por último en un par de inscripciones de cronología dudosa del Wadi al-Hol.

El llamado calendario de Gezer, un texto de la época de Salomón (X a. C.) escrito en protocananeo o en paleohebreo donde se habla de lo que hay que hacer en los campos según los meses (modificada de Internet)

Como es lógico, los ahora alfabetizados asiáticos llevaron consigo su invención de vuelta a su tierra de origen, el sur de Palestina. Una de las primeras ciudades-Estado en hacer uso de ella sería Karkemish, donde c. 1700 a. C. encontramos una daga en cuya hoja leemos «pertenece a *rnz/rnt*». Apenas un siglo después en la región ya se utilizaba el protocananeo, una expresión que se refiere a diversos textos grabados en cerámicas y otros objetos que son cronológicamente posteriores a los del Sinaí y, sobre todo, presentan una evolución con respecto a estos; pues se presentan con unas formas más estilizadas y abstractas, ligeramente alejadas de las formas más pictográficas de las inscripciones de Serabit al-Khadim. Sería en el norte de Palestina, en la ciudad de Ugarit, donde siglos después aparecería el primer alfabeto formal escrito con caracteres cuneiformes.

Situada en la costa siria, Ugarit (Ras Shambra) fue un importante puerto comercial en las mismas fechas en las que Egipto y el reino hitita luchaban por ser la potencia dominante de la región. Si en un principio estuvo del bando egipcio, no dudó en pasarse al lado hitita cuando su poderío en la zona creció. La ciudad desapareció de la historia en el 1200 a. C. cuando quedó arrasada con la invasión de los «pueblos del mar» y no reapareció de nuevo hasta 1928, cuando un campesino de la zona se tropezó sin querer con sus restos. En los archivos de Ugarit apareció una importante documentación histórica, la mitad de cuyos dos mil textos está escrita en una escritura alfabética cuneiforme.

El alfabeto ugarítico parece datar del siglo XIV a. C., por lo que es posterior al protosinaítico y al protocananeo, su probable inspiración. Dada la viveza económica y política de Siria-Palestina por esas fechas, no es extraño que los escribas ugaríticos alcanzaran a conocer la existencia de este «primitivo» alfabeto y decidieran mejorarlo para ajustarlo a sus necesidades. Lo primero que hicieron fue sistematizar la forma de las letras, de tal modo que de los irregulares dibujos protocananeos pasaron a ser treinta letras estandarizadas escritas con signos cuneiformes, en textos redactados en líneas horizontales de derecha a izquierda y con las palabras separadas por una pequeña marca en forma de cuña. Este alfabeto fue utilizado también para escribir otras lenguas, como el hurrita.

Del alfabeto protocananeo deriva también el alfabeto fenicio (c. 1000 a. C.), que se caracteriza porque sus veintidós letras son completamente lineales, perfectamente adecuadas para ser trazadas con pincel sobre superficies diferentes al barro, en líneas de derecha a izquierda, principalmente, pero también en bustrófedon. No obstante, como el clima de Fenicia no es el más adecuado para conservar documentos redactados sobre papiro o soportes semejantes, los ejemplos que conservamos están grabados todos en superficies duras. Así es como dio comienzo el largo caminar de este prodigioso invento originado en unas minas de malaquita perdidas en el desierto, mientras los contactos entre Egipto y el mundo cananeo continuaban, como queda reflejado en la Biblia.

La evolución alfabeto a través de la comparación de algunas letras del mismo, desde el protosinaítico hasta el latino (dibujo del autor)

6

¡«Seño», me está copiando los deberes!

La relación viene de lejos, porque la presencia egipcia en Siria-Palestina fue una constante durante milenios; pero, excepto durante la I dinastía y únicamente en la región sur de Retenu, no hubo poblaciones faraónicas, mucho menos ciudades y tampoco acuartelamientos donde residieran las tropas utilizadas para controlar el territorio. En realidad, se trató siempre de una relación comercial, que solo a partir del Reino Nuevo se transformó en dominio político de la región, aunque sin control físico de la misma. Los egipcios dejaron a las diferentes unidades políticas de la región seguir a su aire, siempre que reconocieran el poder del soberano de las Dos Tierras sobre ellos. De todos modos, para que no se les olvidara este pequeño detalle, los ejércitos del faraón se dejaban sentir por la región en campañas sucesivas casi anuales que no implicaban grandes batallas, aunque las hubo, simplemente eran demostraciones de poder durante las cuales se aprovechaba para recaudar los tributos debidos. Tras la mengua de poder egipcio en la zona durante el fragmentado caos político que fue el Tercer Período Intermedio en Egipto, no fueron pocos los faraones que intentaron recuperarlo enviando de nuevo sus ejércitos al Canaán. Quizá el que más huella dejó en Retenu fue Sheshonq, fundador de la XXII dinastía, cuya campaña en la región parece haber quedado recogida en los libros «históricos» del Antiguo Testamento. Fueron más de cincuenta las poblaciones que a su paso, y no todas obligadas por la fuerza, reconocieron la soberanía egipcia. Un impulso militar que lo habría llevado hasta la misma capital hebrea, cuyas riquezas habría saqueado, sin respetar siquiera el templo de su dios, como podemos leer en 1 Re 14, 25-26. Un saqueo que también encontramos mencionado en 2 Cró 12, 9, después de que en 2 Cró 12, 4-6 se nos hayan dado algunos datos más concretos sobre las multinacionales fuerzas egipcias, que se calcula vinieron acompañadas de mil doscientos carros y sesenta mil jinetes.

Igual de decididos a recuperar el prestigio egipcio, los faraones nubios de la XXV dinastía, tras una inestable alianza con asiria que muestra con claridad su tibia capacidad militar en la región, terminaron por convertirse en sus enemigos declarados. No podían siquiera imaginárselo; pero, cuando Ezequías de Judá les pidió apoyo en su sublevación contra Senaquerib y ellos decidieron acudir en ayuda, pusieron en marcha los mecanismos que terminarían con la independencia política del valle del Nilo. Los asirios derrotaron a la coalición en Elteka (701 a. C.), aunque su ejército quedó tan maltrecho que los egipcios lograron sublevar contra ellos al resto de ciudades cananeas. La inestabilidad se mantuvo durante un par de décadas, hasta que los asirios volvieron a imponer su orden en la región. Fue entonces cuando comenzaron los verdaderos problemas para Egipto: la inquina generada en Asarhadón por la traición egipcia les llevó a conquistar con facilidad Egipto en el 674 a. C. Algo de lo que también encontramos huella en el Antiguo Testamento, en Nahum 3, 8-10:

> ¿Eres tú mejor que No-Amón, sentada entre los canales del Nilo, circuida de aguas, cuyo baluarte era el mar, las aguas su muralla? Etiopía, como Egipto, era su fuerza sin límites; Put y los libios eran tus auxiliares. También ella al desierto marchó en cautiverio; también sus niños fueron estrellados en las esquinas de todas las calles; y sobre sus nobles echaron suertes, y todos sus magnates fueron aherrojados con cadenas.

Como cabía esperar, esta longeva relación vino acompañada de una importante difusión de la cultura egipcia, la cual no implicó la adopción de costumbres faraónicas —su propia cultura era demasiado vibrante como para eso—, pero sí el conocimiento de la misma. Una política inteligente si uno quería llevarse bien con el lejano poder político que controlaba la región. Sin duda los textos egipcios calaron en la cultura popular sirio-palestina y sus ecos han acabado llegando hasta nosotros, occidentales modernos, por intermedio de una fuente que algunos considerarán sorpresiva: el Pentateuco.

Los paralelos de la Biblia con el pensamiento egipcio los encontramos desde los primeros versículos del Génesis, nada menos, donde podemos leer que Dios creo el mundo del modo más simple, hablando: «Y dijo Elohim: "Haya luz", y hubo luz» (Gén 1, 3). Hizo luego que las tierras emergieran de entre las aguas: «Dijo Elohim después: "Reúnanse las aguas de debajo de los cielos en un solo lugar y aparezca lo seco". Y así fue» (Gén 1, 9). Un trabajo terminado el cual, satisfecho con su obra, descansó: «Y habiendo acabado Elohim en el séptimo día la obra que había hecho, descansó en ese día séptimo de toda la obra hecha» (Gén 2, 2). Una técnica creadora que algunos milenios antes ya había utilizado Ptah en el valle del Nilo, como nos cuenta en su cosmogonía, un texto creado en el Reino Antiguo, pero del que solo nos queda una redacción de la xxv dinastía encargada por el faraón Shabaka:

> Es Ptah, el muy grande, el que ha dado vida a todos los dioses y sus *kas* mediante su corazón y su lengua [...]. Pues cada palabra del dios vino por medio de lo que su corazón había ideado y la lengua ordenado. [...] Así Ptah estuvo satisfecho [= descansó] después de haber hecho todas las cosas y todas las palabras divinas.[88]

Todo esto desde la colina primigenia que había salido de las aguas, por supuesto.

Uno de los principales textos literarios faraónicos, *Los dos hermanos*, cuenta las desventuras primeras y triunfo final de Bata, un huérfano de padre y madre que vivía feliz en casa de su hermano mayor, Anupu, hasta que su cuñada intentó seducirlo:

> Ella le dirigió la palabra diciendo: «Una gran fuerza hay en ti y yo observo tu vigor cada día». Y se propuso conocerlo como una mujer conoce a un hombre. Así pues, se alzó, lo agarró y le dijo: «Ven y pasemos un momento acostados. Eso será provechoso para ti porque yo te haré vestidos hermosos».[89]

Bata se escandaliza de la propuesta y reniega de ella, si bien le dice a su cuñada que esté tranquila, porque no le dirá nada a nadie de lo sucedido en un momento de locura; pero ella no las tiene todas consigo, de modo que cuando él se marcha se maquilla como si alguien la hubiera golpeado para acusarlo falsamente ante su esposo, Inpu:

> Su marido le dijo: «¿Quién ha disputado contigo?». Entonces, ella le respondió: «Nadie ha disputado conmigo excepto tu hermano menor cuando vino para coger grano y me encontró sentada sola y me dijo: «"Ven, pasemos un momento acostados; ponte tu peluca". Así me dijo, pero yo no le hice caso. [...] y él se atemorizó y me golpeó para no permitir que yo te hiciera el relato».[90]

---

88 M. Lichtheim: *Ancient egyptian literature*, I, 1975, pp. 54-55.
89 J. López: *Cuentos y fábulas del antiguo Egipto*, 2005, p. 128.
90 J. López: *Cuentos y fábulas del antiguo Egipto*, 2005, p. 129.

No se puede decir que el deseo y los celos sean algo nuevo en la historia de la humanidad, pero resulta interesante encontrar una historia semejante en el Génesis: «Era José gallardo y de hermoso semblante. Después de estos sucesos acaeció que la esposa de su amo puso sus ojos en José y le dijo: «¡Yace conmigo!». Pero él rehusó…» (Gén 39, 7-8). Algunos días después, en una ocasión que se encontraron solos, ella pasó a la acción agarrándolo de sus ropajes y el pobre José solo pudo escapar abandonándolos en su poder, los cuales utilizó para gestar su venganza de mujer despechada (Gén 39, 16-18):

> Y colocó ella junto a sí la vestidura de él hasta que su amo llegara a casa. Entonces le habló en aquellos mismos términos diciendo: «El siervo hebreo que nos trajiste ha venido a mí a hacerme escarnio. Y cuando he alzado mi voz y gritado ha abandonado su vestidura junto a mí y huido fuera».

Si ante la falsa traición Inpu tuvo una reacción asesina, Putifar se limita a encarcelar a José; pero en ambos casos la falsa denuncia de violación acabó desencadenando una serie de sucesos que terminaron con ambos inocentes en la corte del faraón. El primero, Bata, convertido en el propio monarca tras una larga serie de intentos de asesinato por encargo de su exesposa, convertida en la favorita del soberano reinante. El segundo, José, como gran consejero e interpretador de sueños del señor de las Dos Tierras.

Si continuamos con el segundo libro del Pentateuco también nos tropezamos con una historia conocida, que nos permite comprobar que la faraónica no es la única fuente de la que bebe el Antiguo Testamento:

> Mi madre era una sacerdotisa, mi padre era un desconocido de un poblado de las montañas. Mi madre me dio a luz en secreto en la ciudad de Azupiranu. Me escondió en una cesta tejida con juncos y sellada con brea. Mi madre me abandonó en una orilla del río Éufrates. El río Éufrates arrastró mi cesta. Akki me sacó del agua cuando sumergió en ella su cubo. Este buen jardinero me crio como su propio hijo.[91]

¿Una versión poco pulida del nacimiento de Moisés? No, solo la fuente original de donde los autores bíblicos la copiaron: el nacimiento de Sargón I de Acad, según aparece descrito en un texto neoasirio del siglo VII a. C. Un reflejo de la cual vemos luego en el Éxodo:

91 V. H. Mathews y D. C. Benjamin: *Old Testament parallels,* 2007, p. 97.

> La mujer concibió y parió un hijo, lo tuvo oculto tres meses. Como no pusiese ocultarlo más tiempo, cogió una cesta de papiro, la calafateó con betún y pez, puso en ella al niño y la colocó en el juncal a orilla del Nilo» (Ex 2, 2-3).

Donde tampoco falta su recogida de las aguas por una persona desconocida: «Ahora bien, bajó la hija de Faraón a bañarse al Nilo [...]. Ella divisó la cesta en medio del juncal y envió a su sierva para que la cogiese» (Ex 2, 5); una princesa que decide criarlo como si fuera su propio hijo: «Cuando el niño hubo crecido, llevóselo a la hija de Faraón, la cual lo tuvo como hijo y púsole por nombre Moisés...» (Ex 2, 10).

Algo similar sucede con una de las historias más conocidas de la Biblia, en la cual un temible guerrero de una tribu vecina, jamás derrotado en combate singular, termina mordiendo el polvo ante quien en apariencia parecía no ser sino un débil contrincante sin la menor posibilidad de victoria: «Vino un guerrero de Retenu para provocarme en mi tienda. Era un bravo sin igual, había vencido al Retenu entero. Dijo que lucharía conmigo, pensaba que me vencería, se proponía apoderarse de mis rebaños por consejo de su tribu».[92] Así habla Sinuhe, ese alto funcionario del harén de Amenemhat I que huyó a Siria-Palestina cuando se enteró de que el faraón ha sido asesinado en una conjura de la que teme lo encuentren miembro, sin serlo. En Canaán, su formación y habilidades lo convierten en el favorito del rey de Retenu Superior, consiguiendo la mano de la hija de este, fama y fortuna. Una posición y riqueza que habría perdido de ser vencido en combate singular:

> Entonces él vino hacia mí, que esperaba, yo me había colocado cerca de él. Todos los corazones ardían por mí y las mujeres casadas desfallecían, todos los corazones sufrían por mí y decían: «Existe otro guerrero que pueda luchar contra él?».
>
> Entonces su escudo, su hacha y su brazada de jabalinas cayeron a tierra. Después que hube eludido sus armas, hice que pasaran cerca de mí sus flechas, en vano, una tras otra. Se acercó a mí, le disparé y mi flecha se clavó en su garganta. Gritó, cayó sobre su nariz y yo lo maté con su propia hacha.
>
> Lancé mi grito de triunfo sobre su espalda y todos los asiáticos ovacionaron.[93]

---

92 J. López: *Cuentos y fábulas del antiguo Egipto,* 2005, p. 49.

93 J. López: *Cuentos y fábulas del antiguo Egipto,* 2005, p. 50.

Un combate y un inesperado resultado muy semejante, sin duda, al de David contra el gigantesco Goliat, orgullo de las tropas filisteas. Ese fue el guerrero que se plantó frente a las tropas israelitas para lanzarles este desafío: «¡Escogeos un hombre y baje a mí! Si, peleando conmigo, me vence y me mata, seremos vuestros siervos, y si lo venzo yo y lo mato, seréis nuestros siervos y nos serviréis» (1 Sam 17, 8-9). David fue el único israelita que se dignó responder con hechos a las palabras de Goliat. Octavo hijo de un pastor efrateo, David escuchó el desafío de casualidad, cuando se acercó al campamento israelita por orden de su padre para llevarles provisiones a sus hermanos, soldados en el ejército de Israel. Mostró entonces su incredulidad ante la osadía de alguien que se atrevía a escarnecer a los ejércitos de Dios y supo que su vencedor recibiría riquezas sin fin y la mano de la hija del rey Saúl. No tardaron en llegar sus palabras a los oídos del soberano, ante quien afirmó que él se enfrentaría al gigantón y tan convincente se mostró que Saúl le permitió responder al desafío (1 Sam 17, 48-51):

> Y sucedió que cuando fue el filisteo y se puso en marcha, dirigiéndose al encuentro de David, se apresuró David a correr hacia la línea de batalla, al encuentro del filisteo. Luego David alargó la mano al zurrón, cogió de él una piedra, chasqueó la honda e hirió al filisteo en la frente, clavándose en su frente la piedra y cayendo aquél de bruces en tierra. Así venció David con la honda y la piedra al filisteo; lo hirió y lo mató sin que hubiera espada alguna en la mano de David. Luego David echó a correr y se acercó al filisteo y, cogiéndole la espada, la sacó de la vaina, lo remató y le cortó con ella la cabeza.

Algunos paralelos podríamos encontrar también en la Biblia a las desgracias de Khun-Anup, un desdichado campesino que marcha al mercado de Fayum a vender sus productos y es desposeído de sus bienes por un taimado funcionario, Nemtynakht. Como es lógico, el campesino presenta una queja ante el juez Rensi, para el que trabaja el ladrón; pero se muestra tan locuaz y tan bien argumenta su denuncia que el juez decide retrasar su sentencia para tener la oportunidad de volver a escuchar su bello discurso cuando regrese al tribunal a quejarse. Hasta nueve denuncias presenta el protagonista de *El campesino elocuente* antes de recibir una reparación completa por sus desdichas. Una historia de adversidades inmerecidas que sin duda no deja de recordarnos a las tremendas demostraciones de paciencia de Job ante las perrerías que le hace el diablo con la aquiescencia de Dios.

Soldados filisteos capturados por Ramsés III en su enfrentamiento contra los pueblos del mar, reconocibles por su peculiar tocado. Medinet Habu. XX dinastía (foto de Rémih/Wikimedia)

Un libro del Antiguo Testamento donde parece evidente que los autores de la Biblia se inspiraron sin recato en un texto faraónico son los Salmos, concretamente los versículos 20-30 del salmo 104, donde parece que el salmista tenía delante el texto del *Gran himno a Atón* mientras lo redactaba. No solo por las similitudes formales y temáticas, sino porque aparecen, con una única excepción, en el mismo orden que lo hacen en el texto egipcio. Así, podemos leer en el salmo 104 (20-23):

> Produces las tinieblas y pónese de noche, en que circulan todas las bestias del bosque. Los leoncillos rugen por la presa y solicitan de *El* su alimento. Sale el sol, se retiran ellos y a sus madrigueras van a tumbarse. Entonces sale el hombre a su tarea y a su trabajo hasta la tarde.

Unas referencias que no tenemos ningún problema en encontrar en el texto egipcio (líneas 27-45):

> Cuando tus movimientos desaparecen y te pones en el horizonte occidental, la tierra está en oscuridad, como si fuera la muerte. [...] Todos los leones salen de sus guaridas, todas las criaturas que se arrastran muerden. Pero la tierra se vuelve brillante cuando te has alzado en el horizonte. [...] La tierra entera hace su trabajo.[94]

94 W. J. Murnane: *Texts from the Amarna period in Egypt*, 1995, p. 113.

El siguiente versículo (24) es el que no sigue el orden del *Gran himno a Atón*: «Cuán numerosas son, Yahveh, tus obras! Todas has hecho con sabiduría; la tierra está llena de tus criaturas», pues tenemos que pegar un salto de casi treinta líneas en el *Gran himno a Atón* para encontrar en él su referente (líneas 76-82):

> Cuán abundante es lo que has hecho [...]. Creaste la tierra según tus deseos, estando solo, la gente todos los animales grandes y pequeños, todas las cosas que están sobre la tierra, que marchan sobre patas, que se alzan y vuelan mediante sus alas.[95]

Seguidamente, el salmo utiliza una imagen bastante chocante para lo que se considera un texto de creación, barcos (25-26): «Ahí está el mar, tan grande y espacioso; allí hay un hormiguero de seres innúmeros, animales pequeños con mayores. Por allí los navíos se pasean, Leviatán que formaste para juguetear con él». Si bien algunos traductores han querido corregir la palabra «navíos» y sustituirla por otra más acorde al tema general del salmo, en realidad no es necesario, pues es una prueba clara de que el salmista estaba copiando el texto amárnico, donde leemos, retrocediendo las treinta líneas que saltamos en el ejemplo anterior (líneas 53-58): «Los barcos van corriente arriba y corriente abajo también, abriéndose cada camino ante tu aparición. Peces sobre el río saltan delante de ti, y tus rayos se encuentran dentro del Gran Verde [= el mar]».[96] El salmista se dedica seguidamente a alabar la capacidad nutricia de su dios (27-28): «Todos ellos a Ti guardan, porque les das comida a su debido tiempo. Cuando Tú se la das, ellos la cogen; abres la mano, y sácianse de bienes», usando como referencia el texto amárnico ya en su orden, continuando tras el salto marítimo (líneas 85-86): «Has colocado a cada persona en su lugar, sacias todas sus necesidades, cada uno tiene su comida y el cálculo de la duración de su vida».[97] Los últimos versículos inspirados en el texto egipcio serían estos (29-30): «Como tu rostro ocultes, se conturban; si el soplo les retiras, fenecen y a su polvo retornan. Si tu espíritu envías, son creados, y la faz del suelo renuevas», que correspondería a lo siguiente: «Cuando te has alzado ellos viven, pero cuando te ocultas se mueren».[98] Vistas las

95 W. J. Murnane: *Texts from the Amarna period in Egypt*, 1995, p. 114.
96 W. J. Murnane: *Texts from the Amarna period in Egypt*, 1995, p. 114.
97 W. J. Murnane: *Texts from the Amarna period in Egypt*, 1995, p. 114.
98 W. J. Murnane: *Texts from the Amarna period in Egypt*, 1995, p. 115.

referencias anteriores parece innegable que el salmista tenía frente a él una copia del *Gran himno a Atón* mientras le daba los últimos toques a su salmo 104. No parece algo nada descabellado, porque, si bien el texto solo se conoce por la inscripción que de él aparece en la tumba de Ay en Amarna, la idea de que Akhenatón repartiera copias a las cancillerías extranjeras tiene cierta lógica. Por supuesto, esta «capa» egipcia del salmo 104 no impide ver que el salmista también incorporó a su texto elementos de la mitología cananea, como pueda ser el Leviatán.

Otros textos que gozaban de gran predicamento entre los lectores faraónicos eran los sapienciales *(sebait)*, recopilaciones de máximas que informaban al lector sobre el modo adecuado de comportarse en determinadas circunstancias y le recomendaban ciertos comportamientos, como casarse joven, ocuparse de los padres ancianos, escuchar a los superiores, etc. Parte de estos textos llegaron también a la Biblia, como se puede ver claramente en los Proverbios, cuyo autor utilizó con provecho las *Instrucciones de Amenemope* para crear la primera mitad de la III colección de textos, concretamente desde 22, 17 hasta 23, 11. Lo hizo, además, de un modo que pone de manifiesto que estaba leyendo un rollo de papiro, porque del análisis de ambos escritos se ha llegado a la conclusión de que hasta en cinco ocasiones releyó el texto egipcio buscando el contenido que le interesaba. La primera vez tomó nota de los temas generales y en las siguientes lecturas recorrió el texto buscando pasajes concretos que sirvieran para apuntalar sus primeros comentarios, pues no se limitó a copiar sin ton ni son. Al contrario, lo hizo teniendo claro qué deseaba contarle al lector, creando un texto nuevo que si bien sigue el orden de los temas de *Amenemope* (desde el exordio con el cual comienza) no se limita a reproducirlo tal cual, sino que lo trabaja para darle personalidad propia y crear algo nuevo. Es cierto que en los Proverbios podemos encontrar temas idénticos a los de otros varios textos sapienciales egipcios, pero se trata de una mera coincidencia perfectamente achacable a la universalidad de ciertos temas y a la cercanía cultural de dos regiones en contacto. No debe extrañarnos, entonces, encontrar en la segunda máxima de *Amenemope* un consejo como el siguiente: «Guárdate de despojar al pobre de solemnidad y de maltratar al débil»[99] y un texto del mismo tenor y casi con las mismas palabras en Proverbios (22, 22-23): «No despojes al pobre porque es pobre, ni oprimas al humilde en la puerta, pues Yahveh pleiteará su

99 P. Vernus: *Sagesses de l'Égypte pharaonique,* 2001, p. 310.

causa y expoliará la vida a sus expoliadores». Otro tema, el cual cabe esperar encontrarse en diversas regiones del mundo sin que haya contactos culturales ni préstamos entre ellas, es la admonición contra la modificación de las lindes de las tierras. Del tamaño de estas dependía la cantidad de impuestos a pagar, de modo que es lógico encontrar en la sexta máxima de *Amenemope* una advertencia como esta:

> No desplaces un hito de los límites de un campo. Ni borres el emplazamiento de un cordel. No codicies un codo de tierra, ni usurpes los límites de una viuda. [...] Guárdate de usurpar los límites de los terrenos, por miedo a que el terror se apodere de ti.[100]

El cual encontramos también dos veces en los Proverbios, primero en 22, 28: «No eches atrás el hito antiguo que tus padres pusieron» y después en 23, 10-11: «No eches atrás el hito antiguo ni en los campos de los huérfanos penetres, porque su vengador es poderoso; *El* defenderá su causa contra ti». El deseo de mantener el orden social evitando los robos es más que suficiente para explicar la similitud.

De otros fragmentos, sin embargo, resulta innegable dónde se encuentra el origen. Estamos hablando de consejos como: «Más vale poco con temor de Yahveh que tesoros copiosos con inquietud», como leemos en Proverbios 15, 16, que su autor había leído antes en el capítulo seis de *Amenemope*: «Más ventajosa es la pobreza de la mano de la divinidad que riquezas un almacén. [...] Más ventajosa es la galleta con la conciencia tranquila que riquezas con agonía».[101] ¿Coincidencia? Y qué podemos decir de Proverbios 22, 24-25: «No te acompañes con el hombre colérico ni con hombre furioso vayas, no sea que aprendas sus senderos y topes con una trampa para tu alma», el contenido del cual el autor compuso sintetizando extractos de varias de las máximas de *Amenemope*, la tercera, la novena y la duodécima concretamente: «No comiences una conversación con aquél cuyas palabras están inflamadas, ni lo agredas verbalmente. [...] No fraternices con el colérico, ni lo frecuentes para discurrir. [...] No te hagas cómplice de un colérico, ni confraternices con un hombre que contesta».[102] Con todo, parece que la prueba más irrefutable de los préstamos de *Amenemope* al texto bíblico es Proverbios 22, 17-21:

100 P. Vernus: *Sagesses de l'Égypte pharaonique*, 2001, pp. 312-313.
101 P. Vernus: *Sagesses de l'Égypte pharaonique*, 2001, p. 313.
102 P. Vernus: *Sagesses de l'Égypte pharaonique*, 2001, pp. 311, 315 y 317.

> Inclina tu oído y escucha las palabras de los sabios, y aplica tu corazón a mi enseñanza; porque será grato cuando las guardes en tus entrañas, y estén puestas a una sobre tus labios. [...] ¿No te he escrito treinta consejos e instrucción, para darte a conocer verdad y palabras exactas, de suerte que sepas responder palabras exactas a quienes te envían?

El contenido del cual encontramos repartido por el prólogo, el primero y el último capítulo de *Amenemope*:

> Para poder responder a la pregunta de quien la ha planteado [...]. Apresta la oreja y escucha lo que se dice. Dispón tu ánimo para comprenderlo. [...] Considera estos treinta capítulos. Constituyen una diversión, constituyen una enseñanza. Ganan a cualquier libro, no importa el que sea.[103]

Unos préstamos que demuestran claramente que la cultura faraónica no estuvo contenida por los desiertos que rodean el valle del Nilo y que la Biblia es cosa de hombres y no de dioses.

103 P. Vernus: *Sagesses de l'Égypte pharaonique*, 2001, pp. 308, 309 y 310-311.

— III —
Y TODO SIN CARRETERAS

No era un mundo sencillo de recorrer, por eso los romanos llenaron el territorio de ese Mediterráneo que hicieron suyo de carreteras que permitieran un fácil y cómodo desplazamiento, primero de sus tropas y luego de las personas y sus bienes. Lejos están los egipcios de haber conseguido tal cosa para el valle del Nilo, pero a fe que se las apañaron muy bien. Sin posibilidad de utilizar la rueda por las embarradas orillas del Nilo o los pedregosos y arenosos terrenos adyacentes, pese a todo, sus caravanas alcanzaban territorios situados a cientos de kilómetros de sus fronteras. Algo conseguido con no poco esfuerzo e inversión en infraestructuras, a veces utilizando como vehículo un animal que parece destinado a extinguirse en los modernos países civilizados borrachos de combustibles fósiles. Además de utilizando cuando les era posible esa fluvial cinta transportadora sin fin que cada año llegaba veleidosa y con distinto caudal trayendo consigo el agua de vida..., pero también de destrucción cuando así le daba.

7

Los 4×4 del mundo antiguo

En el moderno mundo occidental pocos son los que tienen memoria de él. Todo lo más, si uno es amante de los libros, recuerda esta descripción del más literario de sus ejemplares, debida a Juan Ramón Jiménez: «Platero es pequeño, peludo, suave; tan blando por fuera, que se diría todo de algodón, que no lleva huesos. Solo los espejos de azabache de sus ojos son duros cual dos escarabajos de cristal negro». En efecto, del burro se trata, al que también podemos referirnos llamándolo asno, borrico, jumento, rucho, rozno, piñón (el último de una recua, en el que suele ir montado el arriero), pollino (cuando es joven), onagro (cuando es salvaje)... Una riqueza léxica que nos recuerda la importancia cultural y económica que este animal ha tenido durante siglos entre nosotros y todavía conserva en muchos países en vías de desarrollo. Se trata de una relación que comenzó hace más de cinco mil años, cuando fue domesticado por primera vez por pastores africanos, en un mundo donde la aridez se iba imponiendo poco a poco sobre la sabana que hasta entonces había sido el Sahara.

A primera vista puede resultar poco evidente que este animal de pelaje apagado y no demasiado impresionante en cuanto a su físico pueda tener demasiada utilidad, pero las apariencias engañan. ¡Y de qué modo! Este animal de unos 2 metros de longitud, una alzada de 1,25-1,45 metros y un peso de 230-275 kg[104] es notablemente resistente

104 Se trata de las dimensiones aproximadas de dos de las primeras razas en ser domesticadas: el burro silvestre somalí *(Equus africanus somalicus)* y el burro silvestre nubio *(Equus africanus africanus)*. Su descendiente, el burro doméstico *(Equus africanus asinus)*, presenta una mucha mayor variación: desde 0,8 cm hasta 1,60 m de alzada y desde 80 kg hasta 480 kg, que encontramos en las en torno a 175 razas distintas que existen, de las que seis son españolas: andaluza, balear, de las encartaciones (vasca), catalana, majorera (canaria) y zamorano-leonesa.

y capaz de transportar durante largas horas de marcha cargas de entre 80 y 100 kg de peso. Además, dada su escasa querencia por el trote o las galopadas, resulta un animal muy estable, perfecto para caminar por terrenos abruptos y pedregosos. A lo cual hay que sumarle su carácter tranquilo y el que quizá sea su rasgo más desconocido: su capacidad para resistir sin agua, porque puede estar tres días sin beber y llegar a perder sin peligro hasta una tercera parte de su peso por deshidratación, casi lo mismo que un camello. Como vemos, es un animal perfectamente adaptado a los ambientes áridos.

Como demuestran los estudios genéticos y las tumbas de burros de época predinástica encontradas en El Omari (c. 4600-4400 a. C.), Maadi (primera mitad del IV milenio a. C.) e Hieracómpolis (c. 3600 a. C.), Egipto fue uno de los primeros lugares del mundo donde se domesticó y se sacó partido de todas sus capacidades físicas. Los restos mejor conservados se localizaron en Abydos en el 2002: diez esqueletos completos enterrados en tres tumbas al suroeste del recinto funerario de Aha y fechadas a finales de la dinastía 0. Los burros aparecieron colocados en paralelo sobre esteras de cañas, recostados sobre su flanco izquierdo y mirando hacia el sureste, dentro de unas cámaras forradas de ladrillos y con cubierta de madera tapada con más ladrillos de adobe. La alzada media de los diez es 1,2 m, lo que supone un peso cercano a los 270 kg, unas dimensiones muy próximas a las del burro nubio, pues la domesticación todavía no los había diferenciado lo suficiente. Más interesante incluso son las marcas de desgaste que presentan estos asnos (compresión en la columna vertebral, entre otras), propias de los animales que han estado confinados y transportado cargas pesadas, lo cual corrobora su uso como animales de carga. Por otra parte, su entierro en el cementerio real indica que se utilizaban para el avituallamiento del monarca y que su labor era tan necesaria y valiosa que se consideró imprescindible que lo acompañaran en el más allá para continuar desarrollándola. Los burros habían entrado con buen pie en la civilización faraónica, donde se convirtieron en unas herramientas económicas básicas, las cuales el resto del mundo no tardaría en apreciar también. Sobre todo, porque uno de sus primeros usos fue el transporte de bienes desde el delta egipcio hasta el sur de Palestina. A partir de mediados del cuarto milenio a. C., desde poblaciones del Delta como Maadi y Tell al-Farkha partían caravanas de burros que luego regresaban a Egipto cargadas con productos levantinos. Así es como seguramente se exportó la idea de la domesticación del burro, a la vez que se creaba el recorrido conocido después como el camino de Horus. Y es que, quizá sea una sorpresa, pero las caravanas de asnos fueron imprescindibles para el devenir económico del valle del Nilo.

Tumbas de burros encontradas en Abydos c. 3200 a. C. (Rossel *et al.* 2008, 3716, fig. 1)

Dejando a un lado el comercio exterior, en realidad, la base de toda la economía egipcia era la agricultura y en ella el burro tomaba parte de principio a fin. Empezando con el arado de los terrenos; porque, pese a lo que pudiera parecer por su tamaño, el asno es un animal que desarrolla una gran capacidad tractora, hasta el 24 % de su propio peso, justo el doble de la que posee un buey, por ejemplo. Si a eso le sumamos que consume menos alimento y de peor calidad que estos bóvidos, se comprende que fuera utilizado por quienes no poseían la capacidad económica para mantener un tiro de bueyes para arrastrar el arado, es decir, sobre todo dueños de parcelas pequeñas. Eran personas que en ocasiones necesitaban pedirlos prestados o alquilarlos, con el peligro que eso supone. Una circunstancia que el anónimo autor de la *Sátira de los oficios* —cuya intención era convencer al lector de que dedicara sus esfuerzos a estudiar para ser escriba— se regodea en describir:

> Sale a buscar su yunta de burros, y muchos días transcurren mientras va detrás del pastor. Cuando ha transcurrido su tiempo regresa con él para disponerle un sitio en los campos. Cuando el día amanece, sale para empezar temprano. No lo encuentra en su sitio. Pasa tres días buscándolo y lo encuentra en el barro, pero no quedan ni sus cuartos traseros, porque ¡los chacales se lo han comido![105]

La única escena que se conoce en el antiguo Egipto de unos burros arrastrando un arado. Tumba de Anhktify en Moalla (Primer Período Intermedio) (dibujo del autor)

Desgracias aparte, parece que trabajar con asnos podía ser una tarea relativamente sencilla, a pesar de lo poco efectivos que eran los yugos de la época para transmitir su fuerza: «Este año traeremos también a la burra, y trabajará a su debido tiempo, obedece a su conductor y no le falta sino hablar».[106] Por supuesto, la utilidad de los burros no se limitaba a romper el terreno con el arado para poder esparcir la simiente, tal y como se puede ver en la tumba de Ankhtifi en Moalla. A partir del Reino Nuevo, su capacidad tractora parece haber sido utilizada ocasionalmente para arrastrar carros, como sugieren algunos textos: «Y préstale atención a los burros del carro y a los hombres que están en los campos también».[107] En medio del caos de la guerra, si faltaban los bueyes que normalmente los arrastraban, quizá también se recurriera a ellos para tirar de los particulares vagones de carga de dos ruedas utilizados

105 Papiros Lansing 6, 4-7 (A. M. Blackman y T. E. Peet: «Papyrus Lansing: a translation with notes», *JEA*, 11 (1925), 289).

106 Papiro Lansing 2, 6 (K. Closse: «Les ânnes dans l'Égypte ancienne», *Anthropozoologica*, 27 [1998], 30).

107 Perteneciente a una carta de la XX dinastía escrita por el escriba Tjaroy (E. F. Wente: *Letters from ancient Egypt*, 1990, 192, n.º 314).

por las tropas de Ramsés en la campaña de Kadesh, como vemos en los relieves del Rameseo y Abu Simbel. Por otra parte, como la siembra se realizaba siempre a voleo, después era necesario introducir las semillas en el terreno para que germinaran. Una tarea que los egipcios encargaban a rebaños de distintos animales, entre ellos recuas de burros.

Una vez germinada la cosecha comenzaba la siega y gracias al trabajo de los campesinos las gavillas de cereales quedaban listas para ser trasladadas a la era, una tarea encomendada a nuestro protagonista, al que no resultaba sencillo cargar. Las escenas de las tumbas nos muestran que para ello se necesitaban hasta cuatro personas: dos para mantenerlo quieto y dos para ponerle los sacos al lomo. Pluriempleados como estaban, la época de la cosecha era para los burros un período de máxima actividad, porque una vez recogida la mies de nuevo entraban en liza para realizar la trilla girando incesantes sobre la era: el tamaño y la dureza de sus pezuñas se añadían a su peso para realizar la tarea sin problemas. En libertad, estos animales se pasan entre catorce y dieciocho horas forrajeando para alimentarse, y recorren al hacerlo entre 20 y 30 km, de modo que no es de extrañar que mientras daban vueltas a la era alguno que otro intentara atrapar alguna de las mieses. El encargado había de estar atento, no solo para azuzarlos y que no cejaran en su caminar, sino para evitar esos robos: «Te voy a enseñar a dar vueltas»,[108] dice enfadado uno de ellos cuando sorprende a un asno que baja la cabeza con hambrientas intenciones. Una tendencia a ramonear la de los burros que podía costarle caro a sus dueños, como comprobó en sus carnes el pobre Khunanup cuando llevaba a sus burros cargados al mercado, que vio como uno era confiscado con toda su carga por el taimado Nemtynakhte cuando el animal se comió una espiga de cebada de su terreno: «Así que ahora voy confiscar tu burro, campesino, porque se está comiendo mi cebada. Mira, va a trillar grano por culpa de su crimen».[109] Para rematar, tras el aventamiento del grano de nuevo también era tarea suya llevarlo hasta el granero, aunque de subirlo hasta la trampilla se encargaban los campesinos vigilados por el escriba que tomaba nota de todo.

Un animal tan versátil y capaz de realizar tantos trabajos diferentes como es el burro dotaba a su dueño de una palpable capacidad económica, lo que los convertía en innegable señal de riqueza. Por eso eran

---

108 L. Evans: *Animal behaviour in egyptian art,* 2010, p. 290, AB29.

109 V. A. Tobin: «The tale of the eloquent peasant», en W. K Simpson (ed.): *The literature of ancient Egypt*, 2003, p. 27.

un botín de guerra muy preciado por los faraones desde los primeros tiempos, como se puede ver en la paleta Libia y su fila de asnos capturados al enemigo de esa región por un faraón indeterminado de la I dinastía. Una cifra abstracta que se vuelve concreta en el templo funerario de Sahura (V dinastía), donde se nos informa que este monarca se trajo de sus campañas en tierras libias nada menos que 233 400 burros, que en época de Ramsés III (XX dinastía) se convierten en «solo» 42 700 animales capturados en esa misma región, entre los cuales hay un número indeterminado de burros, mezclados con ganado, caballos, cabras y ovejas.

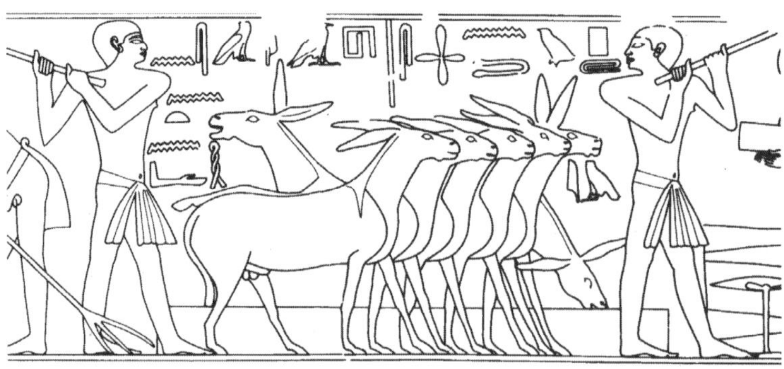

Escena de trilla donde, a la derecha, vemos a un burro que come algunas espigas del suelo y, a la izquierda, a otro jumento que se enfrenta a su arriero con una pata levantada y enseñándole los dientes mientras éste lo amenaza con un palo. Mastaba de Ankhmahor en Sakkara. VI dinastía (Kanawati y Hassan 1997, lám. 37)

Como es lógico, los altos funcionarios dueños de grandes explotaciones agrícolas terminaban acumulando grandes rebaños de los imprescindibles pollinos. Una riqueza semoviente de la cual dejaban constancia en las paredes de sus tumbas, donde cualquier visitante que entrara podía verla y quedar adecuadamente impresionado. Por ejemplo, Neferirtenef (V dinastía) hace gala de poseer una cabaña de 2300 asnos, una cifra sin duda impresionante; pero que queda en nada cuando la comparamos con los 12 017 borricos de los que presume el enano Seneb (IV dinastía). En cambio, Rakhaefankh (V dinastía) solo puede alardear de un mucho más modesto hato de 760 jumentos, que en modo alguno suponen un desdoro. Unos rebaños de los que se encargaban sus subordinados, por supuesto, como vemos en este diálogo de la tumba de Merymery en Sakkara (XVIII dinastía), donde dos arrieros tienen un debate sobre la calidad de su trabajo: «Voy a conseguir cuatro jarras de cerveza rápidamente», se jacta uno de ellos, a lo que su colega le responde: «¡Mientras yo estaba guiando 202 burros tú estabas tumbado sobre tu espalda!».[110]

No todo el mundo necesitaba de tantos burros para ganarse el sustento. Un par de ellos debían bastar para trabajar una parcela normal de tierra con la que alimentar a la familia y, cuando uno no los tenía, siempre podía alquilarlos, como hemos visto párrafos atrás. Y es que, en ocasiones, había gente que conseguía recursos suficientes como para adquirirlos y ganarse unos ingresos extra cediéndoselos a los vecinos para lo que fuera menester; a cambio de una remuneración adecuada, por supuesto. Este uso de los asnos está, por fortuna, muy bien documentado gracias a la información encontrada en Deir al-Medina, el poblado de los artesanos que excavaron y decoraron las tumbas del Valle de los Reyes. No es lo que se dice un poblado normal, pues en él vivía un elevado número de personas alfabetizadas que ejercían un trabajo muy bien remunerado, pero quizá podamos extrapolar los datos aquí conseguidos al resto de Egipto.

Los burros eran animales caros (entre 25 y 40 *deben*, el equivalente a una vaca)[111] y su alquiler tampoco era barato, medio *oipe*[112] al día de media, lo que supone 3,75 *khar*[113] de grano al mes, es decir, dos terceras partes del salario de un trabajador del poblado. El préstamo remunerado podía hacerse por solo unos días o por varios meses, y las condiciones del mismo quedaban recogidas en un contrato que permanecía en manos del dueño del animal, motivo por el cual su nombre no suele aparecer en él: «Año 3, segundo mes del invierno, día 1. Este día, dar el burro en alquiler al policía Amenkha: eso hace 5 *deben* de cobre por el mes. Y pasó 42 días con él. El inspector de policía Amennakhte… [el texto se interrumpe aquí]».[114] Se trata de un precio un poco bajo, quizá porque el arrendador quería estar a buenas con la autoridad.

---

110 P. F. Houlihan: *Wit & humor in ancient Egypt*, 2001, p. 44.

111 El *deben* es una unidad de peso que durante el Reino Nuevo equivale a 91 g. Se utiliza como unidad de cuenta: comprador y vendedor se ponen de acuerdo en el precio en *deben* de un producto determinado y luego el comprador entrega objetos diversos con su propio valor en *deben* hasta igualar el precio de venta. En Egipto no se conocía la moneda.

112 El *oipe* es unidad de volumen que equivale a cuatro *heqat* o 19,2 litros.

113 El *khar* o saco es una unidad de volumen que durante el Reino Nuevo (cuando estuvo funcionando Deir al-Medina) equivale a 16 *heqat* o 76,8 litros.

114 Ostracon Deir al-Medina 1068 (A. G. McDowell: *Village life in ancient Egypt*, 1999, p. 86, n.º 56).

Alquilar asnos también implicaba ciertos riesgos para el arrendatario, porque con la firma del contrato de alquiler quedaba entendido que él se hacía cargo del bienestar del animal, de modo que el dueño del mismo le podía pedir daños y perjuicios por maltratarlo:

> Año 28, 4 mes de la inundación, día de dar el burro al aguador Pentauret para cultivar. Murió en su posesión en el primer mes de la siembra: se le ordenó que pagara por su alquiler una cantidad de 5 *deben* y realizó un juramento de que reemplazaría el burro en el segundo mes de la siembra.[115]

Incluso si tenía la mala suerte de que el animal falleciera porque ya estaba enfermo cuando lo alquiló debía hacerse cargo de reemplazarlo o entregarle su valor a su dueño. Algo que podía dar lugar a litigios interminables, porque el arrendatario no siempre estaba dispuesto a pagar, no podía o se consideraba estafado por el arrendador:

> Primer mes de la siembra, día 10. Lo denunció de nuevo y él [el dios] le ordenó una vez más pagar, por tercera vez. Le hizo realizar un juramento del señor, vida, fuerza, salud, diciendo: «Si reniego y disputo de nuevo recibiré 100 golpes con un bastón, y el burro será contado contra mí el doble.[116]

Los burros, por supuesto, también se podían comprar. De hecho, se podía incluso recurrir a un intermediario que conociera bien la mercancía para que se ocupara de buscar al animal:

> Año 28, cuarto mes del verano, día 10.
>
> El dibujante Menna debate con el aguador Tjao diciendo: «Le di 27 *deben* de cobre [en forma de diversos bienes] diciendo: "¡Tráeme un burro!". Lista de lo que le di:

1 pañuelo de tela delgada	hace 12 *deben*
1 chal de tela suave	hace 8 *deben*
[...]	
1 par de sandalias de hombre	hace 2 *deben*
1 saco de cebada	hace 1 *deben*

115 Ostracon Ashmolean Museum 1180 (A. McDowell: «Agricultural activity by the workmen of Deir el-medina», *JEA*, 78 [1992], p. 199).

116 Ostracon Deir al-Medina 133 (A. G. McDowell: *Village life in ancient Egypt*, 1999, p. 174, n.º 129).

1/4 saco de harina

Total entregado a él 27 *deben* de cobre

Me trajo un burro, pero se lo devolví; y me trajo otro, pero que tampoco era bueno. ¡Se lo di y dije que me traiga un buen burro o si no mi dinero!».

Él [el burro] le fue dado a él [Tjao]. Realizó un juramento del señor, diciendo: «Le daré un burro o el dinero antes del primer mes de la inundación, día [...]». Ante los dos trabajadores jefe y el escriba.[117]

Parece como si el «experto» hubiera intentado colarle gato por liebre al comprador, que le había entregado por anticipado la cantidad que deseaba gastarse, quizá con la intención de quedarse con la diferencia. Desgraciadamente para él, resultó que si el comprador no se ocupaba personalmente de la transacción era por falta de tiempo, no porque desconociera el producto que deseaba adquirir y el intermediario se vio obligado a encontrar el animal que se le había encargado.

Los egipcios ponían nombre a sus mascotas y el que también bautizaran a sus asnos nos indica el tipo de íntima relación que podían llegar a tener con un animal con el que pasaban tantas horas trabajando. Un ostracon de Deir al-Medina nos proporciona una lista de esos apelativos: «Los burros de Sennefer: *Tamytiqueret*, hija de (?) *Kyiry*. / *Paunshu*, hijo de *Tamytiqueret*. / *Pashaiu*, hijo de *Pasab*. / *Paankh*, hijo de *Pakheny*. / *Paiu*, hijo de *Ramsés*».[118] Especialmente notable es el último nombre de la lista, *Ramsés*. ¿Sennefer vio en el animal cualidades de fuerza e inteligencia que lo hacían comparable con el gran Ramsés II? ¿O acaso se trataba de una bestia testaruda y poco trabajadora, cuyo nombre era una crítica a uno de los Ramsés menores de la xx dinastía, que no parecen haber sabido cómo gobernar Egipto? No hay modo de saberlo, pero no deja de ser un indicador de que la figura del faraón ya no se consideraba tan intocable como antaño. Respecto a la mención de los progenitores de los burros, no llegaremos tan lejos como para decir que se llevaba un cuidadoso registro del pedigrí de los animales; pero sí da la impresión de que se pretendía conservar al menos una parte de su linaje porque este informaba al dueño —y a los futuros compradores— de algún rasgo dominante que podría ser esperable en animal, como gran resistencia, docilidad... Es más, quizá conocer esos orígenes

117 Ostracon Petrie 14 (A. G. McDowell: *Village life in ancient Egypt*, 1999, p. 76, n.º 47).

118 P. Grandet: «Les ânes de Sennéfer (O. IFAO 10044)», *BIFAO*, 103 (2003), p. 258.

daba a los remedios egipcios en cuya composición entraban derivados del burro un poder curativo especial: «Este ungüento es especialmente poderoso, porque he utilizado un pedazo de los testículos de *Rompedor*, el hijo de *Desatado*, que ya sabes que dejaba preñadas a las burras con sólo mirarlas», nos imaginamos al médico del poblado diciéndole al enfermo.

Tanto en la elaboración de medicinas como de otros productos los egipcios seleccionaban sustancias o elementos cuyas características deseaban que su pócima contuviera y que esta traspasaría a su consumidor. Por ejemplo, en un remedio destinado a terminar con las canas, las recetas egipcias incluyen cuerno negro de una gacela o la cocción en aceite de sangre de un buey o ternero negros. No siempre resulta sencillo identificar las cualidades que poseía una determinada sustancia y la convertían en ideal para un remedio concreto; pero conocemos recetas donde se utilizaban los dientes, los excrementos, el hígado, la grasa, el tuétano de la mandíbula, los pelos, el casco, la sangre, la orina o los testículos de un burro. «Otro remedio: testículos de un asno recién nacido. Esto se molerá finamente, se meterá en vino y será bebido por el hombre. Entonces el demonio-*nesyt* tendrá que huir inmediatamente»,[119] como leemos en la receta 756 del papiro Ebers.

Con todo el beneficio que obtenían de él, no deja de resultar curioso que cuando los burros aparecen representados en pinturas o relieves casi siempre lo hagan acompañados por personas con bastones destinados a golpear sus ancas para hacerlos entrar en razón y vencer su supuesta testarudez. Así, en la tumba de Ti (v dinastía) vemos cómo un arriero inmoviliza a un asno retorciéndole una oreja con una mano y con la otra levantándole del suelo una de las patas delanteras, al tiempo que detrás del animal otro personaje blande el largo palo con el que azota su lomo. Este tipo de trato era tan habitual que en una escena de la tumba de Iti y Neferu (Primer Período Intermedio)[120] los cuartos traseros de un jumento de pelaje oscuro presentan dos claras manchas rojas, dos heridas sangrantes producidas por el arriero que marcha tras él con un bastón sobre los hombros. No es el único, porque cerca vemos a otro arriero golpeando a su burro para que siga marchando.

119 T. Bardinet: *Les papyrus médicaux de l'Égypte pharaonique*, 1995, p. 356.

120 Originalmente en Gebelein, pero en la actualidad expuesta en el Museo Egipcio de Turín.

Lo interesante es que, a pesar de su fama, los burros no son animales tozudos y tampoco cobardes. Según han observado los especialistas, se trata de unos animales muy preocupados por su propia seguridad y cuando la sienten amenazada se plantan con firmeza en el suelo a la espera de acontecimientos y decidir si morder, patear o salir corriendo. Esta inmovilidad, interpretada como negativa a trabajar por su arriero es la que hace que los golpes sean el modo habitual de conducción de burros: «¡Oye! ¡Os voy a dar un porrazo justo en las ancas!», les dice un arriero a sus jumentos en la tumba de Ti (v dinastía). Su supuesta cobardía tampoco es tal, porque hoy día se utilizan incluso como animales guardianes para proteger rebaños.

Los burros parecen haber llevado estos malos tratos con resignación, pues solo se conoce una imagen en la que uno de ellos aparezca enfrentándose a su arriero. Es la ya mencionada escena de la trilla de la mastaba de Ankhmahor, donde a la izquierda vemos al burro con una oreja levantada y la otra semiagachada, enseñando los dientes y con una pata delantera levantada dispuesto a golpear. Amenaza de la que es plenamente consciente su arriero, que levantando su palo le grita: «¡Vuelve abajo con ellos, camarada!».[121] Y es que las orejas gachas en los burros indican agresión y debían ser una constante, porque los artistas egipcios nos las muestran casi siempre así, como si fueran su comportamiento normal. Podemos comprobar que no es su estado natural cuando nos fijamos en una escena de la tumba de Ti, donde una burra cargada y con las orejas gachas va acompañada con su cría, que la sigue feliz sin carga ninguna y las orejas bien derechas en signo amistoso (véase la portadilla de esta sección). Seguro que en alguna ocasión el exceso de trabajo o el maltrato acabaron del peor de los modos, con el burro muerto; pero, dado su elevado precio (aproximadamente el mismo que una vaca), se trató de excepciones. Los dueños de los burros se preocupaban por ellos:

> Mira, he descubierto a un buen burro a su cargo. Escoge al bueno y cómpralo, pues su rostro es del tamaño adecuado. No debes empezar una riña, aunque es para tu propia tranquilidad de espíritu para la que debes actuar. Escoge al bueno y trátalo bien con el trato adecuado.[122]

121 L. Evans: *Animal behaviour in egyptian art*, 2010, p. 290, AB29.

122 Papiro de Turín 1976 (E. F. Wente: *Letters from ancient Egypt*, 1990, p. 138, n.º 169).

Como nosotros, los egipcios consideraban a los burros el paradigma de las labores pesadas, la encarnación de la estupidez y la vara de medir para juzgar las tonterías. Nada mejor que servirse del jumento para describir las malas condiciones de vida del soldado: «Déjame que te describa su grave situación. Su pan y su agua están sobre su hombro como la carga de un asno, en su cuello se ha formado una curvatura como la de un burro»,[123] al que «persiguen como a un burro, y trabaja hasta que el sol se pone bajo la oscuridad de la noche».[124] O para que un trabajador se queje a su jefe de que para él no es sino una bestia de carga: «Soy como un burro para ti. Si hay trabajo ¡que traigan al burro! Y si hay forraje ¡que traigan al buey! Si hay cerveza nunca me pides que vaya. ¡Sólo me llamas si hay trabajo que hacer!».[125] Por otro lado, el estudiante lento y poco aplicado recibe una buena dosis de la letra con sangre entra, igual que un jumento que no quiere trabajar: «Eres como un asno recibiendo una paliza».[126] Una equiparación entre el burro y la falta de inteligencia que también encontramos en un texto oniromántico del siglo II d. C. cuyas raíces se pueden rastrear hasta la época ramésida: «Si ella da a luz a un burro, tendrá un hijo tonto»[127]. Esa incapacidad intelectual del burro también se puede detectar en esas escenas, tan agradables a los egipcios, en las que un animal adopta poses y comportamientos humanos. En este sentido destaca especialmente el asno que ejerce de juez en un tribunal en el papiro erótico-satírico de Turín. Nada podía causar mayor sonrisa a un egipcio que ver aplicando la ley, tarea necesitada de mucho cacumen, al para él menos dotado intelectualmente de los animales. A veces, por supuesto, el burro genera la sonrisa por las circunstancias que lo rodean. Es lo que sucede en las escenas del viaje al Punt del templo de la reina Hatshepsut en Deir al-Bahari. Allí vemos a Parehu, el rey de aquellas lejanas tierras, seguido por su obesa esposa, Ati, seguida de cerca a su vez por un jumento con la mitad de su tamaño al que un texto identifica como «el burro que transporta a

123 Papiro Anastasi III 5, 10 y papiro Anastasi IV 9, 8-9 (R. Caminos: *Late egyptian miscelanies,* 1954, pp. 92, 169).

124 Papiro Lansing 9, 7 (R. Caminos: *Late egyptian miscelanies,* 1954, p. 401).

125 Ostracon Deir al-Medina 303 (E. F. Wente: *Letters from ancient Egypt,* 1990, p. 149, n.º 204).

126 Papiro Anastasi IV 2, 6. Con mi agradecimiento a la Dra. Marina Escolano Poveda por la traducción del fragmento.

127 Papiro Carlsberg XIV f, 3 (A. Volten: *Demotische traumdeutung,* 1942, p. 99).

su esposa».[128] Si la esteatopigia de la reina ya causaba la sonrisa de los egipcios,[129] como demuestra que un dibujante copiara sus formas en un ostracon, aquella se ensanchaba seguro al ver al pobre animal responsable de cargar con su sobrepeso.

Un jumento ejerciendo como juez. Una imagen llena de ironía para los egipcios, que lo consideraban un animal limitado intelectualmente (época ramésida). Museo Egipcio de Turín (Lepsius 1842, lám. 23)

Como vemos, el burro era para los egipcios un animal risible por su supuesta testarudez y escasas luces, quizá por eso existía una especie de tabú iconográfico que impedía mostrar a nadie montándolo. Así es, por extraño que parezca, no se conoce ninguna imagen de un jumento que sea cabalgado por un egipcio. Todo lo más, un sello de barro de la I dinastía donde vemos a una serie de cuadrúpedos con hocico sethiano y el jinete sobre las ancas del animal, como se hace en los burros. Únicamente existen tres escenas del Reino Antiguo en las cuales dos borricos que marchan en paralelo cargan sujeta sobre sus lomos una silla de manos donde se sienta un alto funcionario. Lo extraño es que hay imágenes de asnos con una especie de cojín atado sobre el lomo, que bien pudiera ser una silla para montarlos con más

128 H. Breasted: *Ancient records of Egypt*, II, 1906, p. 108, § 258.

129 A pesar de que como muy pocos poseían los recursos suficientes como para poder comer proteína y grasa animal a diario o a menudo, el exceso de peso era considerado por los egipcios una señal de riqueza.

Niankhnum transportado en una silla de manos cargada sobre el lomo de dos burros. En el texto se puede leer: «La partida hacia al bello Occidente». Mastaba de Niankhkhnum y Khnumhotep en Sakkara. v dinastía (dibujo de Gemma Menéndez)

comodidad, exactamente igual a la que luce el burro de la reina del Punt. Esta renuencia a mostrar a la gente cabalgando asnos quizá esté relacionada también con el hecho de que, en el antiguo Egipto, los burros eran identificados con Seth: el hermano y asesino de Osiris y proverbial manifestación del mal.

Las primeras equivalencias entre los burros y Seth, además del ya mencionado sello predinástico, surgen en el Reino Antiguo, donde en los Textos de las Pirámides de la tumba del faraón Teti leemos: «¡Saludos, burra monstruosa! Si hubieras venido contra Teti como una burra monstruosa, él te hubiera golpeado con la cola que crece en el lago de Osiris».[130] Tendencia que se concreta en el Reino Medio, donde en los textos de los ataúdes de Asyut el nombre del dios aparece determinado por un animal sethiano con cabeza de asno. Igual sucede en el papiro Dramático del Rameseo (XII dinastía), cuya escena 9 viene acompañada por un diálogo en el cual Horus dice: «No golpeéis a mi padre»,[131] mientras en la imagen que la acompaña vemos a unos burros pisoteando el grano, lo cual identifica a este con Osiris y a los jumentos con Seth, su hermano y mortal enemigo. Esta identificación viene favorecida, además, por el hecho de que los burros salvajes viven en el desierto, el mundo del caos, donde reina Seth. Un dios cuyos epítetos lo equiparan con el bullicio y el estruendo: «aquél que repite un ruido en voz alta»,[132] característica en la que destacan los poco armónicos rebuznos de los asnos. La variedad nubia de los cuales, para rematar la equiparación con la maldad, posee un pelaje de tonos rojizos, que es el color del dios.

Texto del muro del recinto del templo de Edfu donde se puede ver el determinativo de un burro acuchillado (Chassinat 1931, p. 317, 6)

130 Textos de las Pirámides, 324, § 523 (J. P. Allen: *The ancient egyptian Pyramid Texts*, 2015, p. 68).

131 K. Sethe: *Dramatischetexte zu altaegyptischen mysterienspielen*, 1928, p. 134.

132 W. A. Ward: *The H.w-ass, the H.w-serpent, and the god Seth*, *JNES*, 24 (1978), 23-34.

Ahora queda claro por qué el determinativo de «burro» aparece escrito muchas veces con un cuchillo clavado en el lomo, una imagen que encontramos por primera vez en grafitos predinásticos tanto en varios *wadis* del desierto oriental (Hamammat, Barramiya y Shait) como en el valle del Nilo (la Roca de los Buitres en ElKab). El objetivo está claro: privarlo de su capacidad para cobrar vida al ser leído y sembrar el desorden a su paso, como correspondería a un animal que vive en el caos y se identifica con el taimado y maléfico Seth. Motivo por el cual los faraones también practicaban la caza del onagro, como Amenhotep II (XVIII dinastía) cuenta que hizo durante una de sus campañas en Siria-Palestina y podemos ver haciendo a Ramsés III (XX dinastía) en el macizo sur del primer pilono de Medinet Habu. Circunstancia que también se aprecia en el mundo de lo divino, pues en el templo de Horus en Edfu el ptolemaico faraón aparece alanceando a un asno, equiparado a Seth.

El faraón alancea a un asno identificado con el dios Seth en el templo de Horus en Edfu. Época Ptolemaica (fotos del autor)

La relación entre los asnos y Seth nos permite comprender, asimismo, unos peculiares ataques sexuales aparecidos en los textos a partir de finales del Reino Nuevo, todos los cuales siguen un patrón similar a este: «... será un enemigo de Osiris, señor de Abydos, junto con los hijos de sus hijos para siempre jamás. Un burro copulará con él, un burro copulará con su esposa, su esposa copulará con su hijo», que leemos en una estela del Tercer Período Intermedio.[133] No es que los egipcios hubieran descubierto una nueva tendencia sexual, lo que se pretendía con este tipo de maldiciones era asegurarse de que el enemigo contra el cual se lanzaba la maldición sufriera en sus carnes el peor de los destinos, ser rechazado por los dioses. De algún modo, el contacto sexual con Seth convertía al violado en un seguidor del dios del caos y lo alejaba de la *maat*. Sin contar con que, si se trataba de un hombre, el único modo de ser penetrado era contra natura y eso, a ojos de los egipcios, le hacía perder su masculinidad. Una acción que, de hecho, el propio Seth intentó consumar con su sobrino Horus cuando se estaban disputando el trono de Osiris, precisamente para deslegitimarlo como heredero. No olvidemos que, ideológicamente, el trono egipcio solo podía ocuparlo un varón... y que los asnos destacan por sus grandes atributos viriles. Detalle que también se menciona en algunos textos: «El hombre siente más inclinación que el burro por el sexo, sólo su bolsa se lo impide».[134]

Este detalle quizá ayude a comprender mejor la negativa de los egipcios de clase alta a subirse a la grupa de un burro para cabalgarlo. No solo los burros son animales sethianos, sino que además los extranjeros, es decir, los habitantes del caos, en este caso la gente de clase alta de Mesopotamia, se jactaban de ser jinetes de burros. Por lo tanto, negarse a ser representados aguantando el portantillo de una de estas bestias testarudas era un modo que los egipcios de clase alta tenían de contribuir a mantener iconográficamente la *maat*, al tiempo que les permitía guardar las distancias con los pérfidos extranjeros habitantes del caos. No obstante, prosaicos cuando convenía, los montaban de forma habitual si tenían la oportunidad. En especial si formaban parte de una expedición al desierto, como nos demuestra un alto funcionario como Mekhu (VI dinastía), y no es el único, que murió en el desierto sobre su asno cuando dirigía una expedición en busca de materias primas.

133 J. J. Janssen: «The smaller Dâkhla stela (Ashmolean Museum n.º 1894. 107 b)», *JEA*, 54 (1968), p. 167.

134 Máximas de Ankhsheshonq 24, 10 (H. Te Velde: *Seth, god of confusion*, 1977, p. 55).

8
El transitado desierto egipcio

Lo primero que salta a la vista cuando le prestamos atención a un mapa de la región oriental del norte de África es lo aislado que se ve Egipto, una estrecha cinta verde que culebrea por un mar de tierras yermas. Al oeste tenemos el límite del Sahara, el desierto occidental; al este, la cadena de montañas que es el desierto oriental; al sur, las arenas de Nubia, que alcanzan hasta el África central; y, al norte y noroeste, el Mediterráneo y la desolada franja costera que pasa por el extremo septentrional de la península del Sinaí. A primera vista, parece indudable que Egipto se encuentra incomunicado del resto del mundo y, décadas atrás, este aislamiento se podía encontrar descrito en los libros de historia como uno de los fundamentos de la particular cultura faraónica. Hoy día esta imagen ha cambiado, pues los estudios paleoclimáticos del continente africano han demostrado que los desiertos de hoy fueron antaño sabanas, al menos hasta el final del Reino Antiguo. Así que las pirámides no se construyeron en medio de la nada rodeadas de dunas, sino de matorrales y árboles dispersos. Resulta indudable que este paisaje facilitaba las incursiones a los territorios que quedaban fuera del alcance de las aguas del Nilo durante la inundación, las cuales fueron una constante durante todo el período faraónico y antes. Es lo que están demostrando las recientes expediciones arqueológicas que excavan en el desierto occidental y su cinturón de oasis; pero también las que lo hacen en el desierto oriental, la costa del mar Rojo y el corredor del Sinaí hasta Palestina.

A pesar de lo que puedan sugerir los mapas actuales, Egipto no estaba tan aislado del mundo dentro de su burbuja de orden como podría pensarse. En realidad, mantuvo abiertas una serie de importantes rutas comerciales que le permitieron estar en saneado contacto no solo con los desiertos adyacentes, sino también con territorios más alejados. La principal de ellas, cómo no, el Nilo. Una de las grandes vías fluviales del mundo, cuya excepcional longitud permite comunicar el Mediterráneo con el centro de África y con ello el intercambio de materias primas entre ambas regiones con relativa facilidad, pese a los obstáculos naturales que salpican su recorrido. No en vano este río ha sido calificado por muchos autores como la primera autopista de la historia. El comercio nilótico fue siempre tan importante que algunos egiptólogos han considerado que los esfuerzos por controlarlo realizados por algunas de las comunidades que habitaban sus orillas fueron uno de los responsables que terminaron por crear el Estado faraónico. No obstante, el río no fue el único medio utilizado por los egipcios para alcanzar el interior del continente africano, los desiertos eran un territorio muy transitado y no solo para los súbditos del faraón. Algo que sabemos gracias a los «despachos de Semna», es decir, los informes sobre el resultado de sus patrullas de vigilancia aduanera por el desierto, enviados a la capital por los soldados acantonados en uno de los muchos fuertes erigidos a orillas del Nilo durante el Reino Medio:

> Es una comunicación para ti, vida, fuerza salud, respecto a que los dos guerreros y cuatro gentes medjay que habían partido para seguir ese rastro en el cuarto mes de la segunda estación, día 4, regresaron para informarme el mismo día por la tarde, trayendo a tres hombres medjay y a cuatro niños y niñas, diciendo: «Los encontramos al sur del margen del desierto bajo la inscripción de la estación del verano, y también tres mujeres», así dijeron. Seguidamente interrogué a esos medjay, preguntando: «¿De dónde habéis venido?». Entonces respondieron: «Es desde el pozo de la región de Ibhayet[135] que hemos venido».[136]

Como vemos, el paso de personas y comercio por el desierto era algo habitual y los faraones se esforzaban en controlar el tráfico de personas y mercancías si llegaba desde Nubia y en mantenerlo fluido y libre de peligros si se trataba de expediciones organizadas por ellos. A pesar de todos sus desvelos, en ocasiones estas caravanas comerciales no podían remontar el curso del Nilo debido a la presencia de algún peligro. Entonces, para sortearlo, se adentraban en el desierto antes de retornar al Nilo; pero también podían continuar profundizando en dirección

---

135 Región situada al suroeste de la Segunda Catarata.

136 Despachos de Semna, 3 (E. F. Wente: *Letters from ancient Egypt*, 1990, p. 71, n.º 80, con corrección de B. Kraemer y K. Liszka: «Evidence for administration of nubian fortresses in the Late Middle Kingdom: Semna Dispatches», *JEH*, 9 [2016], p. 35).

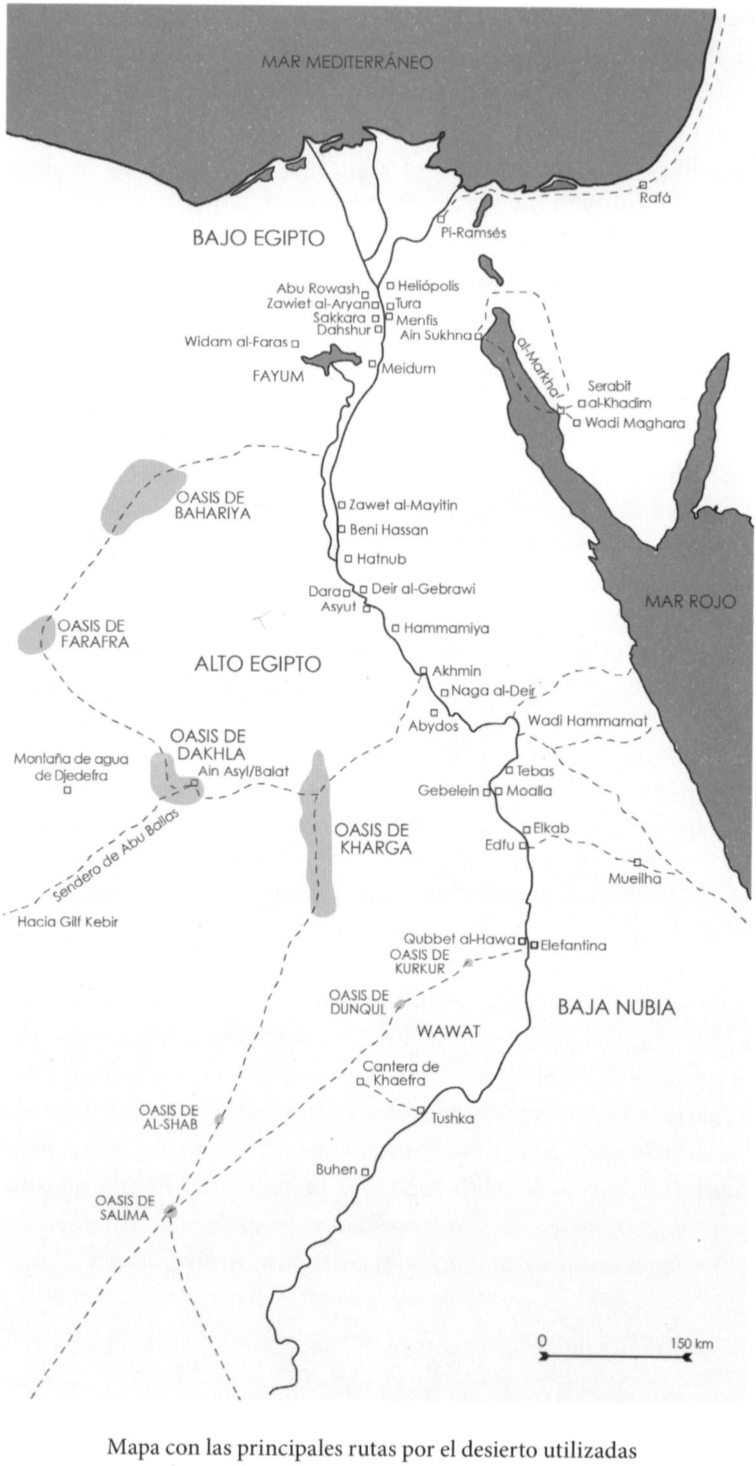

Mapa con las principales rutas por el desierto utilizadas durante el antiguo Egipto (dibujo del autor)

suroeste hasta alcanzar territorios más lejanos. Los viajes de Herkhuf desde Elefantina durante la VI dinastía nos lo muestran.

Desde más al sur del lago Fayum y hasta la altura de Tebas, en el desierto occidental hay cuatro oasis que forman un arco con base en el Nilo: Bahariya, Farafra, Dakhla y Kharga, de norte a sur. Están comunicados entre sí por diferentes pistas del desierto y el primero y el último, además, con el Nilo. Eran algo así como picas de orden en el universo del caos que era el desierto y la avanzadilla de la defensa del flanco oeste del Estado faraónico; además de servir como perfectos puntos de partida para expediciones comerciales y punitivas, tanto hacia Libia desde Bahariya como hacia el centro de África y sus productos exóticos desde Dakhla y Kharga. En autobiografías del Reino Antiguo tenemos varias descripciones de esas expediciones comerciales, encabezadas por funcionarios del faraón residentes en Elefantina, en la Primera Catarata, la frontera meridional de Egipto. Gracias a ellas sabemos que del interior del continente llegaban pieles de animales, aceites, maderas y, de vez en cuando, sorpresas maravillosas como un pigmeo danzarín. Algo que llenó de inmensa alegría al soberano de las Dos Tierras al que estaba destinado. Pepi II, que por entonces tendría cinco o seis años de edad, dejó patente su alegría escribiéndole una carta a Herkhuf, el cabecilla de la expedición:

> Lo que también has dicho en esta carta tuya es que has traído un pigmeo que baila para el dios desde la tierra de los «moradores del horizonte» [...]. Cuánto conoces lo que tu señor quiere y alaba [...]. ¡Ven al norte hasta la Residencia de inmediato! Deja todo lo demás a un lado, trae contigo ese pigmeo que está a tu cargo [...]. ¡Cuando suba al barco a tu cargo dispón a gente de confianza a su alrededor en cubierta, no vaya a ser que se caiga al agua![137]

Estas expediciones suponían un verdadero desafío desde el punto de vista logístico. Eran algo tan complejo y necesitaban de tantos recursos que se veían como un símbolo de la capacidad del soberano, quien al penetrar en el mundo del caos que rodeaba Egipto y extraer de él productos preciosos exhibía su poderío. Por eso, los faraones podían utilizarlas para aliviar presiones políticas o económicas, además de su evidente función de proveedoras de productos de lujo. Para hacernos una idea de su tamaño basta mencionar las cifras de la más numerosa que se conoce, la dirigida por Ameny al Wadi Hammamat durante el reinado de Senuseret I (XII dinastía):

137 N. C. Strudwick: *Texts from the pyramid age*, 2005, pp. 332-333, n.º 242.

Lista de los miembros de la expedición partidos conmigo hacia este *djebel*:

- grandes de decena del Alto Egipto 3
- gobernadores 20
- escoltas del señor de vida, fuerza, salud 30
- el jefe de tropa de los cargadores de la necrópolis, jefe de los artesanos, jefe de todos los trabajos del rey, quien resuelve todas las dificultades, Sankhptah
- jefes de dominio del gran tribunal 2
- jefes de dominio de la doble casa de la plata 2
- el verdadero conocido del rey, jefe del gabinete, Nesumontu
- vaguemaestre
- gendarme
- voceadores 3
- escribas del gran tribunal 4
- escribas de la doble casa de la plata 4
- cancilleres 10
- militares de carrera:
  soldados de la mesa del príncipe, del nomo de Tebas 300
  soldados de nomo 700
- exploradores 30
- canteros de necrópolis 100
- canteros 100
- remeros 200
- pescadores 60
- zapateros 60
- gentes de la azofra que han hecho los trabajos 17 000
- abastecedores que forman parte de esta expedición 20
- cerveceros 20
- molineros 20
- panaderos 20
- coperos .... 20[138]

El total es asombroso, ¡18 728 personas!, toda una ciudad en movimiento atravesó el desierto, casi el mismo número que soldados se llevó Ramsés a batallar contra la coalición hitita en Kadesh. Un espectáculo que sin duda fue digno de verse, sobre todo porque mantener

138 D. Farout: «La carrière du [ouhemou] Ameny et l'organisation des expéditions au Ouadi Hammamat au Moyen Empire», *BIFAO*, 94 (1994), pp. 145-146.

con vida a todas estas personas requería un convoy de suministros igual de impresionante. Durante los treinta días que duró la expedición todas estuvieron recibiendo su ración/sueldo según un baremo muy concreto, que va desde los 200 panes y 5 jarras de cerveza al día que recibía el jefe de la misma, Ameny, a los 10 panes y 1/3 de jarra de cerveza que les tocaban a los últimos del escalafón, las gentes de la azofra que forman la tropa. Unas provisiones que para una expedición de Ramsés IV con la mitad de tamaño (8362 personas) a esa misma cantera fueron transportadas en diez «vehículos» arrastrados por seis yuntas de bueyes cada uno, acompañados por un número no cuantificable de porteadores.

El objetivo de los egipcios encargados de transportar pesos importantes era siempre alcanzar el Nilo y así poder transportar los bienes que fueran con mayor facilidad, objetivo para lo cual no dudaban en construir carreteras. El ejemplo más antiguo que se conoce se encuentra en las canteras de basalto de Widan al-Faras, situadas al norte del lago Fayum. No se trata de unas canteras muy grandes, pero el volumen de material extraído de ellas coincide con el utilizado en los monumentos del Reino Antiguo. La distancia entre la fuente de basalto y el lago es de unos once kilómetros, entre los cuales discurre una carretera, la más antigua del mundo. Tiene cuatro codos de anchura (2,10 m) y está formada a base de bloques de arenisca, caliza y madera petrificada, es decir, el material que se iban encontrando según construían los distintos tramos. En algunos de estos, los bloques parecen haberse dispuesto sobre una capa yeso de 1 cm de grueso. Dadas las inexistentes marcas de uso sobre su superficie, se desconoce todavía el método utilizado para trasladar el basalto sobre esta carretera hasta alcanzar el lago y los barcos que los transportarían a su destino.

También del Reino Antiguo es otra carretera similar, asimismo asociada a una cantera, la de Hatnub, donde en este caso se extraía travertino. Situada a unos 25 km al sur de Amarna, pero alejada 17 km de la orilla del Nilo, se trata de otro camino de piedra en seco, pero con una diferencia: para salvar un desnivel o atravesar el cauce de un *wadi*, en algunos puntos se crearon importantes amontonamientos de piedras que alcanzan alturas de hasta cinco metros. Este es el tipo de tareas, además de su conservación una vez terminadas, que seguramente eran responsabilidad del «experto en carreteras» o del «funcionario del experto en carreteras», títulos administrativos de esta época.

Cuando fue necesario, los reyes del Doble País también mandaron expediciones fuera de África. Durante la mayor parte de su historia,

Egipto necesitó de grandes cantidades de cobre con el que fabricar todo tipo de herramientas y armas, metal al que luego se sumó el estaño con el que se aleaba para hacer bronce. Las principales minas explotadas por los faraones estuvieron siempre en la península del Sinaí, en torno al Wadi Maghara. Un lugar de tanta relevancia que acabó contando con un importante templo dedicado a la diosa Hathor en Serabit al-Khadim. Durante el Reino Antiguo, parece que el acceso a estas minas fue únicamente por vía marítima (como veremos en el próximo capítulo); en cambio, durante el Reino Medio se adoptó un sistema de expediciones mixtas (terrestres-marítimas) casi anuales. Desde Menfis, el grupo marchaba hasta el puerto de Ayn Sukhna en el mar Rojo, desde donde el grueso de la expedición partía a pie hacia las minas recorriendo la costa del Sinaí, acompañado de las caravanas de burros que luego mencionan en las estelas y recogiendo trabajadores por el camino. Mientras tanto, los barcos trasladaban a los mandos de la expedición hasta la costa del Sinaí. El punto de reunión era Serabit al-Khadim, donde llegaban también algunos contingentes de trabajadores desde Siria-Palestina. Años después, durante el Reino Nuevo el componente marítimo fue algo excepcional en las menos frecuentes expediciones al Sinaí que se produjeron durante esta época.

Una sección de la carretera hacia la mina de travertino de Hatnub (foto de Hannah Pethen [CC BY-SA 4.0], https://www.flickr.com/photos/hannahpethen/6899728476/in/photostream/)

Las expediciones egipcias también se dirigieron hacia el norte, la zona de Siria-Palestina, el contacto con la cual ha quedado muy bien recogido en el registro arqueológico desde por lo menos la época tinita. Ya durante la I dinastía hubo asentamientos egipcios repartidos por la costa hasta el sur de Palestina, un contacto comercial que venía de lejos. Algo que resulta evidente cuando comprobamos que en época predinástica Egipto adoptó modificados a sus necesidades tanto objetos —los sellos cilíndricos— como iconografía —«el señor de las bestias»— de procedencia mesopotámica. Si bien se trata de préstamos que en época faraónica serían desechados, no se ha encontrado en Mesopotamia una influencia semejante, lo que hace pensar en que los egipcios exportaban bienes perecederos, como el aceite y los cereales.

Se ha sugerido que la llegada de los bienes mesopotámicos se produjo también por vía marítima desde la desembocadura del Tigris y del Éufrates, de donde habrían partido los convoyes de barcos que atravesarían el golfo Pérsico para recorrer después la costa del Yemen y desde allí cruzar hasta Egipto. Algo que quizá explique la posible conexión de esta zona con el Punt.

Tras esta primera abundancia de contactos y comercio, pero por motivos desconocidos los asentamientos egipcios en el sur de Palestina desaparecieron durante la II dinastía. No obstante, los contactos continuaron, con las caravanas haciendo uso de un camino que corría paralelo a la costa y llegaría a conocerse siglos después como el Camino de Horus. Como era una vía de comunicación de dos sentidos, los egipcios terminaron por salpicar su recorrido con numerosas fortalezas destinadas a controlar el flujo de asiáticos que deseaban asentarse en el valle del Nilo, una tierra de promisión para ellos: «Un arameo errante fue mi padre y bajó a Egipto y establecióse allí como inmigrante…», como leemos en la Biblia.[139] Estos puntos de control de la ruta resultaban difíciles de evitar, solo grupos muy pequeños o personas aisladas podían sortearlos y hacerlo podía llegar a costarles la vida, como estuvo a punto de comprobar Sinuhe:

> Di camino a mis pies hacia el norte y llegué a los Muros del Príncipe, que han sido construidos para rechazar a los asiáticos y para pisotear a quienes recorren las dunas del desierto. Y me coloqué extendido detrás de un arbusto, temiendo que me viera el centinela de servicio sobre la muralla.

139 Deuteronomio 26, 5.

> Caminé durante la noche y al amanecer llegué a Peten. Habiéndome detenido en la isla de los Lagos Amargos, sufrí un ataque de sed. Estaba abrasado y mi garganta reseca. Me dije: «Esto es el sabor de la muerte». Pero realcé mi ánimo y recompuse mis miembros cuando oí ruido y mugir de rebaños. Entonces distinguí a unos asiáticos y me reconoció un nómada que allí estaba y que había estado en Egipto.[140]

Sin duda, las expediciones «cercanas» al río podían permitirse ciertos lujos, como el uso ocasional de vehículos, los cuales quedaban vedados a las que recorrían el lejano desierto occidental. En estos los carros eran por completo inviables y el transporte corría siempre a cargo de los burros, que eran para los egipcios el animal de carga por excelencia. Las caravanas de estos animales podían ser impresionantes y sabemos que mil asnos participaron en una del Reino Medio a la región de Toshka, en Nubia. En esa misma época, seiscientos de ellos viajaron hasta Serabit al-Khadim (Sinaí) en busca de cobre, donde sabemos que dos expediciones llegaron acompañadas por quinientos y por doscientos jumentos respectivamente. Comparada con estas, la expedición de siete meses de Herkhuf puede parecer pequeña; pues solo se llevó consigo trescientos burros en su largo y movido viaje hasta las tierras de Yam, en el centro de África.

Una caravana de burros cargada con productos llegados del Punt. Tumba de Amenmose en Gurna. XVIII dinastía (Davies y Davies, 1941, lám. XXV)

140 J. López: *Cuentos y fábulas del antiguo Egipto,* 2005, p. 46.

A pesar de que los textos egipcios tardíos recomiendan que en el ejército cada burro vaya al cargo de dos arrieros, en la tumba de Merymery (XVIII dinastia), vemos que uno solo se bastaba para conducir a una manada de 202 jumentos sin problemas y sin la ayuda del escurrebultos que tiene como compañero de fatigas. Las caravanas de burros que se siguen organizando hoy día en África nos permiten hacernos una idea de cómo eran las faraónicas. Los asnos se disponen en varios grupos con un número variable de animales (desde 9 hasta 38) en filas paralelas, las cuales marchan con un arriero delante que sujeta la cuerda que controla todas las demás y con otro arriero en retaguardia para azuzarlos si es necesario (véase la portadilla de esta sección). El viaje se suele realizar en invierno y pasan caminando doce horas al día, con un descanso a mediodía de tres horas, lo que permite un recorrido de entre 25 y 40 km dependiendo del tipo de terreno. Por otra parte, la carga que puede llevar cada burro es de entre 50 y 80 kg, aproximadamente la tercera parte de su peso. Una parte de ella sería sin duda provisiones, porque, aunque los burros pueden estar hasta tres días sin beber, a diario necesitan entre 18 y 35 litros de agua, más 1 kg de legumbres, 0,5 kg de cereales y 4 kg de paja para mantenerse en plena forma.

Toda esta intendencia hace complicado comprender cómo podían meterse en lo más profundo del pedregoso desierto y alcanzar su destino. Afortunadamente, en 1999 se descubrió una antigua senda faraónica cuyo estudio ha revelado toda la inversión, y con ella el interés, que los faraones dedicaban a estas caravanas. El camino de Abu Ballas, que así se llama, parte del oasis de Dakhla en dirección suroeste y recorre casi 400 km en línea recta hasta llegar a la meseta de Gilf Kebir. Una ruta caravanera destinada a la importación de productos de lujo de la zona subsahariana desde al menos el final del Reino Antiguo, posiblemente con ayuda de grupos nómadas «libios». Lo asombroso de todo es el importante trabajo preparatorio realizado para que las caravanas pudieran recorrerlo sin demasiado peligro; porque a todo lo largo del camino, aproximadamente cada tres días de marcha (unos 80 km), se dispusieron estaciones intermedias en las cuales había jarras de cerámica con agua y cereales suficientes para alimentar entre cincuenta y cien burros.[141] Esto significa que con anterioridad a la partida

141 Se trata de un cálculo aproximado, que supone la presencia de cien recipientes de treinta litros cada uno, como hacen pensar que había los restos encontrados; pero solo para el Reino Antiguo, durante la época ramésida el volumen y la cantidad de cerámica disminuyen, lo que supone expediciones menores (H. Köpp-Junk, H. Riemer y F. Förster: «Mobility in ancient Egypt», 2017, p. 295).

de una caravana desde Dakhla debían organizarse caravanas de avituallamiento para llenar los depósitos, algunos de los cuales quedaban vigilados por funcionarios, encargados de protegerlos a la espera de la caravana. Por el momento se han descubierto cerca de treinta de estas estaciones intermedias, las cuales requerían de una inmensa preparación previa que indica el grado de compromiso de los faraones con el comercio exterior. La técnica de enviar suministros con antelación para las distintas etapas de la expedición siguió en uso largo tiempo. Un modo de avanzar por territorios inhóspitos que milenios después también seguiría Amunsen en su conquista del Polo Sur.

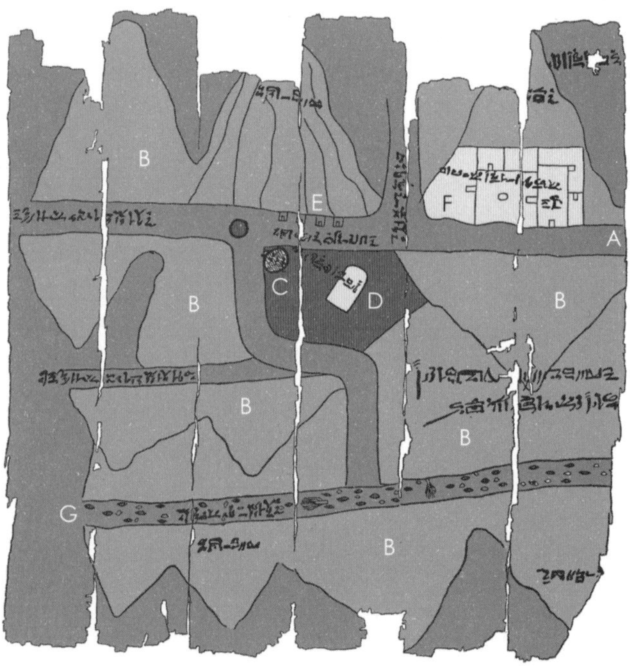

El fragmento principal del mapa del Wadi Hammamat, donde se ven: A) el camino principal del *wadi*, B) la montaña con las vetas de oro, C) un pozo, D) una estela de Seti I, E) los habitáculos de los mineros y F) el santuario de Amón. Ramsés IV (xx dinastía). Museo Egipcio de Turín 1879 + 1969 + 1899 + 2083/174 + 2083/182 (Modificado de Clarke y Engelbach, 1930, p. 58, fig. 58)

Abu Ballas no es un camino artificial, sino una dirección que sobre el terreno las caravanas podían seguir sin problemas gracias a un ingenioso y sencillo sistema de señales. Cada cierta distancia, que dependía de la visibilidad que permitía el paisaje, se erigía un *alam*, una señal de carretera. Estas *alamat* consistían en una losa de piedra clavada verticalmente, un montón de piedras o una piedra de gran tamaño situada a ras de suelo o en pequeñas elevaciones. Cada mojón era visible desde el anterior, de modo que la caravana no tenía sino que ir de uno a otro para no perderse por el desierto. En terreno liso, pueden estar separadas entre sí hasta 10 km, pero en terreno ondulado pueden encontrarse a solo 100 m de distancia las unas de las otras. Verlas requería de luz solar, lo cual implica viajar durante el día y, por lo tanto, expediciones realizadas en invierno o principios de la primavera. Un detalle que corrobora una inscripción de Serabit al-Khadim dejada por Horurra, donde leemos: «Llegada a esta tierra en el mes 3 de *peret* [principios del verano], cuando no era la estación adecuada para venir a esta región minera».[142]

Por otra parte, el descubrimiento de un puesto avanzado minero a unos 90 km al oeste de Dakhla (bautizado como «la montaña de agua de Djedefra») demuestra que la exploración del desierto por parte de los egipcios fue algo habitual; en este caso para extraer un mineral usado como cosmético.[143] Ideológicamente, era el mundo del caos, pero estaba lleno de productos maravillosos la posición exacta de cuyas minas convenía dejar bien recogida en los archivos reales. Eso es lo que nos enseña un mapa de la época de Ramsés IV (xx dinastía) que representa unos 15 km de un ramal, todavía sin identificar, del Wadi Hammamat. La escala es variable, 50-100 m por cada centímetro de mapa; pero en el dibujo aparecen claramente señalados los puntos de la montaña donde existen vetas auríferas y el camino que la atraviesa y termina en el mar Rojo.

Mercadear para el soberano de las Dos Tierras recorriendo territorios inhóspitos donde el agua escaseaba no era trabajo para pusilánimes, porque resultaba muy peligroso, como leemos en un informe presentado a Ramsés II sobre los mortales peligros de atravesar el desierto nubio de Akuyati en busca de oro: «Si unos cuantos de los buscadores de oro iban allí, eran sólo la mitad de ellos los que llegaban, pues morían de sed en el camino junto con los burros que fueron delante de ellos».[144]

142 Inscripción del Sinaí n.º 90 (R. B. Parkinson: *Voices from ancient Egypt*, 1991, p. 97).

143 «La montaña de agua de Djedefra» es importante porque contiene la fecha más antigua que se conoce de Khufu, el año decimotercero del recuento del ganado, lo que nos indica que su reinado fue de al menos veintiseis-veintisiete años, y no los veintitrés que se pensaba hasta ahora.

144 Estela de Kuban (K. Kitchen: *Pharaoh triumphant*, 1982, p. 49).

Por desgracia, no fueron pocos los enviados del faraón al desierto que resultaron muertos intentando cumplir los deseos de su soberano. En la ya mencionada expedición de Ramsés IV al Wadi Hammamat, de los 8362 expedicionarios fallecieron durante la misma el 10,7 % o, como dice la inscripción: «Los muertos que quedan excluidos de esta lista: 900».[145] Por supuesto, como manifestación que eran de su poder, los faraones no deseaban este destino para sus enviados, en especial porque ello interrumpía el flujo de productos de lujo o minerales. Ramsés II, por ejemplo, ordenó que se excavara un pozo en el Wadi Allaqi, en el desierto oriental al sur de Asuán, para que así se pudieran explotar sus minas de oro. Algo imposible hasta entonces porque de cada expedición enviada la mitad de sus miembros no regresaba:

> ... en el desierto de Akita había numerosas minas de oro, pero la pista que conducía a ellas estaba por completo desprovista de agua y con que solo un pequeño número de caravaneros lavadores de oro se presentara allí, la mitad de ellos lo conseguía, los otros morían de sed por el camino a la vez que los asnos que precedían a la caravana; ya fueran o ya vinieran, no podían llevar provisión suficiente de agua en sus cantimploras.[146]

Y si no era la sed, era la codicia de los ladrones deseosos de hacerse con las riquezas de la caravana, algo que las cartas de Amarna nos informan era un peligro habitual. En este caso los desafortunados fueron los mercaderes de Burnaburiash, rey de Babilonia, que le cuenta lo sucedido a Akhenatón (más detalles en el capítulo 2): «... Shum-adda, el hijo de Balumme, y Shutatna, el hijo de Sharatum de Akka, habiendo enviado a sus hombres, mataron a mis mercaderes y se llevaron su dinero».[147] Por eso, cuando una expedición alcanzaba sus objetivos sin haber perdido a ninguno de sus efectivos, el jefe de la misma alardea de ello con motivo, como hace Kay, el jefe de la policía del desierto: «Llegué al oasis occidental, busqué todos sus caminos y traje al refugiado que encontré allí. Las tropas estaban a salvo, no hubo pérdida. Lo que me fue confiado volvió felizmente».[148]

---

145 Inscripción n.º 12 del Wadi Hammamat (H. Breasted: *Ancient records of Egypt*, IV, 227, § 467).

146 C. Lalouette: *L'empire des Ramsès*, 1995, p. 161.

147 L. Moran: *The Amarna letters*, 1992, p. 16, EA 8.

148 R. Anthes: «Eine Polizeistreife des Mittleren Reiches in die westliche Oase», *ZÄS*, 65 (1930), pp. 108-114, pl. 7.

Cuando el fallecido era el jefe de una caravana del faraón, no era extraño que se organizaran partidas de rescate de su cadáver para poder enterrarlo con los miramientos requeridos y asegurarle así la vida eterna. Una tarea que Sabni (VI dinastía) cumplió deseoso para con su padre, Mekhu, muerto mientras estaba de misión en Nubia:

> Escribí cartas concretamente para informar que había partido para traer a este mi padre que había viajado al país de Wetjtj en Wawat. Satisfice a esas tierras extranjeras con estos regalos, y encontré a ese «amigo único» en la tierra extranjera cuyo nombre es Temetjer al final del territorio de Zeb. Lo encontré sobre un burro. Me ocupé de que fuera transportado por las tropas de mi heredad funeraria. Hice para él un ataúd de madera; lo llevé junto con su tapa ex profeso para traerlo de esas tierras extranjeras.[149]

Como vemos, expedicionario experimentado, Sabni viajó con todo lo necesario para traer a su padre de vuelta: regalos con los que comprar la buena voluntad de quienes controlaban el territorio y un ataúd adecuado para transportar de vuelta el cadáver con un mínimo de dignidad. Decididamente, servir al soberano de las Dos Tierras no era tarea exenta de riesgos, quizá por eso algunos se encomendaban al Nilo para sus traslados y viajaban a bordo de un navío.

149 N. C. Strudwick: *Texts from the pyramid age*, 2005, p. 336, n.º 243.

9
Marineros de agua dulce

Cuando hoy vemos el pacífico Nilo se nos hace difícil comprender el tremendo impacto que su cambiante caudal tuvo en Egipto hasta 1964, cuando Egipto sufrió su última crecida atrapadas sus aguas en la gigantesca presa construida por Gamal Abdel Nasser. Deseando situar el país a la cabeza del mundo árabe y convertirlo en un ejemplo a seguir entre los países no alineados, el presidente perpetuo de Egipto se empeñó en construir una gran pesa que domesticara las aguas del río y las pusiera a trabajar generando electricidad y un par de cosechas anuales que impulsaran la economía egipcia. No logró su propósito de prosperidad, pero desde hace casi dos generaciones solo los más ancianos se acuerdan del espectro del hambre que podía suponer una inundación insuficiente y de la destrucción que traía consigo una inundación excesiva. Únicamente los relatos de los viajeros de épocas pasadas nos permiten ya hacernos una idea de la tensión de esa época del año, como vivió Giovanni Batista Belzoni a principios del siglo XIX. En su libro de viajes, este italiano exforzudo de circo y pionero de la arqueología egipcia (descubrió la tumba de Seti y fue el primero en penetrar en el templo de Abu Simbel) nos cuenta:

> Nunca vi una escena que pudiera dar una imagen más correcta de un diluvio que el valle del Nilo en esta temporada [septiembre de 1818]. Los árabes habían esperado una inundación extraordinaria este año, como consecuencia de la escasez de agua de la temporada anterior; pero no supusieron que alcanzaría tal altura. Por lo general erigen vallas de tierra y cañas en torno a sus poblados, para mantener el agua alejada de sus casas; pero la fuerza de esta inundación frustró todos sus esfuerzos. Al estar construidas de tierra, sus chozas no aguantan ni un momento contra la corriente y en cuanto el agua las alcanza las arrasa. La rápida corriente se lleva consigo todo lo que se le pone por delante;

> hombres, mujeres, niños, ganado, grano es arrastrado por las aguas en un instante y deja el lugar donde se alzaba el poblado sin nada que indique que alguna vez hubo una casa en ese punto. No sucede, como generalmente se cree, que todos los poblados de Egipto se encuentran tan elevados por encima del terreno que las aguas no pueden alcanzarlos; al contrario, la mayoría de los del Alto Egipto están poco por encima, si es que lo están, del terreno...[150]

Lejos de ser una pacífica corriente de agua que una vez al año se desbordaba complaciente para regar sus orillas, el Nilo era una fuerza natural con la que no resultaba sencillo convivir y mucho menos lidiar. Una realidad que no parece haber calado nunca entre nosotros, quizá debido a las palabras de Heródoto (ya citadas en el capítulo 2): «En la actualidad, ellos [= los egipcios], sin lugar a dudas, recogen el fruto de la tierra con menos fatiga que el resto de la humanidad» (*Historias* II, 5, 14). Tampoco ayuda a deshacer esa idea generalizada del Nilo bondadoso, favorecedor de los habitantes de sus orillas, que el determinativo utilizado para acompañar la acción de «remontar la corriente» o «ir río arriba» sea una vela hinchada 𓊝 y que para la acción contraria se trate de un barco con las velas recogidas 𓊛. En el primer caso tenemos una referencia al constante viento del norte que sopla sobre el río y facilita enormemente dirigirse hacia el sur en barco, a los cuales impulsa sin cesar. En el segundo caso, en cambio, se alude a la tranquila corriente del río, que permitiría navegarlo sin apenas esfuerzos cuando uno iba hacia el norte, camino del Delta y las aguas del Mediterráneo.

En realidad, tener una navegación sin problemas era algo que pocas veces sucedía en una vía fluvial tan variable estacionalmente como el Nilo, que en condiciones óptimas durante la inundación pasaba a tener como media un tirante de agua superior en 8 m al de la estación seca. Un incremento visible también en la velocidad de la corriente, que de los 3 km/h durante la segunda se duplicaba hasta los 6 km/h durante la primera. Sin olvidarnos de que, pese a lo que dijeran los jeroglíficos, el viento no siempre soplaba a gusto del marinero, que por eso tenía una palabra para describir el viento bueno, *maau*, y otra para el viento malo, *sebit*. No es de extrañar, porque, si bien las montañas que encajonan el río hacen que el viento general sea del norte, los numerosos *wadis* que se abren a él, las diferentes anchuras entre las orillas y los constantes

150 G. Belzoni: *Belzoni's travels*, 2001, pp. 231-232.

cambios en el recorrido del Nilo —pese a su orientación general norte-sur— hacen que básicamente en cada punto del mismo y dependiendo de la hora y la estación haya variaciones en el viento que impulsaba, o no, las embarcaciones. No era solo la curva de Quena la que causaba problemas al transporte fluvial.

Estas circunstancias también eran muy apreciables en el Delta, orográfica y climatológicamente distinto al valle del Nilo y muy influido por el Mediterráneo. Recorrer sus canales llenos de recodos tenía sus propias particularidades y podía suponer todo un desafío para quienes lo intentaban; pues los vientos no solo no eran homogéneos, sino que además menguaban en intensidad al alejarse de la costa. Por lo tanto, uno se podía encontrar desde encalmadas de días y días de duración hasta violentas tormentas, las cuales podían llegar hasta Menfis. Un peligroso inconveniente del que ni siquiera los soberanos se libraban cuando se trasladaban por el río, como nos cuenta Kaiemtjennet que le sucedió al faraón Djedkara (v dinastía):

> Sucedió que hubo un viaje para verlo en otra ocasión. Su majestad dijo: «Vayamos y haré por ti todo lo que se hace por un sirviente que ama a su señor». Sucedió que una tormenta y la oscuridad aparecieron [...] y no pude encontrar a un hombre que pudiera seguir la ruta por culpa de la tormenta. Pese a todo, su majestad ordenó que el viaje continuara por el río, en ese día con un tiempo desesperadamente malo. Su majestad dijo: «Has navegado esta embarcación deleitando a mi majestad al respecto; pues tú eres un verdadero marinero y no tienes miedo de la gran tormenta en el río». Su majestad me apoyó en este difícil viaje desde el principio hasta el final, y fue bien para él, y nada le pasó a él. Cuando alcanzamos la Residencia, su majestad me favoreció muy grandemente. Entonces, su majestad dijo: «Fue como el viaje de Ra por el Gran Lago en las cuestiones secretas de las Grandes Mansiones».[151]

Menos suerte parece haber tenido el sacerdote Pahu durante el Reino Nuevo, pues en su caso no hubo capitán que salvara su barco. Resulta curioso que dejara constancia de su desdicha fluvial al comienzo de una ruta que se adentraba en el desierto, a salvo ya del peligroso río, en un grafito hierático que grabó en un abrigo de roca en la orilla oeste al norte de Tebas:

151 N. C. Strudwick: *Texts from the pyramid age*, 2005, pp. 284-285, n.º 212.

Llamé a Amón cuando estuve en peligro en las profundidades del río, cuando las olas eran altas; e hizo que viajara a tierra por mi propia voluntad. El grito a Amón el cual dio el sacerdote *wab* Pahu, hijo de Nay, el grito que dio: «¡He naufragado!», he hizo que diera una voz como el ganso. Pahu, hijo de Nay.[152]

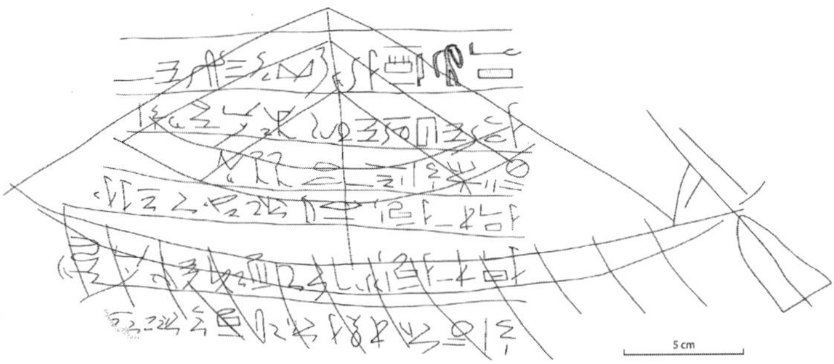

El grafito de Pahu hablando de su naufragio en el Nilo. Reino Nuevo (Darnell, 2013, p. 240, lám. 32)

El reflejo de la violencia de las aguas de la crecida se ve perfectamente en la descripción que hace de ello un trabajador de Deir al-Medina en un ostracon, donde comenta poético que «las olas luchaban contra la orilla».[153] Una imagen muy vívida que nos sugiere socavamientos de la ribera seguidos por derrumbes que modificaban los márgenes del río y creaban peligrosos bajíos.

Asimismo, no hemos de olvidar que la tecnología náutica faraónica tampoco ayudaba a soslayar estas dificultades atmosféricas y fluviales, pues los barcos egipcios utilizaban una vela cuadrada que solo propulsaba de forma eficiente con viento de popa y quizá hasta los 45º de desviación con respecto a este, lo cual supone que con vientos adversos su avance quedaba detenido por completo, como quedaba recogido en los cuadernos de bitácora de los barcos. En este caso se trata del de un navío que durante el reinado de Ramsés II (XIX dinastía) transportaba grano desde Pi-Ramsés hasta Heliópolis y vio detenido su camino en el Delta debido a un fuerte viento contrario: «El año 52, el 3 mes de *peret*, día 3: el cielo está repleto de un fuerte viento del sur. Partir de Tjeda, amarrar en

152 J. C. Darnell: *Theban Desert Road Survey in the egyptian western desert*, I, 2013, p. 40.

153 J. C. Darnell: *Theban Desert Road Survey in the egyptian western desert*, I, 2013, p. 33, n. 199.

[...] el viento era fuerte».[154] En estos casos solo cabía esperar a que amainara o hacer bajar a la tripulación y poner a los marineros a arrastrar el barco con cuerdas desde la orilla. Una circunstancia tan habitual que incluso aparece reflejada en la decoración de algunas tumbas, como la de Qar (v dinastía), donde un grupo de hombres arrastra un bote dentro del cual hay una capilla con el ataúd del difunto. De hecho, se conoce el título de «jefe de los hombres que arrastran» y, en el diario de Merer, este capataz de un grupo de trabajadores de la pirámide de Guiza nos informa de que hubo de ir con su gente a arrastrar barcos:

> Día 23: el director de 10 Hesi pasa el día en Ro-She Khufu, porque se tomó la decisión de zarpar; pasar la noche en Ro-She Khufu. Día 24: el inspector Merer pasa el día con su file arrastrando barcos con aquellos que se encuentran en la lista de la elite, grupos *aper* y el noble Ankhhaf, director de Ro-She Khufu.[155]

El principal problema del Nilo como vía de comunicación era su estacionalidad, definida por el régimen de la crecida. Los barcos capaces de transportar grandes cargas de hasta un par de centenares de toneladas —un obelisco, pongamos por caso, o los colosos de Memnón— solo podían desplazarse con seguridad durante tres meses al año debido a su gran calado. El resto del tiempo, el río solo se dejaba utilizar para que transportaran un máximo de seis toneladas. Teniéndolo todo en cuenta, si uno quería llevar un cargamento de sillares de granito desde Elefantina hasta Sakkara las mejores fechas para hacerlo eran entre octubre y febrero, período que con riesgo se podía estirar en ocasiones, pero con la sonda siempre en el agua para evitar desagradables sorpresas. En cambio, si lo que se deseaba era llegar hasta Tebas cargados con mercancías diversas, los meses adecuados para luchar contra la corriente del río camino del sur eran desde agosto hasta octubre.

Como no dejan de recordarnos los textos, durante la temporada de sequía los bancos de arena suponían un peligro importante para los osados capitanes que surcaban el Nilo con sus barcos. No obstante, los funcionarios que gozaban de la confianza de su señor, como Weni, solventaban todos los problemas:

154 J. J. Janssen: *Two ancient egyptian ship' logs*, 1961, p. 8.
155 P. Tallet: *Les papyrus de la mer Rouge*, I, 2017, p. 63.

> Su majestad me envió a Hatnub especialmente para traer una gran mesa de ofrendas de alabastro de Hatnub, y organicé que esta mesa de ofrendas fuera traída después de 17 días extrayendo en Hatnub, hice que navegara hacia el norte en una gabarra; hice para ella esta gabarra de madera de acacia de 60 codos (31,2 m) de largo y 30 codos (15,6 m) de ancho, ensamblada en 17 días en el tercer mes de la estación de *shemu*. A pesar de no haber agua sobre los bancos de arena, atraqué con éxito en la pirámide de Merenra.[156]

Ni siquiera con suficiente tirante de agua podían los barcos estar tranquilos, porque la abundancia de material en suspensión arrastrado por la crecida convertía los bajíos en un problema. Una rama o cualquier otro obstáculo sumergido —un desgraciado animal que se hubiera ahogado, por ejemplo— se convertían en una trampa para el barro traído por las aguas, que se acumulaba y en cuestión de días creaba un banco de arena donde antes no lo había. Desdichado el capitán que no estuviera atento a la sonda, porque terminaba con su navío embarrancado y con la tripulación obligada a atar cuerdas, saltar a la orilla y sacar el barco del apuro a la sirga mientras otros arrimaban el hombro a la popa y sumaban sus esfuerzos a la tarea. Una escena que vemos representada, por ejemplo, en la tumba de Huy (TT 40), virrey de Kush de Tutankhamón.

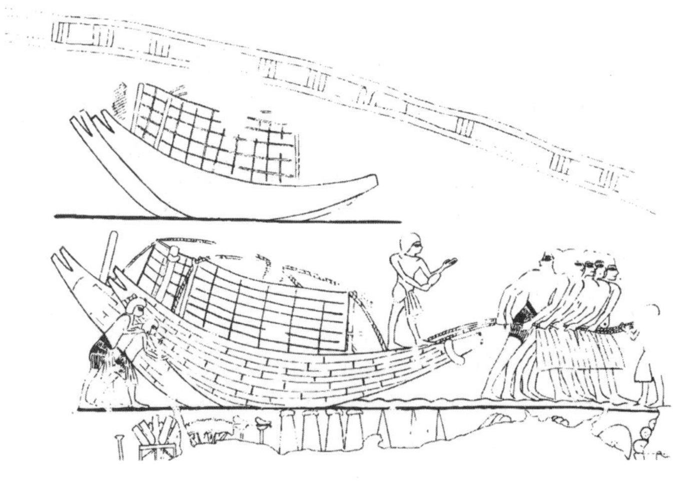

La tripulación de un barco embarrancado arrastrándolo para sacarlo del banco de arena. TT 40, XVIII dinastía (Davies y Gardiner 1926, lám. XVIII)

156 N. C. Strudwick: *Texs from the pyramid age,* 2005, n.º 256, p. 356.

Otro punto del río donde la navegación podía convertirse en peligrosa son las llamadas «cataratas» que lo salpican a partir de Elefantina, donde se encuentra la primera de ellas. No se trata de grandes saltos de agua que impedían el paso por completo, sino más bien de afloramientos rocosos que durante la temporada seca se convertían en zonas de rápidos donde la corriente era fuerte y se producían remolinos, y eso les mereció —al menos la primera y la segunda— aparecer mencionadas en los textos como «agua mala» y «agua que se rebela». Dada la fragilidad de las embarcaciones faraónicas, franquearlas resultaba francamente azaroso y desde muy temprano los egipcios decidieron que lo mejor era sortearlas por tierra.

En Elefantina se decidieron los egipcios por un canal, construido en época de Senuseret III, tal cual se menciona en una de las inscripciones de la isla de Sehel:

> Año 8, bajo la majestad del rey Khakaura del Alto y Bajo Egipto, que viva eternamente: su majestad ha ordenado construir de nuevo un canal. El nombre de este canal es «Bellos son los caminos de Khakaura, para la eternidad», después de que su majestad remontara el río para cortar el vil país de Kush. Longitud de este canal: 150 codos; anchura: 20 codos; profundidad: 15 codos.[157]

Una obra de ingeniería que alcanzó, como nos dice el texto, 78 m de longitud, 12 m de anchura y 8 m de profundidad. Quizá no nos parezca demasiado largo, pero sin duda sirvió para su cometido.

El único ejemplo conocido de un camino de arrastre de barcos por tierra es el utilizado para circunvalar la Segunda Catarata. Las embarcaciones que habían dejado atrás Elefantina alcanzaban el puesto avanzado de Abusir tras recorrer más de 300 km por el Nilo. Allí desembarcaban hombres y materiales, se sacaban los barcos del agua y los arrastraban algo más de 4 km por un camino especialmente preparado para ello hasta alcanzar la fortaleza de Mirgissa, justo al sur de la catarata, donde volvían a botarlos y continuar su viaje.

El camino de arrastre tenía 3 m de anchura y estaba excavado unos 50 cm en la arena, con una hilera de ladrillos que marcaba sus bordes superiores y otra en el fondo, cubierta luego por arena y barro, en los que había embebidos transversalmente maderos reutilizados

157 P. Tallet: *Sésostris III*, 2015, p. 41.

dispuestos a cierta distancia unos de otros. Sobre esta superficie humedecida durante su uso se deslizaban los barcos cargados sobre trineos de madera y arrastrados por animales de tiro, cuyas pezuñas quedaron fosilizadas en el barro tras el último uso del camino.

El camino de arrastre de barcos que permitía llegar hasta el fuerte de Mirgissa sorteando la Segunda Catarata en Nubia. XII dinastía (modificados de Vila 1970, p. 209, fig. 16)

En otras ocasiones, como nos cuenta el diligente Weni en su autobiografía, el mejor sistema era cavar canales que luego se llenaban de agua y permitían ahorrar tiempo y esfuerzo en el transporte de bloques de granito para la pirámide de su señor, Merenra: «Completé esta tarea en el espacio de un año, incluyendo llenarlos con agua y la carga de grandes cantidades de granito destinadas a la pirámide de Merenra. Causé un ahorro (?) al palacio debido a estos cinco canales…».[158]

158 N. C. Strudwick: *Texs from the pyramid age*, 2005, n.º 256, p. 357.

Como es lógico, todo este mundo fluvial repleto de inclemencias, bajíos, vientos contrarios y obstáculos varios que interrumpen o lo intentan el avance de las embarcaciones acabó formando parte del imaginario divino faraónico. Para los egipcios, el movimiento del sol era el recorrido eterno que hacía el dios Ra subido en su barca, durante las doce horas diurnas por el firmamento a la vista de todos y durante las doce horas nocturnas por el inframundo. El recorrido nocturno, el dios sol lo realizaba por el río del *amduat* enfrentándose a los ataques de su mortal enemigo, Apopis. Este malvado ofidio intentaba cada noche detener el barco del dios e impedir que renaciera al siguiente amanecer, lo que causaría la desaparición de la *maat* y el triunfo del caos. Era esta serpiente la responsable de muchos de los obstáculos que encontraba Ra. Al tragarse el agua del río hacía aparecer bancos de arena que de no ser esquivados harían encallar la barca divina, que por fortuna contaba con una tripulación compuesta por todo tipo de divinidades. Estos avezados marineros, entre los que se contaba Seth, no solo conseguían que el navío no embarrancara, sino que con su vigilancia ayudaban a derrotar día tras día a la serpiente. Como es lógico, esta imagen encuentra su equivalente en el mundo real, donde los bancos de arena son identificados con el lomo de Apofis mediante un juego de palabras; pues *tes* significa «banco de arena», pero también «vértebra». Identificados con una divinidad malvada, en el mundo real los bajíos podían ser vencidos gracias a la magia simpática que identificaba al barco sobre el Nilo con el barco de Ra en el más allá.

Con todo esto en mente, no cabe duda de que la Administración egipcia debía organizar las expediciones que requerían transporte fluvial de mercancías con mucha antelación. Había que calcular el tiempo necesario para conseguir los materiales requeridos, llevarlos hasta la orilla y cargarlos en los barcos, así como los días requeridos para llevar estos hasta el punto de embarque y sumarle luego el tiempo del recorrido inverso con los productos a bordo. Todo ello coordinado con las fechas de la inundación, bastante regular en sus llegadas, pero siempre impredecible. Un verdadero dolor de cabeza para la intendencia del faraón, no cabe duda. En especial porque, estando la navegación limitada a ciertos meses del año, cuando llegaban las aguas todo el mundo se apresuraba a realizar sus transportes, lo que sin duda convertía el Nilo en una arteria muy concurrida donde barcos que remontaban el Nilo a vela y lo descendían a remo se cruzaban con frecuencia. El río es ancho y los barcos egipcios de papiro no solían tener demasiado tamaño, apenas unos metros. Cuando eran de madera y estaban destinados a llevar pasajeros alcanzaban entre 13 y 15 m de eslora. Unas dimensiones que se duplicaban si se trataba de barcos de transporte, que no solo alcanzaban entre 16 y 26 m de eslora, también su manga y su calado aumentaban notablemente para acoger mercancías. Y los había incluso más grandes, el decreto de Nauri (XIX dinastía) menciona uno de 50 m de eslora y el papiro Harris I (XX dinastía) uno gigante de 68 m. Con unas dimensiones semejantes, por el momento, la arqueología solo ha encontrado los barcos funerarios de Khufu, de los cuales el que está reconstruido tiene 43,40 m de eslora.

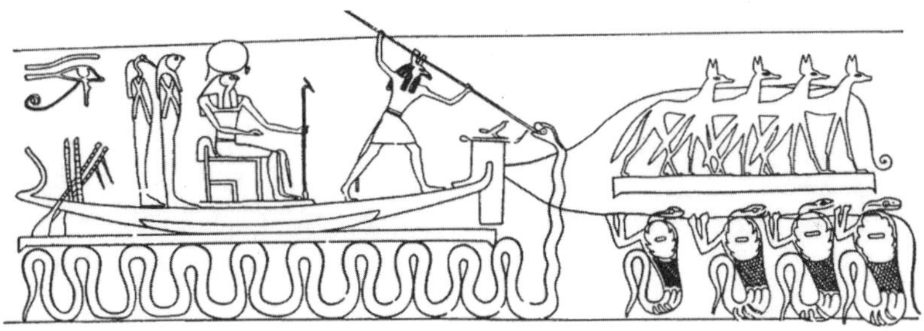

La serpiente Apofis intentado detener el recorrido de la barca de Ra. Reino Nuevo (Vergrote 1987, p. 75, fig. 9)

Avezados marineros de agua dulce, los egipcios nos han dejado en los relieves de las tumbas ejemplos de cómo se solucionaban estos encuentros potencialmente peligrosos. Las imágenes, además, nos permiten ver en acción a los marineros encargados de que todo fluyera sin trastornos. Al mando de todo estaba el capitán, que tomaba las decisiones: «¡Dirígete a babor del que desciende la corriente! ¡Dispón la maniobra!».[159] Lo acompañaba un vigía (el «chillón» o «quien llama») que escandallaba (medía con la sonda) la profundidad del agua y se encargaba a voz en grito transmitir las órdenes hacia el *sebat(y)*, que situado a popa se encargaba de la jarcia del barco y de consuno con el timonel ajustaba o cambiaba el rumbo según las indicaciones llegadas del capitán: «Atento a la verga! ¡Actúa de concierto con el timonel! ¡Vamos, haz un esfuerzo, muchacho!».[160] Estos cruces de barcos sin duda se volvían mucho más azarosos cuando las aguas empezaban a bajar y

159 Mastaba de Fetekta, de la VI dinastía (F. Servajean: *Manoeuvres nilotiques*, 2022, p. 19.
160 Mastaba de Kaimankh, de la V dinastía (F. Servajean, *Manoeuvres nilotiques*, 2022, p. 11).

todas las embarcaciones buscaban las zonas más profundas del río: «Ve al oeste a causa de la tierra que está en medio! ¡No embarranques!».[161] Como vemos en la tumba de Mereruka, cuando los barcos viajaban en flotilla uno detrás de otro, en ocasiones el proel se encargaba de impedir a fuerza de brazos que ambos navíos se tocaran.

Uno de los barcos de la flota de Niankhknum y Knumhotep donde se aprecia perfectamente la presencia del proel y del *sebat(y)*. Sakkara, v dinastía (Moussa y Altenmüller 1977, lám. 10)

En cualquier caso, lo cierto es que los egipcios se las apañaron muy bien para gestionar todo este tráfico fluvial y el éxito de las diferentes empresas que emprendieron da cuenta de ello. No hay más que leer el diario de Merer para comprobar cómo poco a poco, con tesón y muchos años de esfuerzo, grupos de trabajo podían llevar hasta la meseta de Guiza los aproximadamente 68 000 m^3 de sillares de piedra que recubrían la Gran Pirámide desde la cantera de Tura, en un recorrido circular que duraba cuatro días:

> Día 25: el inspector Merer pasa el día con su *za* [= equipo] halando piedras en Tura sur; pasar la noche en Tura sur. Día 26: el inspector Merer zarpa con su *za* desde Tura sur, cargado de piedras, hacia Akhet-Khufu [= nombre egipcio de la Gran Pirámide]; pasar la noche en She-Khufu [= zona de control y almacén de sillares]. Día 27: embarcar en She-Khufu, navegar hacía Akhet-Khufu, cargado de piedras, pasar la noche

161 Mastaba de Mehu, de la vi dinastía (P. Tallet *et al.*: *L'Égypte pharaonique*, 2019, p. 51).

> en Akhet-Khufu. Día 28: zarpar desde Akhet-Khufu por la mañana; navegar remontando el río hacia Tura sur. Día 29: el inspector Merer pasa el día con su *za* halando piedras en Tura sur; pasar la noche en Tura sur. Día 30: el inspector Merer pasa el día con su *za* halando piedras en Tura sur; pasar la noche en Tura sur.[162]

También del Reino Antiguo sabemos del transporte de las columnas de granito destinadas al complejo funerario del rey Unas (v dinastía). Operación representada en los relieves de su calzada de acceso, donde aparece descrita como «viniendo desde Elefantina cargado con columnas de granito para la pirámide llamada "Bellos son los lugares de Unas" [...] la llegada de estas gabarras desde Elefantina, cargadas con columnas de granito de 20 codos [10,46 m]».[163] Una expedición cuyo éxito podemos atribuir a un funcionario, por desgracia anónimo, que en su desaparecida tumba presumía diciendo que «... traje columnas de granito desde Elefantina para la majestad de Unas en siete días [...] su majestad me alabó por ello».[164] Atendiendo a los 800 km que separan Sakkara de Elefantina, eso supone una velocidad aproximada de 5,5 km/h las veinticuatro horas del día durante toda una semana, con un recorrido cercano a los 130 km diarios a favor de la corriente. Lógico que se mostrara encantado con su logro, porque en el papiro Leiden I se menciona una velocidad de 33 km por jornada de viaje, que Heródoto (*Historias* II, 9) duplica al estimar en nueve días el tiempo de viaje desde Heliópolis hasta Tebas.

El transporte de las columnas de granito para el complejo funerario de Unas en Sakkara. v dinastía (Fischer 1975, fig. 2)

162 P. Tallet: *Les papyrus de la mer Rouge*, I, 2017, p. 52.

163 H. Fischer: «Two tantalizing biographical fragments of historical interest», *JEA* 61 (1975), p. 33.

164 H. Fischer: «Two tantalizing biographical fragments of historical interest», *JEA* 61 (1975), p. 34.

Igual de orgulloso estaba Senenmut de los obeliscos que se encargó de extraer en Elefantina por orden de la faraón Hatshepsut, como nos cuenta en una inscripción en las rocas de Asuán, donde aparece adorando a su señora y dice: «Senenmut vino para realizar el trabajo de dos grandes obeliscos en la fiesta de millones de años. Tuvo lugar de acuerdo a lo que fue ordenado, todo se hizo debido a la fama de su majestad».[165] Erigidos después en el templo de Karnak en honor a Amón, la reina no se quedaba atrás de satisfecha, pues ordenó decorar el pórtico sur de la primera terraza de su templo en Deir al-Bahari con escenas del transporte y la erección de estas tremendas agujas de piedra.

No se trata de casos únicos, porque los gigantescos colosos de Memnón también llegaron en barco desde la cantera donde fueron extraídos, cercana a Heliópolis. Una tarea llevada a cabo por Amenhotep hijo de Hapu, que describe así su labor:

> Yo dirigí los trabajos de su estatua: ella era extremadamente ancha, alta más que su pilar, su belleza «destruía» la del pilono; su longitud era de 40 codos: procedía de la colina sagrada de arenisca roja que está en la cercanía de Ra-Atum. Construí un navío [...] y navegué remontando la corriente para colocarla en su gran templo, duradero como el cielo.[166]

Otra tarea más que el factótum de Amenhotep III realizó con bien para su señor. Claro que no todo van a ser monolitos gigantescos, también conocemos del transporte de bloques mucho más pequeños; si del reinado de Khufu tenemos el diario de Merer, más de un milenio después, durante la construcción del Rameseo el navío de Khai transportó desde Gebel Silsila en un solo viaje tres bloques de 2,5 × 2 × 1,5 codos (cada uno con un peso de 2600 kg), un bloque de 3 × 2 × 1,5 codos (3100 kg) y dos bloques de 2 × 2 × 1,5 codos (ambos de 2080 kg).

Si bien el desplazamiento fluvial de grandes piedras es del que más pruebas físicas tenemos, al fin y al cabo, todavía podemos ver los monumentos transportados o construidos con ellas, otro que tenía lugar regularmente era el de grano. Cobrados en especie, los impuestos sobre las cosechas eran almacenados temporalmente hasta que llegaba una gran flota para hacerse cargo de ellos. Lo desconocemos casi todo sobre la estructura administrativa de estos almacenes transitorios;

---

165 R. Engelbach: *The problem of the obelisks*, 1923, p. 101.

166 Estatua de Amenhotep hijo de Hapu (C. Lalouette: *Thèbes*, 1997, p. 448).

pero gracias a documentos como el papiro Amiens tenemos información sobre cómo tenía lugar su transporte por el Nilo.

Durante el Reino Nuevo, los grandes templos se convirtieron en grandes centros económicos dueños de la producción agropecuaria de numerosas fincas, repartidas a veces por todo el país; cada uno de ellos poseía sus propios barcos que terminada la cosecha pasaban a recoger la partida debida. En el caso del papiro Amiens vemos el trabajo de veintiún barcos de la flota del templo de Amón, que hacen un recorrido por una serie de templos menores para cargar el grano en ellos depositado. Y no se trata de cantidades pequeñas ni de embarcaciones menores, porque un par de ellos registran un cargamento de novecientos sacos de trigo, lo que supone un volumen de 65,5 m^3 y un peso de cuarenta y tres toneladas (lo que desplaza el barco de Khufu) que acabaron llegando a Tebas sin problema. Navegar por el Nilo tenía sus complicaciones y riesgos, pero lo menos que se puede decir es que los egipcios supieron adaptarse a ellas y sacar el mejor partido posible del fluctuante brazo de agua que les permitía subsistir rodeados de desiertos y montañas.

— IV —
A VENDAS CON LAS MOMIAS

El irresistible atractivo de la historia es que nos permite ver qué hicieron y cómo vivían gentes muertas hace cientos, miles de años. Documentos y restos materiales nos dan la posibilidad de asombrarnos de las hazañas o derrotas de sus mandatarios, proporcionando información que los historiadores juntan, organizan, recauchutan y remiendan con el mayor de los rigores que les permiten sus saberes metodológicos para ofrecer una reconstrucción lo más ajustada posible —¡eso ansían!— de cómo era su período histórico de preferencia. Los egipcios y algunas civilizaciones más añaden al caldero donde se cuece el popurrí de la historia un producto asombroso: las momias. Esos cuerpos deshidratados, de forma natural o artificial, son la única posibilidad que tiene un historiador de entrevistar, cuaderno de notas en ristre, a una persona que vivió en esa civilización que tanto le fascina. Y sus respuestas nunca dejan de sorprendernos.

10
Las coquetas momias de Amarna

Cuando Amenhotep IV subió al trono parecía tener claro que iba a continuar el proceso de solarización ideológica comenzado por sus progenitores, Amenhotep III y la reina Tiyi; pero, por lo visto, erigir un obelisco solitario y construir un templo al dios Atón en la trasera del recinto de Amón en Karnak no le bastó. Las particulares formas de las que dotó a sus estatuas colosales en su nuevo templo indicaban que algo importante se estaba fraguando. Y así fue, el quinto año de su gobierno fue un punto de inflexión en la historia de Egipto. El faraón y su corte abandonaron Tebas para trasladarse a una nueva capital construida desde cero en un punto a medio camino entre aquella y Menfis. Palacios, templos, residencias, oficinas, tumbas..., todo estaba situado en la orilla occidental del Nilo, aunque las estelas fronterizas que delimitaban el espacio sagrado del Atón incluían una importante superficie agrícola del otro lado del río.

Si el traslado tuvo lugar apenas un lustro después de su acceso al poder, esto significa que Akhetatón («el horizonte de Atón», más conocida hoy como Amarna) tuvo que empezar a construirse algún tiempo antes. Cierto que los palacios y residencias eran de adobes y eso aceleraba la edificación, mas no los templos del dios. Solo recientemente se han descubierto y comenzado a excavar los cementerios de la gente de la calle, la encargada de sostener con su esfuerzo toda la estructura de la nueva ciudad. Los resultados de los primeros análisis no han defraudado en absoluto y han comenzado a proporcionar datos insospechados sobre cómo era el día a día a orillas del Nilo.

Como la ciudad se construyó nueva desde sus cimientos, eso podría hacernos pensar en que sus habitantes vivían en unas casas limpias y aseadas, cuando no era así. Los humanos no destacamos por nuestra limpieza y degradamos nuestro hábitat, sobre todo entonces, con una rapidez notable. Sabemos que las casas de los grandes funcionarios disponían de retretes y cuartos de baño; pero eso no sirve de demasiado si, como sucedía, las aguas de albañal eran arrojadas directamente a la calle por un conducto y no siempre para ir a parar a un arroyo que las desaguara. Como además faltaba un sistema de recogida de basuras, no es de extrañar que los estudios entomológicos realizados en la casa del «supervisor de los establos del faraón», Ranefer, nos hablen de unas condiciones de vida muy poco salubres.

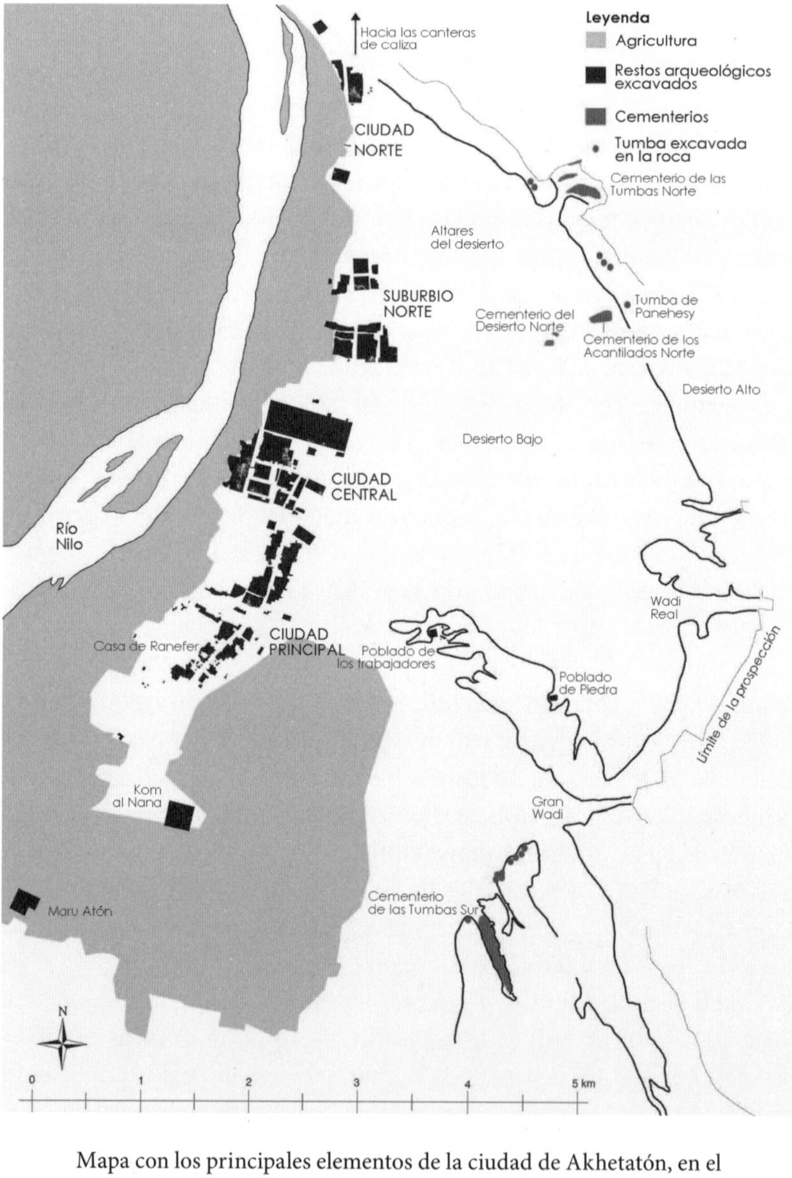

Mapa con los principales elementos de la ciudad de Akhetatón, en el Egipto Medio (modificado de Stevens *et al.* 2019, fig. 2, p. 1518)

Ranefer construyó su casa sobre los restos de un edificio anterior, que resulta imposible saber si fue su primera residencia o no; algo que no sucede con la segunda fase de la construcción, claramente identificada gracias a las inscripciones en los postes de las puertas. La ventaja para nosotros de este proceso de reconstrucción es que los suelos de la primera construcción quedaron sellados y eso ha permitido el análisis de la microfauna atrapada en él. Los resultados sorprenden por la cantidad de bichos presentes cuyo principal interés era comerse o vivir, en cualquier caso, echándolas a perder, en las reservas de grano y los alimentos del domicilio. Por allí pululaban a sus anchas el gorgojo del trigo (*Sitophilus granarius)*; el barrenador menor de los granos *(Rhyzopertha dominica)*; el gorgojo castaño de la harina *(Tribolium castaneum)*; el escarabajo del estiércol *(Alphitobius diaperinus)*; el gorgojo del pan (*Stegobium paniceum*) y, por supuesto, la sempiterna mosca de toda la vida (*Musca domestica)*. Las innumerables pupas de moscardas de la carne *(Sarcophagidae)* encontradas nos cuentan que en el domicilio de Ranefer había productos animales; un claro indicio de que se trata de alguien de cierta posición social, pues no todos en la ciudad se podían permitir el lujo de llenar sus despensas con carne, y mucho menos tardar tanto en consumirla que terminara por echarse a perder. En definitiva, un ejército de diminutas alimañas cuyo ataque combinado podía causar estragos en la capacidad de sobrevivir de la población de Amarna.

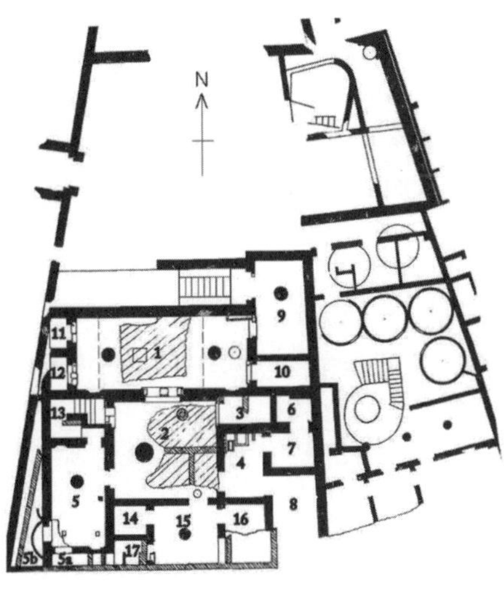

Planta de la casa de Ranefer en la ciudad principal de Akhetatón, la zona meridional de la nueva capital (Panagiotakopulu, Buckland y Kemp 2010, p. 476, fig. 4)

Si esto pasaba en el domicilio de una persona «bien», resulta difícil imaginar cómo podían llegar a ser las condiciones de vida de los menos afortunados socialmente. No obstante, es en relación a esta capa de la sociedad donde se están realizando algunos de los descubrimientos más interesantes de Amarna. Los grandes responsables de esta sucesión de datos son los recién descubiertos cementerios de la gente común de la ciudad y su contenido. Se trata de los cadáveres, descarnados casi siempre, pero a veces momificados de forma natural, de unas gentes que por lo general suelen dejar muy escasa huella en el registro arqueológico. Nos referimos en concreto a dos cementerios que parecen acompañar a las necrópolis rupestres de los nobles: el cementerio de las Tumbas Norte y el cementerio de las Tumbas Sur.

El cementerio de las Tumbas Sur se encuentra a la altura del Maru Atón, es decir, en el extremo más meridional de la ciudad, pero mucho más al este. Ocupa un estrecho *wadi* de más de medio kilómetro de longitud que se abre justo al sur de la pared de roca donde se excavaron parte de las tumbas de los nobles de esa zona de Akhetatón. En total se calcula que la necrópolis contiene varios miles de tumbas muy sencillas, hasta cinco mil. Se trata de meros agujeros en el suelo donde los muertos eran depositados tendidos de espaldas y sin momificar, casi siempre de forma individual; pero en zonas del cementerio han aparecido inhumaciones múltiples, por lo general de una mujer y uno o varios niños. La preparación previa a la inhumación consistía nada más en envolverlos en un sudario y luego en una cuidada estera (a veces de ramas) sujeta con unas cuerdas, con las que se creaban unas asas para transportar fácilmente el cadáver. Como demuestran las tumbas intactas descubiertas, no se depositaban ofrendas funerarias, apenas un amuleto y uno o dos cacharros de cerámica, cuando aparecen. La posición del enterramiento quedaba señalada mediante algunas piedras que lo cubrían. Existen, no obstante, algunas excepciones más dispendiosas, pues en el cementerio se enterraron gentes de toda clase social. La más llamativa es una pequeña cámara subterránea de ladrillo, a la que podemos sumar una veintena de ataúdes de madera (incluidos algunos antropoides decorados y otros más de cerámica). Unas pocas tumbas estaban señaladas además con una estela o un piramidión de caliza.

Por su parte, el cementerio de las Tumbas Norte se encuentra a la altura del Palacio Norte; pero mucho más hacia el levante, en la parte septentrional del acantilado en forma de media luna que envuelve Akhetatón por el este. De nuevo se trata de inhumaciones realizadas en el interior de un espacio que se abre en la pared de roca, meros agujeros en el suelo que esta vez no han proporcionado ningún ataúd. Los cuerpos eran tratados como en el cementerio de las Tumbas Sur y enterrados en casi la mitad de las ocasiones junto a otros cuerpos. El 43 % de las tumbas son múltiples, pero de la anchura o poco más que un enterramiento normal, lo que implica que los cuerpos aparecen depositados unos encima de otros o puestos de lado ocupando todo el limitado espacio. Se calcula que el camposanto puede contener cerca de cinco mil enterramientos en total.

El individuo 176 (mujer) del cementerio de las Tumbas Sur. Se aprecia perfectamente la cuidada estera que hacía de «ataúd» (Kemp, *et al.* 2013, p. 70, fig. 5)

En una tierra donde la decoración de las tumbas nos muestra que hombres y mujeres de clase alta llevaban pelucas para las celebraciones y ceremonias, y en cuyos textos literarios y poemas amorosos la frase «ponte la peluca» es una inequívoca invitación a irse a la cama y disfrutar del sexo, los elaborados peinados que han conservado muchas de las momias de la gente común han sido un regalo para los arqueólogos. En cuanto a estos arreglos capilares, parece apreciarse un modelo con dos «estilos», que dependían de la edad. Las señoras lucían entre veinte y cuarenta trenzas de unos 2,5 cm de grosor distribuidas a ambos lados del centro de la cabeza, marcado con una raya. En cambio, parece que las muchachas preferían lucir trenzas más estrechas, como de 1 cm de grosor, lo que implicaba un mayor número de ellas, entre sesenta y noventa. Se trata, por cierto, de trenzas sencillas de tres mechones.

La coquetería capilar de las amarnienses no se limitaba a las trenzas, sino que, con la intención de aumentar el volumen de sus cabellos o simplemente la longitud de los mismos, cuando era necesario añadían extensiones de distintas longitudes a sus trenzas. Uno de los ejemplos más notables pertenece a una mujer de la cual se desconoce todo, desde su edad hasta su nombre —nada de ataúd inscrito para ella—, excepto que al ser enterrada llevaba setenta extensiones de cabello, dispuestas a diferentes alturas y capas por toda la cabeza, suficientes como para dar envidia a un moderno rastafari. La gran uniformidad en la ejecución del peinado sugiere que fue realizado por alguien profesional o al menos especialmente dotado para el trenzado. Al igual que el cabello de las pelucas de la clase alta, estas extensiones eran de cabello natural trenzado.

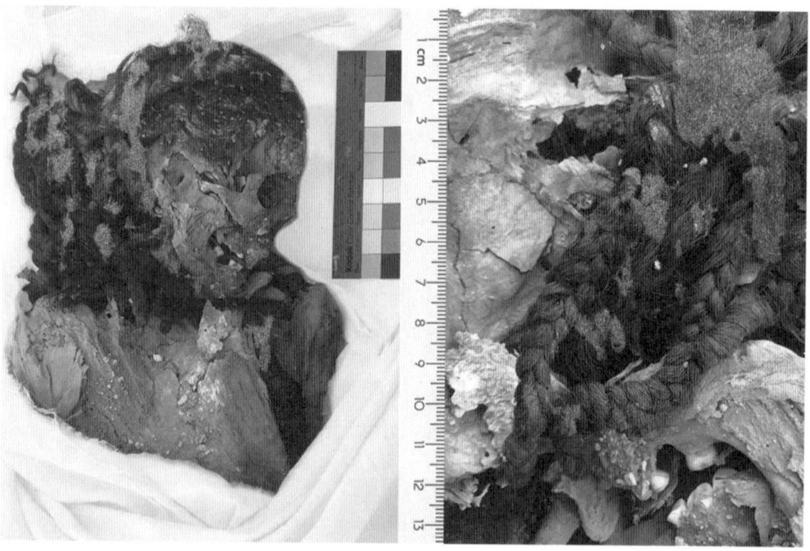

El individuo 2030 del cementerio de las Tumbas Norte. Las extensiones y trenzas se pueden distinguir con claridad (Stevens *et al.* 2020, p. 13, fig. 11)

Las extensiones se creaban trenzando mechones de pelo y luego atándolos con algunas hebras de pelo. Cuando se tenían las necesarias se unían al cabello de la coqueta trenzándolas con este o atándolas al extremo de un mechón. Los hombres de Amarna parecen haberse preocupado menos de su arreglo capilar, porque su cabello suele aparecer corto y sin trenzas ni extensiones.

La interpretación de este hallazgo no es sencilla. Es posible que el gusto de los amarnienses por las extensiones, las trenzas y los rizos en torno a las orejas no sea más que una moda, o incluso que se trate solo de algún tipo de ritual funerario y que solo los muertos recibieran la visita del peluquero para lucir lo mejor posible en el más allá. Esto sería un modo de explicar la aparición de cráneos femeninos con el pelo teñido, quizá con henna (un detalle que los investigadores están intentado determinar), muy posiblemente con la intención de ocultar el color gris que había comenzado a aparecer debido a la edad. Teñírselo a una difunta implicaba que la momia luciría más juvenil cuando se presentara ante Osiris para que su corazón fuera pesado ante el tribunal de los dioses, que era como la inmensa mayoría de las gentes de Amarna seguían pensando que sería su acceso a la otra vida, por mucho que se esforzara Akhenatón en convencerla de que ya no era así.

También podríamos considerar que los adornos capilares fueron un modo con el que los habitantes de la ciudad de Amarna quisieron diferenciarse de los habitantes de las demás ciudades de Egipto, quienes no podían disfrutar del privilegio de ver recorrer a diario a sus soberanos el camino real. Al fin y al cabo, por más que la mayoría de la población no prestara demasiada atención al nuevo dios, del que Akhenatón era su hijo sobre la tierra, verlo acompañado de su esposa Nefertiti en su carro dorado era algo de lo que presumir ante los parientes y amigos que se habían quedado en el pueblo, aunque no fuera más que haciéndose unas trenzas o poniéndose unas extensiones en el cabello. No obstante, esto seguramente no sea sino un modo complicado de explicar lo que no era sino una moda.

Otro interesante dato aportado por las tumbas de la gente del común de Amarna ha sido la respuesta a una incógnita que llevaba algún tiempo rondando a los egiptólogos. Se trata de los conos que en ocasiones lucen sobre la cabeza los participantes en los banquetes funerarios a partir de comienzos del Reino Nuevo (las primeras representaciones conocidas datan del reinado de Hatshepsut). Según fue avanzando el período su presencia se fue haciendo más numerosa, hasta el punto de continuar en uso como elemento iconográfico hasta la época ptolemaica. Su prolongada supervivencia en el tiempo es un indicio de la gran relevancia que se le atribuía para asegurar el acceso o la supervivencia del difunto en el más allá. La evidencia iconográfica, donde aparecen encima de las pelucas o las cabezas afeitadas, en ocasiones con churretes que descienden desde ellos hasta la cara de quien los luce, sugiere que se trata de conos de grasa perfumada. Aparentemente, su función era desprender su agradable olor (una de las características físicas de los dioses egipcios) mientras se derretían.

Mujeres en el banquete funerario de Nebamón. Reino Nuevo. Museo Británico (foto del autor)

Las interpretaciones del cono varían, habiéndose sugerido que tenían un significado sensual destinado a generar, como otros elementos de la decoración de la tumba, la tensión sexual necesaria para que el difunto renaciera en el más allá. Otros egiptólogos lo han considerado como una señal de la satisfacción del dueño de la tumba al saberse un «justo de voz», es decir, alguien que ya ha alcanzado el más allá sano y salvo tras pasar el juicio de Osiris. Recientemente, se ha propuesto que eran una señal visible de que el *ba* del difunto estaba activo tras recibir ofrendas, lo cual le permitiría una más fácil relación con el mundo de los dioses. No olvidemos que el *ba* es uno de los cinco elementos que según los egipcios componían el ser humano: cuerpo, nombre, sombra, *ka* y *ba*. Siendo este último todo aquello inmaterial que convertía a cada persona en quien era, algo así como la «personalidad», el «alma». Era representado como un pájaro con cabeza humana y tenía la capacidad para salir de la tumba durante el día para interactuar con el mundo de los vivos.

El debate no solo se centraba en su función, sino también en si eran una mera convención iconográfica, una especie de determinativo añadido a las figuras o si en verdad era un elemento real fabricado para ser utilizado durante las ceremonias de enterramiento de los difuntos. El cono que se ha descubierto llevaban dos muertos enterrados en el cementerio de las Tumbas Norte, el primero en el 2010 (individuo 150) y el segundo en el 2015 (individuo 1032), parecen haber despejado las dudas definitivamente: existieron y fueron utilizados.

Ambos aparecen colocados directamente sobre el cabello de los difuntos y dan la impresión de tener una altura en torno a los 8 cm, variando su base entre 6,8 y 10 cm, con un grosor en la base de unos 3,4 cm. Estos restos fueron analizados de forma no destructiva, y resultó que eran de cera biológica, de abeja seguramente, pues los egipcios las criaban por su miel. De modo que no era grasa ni incienso, como se ha sugerido en algunas ocasiones; aunque si en su fabricación se incorporó algún tipo de perfume, el tiempo transcurrido ha terminado por evaporarlo y las cantidades que quedan de ellos resultan indetectables. En cualquier caso, estos dos conos, que pueden haber obtenido su forma y algo de rigidez estructural al ser envueltos en un pedazo de tela o ser construidos en torno a un núcleo de este material, demuestran sin paliativos que los conos de perfume existieron realmente.

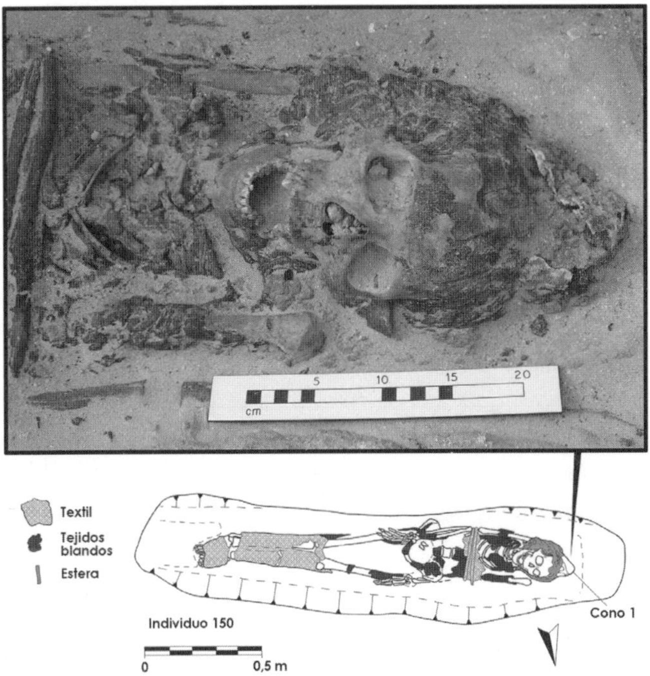

El cono de cera del individuo 150 todavía in situ en el momento de su excavación (modificado de Stevens *et al.*, 2019, p. 1520, fig. 4 y p. 1521, fig. 5)

No obstante, el de los cabellos peinados es, quizá, el único detalle amable que estos cadáveres amárnicos nos cuentan sobre su vida en la ciudad del Atón. En realidad, todos ellos comparten una serie de detalles que nos ofrecen una imagen bastante más oscura de la vida en el valle del Nilo. Sus huesos nos hablan de una nutrición entre mala y pésima durante la etapa formativa de la niñez, de accidentes de cierta relevancia sufridos con alguna frecuencia y, por último, de personas fallecidas muy jóvenes para nuestros estándares.

Los huesos no mienten, y la presencia de *criba orbitalia* —porosidad del hueso de la órbita del ojo— en el 41 % de los muertos del cementerio de las Tumbas Sur nos habla de una constante anemia. Una alimentación casi exclusivamente vegetal —tan pobre en nutrientes que el 18 % de la muestra estudiada presenta lesiones propias del escorbuto (deficiencia de vitamina C)— y con escasos aportes de proteínas animales, sumada a la endémica infección de la esquistosomiasis —la cual afectaba al cien por cien de la población, a la cual hacía perder sangre casi cada vez que excretaban—, hizo que su salud fuera frágil y les impidiera contar con suficientes reservas como para reponerse ante enfermedades y traumas. Esto también se refleja en las líneas Harris visibles en los dientes (hipoplasias lineares en el esmalte), que son la señal física de los diferentes períodos durante la niñez en los cuales el crecimiento se detuvo ante la falta de «carburante» para continuar desarrollándose. De hecho, en los esqueletos de los niños se aprecia un significativo retraso en el crecimiento que comienza en torno a los siete meses y medio de edad y se prolonga durante toda la infancia. En un caso la interrupción se detuvo durante prácticamente dos años.

Otra de las características de los muertos de estos cementerios son las malformaciones que presentan, tanto niños como adultos, en la columna vertebral. Se trata de fracturas en las vértebras por compresión, así como hernias discales (nódulos de Schmorl), además de degeneraciones notables en casi cualquier articulación, propias todas ellas de las personas que desde muy temprana edad han estado cargando grandes pesos. Se trata de lesiones que en este caso concreto podrían explicarse debido al invento de Akhenatón para acelerar el trabajo de construcción, el *talatat*. O lo que es lo mismo, un bloque de piedra con un tamaño estandarizado de un codo de largo, por medio de alto y medio de profundidad (53 × 27 × 27 cm). Esto produce sillares de unos 70 kg de peso que un adulto fornido podría transportar él solo o entre varios si eran chiquillos o jóvenes. Años de construcciones ininterrumpidas cargando muchas veces al día con un peso semejante bien podrían ser las causantes de las numerosas lesiones presentes en los muertos de Amarna. Una actividad que también explica las fracturas en diferentes huesos, entre las cuales apenas hay alguna relacionada con la violencia interpersonal; es como si los habitantes de Amarna estuvieran siempre tan cansados y faltos de energía que ni siquiera tenían ganas de pelearse.

Estas circunstancias explican también que los habitantes de Amarna, al menos los investigados hasta el momento, se quedaran chaparros. Con su apenas 1,64 m de altura, los varones de Amarna enterrados en el cementerio de las Tumbas Sur apenas son un centímetro más altos que los hombres de Badari (predinástico); pero más bajos que los varones de todos los demás períodos del antiguo Egipto. Mientras que el 1,54 m de altura de las mujeres de Amarna las convierte en las más bajitas sin excepciones cronológicas.

Otro dato interesante es la particular columna de edad que se observa en los enterrados en el cementerio de las Tumbas Norte. Como era de esperar, y vemos en el cementerio de las Tumbas Sur, la cuarta parte de los fallecidos murió antes de los siete años de edad. El problema es que normalmente estos fallecimientos deberían detenerse entonces y no comenzar de nuevo hasta mediados/finales de la edad adulta, lo que en modo alguno es el caso. Aquí el porcentaje de fallecidos crece de manera anómala durante la niñez y el principio de la edad adulta, y alcanza su máximo entre los quince-veinticinco años de edad. Para incrementar las particularidades del cementerio, resulta que la mayoría de las inhumaciones son de mujeres (el 70 % nada menos), la casi totalidad de las cuales presentan además una combinación de lesiones asociadas con la malaria.

La existencia de un cementerio de muchachas con una elevada tasa de fallecimiento puede deberse a la cercanía de las canteras de caliza, lo que convertiría a este grupo de jóvenes en una fuerza especial destinada a la obtención de la materia prima necesaria para construir la nueva capital. A estas edades y mal nutridos, niños y niñas poseen fuerzas similares, de modo que, si los varones fueron reclutados para otras tareas, como el ejército, esta fuerza de trabajadoras tenía sentido. Su origen es más problemático, porque parecen haber sido enterradas sin muchos miramientos junto a las compañeras muertas en esa misma jornada. Ausente está de las inhumaciones todo cariño familiar; es como si se tratara de un mero entierro formal a cargo de las autoridades. Lo cual parece sugerir que nos encontramos ante una fuerza de trabajo compuesta por prisioneros de guerra destinados a esta labor concreta. Algo que no era la primera vez que sucedía, como podemos leer en la tumba de Rekhmira:

> La traída de los hijos de los príncipes de las tierras del sur junto con los hijos de las tierras del norte, traídos como lo mejor del botín de guerra de su majestad, el del junco y la abeja, Tutmosis III, vida y estabilidad;

> tomados de todas las tierras extranjeras para llenar el taller *shena* de la heredad del templo de su padre Amón, señor de las Dos Tierras, que puso todas las tierras extranjeras en el puño de su majestad y arrojó a sus príncipes bajo sus pies.[167]

Para rematar esta imagen de la vida en la resplandeciente ciudad del Atón, a la mala nutrición, las infecciones parasitarias, la carencia de algunos minerales y vitaminas, el trabajo intenso y extenuante le podemos sumar la epidemia de «peste» que parece haber causado el fallecimiento de varias de las hijas de la pareja real, Akhenatón y Nefertiti e incluso la del propio faraón. Egipto parece haber sido el punto de origen esta plaga, que después alcanzó Siria-Palestina, como nos informan las cartas de Amarna, las cuales hablan de una enfermedad que pasó por Simyra (EA 96), Biblos (EA 362), Amurru (EA 95) y Megido (EA 224) antes de terminar penetrando en el Imperio hitita. Los hititas consideraban que el vector de la enfermedad habían sido unos soldados egipcios llevados como prisioneros a la capital de Hatti:

> En ese momento, el dios de las tormentas de Hatti, mi señor, por su decisión, hizo que mi padre fuera victorioso y deshizo la infantería y los carros de Egipto y los venció. Pero cuando los prisioneros de guerra que habían sido capturados fueron conducidos a Hatti, una epidemia de peste se declaró entre los prisioneros de guerra, y [comenzaron] a morir. Cuando los prisioneros de guerra fueron llevados a Hatti, los prisioneros de guerra trajeron la peste a Hatti. A partir de este día, la gente muere en Hatti.[168]

Todo se sumó para hacer de Akhetatón un lugar poco propicio para vivir para quienes no formaban parte de la camarilla que componía el séquito, la corte y los elementos más cercanos al rey. A la presión de construir de cero una ciudad —no solo palacios y templos, sino sus propios domicilios y los del personaje de cuya clientela formaban parte— se sumaba la de vivir en un entorno donde se suponía que se había abandonado la religión tradicional de los antepasados y la de intentar sobrevivir en una población alejada del Nilo donde todo era nuevo y

---

167 U. Matić: «"The best of the booty of his majesty": Evidence for foreign child labour in New Kingdom Egypt», en C. Langer (ed.): *Global egyptology negotiations...*, 2017, p. 55.

168 Tablilla CTH 378.II (I. Singer, *Hittite prayers*, 2002, p. 47).

cuyos puntos fuertes (y débiles) no se conocían. Básicamente, durante el par de décadas que estuvo en existencia, los habitantes de Akhetatón vivieron en estado de constante estrés psicológico, el cual se sumó a las carencias propias de la época para afectar a su fisiología. Es un muy oscuro retrato general el que nos muestran los últimos hallazgos en Amarna del diario devenir de los súbditos del faraón. Y es que la vida en el valle del Nilo no era ese paraíso que algunos se imaginan, ni siquiera para los todopoderosos faraones, propensos a los mismos achaques y dolencias que cualquiera de sus súbditos.

11
Un regio dolor que no cesa

Durante la Antigüedad, Egipto era considerado una verdadera tierra de promisión por todos los países de su rincón del Mediterráneo. ¿Cómo podría ser de otro modo si el plácido Nilo llegaba una vez al año y, sin apenas molestias para los campesinos, anegaba sus campos y les permitía tener abundantes cosechas? Esa al menos era la imagen idealizada que se tenía fuera de las tierras del faraón; pero sus sufridos súbditos sabían que estaba bastante alejada de la realidad, como sus achaques les confirmaban. En verdad, como sucedía en cualquier otra parte del mundo por entonces, vivir a orillas del río más largo del mundo era un sufrimiento constante. Resultado de su particular geografía y sus específicas condiciones meteorológicas, muchas eran las enfermedades existentes que los reputados médicos egipcios eran incapaces de diagnosticar y menos de sanar. Dolencias que dejaron su marca en la anatomía de los moradores de las Dos Tierras.

La gran ventaja que para los investigadores actuales tiene la civilización egipcia es que su peculiar costumbre de embalsamar a los muertos les proporciona testimonios de primera mano de todas ellas. Gracias a las momias y a los avances de las técnicas de diagnóstico no invasivas, hoy día resulta posible escudriñar el mundo de enfermedades que sufrieron los egipcios. Y no se trata solo de gentes anónimas encontradas en un agujero sin identificar en el suelo, sino también de miembros de la clase superior enterrados en lujosas tumbas, pero sobre todo de los mismísimos faraones del Reino Nuevo. Tenemos la suerte de conservar la momia de casi todos ellos y el estudio de sus males nos permite añadir un estrato más a la profundidad de nuestras reconstrucciones históricas, consiguiendo una imagen más precisa de su realidad, alejada de la figura idealizada que aparece en textos y monumentos oficiales.

Durante el Primer y el Segundo Período Intermedio las grandes pirámides donde se enterraron los reyes egipcios del Reino Antiguo y el Medio fueron saqueadas. Para evitar que eso les sucediera a ellos, los soberanos del Reino Nuevo decidieron cambiar no solo de necrópolis (Tebas en vez de Menfis), sino también de monumento funerario: ahora sus momias reposarían en un hipogeo excavado en las paredes y laderas de un *wadi* apartado, el Valle de los Reyes; mientras que sus cultos funerarios se realizarían en templos separados varios kilómetros de los anteriores, en el límite entre el desierto y la zona cultivada. Lo interesante es que, si bien ya no se construyeron pirámides, todas las tumbas nuevas se encuentran excavadas bajo una montaña que parece una, la Cima, hoy conocida como al-Qurn (El Cuerno).

Al-Qurn visto desde la entrada al Valle de los Reyes hacia 1857 (foto de Francis Frith)

El sistema fue seguro hasta el final del Reino Nuevo, cuando los robos de tumbas llevaron a los sacerdotes de Amón a entrar en todos los hipogeos reales, sacar sus momias y guardarlas en varios escondrijos más seguros. El primero de ellos se encontraba en la Tumba Tebana 320, descubierta oficialmente en 1881, si bien llevaba diez siendo saqueada a poquitos y de forma discreta por un grupo de conocidos ladrones de tumbas de Gurna, la familia Abdelrasul. Aquí aparecieron más de medio centenar de momias, once de las cuales pertenecían a faraones de las dinastías XVII (Seqenenra Taa), XVIII (Ahmose I, Amenhotep I,

Tutmosis I, Tutmosis II [más restos del ajuar funerario de Hatshepsut], Tutmosis III), xix (Ramsés I, Seti I, Ramsés II) y xx (Ramsés III, Ramsés IX). Además de reinas, príncipes, princesas y sumos sacerdotes de Amón. Casi veinte años después, en 1898 Victor Loret descubrió una tumba en el Valle de los Reyes conocida hoy como la KV 35, donde a su dueño, Amenhotep II, los sacerdotes de Amón le añadieron la compañía de ocho faraones más: Tutmosis IV y Amenhotep III (xviii dinastía); Merenptah, Seti II, Siptah y posiblemente la reina Tausert (xix dinastía); Setnakhte, Ramsés IV, Ramsés V, Ramsés VI (xx dinastía); además de tres momias anónimas identificadas como la reina Tiyi, esposa de Amenhotep III (la llamada «dama anciana»), su hija y madre de Tutankhamón (la llamada «dama joven») y un príncipe.

El primer estudio de las momias reales egipcias lo realizó en 1912 el que fuera profesor de anatomía de la Universidad de El Cairo, G. E. Smith, que ya se percató de que las etiquetas de madera que les habían colgado los sacerdotes para identificarlas muchas veces no se correspondían con las conexiones familiares que él apreciaba en los huesos:

> Existe escaso parecido con los rasgos de los demás faraones de la xix dinastía en los de Seti II, que en cambio se asemejan de forma sorprendente a los de la xviii dinastía. Su aquilina nariz, pequeña, estrecha y de caballete alto, se parece a la de Amenhotep II y Tutmosis IV. La marcada proyección de los dientes superiores y la colgante mandíbula inferior son otros puntos de semejanza con la familia real de la dinastía precedente y de contraste con la pesada mandíbula ortognata de los soberanos de la xix dinastía.[169]

Y, si bien el propio Smith utilizó los rayos X en 1904 para averiguar la edad de Tutmosis IV, un estudio radiológico completo de los faraones del Reino Nuevo no se realizó hasta 1968. Los evidentes problemas de conservación de la momia de Ramsés II obligaron en 1976 a llevarla al laboratorio del Museo del Hombre de París para realizarle un chequeo completo, del que salió curada y los científicos con un amplio conocimiento de las dolencias del soberano. Como las ciencias avanzan que es una barbaridad, en el año 2005 se pudo realizar un TAC, primero a la momia de Tutankhamón (la publicidad es la publicidad) y luego al resto de miembros de su linaje. Durante el estudio se realizó una toma de muestras con la intención de secuenciar su ADN. Dado que el único soberano

169 G. E. Smith: *The royal mummies*, 1912, pp. 79-80.

identificado sin posibilidad de error es Tutankhamón, el objetivo principal fue utilizarlo de punto de partida para averiguar la genealogía de la familia real amárnica y parece que se logró, si bien con alguna polémica.

La mayoría de las enfermedades que presentan las momias de los faraones no son específicas de los soberanos egipcios, sino que forman parte del conjunto de dolencias que afectaban a todos los habitantes del valle del Nilo. Si bien es cierto que las momias egipcias no conservan los ojos y no podemos estudiarlos de primera mano, la oftalmia era una de ellas, como nos indican ejemplos más modernos y los numerosos remedios contra ella que encontramos en los papiros médicos (papiro Ebers 336-441). Esta inflamación de los ojos venía provocada por el resplandor constante del sol en la reseca atmósfera, que se sumaba al polvo en suspensión procedente del desierto y las montañas, a lo que se añadían las partículas que se colaban en los ojos y los irritaban. En un intento por evitar los peores problemas producidos por el resplandor solar se inventó el maquillaje para los ojos, que al ser oscuro absorbía los rayos del sol y evitaba deslumbramientos.

De entre las muchas enfermedades parasitarias que afectaron a los egipcios destaca la esquistosomiasis (conocida también como bilharziosis), provocada por un pequeño gusano que vive en aguas corrientes, pero que durante su ciclo de vida sus larvas con cilios infectan a unos caracoles a los cuales abandonan después cuando estos pasan por aguas estancadas. Como los egipcios cultivaban creando pequeños estanques artificiales que luego la inundación llenaba de agua, creaban con ello sin sospecharlo el medio perfecto para que crecieran las diminutas larvas del gusano. Los egipcios vadeaban esa agua o se metían en ella para cultivar y era entonces cuando las larvas del gusano se introducían en su cuerpo. Una vez dentro maduraban y acababan en el hígado o la vejiga, donde depositaban sus huevos. Cada vez que el enfermo micciona o defeca expulsa una remesa de ellos acompañada de una pequeña hemorragia, que a fuerza de repetirse terminaba produciendo en ellos una anemia. Si en 1950 el noventa por cien de la población egipcia estaba infectada, tres milenios antes el porcentaje era seguro del cien por cien; pues, si bien no ha sido posible detectar la infección en las momias reales, de seguro los faraones no se libraban de ella. Es cierto que no muchas veces caminaban, al ser transportados en sillas de mano; pero sí participaban en ceremonias agrícolas que implicaban introducirse en esos estanques infestados. Como lo estuvieron también los estanques de las villas y palacios, por cuyas aguas podemos estar seguros pululó asimismo el esquistosoma.

El rey Escorpión con los pies en el agua realizando la ceremonia de la apertura del canal. Detalle de la cabeza de maza de este soberano egipcio. Ashmoleam Museum de Oxford (foto de Heidi Kontkanen/Wikimedia Commons)

Como sigue sucediendo en la actualidad en muchas partes de África, los egipcios faraónicos fueron atacados despiadadamente por el paludismo (o malaria, como también es conocida). La enfermedad llega a su huésped humano transmitida por la picadura de un único vector, la hembra del mosquito anófeles, en cuyas glándulas salivares se encuentran presentes los esporozoítos, los cuales inyectan en el cuerpo cuando su trompa penetra en él y comienza a succionar la sangre. La enfermedad se manifiesta con síntomas diversos, pero los más característicos se suceden consecutivamente en tres fases: escalofríos, seguidos de una fiebre muy alta tras la cual vienen unos sudores profusos y paroxismos, que se suceden cada tercer o cuarto día, las conocidas como fiebres tercianas o cuartanas. De los cinco tipos de plasmodios que infestan al ser humano, solo el *P. falciparum* puede resultar mortal, pues una vez dentro de su huésped arremete contra los órganos del cuerpo y dependiendo de la gravedad del ataque acaba por producir insuficiencia renal, coma y por último la muerte.

El valle del Nilo parecía especialmente diseñado para la cría de mosquitos, con sus marismas alimentadas con la crecida anual y el sistema de riego de los egipcios a base de estancar el agua en balsas artificiales.

Los propios egipcios eran conscientes de ello y sabían que cuando las aguas del Nilo se retiraban era el momento más propicio para que los demonios liberados por Sekhmet recorrieran el país causando estragos. Lógicamente, la familia real también se vio asaltada por ellos y recientes estudios realizados a la momia de Tutankhamón han demostrado que había sufrido la variedad más grave de malaria, la trópica. De hecho, es una enfermedad cuyos síntomas quedan recogidos en diversos textos egipcios, como la filacteria que Anynakhte (un habitante de Deir al-Medina durante la XX dinastía) llevaba al cuello destinada a alejar los síntomas (calor y sudor) que lo afectaban de forma regular. La misma intención protectora que leemos en varios amuletos del Tercer Período Intermedio: «La protegeré de la mano de Amón, de Mut y de Khonsu. La protegeré de la enfermedad terciaria, la protegeré del calor *(srf)*, del sudor *(rmnt)*»[170] y: «Lo protegeré de toda enfermedad en relación con una impureza *(ʿbw)*, de las convulsiones, de las cenizas, la ictericia, un soplo patógeno».[171]

No obstante, como el 70 % de los infectados sobreviven a la misma sin tratamiento y los habitantes de los países donde es endémica desarrollan una cierta inmunidad, podemos descartar la malaria como causa de la muerte del soberano. Algo comprobable en las momias de Yuya y Tuya, padres de la reina Tiyi, esposa de Amenhotep III, y bisabuelos de Tutankhamón, también infectados, pero que murieron a la avanzada edad para entonces de cincuenta y sesenta años.

Estas enfermedades que parecían llegar de la nada eran para los súbditos del faraón el resultado de los actos de la diosa leona Sekhmet, que es un buen ejemplo de las dualidades que parecen definir el modo de ver el mundo los egipcios. Por un lado, era puro poder destructivo y, al mismo tiempo, una divinidad protectora y sanadora. El relato mitológico de la destrucción de la humanidad nos permite verla en acción. Al enterarse Ra de que la humanidad pretendía aprovecharse de su edad provecta para derrocarlo, tras consultar con los demás dioses decidió destruirla; una tarea que encargó a su hija Sekhmet, que como tal era una manifestación de la ira del dios. Cuando la diosa dejaba libres a sus pestíferos mensajeros era causa de gran mortandad por las enfermedades que estos transmitían, como leemos en *El cuento de Sinuhe:* «¿Cómo es ese país sin ese dios excelente [= el rey], el temor del cual

170 Papiro British Museum EA10251,2 (T. Bardinet: *Le paludisme,* p. 30).
171 Papiro British Museum EA10587,2 (T. Bardinet: *Le paludisme,* p. 53).

estaba propagado a través de los países extranjeros como el temor de Sekhmet en un año de peste?».[172] Por ese mismo motivo, como podía tener controlados a sus enviados se convertía en una diosa capaz de sanar a la gente, convirtiéndose entonces en «la señora de la vida». No es de extrañar que sus sacerdotes estuvieran versados en medicina y actuaran como galenos llevando solaz a sus convecinos.

Otra típica infección del mundo antiguo eran los parásitos intestinales, como las lombrices y la tenia, sufridas por gran parte de la población y de cuya existencia en Egipto tenemos noticias por haber sido encontradas en momias de la época romana. Un vector importante de ese tipo de infecciones era el cerdo, pues si su carne se consume poco cocinada no se muere el gusano de la triquinosis que puede infectar al animal y de ese modo pasa al ser humano. Pese a no aparecer en la iconografía, los gorrinos eran la principal fuente de proteína animal para todos los habitantes del valle del Nilo con excepción de los dioses, el faraón y la clase superior. Por lo tanto, podemos estar seguros de que ninguno de ellos llegó a contagiarse de un parásito que acaba invadiendo el tejido muscular del infectado y produce diarrea, dolor muscular, flojera y en casos extremos dificultades respiratorias, en el habla y en la movilidad.

En cambio, hay otras enfermedades producidas por virus o bacterias que sabemos llegaron a afectar a algunos de los faraones egipcios, como nos indican, por un lado, los síntomas físicos que los paleopatólogos han encontrado al estudiar sus momias y, por el otro, la documentación histórica cuando falta la momia en cuestión. En este último caso estamos hablando de la peste.

La peste ha sido una de las epidemias que más ha dado forma a Europa, pues las plagas del siglo XIV se calcula mataron aproximadamente a la mitad de la población europea (con una variación de entre el 30 y el 60 % dependiendo de la ciudad, la región, etc.). La enfermedad llegó desde el continente asiático a lomos de una rata negra, que es su vector principal, concretamente las pulgas que la infestan. Dadas las inexistentes condiciones de salubridad pública de las poblaciones de entonces (las cloacas de las urbes romana ya eran un recuerdo lejano), esos roedores pululaban a placer por todas las aglomeraciones humanas con consecuencias nefastas para su salud y sus depósitos de grano. En el Egipto faraónico, donde el único alivio para

172 J. López (ed.): *Cuentos y fábulas del antiguo Egipto*, 2005, p. 47.

las inmundicias que se acumulaban en las calles era la llegada de la inundación que las arrastraba hasta el Mediterráneo o las enterraba debajo del barro, las condiciones fueron muy propicias para un estallido de la misma.

Los textos hititas nos cuentan que la peste fue llevada al Imperio hitita por los soldados egipcios capturados y también la encontramos mencionada por Burnaburiash, rey de Babilonia, que en una carta de Amarna (EA 11) habla de una esposa de Amenhotep III fallecida «durante la peste».[173] Por su parte, en la estela de la Restauración de Tutankhamón leemos: «Cuando su Majestad apareció en calidad de rey [...] el país atravesaba la enfermedad»,[174] lo que parece referirse a la plaga que tanta mortandad causó entre los habitantes de Amarna, la familia real incluida.

Ya que hablamos de Amarna detengámonos un momento en el que para muchos parece ser el ejemplo inequívoco de que los faraones egipcios sufrían enfermedades como todos los mortales, Akhenatón. Los inconfundibles rasgos de sus estatuas, cráneo alargado, grandes ojos almendrados, nariz afilada, labios abultados, extremidades delgadas y longilíneas, pechos hinchados, vientre prominente, caderas anchas, muslos redondeados... han sido interpretados variadamente por los médicos. Para algunos habría sido un caso de síndrome de Fröhlich, un desorden glandular que se caracteriza porque los hombres que lo sufren padecen obesidad con distribución femenina de la grasa en los muslos y nalgas, además de una hidrocefalia que les hincha el cráneo. El problema es que también los vuelve estériles y no hay duda de que Akhenatón tuvo al menos media docena de hijas. Más recientemente el síndrome que se le ha achacado ha sido el de Marfam, que afecta a los huesos, la vista y el tejido conectivo, lo que produce personas con los dedos y el rostro alargado, además del pecho deformado; pero de nuevo un estudio detallado demostró que no había caso. Además, basta con comprobar que el perfil del conocido busto de Nefertiti coincide a la perfección (desde la frente al comienzo de la barbilla) con el de un busto del faraón encontrado en el mismo taller de Amarna para demostrar que esas «deformidades» no son sino convenciones ideológicas incorporadas al arte para transmitir el mensaje del soberano.

---

173 W. L. Moran: *The Amarna letters*, 1992, p. 21, EA 11.

174 *Urk.* IV, 2027, 2 y 11 (D. Laboury: *Akhénaton*, p. 346).

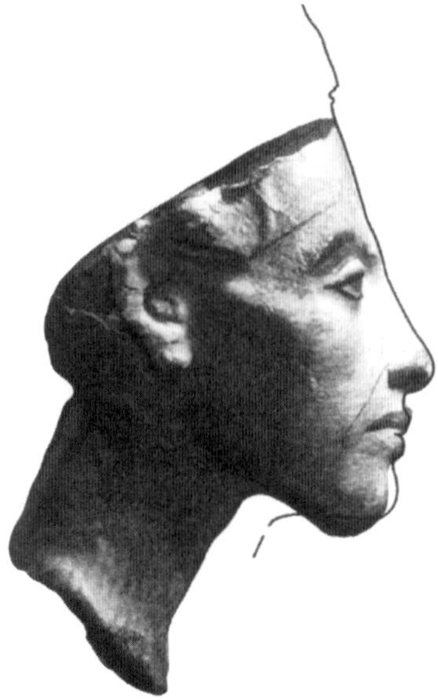

Superposición del perfil del busto de Akhenatóny el busto de Nefertit (Museo Egipcio de Berlín 21.351 y 21.3000) (Laboury 2010, lám. vii)

Por otra parte, si el esqueleto encontrado en la KV 55 fuera el de este soberano, el TAC que se le realizó hace algunos años demuestra que no existe en él ningún tipo de deformación que pueda ser comparable a la presente en sus estatuas de la primera parte del reinado. Precisamente, que las «deformidades» se suavicen con el paso del tiempo también tendría que dejar claro que no son copias de tales en la vida real.

Siguiendo con la familia real amárnica, el TAC realizado a la momia de Tutankhamón demostró que sufría varios problemas físicos: el pie izquierdo zambo (equinovaro), dos metatarsos con patologías (osteonecrosis) y la ausencia de un hueso de los dedos del pie, además del paladar hendido; sin embargo, una radiografía del año 1968 demostraría que esa deformidad no existe… Y es que los propios miembros del equipo que publicó este estudio presentan interpretaciones diferentes de estas lesiones.

Gracias a otra radiografía también sabemos, por ejemplo, que el fundador del Reino Nuevo y el primer soberano de la xviii dinastía, Ahmose, estaba aquejado de artrosis a pesar de tener solo entre veinticinco y treinta y cinco años de edad en el momento de su muerte. Mientras que la presencia del prepucio de su pene indicaría que sufría hemofilia, pues el resto de faraones parecen haber sido circuncidados todos.

Regresemos ahora a las enfermedades víricas, porque es precisamente la momia de un faraón la que vendría a demostrar que en el valle del Nilo ya existía una plaga que, hasta su erradicación mundial en 1980, causó infinidad de muertes en el mundo. Y ello pese a ser la primera enfermedad para la que se contó con una vacuna, ideada por Edward Jenner a finales del siglo XVIII. La viruela no solo acababa con la vida del 30 % de los infectados, sino que a los supervivientes los dejaba muchas veces marcados de por vida debido a las cicatrices que dejaban en su piel las erupciones que caracterizaban a la enfermedad. Esto es precisamente lo que permite identificar su contagio en la momia de Ramsés V, sobre la cara y el pecho del cual no son pocos los especialistas que reconocen las características marcas de los infectados. En cualquier caso, ya estuviera o no su fallecimiento con unos treinta años de edad relacionado con la viruela, parece que el crecimiento anormal que se aprecia en su escroto sugiere a los médicos la existencia de una hernia inguinal.

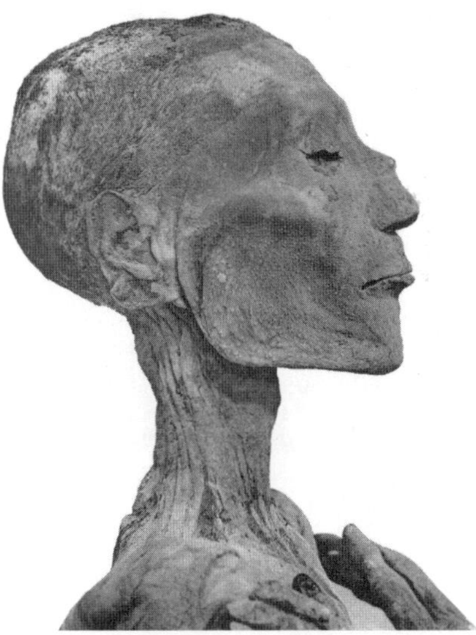

Detalle de la momia de Ramsés V (XX dinastía) con posibles marcas de viruela. Museo de El Cairo (Smith 1912, lám. 56)

Peor parado por los virus que Ramsés V quedó el faraón Siptah, el penúltimo monarca de la XIX dinastía, que cuando todavía era un niño podría haberse visto afectado por la poliomielitis. Este virus no solo es muy contagioso, sino que tiene repercusiones en el sistema nervioso, las habilidades motoras y causa deformación en las extremidades. Con todo, hay especialistas que difieren de este diagnóstico y consideran que su pierna contrahecha es resultado de la parálisis cerebral o incluso de una deformación congénita. Sea como fuere, el miembro afectado fue la pierna izquierda, que perdió una buena parte de su longitud total, lo cual quedó en cierto modo compensado por la posición casi vertical que adquirió el pie. Un problema más para este soberano, que llegó al trono tras un período de guerra civil con la ayuda de un personaje turbio como es el canciller Bay y de su madrasta, la gran esposa real Tawosret. Apenas contaba once años y fue a morir con unos dieciséis, escasamente llegado a la adolescencia tras solo seis de reinado. En cualquier caso, Siptah tuvo compañeros de fatigas, porque en la estela de Roma vemos a este portero de la XVIII-XIX dinastía con la pierna en las mismas condiciones que la del faraón.

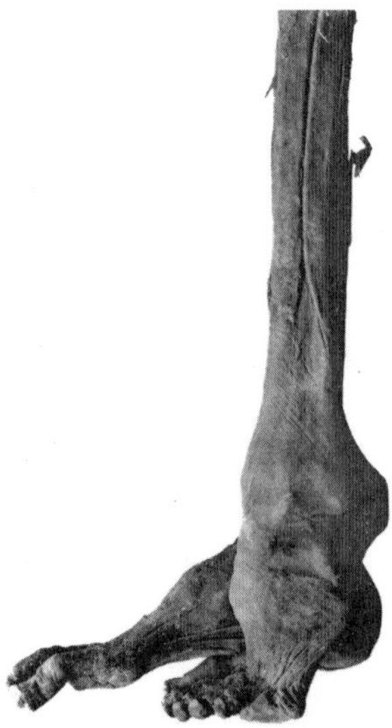

El pie deformado de la momia de Siptah (XX dinastía).
Museo de El Cairo (Smith 1912, lám. 62, fig. 2)

Igual de democráticas se mostraban las enfermedades dentales, pues todos los cuerpos egipcios encontrados suelen mostrar una dentadura en bastante mal estado; sin embargo, al contrario que en la actualidad, donde el exceso de azúcar en la dieta es la causa mayoritaria de las caries que sufrimos, los egipcios solo encontraban esta sustancia en las frutas que consumían y en la miel, que era un monopolio real.

Por lo tanto, los daños procedían sobre todo de sus técnicas de molido del grano con el que fabricaban uno de sus principales alimentos, el pan. Las muelas utilizadas para transformar los cereales en harina iban dejando con cada pasada fragmentos microscópicos invisibles a la vista; pero muy reales para las dentaduras faraónicas, que con el consumo diario y el paso de los años se iban desgastando, ya fuera la del soberano de las Dos Tierras o la del más humilde de los condenados a picar granito en las canteras de Asuán. Los ancianos egipcios muchas veces tienen las superficies masticatorias desgastadas hasta la dentina.

La principal diferencia entre la clase superior y el resto es que los dientes de los primeros carecen de líneas Harris, unas pequeñas marcas horizontales visibles en el exterior del diente que se forman cuando las deficiencias alimentarias o las enfermedades interrumpen el crecimiento del diente (o los huesos) y luego, pasado el momento de estrés, retoma su desarrollo normal. La alimentación de los egipcios era bastante sencilla y escasa: pan, una cerveza de muy poca graduación con consistencia de gachas, vegetales, algo de carne (cerdo y ovicápridos) y algo de pescado, de tal modo que estaban siempre al borde del hambre. Solo las clases superiores consumían proteínas animales a diario, evitando con ello pasar estrecheces calóricas y de paso las líneas Harris en dientes y huesos.

Un detalle curioso visible en la momia de Merneptah, hijo y sucesor de Ramsés II y vencedor de los pueblos del mar, es que carece de escroto, aunque conserva el pene. Los médicos han propuesto una solución para ese misterio. Una hernia inguinal se produce cuando una parte de los largos intestinos se sale de su ubicación habitual a través de un orificio producido en la pared abdominal. Exteriormente, este proceso se hace visible al aparecer en la persona afectada un abultamiento indoloro en la ingle o el escroto. Durante la Antigüedad hubo médicos como Praxágoras de Cos (c. 340 a. C.) que propugnaron como remedio de esta dolencia su extirpación quirúrgica. Precisamente lo que para algunos especialistas explica la ausencia anatómica de Merneptah. Es posible que esta enfermedad fuera habitual entre los soberanos ramésidas; porque, como mencionamos párrafos atrás, la momia de Ramsés V muestra un escroto tremendamente abultado que sugiere esta dolencia. Atentos siempre a dejar la momia con el mejor aspecto posible, los embalsamadores reales se esmeraron por disimular la deformación doblando cuidadosamente el saco escrotal hacia la zona del perineo, maniobra favorecida por la tremenda pérdida de peso producida por la desecación del cuerpo.

Del mismo modo, por muy semidivinos que fueran, los faraones no se libraban de los achaques de la edad y narraciones como *El cuento de Sinuhe* o textos sapienciales como *Las enseñanzas de Ptahhotep* describen a la perfección cuáles eran. Males que además podemos ver con detalle en la momia de uno de los soberanos egipcios más conocidos, la de Ramsés II. Llegado treintañero al trono en el que estuvo sentado sesenta y seis años, el hijo de Seti I falleció ya nonagenario y con todo un catálogo de dolencias. Su dentadura fue sin duda un infierno de dolores, porque tenía los dientes completamente desgastados hasta llegar a exponer la pulpa dentaria, todo ello acompañado de varios abscesos. Además de no poder comer con facilidad, tampoco podía desplazarse por sí mismo, pues en las piernas sufría una terrible artritis anquilosante sin duda muy dolorosa.

Los años finales de la longeva vida de Ramsés II fueron de dolor continuo, seguramente mitigado por alguna medicina preparada con extracto de cannabis, de mandrágora o de nenúfar, que parece los egipcios conocían y utilizaban. Este sufrimiento lo acercó un poco al que vivían sus súbditos, mucho más expuestos a los embates del entorno en el que transcurría su vida y a los que habían de enfrentarse con muchos menos recursos e infinitamente más desgaste físico por su trabajo diario que el monarca. Nosotros podemos hacernos una idea de esas dolencias gracias a las momias y la paleopatología. Los egipcios, en cambio, para intentar averiguar qué les pasaba tenían la posibilidad de contactar directamente con sus muertos y pedirles cuentas al respecto.

12

Los fantasmas existen, sí señor

Pocas cosas superan a una buena historia de fantasmas para animar una reunión de amigos a altas horas de la noche rodeados de oscuridad: «¿Tú crees en fantasmas? ¿No? Pues te voy a contar lo que le pasó a mi primo cuando estaba explorando una casa deshabitada que te va a hacer cambiar de idea...». Y tampoco hay nada mejor que una historia donde aparezcan estos incorpóreos ensabanados para embromar a un grupo de chiquillos ante un fuego de campamento y hacer que la acampada les resulte inolvidable. Ya de adultos, ese enigma no deja de resonar en algunos, lo que hace que con buena fe y deseos de desentrañar misterios se pongan a investigar el fenómeno de los fantasmas con seriedad y escasos resultados. Este es un dilema que en modo alguno existía en la sociedad faraónica. Los egipcios lo tenían muy claro: los fantasmas no solo existen, sino que son muy reales. Además, al contrario que su contrapartida occidental, su presencia no es una forma espectral que hace bajar la temperatura de la habitación y se limita a poco más que atravesar paredes y matar de un susto a quienes se topan con ellas. No señor, como los *poltergeist* de más renombre, los fantasmas egipcios pueden interactuar con el mundo físico y sus acciones tienen repercusiones en la vida de quienes lo habitan. Y todo gracias a cómo los egipcios consideraban que estaba constituido el ser humano.

Si en la civilización occidental la persona consta de un cuerpo físico y de una entidad extracorpórea que lo anima, el alma, en el antiguo Egipto iban bastantes más allá; pues consideraban que las personas estaban compuestas por cinco elementos diferentes, nada menos: el cuerpo *(djet)*, el nombre *(ren)*, la sombra *(shut)*, el *ka* y el *ba*; a los que se podría sumar el corazón *(ib)*, para los egipcios la sede de la inteligencia y los sentimientos. De ellos, el cuerpo, la sombra y el *ba* formaban parte de la esfera física; mientras que el *ka* y el nombre pertenecían a la esfera social y el corazón hacía de intermediario entre la esfera personal y la social. La verdad es que no resulta nada sencillo aprehender el significado exacto de ninguno de ellos, pero al menos una idea general al respecto sí tenemos.

Empecemos por el elemento que compartimos con ellos, el cuerpo. No hay mucho más que podamos decir al respecto, es el contenedor que los engloba a todos y permite a ese ser humano manejarse y funcionar en el mundo de los vivos. Al fallecer, el cuerpo era transformado en una momia *(sah)*, lo que le permitía seguir prestando servicios en el mundo de los vivos al resto de componentes del ser humano recientemente fallecido. Esto tenía un motivo de ser, porque en el momento de la muerte aquellos se separaban hasta que el muerto recibía los adecuados ritos funerarios; en ese momento, el *ka* y el *ba* se volvían a unir en el otro mundo formando lo que se conoce como un *akh*, un espíritu transfigurado.

Si bien inmaterial, otro elemento muy «visible» del ser humano era el nombre, que no solo servía para identificar al cuerpo físico, además estaba dotado de un significado elegido por los padres del difunto en el momento de su nacimiento para destacar características deseables de su retoño. Un buen ejemplo podría ser Merira, que significa «amado de Ra»; si bien muchos egipcios eran más conocidos por su apodo familiar, que muchas veces los acompañaba a la tumba y aparece citados en todos los textos y servía también para identificarlo con más precisión en documentos legales: «Hago testamento en favor de mi esposa, una mujer de Gesiab, la hija de Sopedu, Shefet, *apodada* Teti, relativo a todos los bienes que me ha legado mi hermano...».[175] Como es lógico los faraones llevaban esto al extremo, pues contaban con una titulatura regia compuesta por cinco nombres, los cuales servían para definir no solo su persona, sino también lo que esperaban fuera la política de sus reinados. Por ejemplo, la de Sobekneferu, una de las pocas mujeres que llegó a sentarse como faraón en el trono de Egipto y último gobernante de la XII dinastía era:

> El Horus hembra *Meryt-Ra* (La amada de Ra); el Horus de Oro *Djedet-Khau* (La que es estable de apariciones); las Dos Señoras: *Sat-Sekhem, Nebet Tawy* (La hija del Poderoso, La señora de las Dos Tierras); el rey del Alto y el Bajo Egipto: *Ka-Sobek-Ra* (El *ka* de Sobek-Ra); la hija de Ra: *Neferu-Sobek* o *Neferu-Sobek-Shedty* (La belleza de Sobek o La belleza de Sobek de Shedet [= una ciudad del Fayum]).[176]

175 Testamento de Wah (P. Tallet: *Sésostris III*, 2015, pp. 213-214).
176 Museo Británico EA16581 (P. Tallet: *12 reines d'Égypte*, 2013, pp. 77-78).

Relacionada con la luz, la sombra es un elemento inmaterial que presenta la particularidad de resultar visible para los vivos, lo cual la convierte en algo excepcional. Al mismo tiempo, si bien se trata de entidades separadas, la sombra está relacionada con el *ba*, con el que hace tándem, y como él puede salir de la tumba.

La sombra de Senedjem a la puerta de su tumba en el cementerio de Deir al-Medina, la TT 1 (foto del autor)

Por su parte, el *ka* es a la vez el doble del ser humano y la energía vital que lo anima, siendo un concepto para el que se han ofrecido numerosas definiciones. En el texto del nacimiento divino de Hatshepsut podemos ver a Khnum dando forma en su torno de alfarero a la reina y su *ka* listos para aparecer en este mundo. Al mismo tiempo, si bien todos los seres humanos tienen *ka*, dioses y faraones pueden tener más de uno, cosa lógica, dado que son seres más poderosos que los meros mortales. Se trata, por otra parte, de una energía que necesita reavituallarse y es a ella a la que se alimenta con las ofrendas funerarias.

Finalmente, tenemos el *ba*, el protagonista de este capítulo. Por lo general suele traducirse como «alma», pero en realidad sería todo aquello inmaterial que convierte a un ser humano en la persona específica que es. De hecho, algunos especialistas lo han definido incluso como la impronta que como ser social uno deja en los demás cuando interactúa con ellos, por lo cual una mejor traducción podría ser la «personalidad». El *ba* tiene la particularidad de servir como punto de encuentro entre nuestro mundo y el de los muertos, pues posee la capacidad de salir todas las mañanas de la tumba para pasearse por este mundo interactuando con él antes de regresar al reino de los muertos llegado el atardecer (véase la portadilla de esta sección). Algo en lo que le ayuda la magia de los textos funerarios, como el capítulo 92 del Libro de los Muertos:

> Fórmula para abrir la tumba al *ba* y a la sombra de N [= el difunto], para que salga al día y tenga uso de sus piernas. [...] Cuando el alba se alce hacia vosotros, guardianes de Osiris, ¡no retengáis prisionero a mi *ba* ni os guardéis mi sombra! Que el camino esté abierto para mi *ba*, para mi sombra, que pueda ver al gran dios en el interior de la capilla...[177]

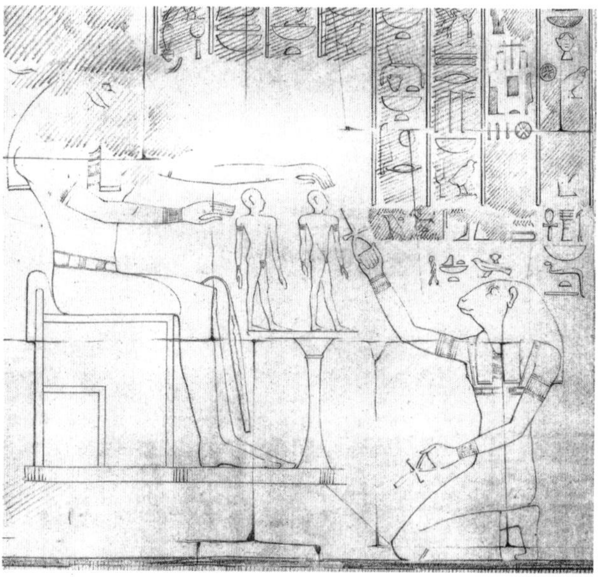

El dios Khnum dando forma a Hatshepsut y su *ka* en su torno de alfarero. Templo de la reina en Deir al-Bahari (Naville 1897)

El *ba* tenía el aspecto de un pájaro con cabeza humana, que es como aparece representado, y cuyo retorno se vuelve imposible, como vamos a ver, sin la baliza que le indica la posición de la tumba y que no es otra que la momia del difunto. Un detalle interesante sobre las personas fallecidas lo encontramos en el Libro de los Muertos, donde leemos que a los difuntos hay que tenerles respeto porque, como dice el propio

177 P. Barguet: *Le Livre des Morts des anciens égyptiens,* 1967, p. 128.

muerto en el capítulo 17: «El terror que se me tiene me sigue y el miedo que inspiro me precede».[178] Por lo tanto, el *ba* es en realidad un «fantasma» como el de las mejores novelas de miedo. De hecho, la propia literatura faraónica los utilizó como protagonistas de alguna de sus historias, las cuales nos permiten ver cómo imaginaban los egipcios que podía ser esa interacción.

Figurilla de un *ba* de la época ptolemaica (MET de Nueva York)

Una de esas narraciones es el texto conocido como *La historia del fantasma*, que se conserva fragmentada en siete ostraca repartidos por varios museos, los cuales se completan mutuamente. Por desgracia, nos siguen faltando parte del principio y el final de esta historia de la XIX dinastía, que se desarrolla como sigue. Tras unos sucesos desconocidos durante los cuales el protagonista de nuestra historia, Khonsuemhab, sumo sacerdote de Amón-Ra en Tebas, conoce al fantasma, el texto comienza en casa de aquel, que expresa su deseo de ayudarlo, para lo cual lo invoca desde la azotea de su casa. Nebusemekh, que así se llama

178 P. Barguet: *Le Livre des Morts des anciens égyptiens,* 1967, p. 64.

el *ba* del «supervisor del Tesoro» y «teniente del ejército» de la época de Montuhotep II (xi dinastía), responde a su llamada y le vuelve a comentar que su soberano le regaló una tumba, con un sarcófago y unos vasos canopos de alabastro; pero que como el terreno ha cedido y donde se encuentra sopla el viento, la estructura ha desaparecido de la vista y ahora él no puede encontrarla y se ve obligado a vagar sin rumbo. Khonsuemhab le pide que le diga qué desea que haga por él y el fantasma le dice que encontrar su tumba perdida. Dicho y hecho, Khonsuemhab despacha a tres de sus sirvientes a la zona de Deir al-Bahari, donde no tardan en encontrar el mausoleo desaparecido a veinticinco codos de distancia de la calzada de acceso al templo de Montuhotep. Alcanzado el éxito, retornan a la otra orilla para informar del mismo al sumo sacerdote. La historia termina con Khonsuemhab disponiéndose a dormir en su casa, momento durante el cual seguramente el fantasma se le aparecería en un sueño y se enteraría de la buena nueva. Lo más probable es que en el perdido final encontráramos al *ba* regresando gozoso a su tumba restaurada y disfrutando de las numerosas ofrendas diarias dispuestas para él por Khonsuemhab.

A pesar de que las historias de fantasmas seguramente fueran importantes en la literatura popular, solo conocemos otra muy fragmentada, que data de la xxii dinastía o después.[179] Apenas unas frases completas se conservan: «Hizo que le depositaran ofrendas sobre el altar…»,[180] «[el espíritu] se mantiene elevado por los aires […]. No estaba en el cielo y no estaba sobre la tierra; sus pies estaban alejados del suelo»,[181] «Este espíritu dijo: "Soy Khentyka, el hijo de Senefer [o Senefer, el hijo de Khentyka], señor mi maestro»,[182] que nos hacen soñar con el contenido de la historia completa. A partir de las briznas conservadas, Posener supone que cuentan cómo, deseando ver al fantasma, el faraón encarga a sus cortesanos que vistan con ropas nuevas al plebeyo *(nḏš)* al que encarga después que presente una ofrenda del gusto del fantasma, que complacido hace acto de presencia.

La siguiente historia de fantasmas faraónicos se sitúa —literariamente— en la misma época ramésida que la anterior, a pesar de haber sido escrita casi un milenio después, a finales de la Baja Época, cercana ya la época ptolemaica. Su protagonista no es otro que el príncipe

179 Papiro Chassinat II (Louvre E 25352).
180 G. Posener: «Une nouvelle histoire de révenant», *RdE*, 12 (1960), p. 80.
181 G. Posener: «Une nouvelle histoire de révenant», *RdE*, 12 (1960), p. 80.
182 G. Posener: «Une nouvelle histoire de révenant», *RdE*, 12 (1960), p. 81.

Khaemwaset, que fue el segundo vástago que la reina Isisnofret tuvo con Ramsés II y el cuarto en llegar a la familia del que sería futuro faraón de las Dos Tierras. Todavía era Seti I quien se sentaba en el trono cuando, con apenas cuatro años de edad, Khaemwaset y su hermano Amunherwenemef partieron hacia Nubia junto su padre para sofocar allí un levantamiento. Una experiencia militar de primer orden que repetiría en más ocasiones, ya que también encontramos su figura en los relieves donde se describen otras hazañas guerreras de Ramsés II, como la famosa batalla de Kadesh.

Terminado su período de formación militar, imprescindible en alguien de la familia real destinado quizá a heredar el trono, Khaemwaset parece haberse centrado en el estudio, su verdadera vocación. Su padre lo nombró sacerdote *sem* del dios Ptah de Menfis, un período durante el cual no solo se tuvo que hacer cargo del enterramiento de varios toros Apis, sino que también creó su mausoleo, que hoy conocemos como Serapeo: si antes cada toro era enterrado en solitario en un punto del desierto, Khaemwaset hizo excavar y revestir con losas de piedra un largo túnel donde la momia de cada toro podía ser enterrada en su propio sarcófago al lado de sus predecesores. Durante esta etapa menfita, el príncipe demostró sus conocimientos y amor por el pasado; pues al ver el estado de ruina en el que habían quedado algunos grandes monumentos del remoto Reino Antiguo, gastó no pocos esfuerzos en remozarlos y devolverles su antiguo esplendor. Así fue como las pirámides de Djoser, Unas y Userkaf en Sakkara norte, la mastaba Faraun en Sakkara sur, la pirámide de Sahura en Abusir y el templo solar de Niuserra Ini en Abu Gurob volvieron a lucir como milenios atrás. En cada uno de estos monumentos dejó un texto parecido al que todavía se puede leer en la cara sur de la pirámide de Unas, en el cual alardea de que «perpetuó el nombre de Unas cuando no pudo encontrarlo en las caras de la pirámide, porque él encuentra placer restaurando los monumentos de los antiguos reyes del Alto y el Bajo Egipto que se han convertido en ruinas».[183]

La posibilidad de Khaemwaset de alcanzar el trono se materializó muy avanzada su vida, pues solo en el año 50/55 del reinado de su longevo progenitor, llegó a convertirse en el príncipe heredero. No fueron más que unos pocos años los que pudo disfrutar de esta posición

183 E. Drioton y J.-P. Lauer: «Une inscription de Khamouas sur la face sud de la pyramide d'Ounas à Saqqarah», *ASAE*, 37 (1937), pp. 201-211.

excepcional, porque falleció a lo que por entonces era una edad bastante avanzada, cercano a los sesenta años de vida.

Sus esfuerzos como sacerdote y arqueólogo *avant la lettre* terminaron por granjearle fama de erudito, posiblemente merecida, durante la época ptolemaica. Una fama que quedó plasmada en su papel protagonista del ciclo de narraciones de Setne Khaemwas; nombre donde encontramos el suyo precedido por «setne», es decir, la versión en demótico de lo que había sido su título sacerdotal, *st* o *stm*. Es posible que el ciclo de Setne estuviera formado por más historias, pero por el momento únicamente conocemos dos narraciones completas, en las cuales nos tropezamos con un argumento idéntico: el hijo de Ramsés II se encuentra y ha de enfrentarse al espíritu de un poderoso mago de tiempos remotos. Entra en lo posible que estas narraciones sean en realidad historias tradicionales, pero resulta complicado conocer el momento de su redacción original. En cualquier caso, el documento más antiguo que contiene la primera historia (la que nos interesa) está fechado en el siglo IV a. C., pese a transcurrir muchos siglos antes.

Para los amantes de los misterios egipcios, esta historia se encuentra en un texto que han bautizado con el sugerente —y completamente erróneo— título de *El libro de Thot*; pero que en realidad los egipcios conocían como *La historia de Setne Khaemwas y Naneferkaptah y su esposa Ahweret y su hijo Merib*. Más dados a la síntesis, los egiptólogos se refieren a esta historia como *Setne I* y saben que se conserva sobre todo en el papiro Cairo 30646. Es un documento escrito con pulcritud, lo que demuestra que el escriba se esforzó por copiarlo para que fuera lo más legible posible. Únicamente se conservan las cuatro últimas páginas de un texto que en origen tenía seis, por suerte, el papiro Cairo 30696 permite completar parte del texto perdido. La historia que nos cuentan es como sigue.

Setne era conocido por su sapiencia y buen hacer como escriba y mago, siempre dedicado a leer libros y estudiar los monumentos dejados por los antiguos. Un día llega a su conocimiento que existe un libro cuyo autor no es otro que Thot, el dios de la sabiduría, y que estaría guardado en la tumba menfita de alguien llamado Naneferkaptah. Tras buscarla con ahínco y la ayuda de su hermano de leche, Inaros, finalmente encuentra su emplazamiento y ambos penetran en el mausoleo en busca del libro; pero un objeto tan valioso estaba protegido y no pudieron cogerlo para llevárselo porque se lo impidieron los espíritus de Naneferkaptah y su esposa, Ahweret. Esta les explicó cómo consiguieron ellos hacerse con el libro y los infortunios que tal éxito les hizo sufrir.

Naneferkaptah y Ahweret eran hermanos y a la vez esposos, nacidos de un faraón de tiempos pasados que accedió a su matrimonio, del que nació un hijo, Merib. Naneferkaptah compartía con Setne su pasión por los libros y la lectura y, como él, cuando supo por un sacerdote que existía *El libro de Thot* y cuál era su contenido no pudo resistirse y marchó en su busca. Según el sacerdote, el primero de los dos conjuros que contenía el libro permitía encantar el cielo, la tierra, el más allá, las montañas y las aguas, y permitía que el mago que lo pronunciara pudiera entender lo que decían los animales. El segundo, en cambio, le permitiría ver aparecer a Ra, la enéada y la luna creciente sin importar que estuviera en el mundo de los vivos o en el de los muertos. No obstante, esta no era una información gratuita y solo tras entregar al sacerdote la cantidad de oro que le solicitaba le dijo este dónde se encontraba el libro: en medio del Nilo cerca de Coptos. Naneferkaptah marchó entonces con su familia hacia esa ciudad y desde el templo de Isis de la misma alcanzó el centro del río en un barco mágico de cera. Tres días tardó en llegar al libro y entonces con un encantamiento se deshizo de las serpientes, escorpiones y todo tipo de reptiles que había en torno a las cuatro cajas sucesivas de madera de junípero, de ébano y marfil, de plata y de oro donde estaba guardado el libro. Después de recitar los encantamientos y comprobar que funcionaban retornó junto a su familia.

Obviamente, Thot se enteró del robo de su libro y solicitó el permiso de Ra para castigar adecuadamente al temerario ladrón. Cuando la familia regresaba hacia el norte en su barco, feliz con su libro, a seis kilómetros al norte de Coptos Merib salió a cubierta, cayó al río y se ahogó. Gracias a su magia, su padre lo rescató del agua y le hizo contarle cómo sucedió todo. Fue entonces cuando conoció las acciones emprendidas por Thot contra él. Después de enterrar a su hijo en Coptos, los desconsolados padres partieron hacia Menfis, pero de nuevo a seis kilómetros al norte de Coptos el castigo de Thot los alcanzó. Esta vez fue la esposa la que cayó al agua, y se ahogó como su hijo. Como él, fue sacada del agua, embalsamada y enterrada en la misma tumba que su vástago. Desconsolado, Neferkaptah partió hacia el norte y en el mismo punto del río donde había fallecido su familia se ató el libro al cuerpo, cayó al agua y se ahogó. La tripulación del barco real llevó su cuerpo ante su padre el faraón, que tras llorar su pérdida ordenó enterrarlo en la necrópolis menfita junto al libro, para que este quedara protegido y oculto.

Cuando Ahweret terminó su relato, los fantasmas se negaron a entregarle el libro a Setne, que los amenazó con llevárselo por la fuerza. Naneferkaptah le preguntó si sería por la fuerza de un buen escriba o mediante unas partidas de senet. No hubo modo, Khaemwaset perdió las tres que jugaron y tras cada derrota un golpetazo en su cabeza con el tablero hizo que se fuera hundiendo cada vez más en el suelo. Fue entonces cuando le dijo a su hermano que fuera a palacio y le trajera sus amuletos de Ptah y sus papiros de conseguir seguridad, gracias a los cuales pudo salir de la tumba con el ansiado tesoro de sabiduría mientras le pisaban los talones la luz, la oscuridad y la maldición/profecía que Naneferkaptah había lanzado contra él: «Haré que traiga de regreso hasta aquí el rollo de papiro, con un bastón bifurcado en la mano y un brasero de fuego sobre la cabeza». Ya a salvo, Setne le contó su aventura a Ramsés II, su padre, pero rechazó su consejo de devolver el libro.

Pocos días después de su robo, Setne vio en la calle a una mujer de indescriptible belleza y quedó prendado de ella. Supo que se llamaba Tabubu y que era hija del sumo sacerdote de Bastet. El príncipe utilizó a un correveidile para intentar comprar sus afectos con oro, pero Tabubu se ofendió con la propuesta. Si quieres yacer conmigo ven a verme a mi casa, donde podremos gozar con tranquilidad sin que yo tenga que comportarme como una mujer de baja cuna aceptando tu dinero, le dijo al príncipe. Una vez en su casa, Tabubu le informó de que si quería yacer con ella tenía que poner a su nombre todas sus propiedades. Setne accedió, pero cuando regresó para intentar disfrutar de sus encantos, Tabubu le dijo que tenía que conseguir que sus hijos aceptaran el traspaso de la propiedad los bienes. Una vez conseguido, su nuevo intento por yacer con Tabubu quedó frustrado cuando ella le pidió que regresara a su casa, matara a sus hijos y arrojara sus pedazos por la ventana para que se los comieran los animales. Fue solo tras el horrible filicidio cuando, a la cuarta, Tabubu accedió a satisfacer el deseo carnal de Setne; pero justo cuando el príncipe avanzó una mano para acariciarla, ella gritó de una forma tan estridente que Setne se despertó sobresaltado. ¡Todo había sido una terrible pesadilla!

Con increíble alivio, Setne regresó a la capital para abrazar a sus hijos y contarle a su padre lo que había sucedido. El faraón le conminó a regresar a la tumba de Naneferkaptah y entrar en ella como este había vaticinado que haría cuando le robó el libro: con un bastón bifurcado en la mano y un brasero encendido sobre la cabeza, para devolverle el libro. Los espíritus lo recibieron con afabilidad, pues ellos también habían caído en su momento ante el influjo del libro. Tras entregarles el papiro de Thot, Setne aceptó la tarea redentora de marchar a Coptos para localizar las tumbas de Ahweret y Merib, recoger sus momias y transportarlas al norte para enterrarlas en la tumba donde yacía su marido y padre. Su búsqueda fue por completo infructuosa durante los tres días y tres noches que pasó buscando el mausoleo en el desierto; ante lo cual, Naneferkaptah adoptó el aspecto de un anciano y se presentó ante él para decirle dónde debía buscar. Una vez localizadas las momias, diligente se apresuró de regreso a Menfis para depositarlas en la tumba. Y así termina este relato de fantasmas con pocos sustos y mucha acción.

Abandonemos ahora el mundo de la literatura para adentrarnos en el día a día de los pobladores de las orillas del Nilo, que quizá no vieran a los fantasmas —el *ba* de los difuntos— con la facilidad que los protagonistas de las historias que acabamos de ver, pero sí sufrían las consecuencias de sus acciones, como avisaba el sabio Ani durante la época ramésida: «Cumple los deseos del espíritu muerto, haz lo que desea, mantente por él puro ante su tabú, para que permanezcas incólume de sus numerosos daños».[184] Pero ya desde antes causaban trastornos los espíritus de los muertos, como aprendemos de unos curiosos documentos que comienzan a aparecer a finales del Reino Antiguo y nos informan de ello. Se trata de las llamadas «cartas a los muertos», unos textos escritos sobre todo tipo de superficies, desde cerámica a papiro pasando por tiras de tela, donde una persona se queja a un pariente o esposo difunto echándole en cara su responsabilidad en los males que le acaecen en el mundo de los vivos o solicitándole ayuda para solucionarlos. Por ejemplo, en un confuso texto de finales de la VI dinastía y conservado en una tira de lino hoy en el Museo de El Cairo (JE 25975), Irty e Iy, la viuda y el hijo respectivamente de Seankhenptah, «controlador del rociado de perfume» y dueño de la tumba donde se encontró, informan a este de que una mujer llamada Wabut y un hombre llamado Izezi, que quizá sea su esposo, se han apoderado de todos sus bienes para enriquecer al hijo de Izezi. Por ese motivo, solicitan la intervención no solo del difunto, sino también la de sus padres, hermanos y amigos para deshacer tal latrocinio y recuperar lo que legítimamente les pertenece. Una afirmación que seguramente tiene muchos matices, pues es posible que los dos bandos de este litigio pertenezcan a la misma familia.

En cualquier caso, como vemos aquí, si a los difuntos se les pide que deshagan entuertos en este mundo es porque pueden actuar en él físicamente, como el autor de la siguiente carta a los muertos cree que lleva sucediendo algún tiempo, para su desgracia. Se trata del texto

184 *Las instrucciones de Ani* (21, 20) (M. Álvarez Sosa: *La muerte y el más allá*, 2013, p. 116).

contenido en el papiro Leiden 371, datado en la XIX dinastía y conservado en el Rijksmuseum van Oudheden de Leiden. Un documento que no todos los especialistas consideran una carta a los muertos; pero cuyo contenido resulta muy esclarecedor en cuanto a la capacidad de los fantasmas egipcios de interactuar con los vivos en su mundo. Dice así:

> Al bienaventurado espíritu de Anhkere.
>
> ¿Qué te he hecho injustamente para que estés en esta mala disposición en la que te encuentras? ¿Qué he hecho contra ti? En cuanto a lo que has hecho, es ponerme las manos encima a pesar de que no cometí ningún mal contra ti. Desde que viví contigo como esposo hasta hoy, ¿qué he hecho contra ti para tener que ocultarlo? ¿Qué he hecho contra ti? En cuanto a lo que has hecho, es la razón de mi denuncia contra ti, aunque ¿qué he hecho yo contra ti? Litigaré ante la ley contigo en presencia con las palabras de mi boca, es decir, en presencia de la enéada de Occidente, y se decidirá entre tú y yo por medio de esta carta, porque una disputa contigo es sobre lo que he escrito.
>
> ¿Qué he hecho contra ti? Te tomé por esposa cuando era un joven, de modo que estaba contigo mientras fui desempeñando todos los cargos y tú estabas conmigo. No me divorcié de ti ni te hice sufrir. Te tomé por esposa cuando era joven, y desempeñé todos los cargos importantes para el faraón, vida, fuerza salud, sin divorciarme de ti, diciendo: «Ella tiene que estar conmigo». Y cuando algún visitante (?) venía a mí en tu presencia, ¿acaso no lo recibía yo por consideración a ti, diciendo: «Haré según tu deseo»?
>
> Mira, no me dejas tranquilo. Litigaré contigo, y se distinguirá el bien del mal. Mira, cuando yo instruía a los oficiales de la infantería y de los carros del faraón, los hacía venir y postrarse ante ti, trayendo toda clase de cosas bellas para presentarlas ante ti. No te oculté nada durante tu vida. No dejé que sufrieras molestias en nada de lo que hice contigo a la manera de un señor, ni me encontraste engañándote a la manera de un peón de campo, entrando en una casa extraña. No dejé que un injuriador me reprochara nada de lo que hice contigo.
>
> Y cuando me destinaron al puesto en el que estoy ahora, me quedé sin poder salir como había sido mi costumbre. Me puse a hacer lo que hace alguien que está en la misma situación que yo cuando está en casa respecto a tu aceite, tu pan y tu ropa; y te los traían. No los dirigí a ninguna otra parte, sino que dije: «La mujer aún está conmigo», eso decía y no te engañaba.
>
> Ahora mira, estás haciendo caso omiso de lo bien que te he tratado. Te escribo para que te des cuenta de las cosas que estás haciendo. Cuando enfermaste de la enfermedad que contrajiste, mandé llamar a un médico jefe, y él te trató e hizo lo que tú le dijiste que hiciera.

> Ahora bien, cuando fui acompañando al faraón (vida, fuerza, salud) en viaje hacia el sur, te sobrevino esta enfermedad [= la muerte], y pasé estos varios meses sin comer ni beber como una persona normal. Cuando llegué a Menfis, pedí permiso al faraón (vida, fuerza, salud), y fui donde estabas tú. Y yo y mi gente lloramos desconsoladamente por ti ante tu cuerpo en mi barrio (?). Doné ropas de lino fino para envolverte y mandé hacer muchas ropas. No pasé por alto nada bueno para que no te lo hicieran.
>
> Ahora mira, he pasado estos últimos tres años sin entrar (en otra) casa, aunque no es apropiado que a uno que está en las mismas condiciones que yo se le haga hacer esto. Mira, lo he hecho por consideración a ti. Ahora mira, no distingues el bien del mal. Uno juzgará entre tú y yo. Ahora mira, en cuanto a esas hermanas de la casa, no he entrado en ninguna de ellas sexualmente.[185]

Gente práctica, al fin y al cabo, en ocasiones los egipcios completaban estos remedios intangibles con otros muy físicos. Hemos de tener en cuenta que no siempre era uno capaz de convencer al fantasma que le estaba fastidiando para que dejara de hacerlo o siquiera de identificarlo con certeza. De modo que tomar otro tipo de medidas no estaba de más, como este preparado, el número 64 del papiro médico de Berlín, destinado a expulsar la enfermedad causada por un espíritu: «Otro remedio: miel, aceite de moringa fresca, sal marina, orina de mujer joven, excrementos de burro, excremento de gato, excremento de cerdo, coniza, árbol *khet-des*. Esto será molido hasta una pasta homogénea. Fumigar al hombre con ello».[186] Cualquier medida era buena con tal de librarse de los efectos nocivos de un fantasma mal dispuesto contra uno.

185 Papiro Leyden I 371, de la dinastía XIX (E. Wente: *Letters from ancient Egypt*, 1990, pp. 216-217).

186 Papiro de Berlín 3038 (T. Bardinet: *Les papyrus médicaux de l'Égypte ancienne*, 1995, p. 417).

— V —

... Y EL VIVO AL BOLLO

Si un grupo humano desea conservar el cuerpo físico de los difuntos es porque piensa que el trascendental momento de la muerte no es el final de la existencia. Los egipcios parecen haberlo tenido muy claro desde antes de convertirse en la deslumbrante cultura que a todos admira. De hecho, su afán por proteger los cadáveres es uno de los responsables de que poseamos tantos restos materiales suyos. Por fortuna, al dominar la escritura también nos dejaron textos, crípticos las más de las veces, donde exponen parte del revoltijo que son para nosotros sus ideas sobre el otro mundo. Algo que no es sino una parte mínima de su cultura funeraria, porque los vivos supieron explotarla convenientemente. Se necesita un artista para poder inhumarse rodeado de belleza parietal y una adecuada dotación económica para sostener por siempre —¡ojalá!— el culto funerario de uno mismo. La muerte lleva siendo un negocio más de cinco mil años. Y todo empezó en el valle del Nilo.

13
Cómo llegar incólume al más allá

Es una idea muy generalizada: los miles de tumbas y momias que aparecen por doquier en Egipto en cuanto uno clava el pico en el lugar apropiado —siempre en la orilla oeste del Nilo— demuestran que los egipcios estaban obsesionados con la muerte. ¿Realmente era así? No del todo, porque cuando uno indaga un poco se da cuenta de que no se pasaban el día pensando en ella. ¿Les preocupaba? Sí, por supuesto, aunque no más que a cualquier otro pueblo de la Antigüedad. Cierto que los restos materiales relacionados con el mundo funerario que nos han llegado del antiguo Egipto son innumerables, pero eso no significa nada: los etruscos también construían grandes tumbas pintadas y sabemos que otros pueblos como guanches e incas también momificaban a sus muertos…, al menos a algunos de ellos. Si la cultura faraónica parece especialmente centrada en lo funerario es también por un sesgo arqueológico, porque las tumbas eran junto a los templos lo único que se construía de piedra o se excavaba en ella y donde más «cosas bonitas» aparecían y, por tanto, donde los primeros arqueólogos prefirieron trabajar. Tampoco hay que olvidar que muchos de los lugares de habitación faraónicos están bajo las poblaciones modernas o cubiertos por milenios de barro del Nilo y resultan muy difíciles de excavar. Eso en el caso de que sigan existiendo, porque entre que el barro se deshace con el agua y la humedad y está repleto de fertilizantes naturales, los adobes antiguos *(sebakh)* han sido buscados con denuedo desde antiguo para desmenuzarlos y usarlos como abono para sus campos. En el proceso no son pocos los yacimientos y edificios que los *sebakhin* han destruido.

Ahora bien, siendo cierto todo lo anterior, reconozcamos que incluso sus textos sapienciales animaban a los egipcios a construirse una tumba como parte de lo que suponía ser una persona cabal: «Termina tu lugar en el Valle, el mundo subterráneo que esconde tu cuerpo. Colócalo lo primero entre las cosas que te son importantes».[187] Digamos que la gran diferencia de las gentes del valle del Nilo con el resto de civilizaciones antiguas es que, por motivos enraizados en su prehistoria, terminaron siendo una sociedad donde disponer de una tumba y su correspondiente ajuar funerario resultaba básico para definirse como miembros de la misma; porque en realidad a los egipcios la muerte les daba miedo:

> Cuando tu enviado venga para llevarte, debe encontrarte listo para ir a tu lugar de descanso y diciendo: «Aquí está uno preparado para ti». No digas: «Soy demasiado joven para que me lleves contigo», porque tú no conoces tu muerte. Cuando la muerte llega roba al niño que está en brazos de su madre, exactamente del mismo modo que a quien ha alcanzado la ancianidad.[188]

Dado lo mucho que les atemorizaba lo desconocido tras la muerte y a desaparecer del mundo de los vivos, imaginaron un más allá que era una copia de este: un mundo con un río, tierras que cultivar y labores que realizar, incluida la azofra (trabajo obligatorio) debida al soberano. Además, como prepararse para morir representaba una inversión tan grande, buscaron los medios para impedir que esta se desperdiciara y lograr sí o sí el acceso al mundo de los muertos, porque una tumba, una momia y un buen funeral no eran suficiente. Por eso a partir del Reino Nuevo todos los egipcios que podían hacerse con uno se enterraron con la guía definitiva de trucos y recitaciones mágicas que aseguraban la plaza en el otro mundo, el Libro de los Muertos (o Libro de Salir al Día, como era conocido por los egipcios). Tardaron un milenio en poder disponer de una herramienta mágica que los faraones llevaban utilizando desde el Reino Antiguo.

En un principio, parece que el faraón y sus súbditos poseían destinos diferentes tras la muerte, el primero se dirigía al cielo para unirse a las estrellas circumpolares y los segundos pasaban la eternidad en torno a la tumba y la necrópolis, un territorio para el que necesitaban el permiso del rey y los dioses para acceder. A finales de la v dinastía apareció un conjunto de recitaciones destinadas al rey donde se recogían por escrito los medios necesarios para que el monarca pudiera alcanzar

---

187 *Las enseñanzas de Ani,* 17, 16-17 (P. Vernus: *Sagesses de l'Égypte pharaonique,* 2001, p. 245).

188 *Las enseñanzas de Ani*, 18, 3 (M. Lichtheim: *Ancient egyptian literature,* II, 2001, p. 138).

su destino funerario. Se trata de los Textos de las Pirámides, un conjunto de fórmulas que alientan el despertar del difunto, le proporcionan ofrendas y lo encaminan tanto hacia el mundo de Osiris (el rey del más allá) como hacia las estrellas circumpolares (las cuales nunca desaparecen del firmamento nocturno y por ello son consideradas inmortales y la residencia de los dioses). Al comienzo son algo exclusivamente regio, pues solo se encuentran en las pirámides de los reyes Unas (v dinastía), Teti, Pepi I, Merenra, Pepi II (vi dinastía) y Qakara Ibi (viii dinastía), así como de las reinas Ankhnespepi II —esposa de Pepi I— e Iput, Neit, Udjebten y Behenu —esposas de Pepi II—. A pesar de lo cual, ya al final de la vi dinastía algunas frases en las tumbas de algunos particulares (un muy reducido grupo de privilegiados por el soberano) sugieren que tenían acceso a recitaciones de glorificación. Así, Sabni, desde Qubbet al-Hawa alardea de que «soy un *akh* excelente que conoce su recitación. Conozco la recitación para ascender al gran dios, el señor del cielo».[189] Y como él, Merefnebef, Ti, Mereruka e Iteti.

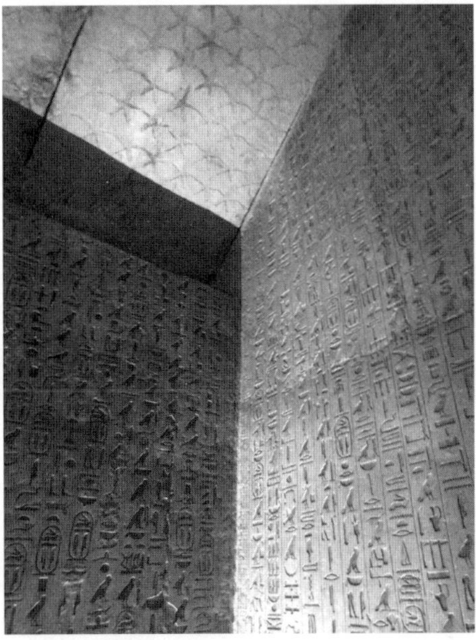

Textos de las Pirámides en la cámara funeraria de la pirámide de Unas. Sakkara. v dinastía (foto del autor)

189 L. Habachi: *Sixteen studies on Lower Nubia*, 1981, pp. 20-21 (citado por M. Smith: *Following Osiris,* 2017, pp. 180-181).

Durante el Primer Período Intermedio los particulares de clase alta accedieron al uso de los textos escritos en las criptas de las últimas pirámides. En el proceso de copia y uso, algunas recitaciones resultaron modificadas, otras descartadas y otras más añadidas, lo que dio lugar a la aparición en el Reino Medio de otro corpus funerario, los Textos de los Ataúdes. Antes restringida apenas a una persona por reinado, ahora los usuarios de ese conjunto de recitaciones destinadas a lograr un más sencillo acceso a la vida en la ultratumba aumentaron notablemente, pues casi cualquier miembro de la elite podía escribirlos en el interior de sus ataúdes de madera, que no sarcófagos. Así sucedió sobre todo en el Medio Egipto.

Textos de los Ataúdes en un ataúd del Reino Medio.
Museo de Beni Suef (foto del autor)

Exactamente la misma evolución sufrieron los Textos de los Ataúdes durante el Segundo Período Intermedio, esta vez en un lugar concreto, la ciudad de Tebas. Fue desde allí de donde en la xvii dinastía partió el impulso político que expulsó a los hicsos del norte y reunificó el país. De hecho, las primeras recitaciones/capítulos del nuevo corpus funerario, el Libro de los Muertos, las encontramos escritas en el ataúd de la reina Mentuhotep y del príncipe Herunefer (xvii dinastía). En este primer momento los textos todavía estaban en pleno proceso de formación y consolidación, por lo cual solían escribirse en las vendas de las momias más que en papiro, para que el muerto los tuviera muy cerca en su tránsito. Esto cambiará a partir del reinado de Hatshepsut y Tutmosis III, cuando los funcionarios destacados utilizaban ya de forma bastante habitual fragmentos del nuevo corpus funerario. Es entonces, buscando como siempre diferenciarse de sus súbditos, cuando los faraones decidieron dotarse de sus propios textos funerarios de nuevo exclusivos: el Libro del Amduat, la Recitación de las Doce Cuevas, el Enigmático Libro del Inframundo, el Libro de las Cavernas, el Libro de la Tierra, el Libro de Nut, el Libro del Día, el Libro de la Noche, la Letanía de Ra, el Libro de la Vaca Celeste y el Libro de Atravesar la Eternidad, restringiendo mucho el uso del Libro de los Muertos. De hecho, solo en cinco tumbas reales del Valle de los Reyes encontramos fragmentos de este en las paredes: Merneptah, Tausert/Setnakhte, Ramsés III, Ramsés IV y Ramsés V/VI. En otros casos, como el de Tutankhamón, donde en la parte posterior de la máscara de oro aparece una versión de la recitación 151b, «para la cabeza misteriosa»,[190] puede que aparecieran algunos textos en objetos del ajuar funerario, por desgracia desaparecido para casi todos los faraones.

El Libro del Amduat sintetizado en la decoración de la tumba de Ay en el Valle Occidental (WV 23). xviii dinastía (foto del autor)

190 Esta recitación identifica cada una de las partes de la máscara con un dios, todos los cuales se encargarán de proteger al faraón en el más allá.

Los textos funerarios reales eran una especie de guías de viaje, destinadas a permitir que el difunto pudiera subirse a la barca de Ra y acompañar al dios, ayudándolo a derrotar a los enemigos que intentaban impedir que su navegación llegara a buen puerto. Vienen complementados en las paredes de las tumbas por coloridas ilustraciones, realizadas por los mejores artesanos del reino, que forman una unidad con los textos y han de leerse conjuntamente; aunque el Libro de la Vaca Celeste y la Letanía de Ra se caracterizan precisamente por lo contrario, estar muy poco ilustrados. Estos libros cuentan con tantos «capítulos» como horas tienen la noche o el día; pero el Libro de la Vaca Celeste narra la rebelión de la humanidad contra el envejecido Ra y la decisión de este de aniquilar a los rebeldes gracias a la sed de sangre de la diosa Sekhmet. Entre los obstáculos que se encuentra la barca de Ra se cuentan bajíos donde podía embarrancar, serpientes guardianas de cada hora y, sobre todo, el temible ataque de la serpiente Apofis, la encarnación del mal. Una vez derrotado el ofidio y terminado el recorrido nocturno, Ra era parido por Nut y comenzaba su recorrido diurno, descrito también en algunos de estos textos.

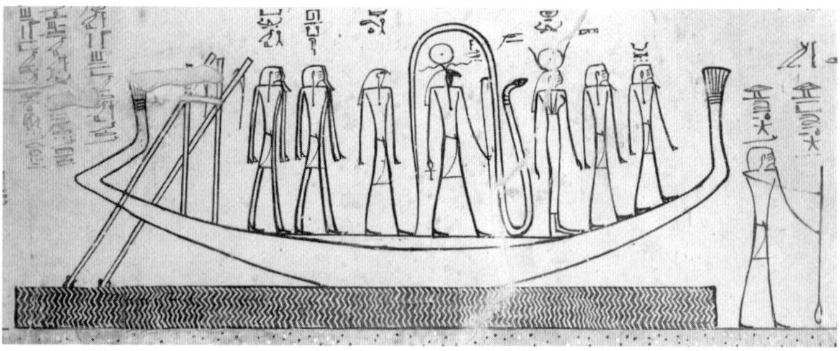

Ra navegando en su barca acompañado por otros dioses en la novena hora de la noche. Cámara funeraria de la tumba de Tumosis III (KV 34) en el Valle de los Reyes. XVIII dinastía (Gugel p. 47 abajo)

Por el contrario, el Libro de los Muertos sigue la tradición de los Textos de las Pirámides y de los Textos de los Sarcófagos, que son los textos funerarios previos de donde proceden algo más de la mitad de sus «recitaciones». En ellas el difunto no se encuentra con detalladas descripciones del paisaje del otro mundo, como tampoco del mejor camino a seguir, sino con fórmulas mágicas destinadas a proporcionar ayuda y sostén material al difunto. El objetivo del Libro de los Muertos era que según iba recorriendo el camino señalado, al encontrarse con un obstáculo, el difunto leyera el texto correspondiente al mismo y gracias al conocimiento así adquirido superarlo y continuar su camino. Entre esas barreras se cuentan los aterradores seres que vigilan feroces las distintas puertas/cavernas/colinas que separan una hora de la noche de la siguiente. Por fortuna para el difunto, el Libro de los Muertos le va proporcionando el nombre de estos guardianes armados, lo cual le permite ganar control sobre ellos y de este modo atravesar el umbral que protegen y pasar a la siguiente hora. En la recitación 144 son siete las puertas y sus guardianes los descritos:

> Primera puerta: «Cara del revés, rico en formas» es el nombre del encargado de la primera puerta; «espía» es el nombre de su guardián; «aquel que regaña con la voz» es el nombre del informador que allí se encuentra.
>
> [...]
>
> Palabras que se han de decir a la entrada de cada puerta, de acuerdo a lo que está en los escritos; ofrendas para cada uno de ellos, consistentes en pata, cabeza, corazón y costado de un toro rojo, 4 cuencos de sangre...[191]

Al contrario que los textos funerarios del faraón, el Libro de los Muertos no cuenta con una estructura rígida, ni siquiera con un número fijo de recitaciones que aparezcan en el mismo orden. No hemos encontrado ninguno todavía, pero muchos especialistas sospechan que existían manuscritos maestros de donde se seleccionaban las recitaciones/capítulos y viñetas con los que luego se creaba el Libro de los Muertos particular de cada difunto. Algo que resulta evidente al comprobarse que se pueden agrupar papiros diferentes que contienen secuencias de recitaciones/capítulos y viñetas idénticas o muy similares.

Con el paso del tiempo esas copias maestras acababan deteriorándose —en algunos casos, al encontrarse con un roto o borrón, el copista ponía *gem usher* «falta» en el ejemplar que estaba creando— y ello llevaba a la creación de una nueva, lo que implicaba casi siempre una revisión del texto, de las que hubo muchas a lo largo del tiempo. La principal podríamos decir que fue una de las más tardías,

191 P. Barguet: *Le Livre des Morts des anciens égyptiens*, 1967, pp. 190-192.

la «recensión saíta». Producida durante la XXVI dinastía, su relevancia radica en que fijó el texto y las viñetas que lo acompañaban de forma muchos más rígida. El orden y el número de recitaciones quedó establecido en 165, que son los que contiene la edición estándar contemporánea, que se basa en el papiro de Iuefnakh del Museo Egipcio de Turín (cat. 1791).

Sumando todas las que fueron perdiéndose por el camino, en la actualidad se conocen 192 recitaciones/capítulos del Libro de los Muertos, que tienen contenidos muy diferentes. Algunas (21-25) se encargan de asegurar para el difunto habilidades tan esenciales como recordar su nombre; otras (26-30) de que el corazón no traicione al difunto durante el juicio de Osiris; unas cuantas (31-40) lo protegen contra animales peligrosos; no faltan (38, 54-67) las que le dan de beber o de comer en la necrópolis; algunas (76-88) le permiten transformarse en serpiente, cocodrilo; la recitación 89 se aseguraba de que el *ba* y el cuerpo pudieran reunirse; el examen sobre las partes de un navío tenía lugar con las recitaciones 98-99; entre las más importantes se contaban las que describían la admisión del difunto a la barca del sol y el subsiguiente viaje en tan augusta compañía (100-102 y 130-136):

> Fórmula para proteger la barca de Ra:
>
> Oh, aquel que corta el agua, que sale de las aguas primordiales, y que se sienta en la popa de su barca, siéntate en la popa de tu barca y ve a tu lugar de ayer; el Osiris N. se ha unido a ti, como bienaventurado eminente, en tu tripulación, pues cuando tú prosperas él prospera.
>
> [...]
>
> Oh Ra en este tu nombre de Ra, si pasas cerca de los muertos, que van cabeza abajo, enderezarás al Osiris N, el bienaventurado eminente, sobre sus piernas; porque, cuanto tú prosperas, él prospera.[192]

La cosmogonía egipcia imaginaba el mundo compuesto por tres elementos: la tierra de los vivos (un caos que rodeaba el único territorio donde existía el orden, que era el dominado por el faraón), el cielo (una extensión acuosa que imaginaban como una especie de tienda con cuatro puntos de apoyo sobre la tierra o formada por el cuerpo de la diosa Nut extendido sobre la tierra apoyada en sus pies y manos formando

192 P. Barguet: *Le Livre des Morts des anciens égyptiens,* 1967, p. 138.

un arco ventral) y el Duat, es decir, el «inframundo» (por lo general lo visualizaban como situado bajo la tierra, pero otras veces situado en el interior de la diosa Nut). Todo ello flotando como una burbuja dentro de las oscuras aguas infinitas del Nun.

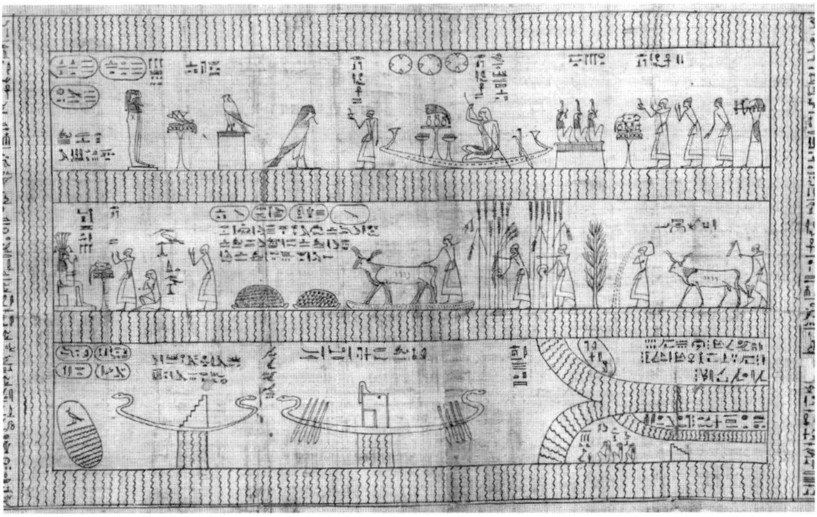

El Campo de Juncos tal cual aparece dibujado en la viñeta de la recitación 144 del papiro de Iuefankh. Época helenística (Museo Egipcio de Turín, cat. 1791, 2.0 IT DEED)

Los conocimientos del difunto sobre la geografía del más allá quedaban asegurados con un puñado de recitaciones (144-146, 149-150); pero, básicamente, como ya hemos visto, los egipcios imaginaban ese inframundo como una copia del mundo de los vivos donde transcurría su vida, con su río, su tierra seca, sus regiones de marismas, sus pantanos, sus colinas, sus bajíos de arena que se desplazan por el río creando problemas para la navegación de Ra, sus cavernas, su terreno cultivable, sus caminos y además habitado por criaturas diversas. En el Libro de los Muertos este Duat no se describe con detalle, más bien las recitaciones van mostrando instantáneas del mismo que luego uno puede intentar agrupar, pero sin que formen una geografía precisa.

Donde mejor se aprecia la similitud entre el inframundo tal cual es descrito en las recitaciones 109, 110 y 149 del Libro de los Muertos y el mundo de los vivos es en el llamado Campo de Juncos. No queda muy claro si estaba emplazado en el cielo o en el más allá, pero sí que estaba situado en el este, allí donde terminaba el viaje nocturno de la barca de Ra. Es casi una descripción de los terrenos cultivados de Egipto en la temporada de la cocecha, por eso en las viñetas que acompañan este texto vemos al difunto arando la tierra.

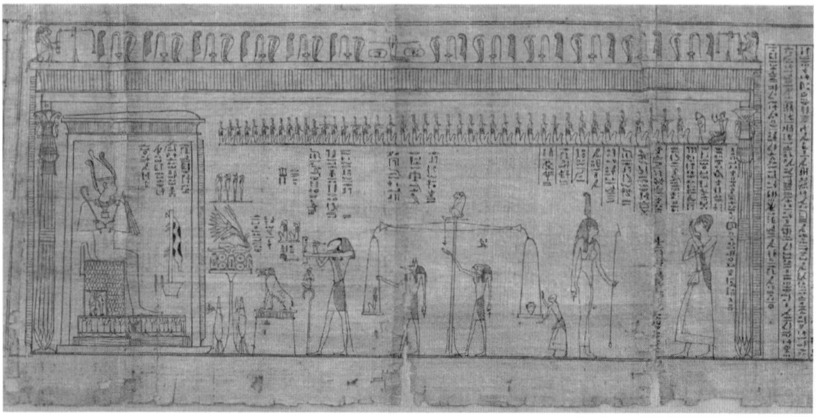

El pesaje del corazón en la viñeta correspondiente a la recitación 125 del papiro de Iuefankh. Época helenística (Museo Egipcio de Turín, cat. 1791, 2.0 IT DEED)

Si bien el dios era conocido desde la v dinastía, es en el Libro de los Muertos cuando aparece la idea del «juicio de Osiris» como último obstáculo para el acceso del difunto al otro mundo. Se trata de un acontecimiento que se describe con detalle en el capítulo 125 y contaba con un lugar específico de celebración. Tras su recorrido por el inframundo, el difunto es recibido por Anubis, que lo guía hacia la sala de las dos Maat, donde bajo un baldaquino se encuentra encargado de presidir el juicio Osiris, señor del más allá; Isis y Neftis, sus hermanas, lo flanquean. No son los únicos dioses presentes, pues rodeando la sala se encuentra el tribunal, formado por cuarenta y dos divinidades ante las cuales el difunto debe recitar la «confesión negativa». Se trata de una declaración de inocencia en la que el muerto se dirige por su nombre a cada divinidad y declara solemnemente no haber cometido un delito concreto:

> Oh, el Rompedor de Huesos, originario de Heliópolis, yo no he dicho mentiras.
>
> Oh, Aquel que se Alimenta de Sangre, originario del Lugar del Sacrificio, yo no he matado animales sagrados.
>
> Oh, Deglutidor de Entrañas, originario del Lugar de los Treinta, yo no he acaparado granos.

> […]
>
> Oh, Aquel Cuyo Rostro Está Detrás de Él, originario de la Tumba, yo no he sido ni depravado ni pederasta.[193]

La amplia lista de delitos son una gran fuente de información sobre la ideología faraónica. El difunto, por ejemplo, se declara inocente de no haber causado daño ni a viudas ni a huérfanos abusando de su posición de poder, de no haber privado a nadie de su medio de transporte al robarle la barca, de no haber fornicado en el interior de un templo, de no haber modificado las lindes de sus tierras para tener más cosecha menguando la de su vecino, de no haber trasteado con los canales para recibir más agua dañando las cosechas de los campos aledaños, etc.

Mientras el difunto declara su inocencia ante los dioses, en medio de la sala se está produciendo la ceremonia principal del juicio. En uno de los platillos de una gran balanza, Anubis coloca el corazón del muerto (el órgano que para los egipcios albergaba la inteligencia y los sentimientos) y en el otro la pluma de la *maat* (la verdad, la justicia, lo que es correcto). Si el fiel de la balanza queda vertical porque los platillos permanecen equilibrados, los dioses saben que el difunto es digno de alcanzar la vida eterna. El resultado del juicio queda registrado en un papiro por el dios Thot, presente ante la balanza enarbolando las herramientas propias del escriba. Pero ¡ay del pobre desgraciado que haya llevado una vida indigna y cuyo corazón no tenga el peso requerido! El castigo eterno le espera y su cuerpo será condenado a desaparecer. De aniquilar su existencia se encarga un animal monstruoso, que espera paciente y anhelante junto a los platillos de la balanza. Se trata de la diosa Ammut, «la devoradora de los muertos», dotada de voraz apetito y un cuerpo hecho como de retales: cuartos traseros de hipopótamo, cabeza de cocodrilo y cuartos delanteros y melena de león o leopardo.

Es entonces cuando la utilidad del Libro de los Muertos resulta evidente, pues los difuntos que no las tenían todas consigo debido a su comportamiento terrenal contaban con la recitación 30b para salir con bien del entuerto:

> Fórmula para impedir que el corazón del difunto se oponga a él en el mundo de los muertos: «¡Oh, mi corazón de mi madre!; ¡oh, mi

193 P. Barguet: *Le Livre des Morts des anciens égyptiens*, 1967, pp. 160-161.

corazón de mi madre!; ¡oh, víscera de mi corazón, de mi existencia terrestre, no te alces contra mí para dar testimonio en presencia de los Señores de los bienes! No digas respecto a mí: "¡Ha hecho eso, en verdad", respecto a lo que yo he hecho, no presentes testimonio contra mí delante del gran dios, señor de Occidente!».[194]

Así resultaba imposible que el corazón delatara al difunto poniendo en peligro su futuro eterno. Tras el pesaje del corazón, el dios Horus conducía al difunto ante Osiris, que lo proclama un *maa heru*, «justo de voz», alguien digno de conseguir la vida eterna. En cambio, quienes no lo conseguían terminaban deambulando sin fin por el peligroso camino que conducía al otro mundo.

Evidentemente, todo este trajín en el más allá solo podía tener lugar si antes se habían hecho las cosas correctamente en el más acá. Para alcanzar el inframundo cargado con su Libro de los Muertos (por lo general, aunque no siempre, introducido dentro del propio ataúd), el cadáver del dueño de la tumba tenía que ser convertido en momia para preservarlo y permitir el trajín del *ba* del difunto por el mundo de los vivos. Un detalle importante de este proceso es que la momificación solo preservaba la carne mortal; pero la momia no era sino un objeto inanimado hasta ser sometida a los rituales adecuados. La ceremonia mediante la cual el muerto embalsamado recuperaba el uso de sus sentidos y revivía se llamaba la «apertura de la boca».

Como el último de los rituales que conformaban el funeral del difunto, la apertura de la boca tenía lugar ante la tumba, con la momia dentro de su ataúd y este puesto de pie (véase la portadilla de este apartado). Conocida desde el Reino Antiguo, la ceremonia fue evolucionando con el tiempo, hasta llegar al Reino Nuevo convertida en un farragoso ritual compuesto por setenta y cinco pasos diferentes. Tan importante era que se convirtió en un elemento estándar de la decoración de las tumbas, aunque en ninguna de ellas se representaron todos sus pasos. La escena más completa la encontramos en la tumba del visir Rekhmira (TT 100, XVIII dinastía) en Gurna, en la orilla occidental de Luxor.

El objetivo final de la apertura de la boca era que la momia del difunto recuperara el uso de todos sus sentidos y estos estuvieran disponibles en el inframundo, para lo cual el oficiante tocaba con un instrumento todos los orificios del cuerpo momificado: ojos, nariz, boca,

194 P. Barguet: *Le Livre des Morts des anciens égyptiens*, 1967, pp. 75-76.

oídos, ano, etc., que de este modo quedaban mágicamente operativos de nuevo. La momia —y con ella la manifestación del difunto en el inframundo— recuperaba así el uso de todos sus sentidos, gracias a lo cual podría ver, oír y oler, pero sobre todo comer y beber, además de defecar y respirar. El instrumento más empleado para la ceremonia era una azadilla metálica (el *peseshkef*); pero también podía realizarse con un cuchillo en forma de cola de pez o incluso con la pata del buey sacrificado durante el funeral, que es la forma a la que recuerda la azadilla.

Tras la apertura de la boca el difunto quedaba capacitado para alimentarse de las ofrendas que recibiría de sus deudos vivos y su supervivencia en el más allá, una vez superado el juicio de Osiris, quedaba entonces asegurada. La capacidad reanimadora de la apertura de la boca era tal que se podía realizar también a estatuas, que de este modo quedaban animadas, y edificios como templos, que de este modo quedaban capacitados para generar orden y servir de vivienda al dios al que estaban consagrados.

Por si esta reanimación de la momia no bastara, las paredes de las tumbas egipcias, destinadas como estaban el renacimiento del difunto, se convertían en bellos paneles decorados donde situar numerosos y discretos detalles destinados a generar la tensión sexual necesaria. Para que se produjera un nacimiento —por más que tuviera lugar en el más allá— era requisito imprescindible un encuentro sexual, como bien sabían los egipcios. De modo que en casi cada escena de la decoración incitan a ello desde el subtexto de la misma. Por ejemplo, pescar arrojando el arpón se dice en egipcio *sety*, la misma estructura consonántica que el verbo «fecundar»; cazar pájaros con bastones arrojadizos se dice *kema*, al igual que «crear» o «engendrar»; y verter vino en las copas de los participantes en el banquete funerario se dice *sety*, como el verbo «eyacular». Una fecundadora actividad que los propios textos funerarios se encargaban de asegurarle al difunto. Al fin y al cabo, el inframundo era como el mundo de los vivos, ya lo hemos visto. Así, leemos en los Textos de los Ataúdes (§ 576):

> Soy uno que eyacula su semilla para crear. Mi eyaculación es la eyaculación en tanto que Tal o Cual. Para que alguien realice el coito en el imperio de los muertos. Cualquier hombre que conozca esta fórmula realizará el coito en esta tierra día y noche; el corazón de la mujer le estará sometido cada vez que practique el coito.[195]

195 P. Barguet: *Les Textes des Sarcophages*, 1986, p. 230.

Igual de relevante para la supervivencia del difunto era la existencia misma del papiro que contenía las recitaciones mágicas. La demanda de estos objetos creció tanto que fabricarlos se convirtió en un lucrativo negocio, suponemos que a pequeña escala con escribas y dibujantes que se organizaban para ir teniendo alguno terminado y listo para vender y quizá alguno más en reserva. Algo que sugiere la presencia de textos donde se dejaba en blanco el hueco donde iría el nombre del comprador, como vemos en el papiro del Museo Británico EA 9957. Esto podía dar lugar a casos curiosos, en los que el nombre era demasiado grande o pequeño para el espacio disponible; o peor, que fuera adquirido por una mujer y como la mayoría de los compradores eran hombres el género de todo el papiro era masculino, pero el nombre de la difunta femenino. En otros casos, era el acaudalado y futuro difunto el que escogería a un copista y un artista de su confianza —o de los que estuvieran en ese mercado— para encargarles uno y seguramente decidir con ellos qué escenas y recitaciones incluir en su ejemplar. Se ha sugerido incluso que a veces fue el propio dueño del papiro quien se habría esmerado en copiarlo para sí mismo, como es el caso del Libro de los Muertos del «copista del templo de Ptah, dibujante, copista en los templos del Alto y el Bajo Egipto» Nebseny (BM EA 10554/19-20). Es posible, pero menos ducho en el arte del dibujo, parece que dejó la tarea de ilustrarlo a otro; pues los especialistas observan la presencia de dos manos diferentes en el papiro, una para el texto y otra para las viñetas.

Un documento de compraventa nos permite vislumbrar parte de ese mercado de bienes que luego se incorporaban al ajuar funerario de alguien. Se trata del ostracon 133 del Ashmolean Museum de Oxford: «Lo que fue dado por Neferetabet al dibujante Tahotep a cambio de la capilla *henu*: 1 buena y delgada hoja *ifed* que hace 3 1/2 *seniu*, 1 *Libro de los muertos* decorado que hace 1 *deben* (de plata), 3 *henu* de aceite de sésamo…».[196] Lo que no es barato, porque un *deben* de plata equivale a 60-100 *deben* de cobre y el sueldo medio de un trabajador de Deir al-Medina era 11-14 *deben* de cobre al mes; es decir, que como mínimo el papiro equivalía aproximadamente al sueldo de medio año de un trabajador. Algo asumible a largo plazo, pero bastante costoso si además se deseaba contar con un ataúd decorado y una tumba en cuyas paredes hubieran trabajado los artistas encargados de la tumba del faraón.

196 K. Conney: «Profit or exploitation?», *JEH*, 1 (2008), p. 94.

14

Necesito un decorador en mi vida

El arte egipcio es bien conocido desde su redescubrimiento por el mundo occidental a finales del siglo XVIII. Los sabios de la expedición napoleónica y su monumental obra *Description de l'Égypte* fueron los responsables de toda una moda decorativa, el estilo neoegipcio, aparecido a principios del siglo XIX. Solo cuando se observan las reproducciones de las obras egipcias que aparecen en los textos responsables de ese bum faraónico se puede apreciar lo verdaderamente ajeno que resultaba por entonces el arte faraónico. Artistas bien formados, capaces de reproducir fielmente cualquier objeto o persona, se mostraban incapaces de hacer lo propio con el peculiar ductus egipcio, tan extraño les resultaba. Todavía se tardaron décadas en comenzar a asimilar y reproducir fielmente lo que parecía se trataba de un arte anónimo.

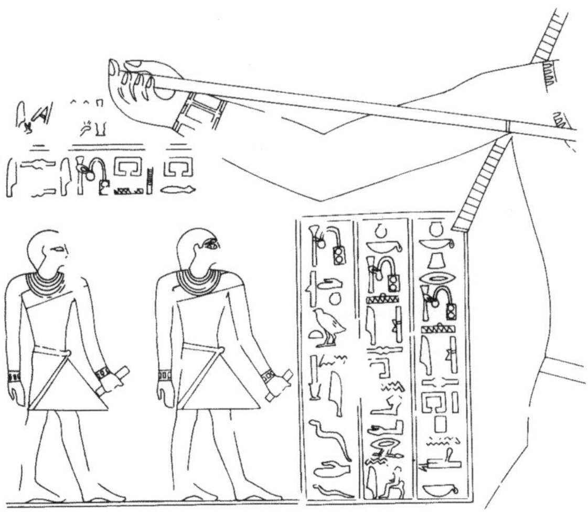

Seni e Isesi representados en la tumba de Tjetiiquer en Akhmin (Kanawati y Woods 2009, p. 9, fig. 5)

Las escenas de templos y tumbas venían acompañadas siempre de textos, cuya lectura comenzó a resultar posible gracias al trabajo pionero de Champollion y en todos se hablaba de los ritos dedicados a los dioses, de cómo sobrevivir a la muerte para llegar incólume al más allá o los logros más destacados de la biografía de los dueños de los enterramientos. En ninguno de ellos se mencionaba a los creadores de las coloridas creaciones que los acompañaban… o eso parecía.

Actualmente conocemos el nombre de alguno de esos creadores, quienes de algún modo se incluyeron o se les permitió retratarse como participantes en algunas escenas y de ese modo «firmar» su trabajo, y eso ya desde temprano en la historia egipcia. Es el caso del pintor Seni y de su hermano Isesi, que aparecen representados en la escena de caza en el pantano de la tumba de Tjetiiker en Akhmim, del Reino Antiguo: «El pintor de contorno Seni dice: "Yo soy quien decoró la tumba del líder Kheni, y también soy yo el que decoró esta tumba, estando yo solo"»,[197] mientras que su hermano aparece justo detrás con su título de escriba. La escena se repite igual en la cercana tumba de Kheni, hijo de Tjetiiker, donde Isesi es descrito como «el escriba de la casa de los libros sagrados del palacio, quien decoró esta tumba»,[198] lo cual hace sospechar que ambos colaboraron en la decoración de las dos tumbas. Del Reino Medio conocemos al artista Sedjemnetjeru, pues en la tumba de Horemkhauef en Hieracómpolis (xiii dinastía) su muy dañada figura aparece quemando incienso ante una mesa de ofrendas y acompañado de una fórmula de ofrendas dedicada a él y su hermano. En otros casos el artista, muy alto ya en la escala social, alardea de sus logros mencionando ser el responsable de erigir o supervisar tal o cual monumento, como sucede con Amenhotep hijo de Hapu y los colosos de Memnón (más datos en el capítulo 9). No los talló él, por supuesto, pero sí se encargó de que «llegaran a ser de acuerdo al deseo de su majestad»,[199] el rey Amenhotep III (xviii dinastía). No todos los artistas eran visires, ciertamente, pero a todos les gustaba dejar constancia de su talento. En una estela grabada en los afloramientos graníticos de Asuán, uno de los principales creadores del arte amárnico, Bak, nos informa de que fue el propio rey quien lo instruyó en el nuevo modo de hacer las cosas:

197 N. Kanawaty y A. Woods: *Artist in the Old Kingdom*, 2009, p. 9.
198 N. Kanawaty y A. Woods: *Artist in the Old Kingdom*, 2009, p. 9.
199 B. Manley: *Egyptian art*, 2017, p. 65.

> ... el supervisor de los proyectos de trabajo en la Montaña Roja, un discípulo a quien su Persona [= Akhenatón] él mismo instruyó, jefe de escultores en los grandes e importantes monumentos del rey en la Casa de Atón en Akhetatón, Bak, el hijo del jefe de escultores Men...[200]

Para un personaje tan relevante como el visir Paser (XIX dinastía) trabajó el pintor Amenwahsu, que se representa en la tumba (TT 106) del factótum del faraón dando los toques finales de color a una esfinge.

Amenwahsu en la tumba de Paser (Lepsius 1849, III Bl 132/ New York Public Library Digital Collections)

En otros casos, la firma puede limitarse a un texto escrito, un mero grafito. Es el caso del que nos encontramos en la tumba de Ramsés VI en el Valle de los Reyes (KV 9), pero fechado en año 9 del reinado de Ramsés XI, cuando el poblado de Deir al-Medina estaba comenzando a dar sus últimas boqueadas. En él los dibujantes Amenhotep y Amónnakhte nos informan de su participación en la decoración de la tumba de Iimiseba (TT 65) en la necrópolis de Sheikh abd al-Qurna:

> Hoy esta visita ha sido realizada por el escriba Amenhotep y su hijo, el escriba y ayudante de dibujantes Amónnakhte, a la tumba, para ver los

200 W. J. Murnane: *Texts from the Amarna period*, 1995, p. 129, § 63.A.

> templos [= tumbas] de los justos monarcas. Ellos han diseñado, pintado la capilla de la tumba del jefe de escribas del templo de los dominios de Amón, Iymiseba...[201]

De hecho, centrándose en la necrópolis tebana y los trabajadores de Deir al-Medina se están comenzado a estudiar los modismos técnicos de algunas obras y a identificar gracias a ello, si no el nombre, al menos las creaciones de algunos artistas. Y sí, decimos artistas, ¿cómo podría ser de otro modo? Todos los expertos, y el gran público con ellos, concuerdan en que las creaciones faraónicas son tan bellas, están tan logradas y transmiten tantas cosas que son dignas de ser expuestas en los mejores museos del mundo; sin embargo, muchos sostienen que serían el producto de una sociedad donde no existen los artistas. ¡Paparruchas! Si hay obras de arte, hay artistas, estas no suelen aparecer por generación espontánea.

Hasta el Reino Medio, todos los faraones egipcios se enterraron dentro de una pirámide, pero a partir de la XVIII dinastía pasaron a hacerlo en un hipogeo excavado en las laderas y paredes de un recóndito *wadi* que hoy conocemos como el Valle de los Reyes. ¿Un secreto?: la cima que lo domina se llama al-Qurn (El Cuerno) y tiene forma natural ¡de pirámide! De modo que los faraones del Reino Nuevo se siguieron enterrando dentro de una pirámide simbólica pero visible. En cualquier caso, lo que nos interesa aquí es que, para encargarse de la excavación y decoración de todas esas tumbas reales, a las que luego se sumaron las del Valle de las Reinas, Tutmosis I reunió a un grupo de artesanos y los puso a vivir en un poblado oculto tras una gran colina a la vista de quienes venían desde el Nilo. Se trata de Deir al-Medina, conocido entonces como Ta set Maat (el lugar de la verdad). El poblado sufrió algunas ampliaciones a lo largo del tiempo (durante el reinado de Horemheb y luego en época ramésida), según fue aumentando su carga de trabajo y fueron necesarios más artistas que se hicieran cargo de la tarea.

Los habitantes de Deir al-Medina eran unos privilegiados que recibían un salario mensual pagado por el soberano y una casa donde habitar con su familia; además de contar con otros trabajadores auxiliares

---

201 K. Kitchen: *Ramesside inscriptions* VI, 1969, p. 658. Citado en G. Menéndez: *El artista en el antiguo Egipto,* 2019, p. 71.

que no vivían en el poblado, pero se ocupaban de tenerlo provisto de agua, por ejemplo. Todas las viviendas eran iguales en cuanto a tamaño y distribución general, aunque al final todas acabaron siendo adaptadas a sus necesidades por sus ocupantes. Una de las principales características de los habitantes del poblado es que su nivel de alfabetismo era muy superior al del resto de Egipto, lo cual ha proporcionado una ingente cantidad de documentación escrita, que sigue haciendo las delicias de los egiptólogos y va desde listas de la lavandería a denuncias ante el tribunal, pasando por todo tipo de contratos.

El primer grupo de habitantes del poblado seguramente fue elegido a dedo de entre los más capaces que por entonces se conocían o trabajaban para la corte de Tutmosis I. La reposición de los artesanos se fue produciendo del modo más natural, de padres a hijos, porque lo habitual era que los segundos heredaran el cargo de los primeros. A veces con un poco de ayuda por parte del padre de la criatura, el cual engrasaba las ruedas de la Administración para que nada se torciera. Algo que uno de ellos se encargó de dejar bien claro por escrito, por si cupieran dudas posteriores:

> Lista de las cosas que di a los administradores del equipo para que ascendieran al chico, todas las cuales me pertenecían a mí personalmente; ninguna de ellas pertenecía a nadie más.
>
> Al escriba Hori-sheri:
>
> silla de madera
> hace 11 *deben*
> contenedor de madera
> hace 2 *deben*
>
> Al trabajador jefe Nakhtemmut
>
> saco de cuero
> hace 15 *deben*
>
> Al trabajador jefe Inherkhau
>
> silla de madera con asiento bajo
> hace 30 *deben*
>
> El escriba Horisheri
>
> gran taburete plegable con escabel
> hace 30 *deben*[202]

202 Ostracon El Cairo 25800 (A. G. McDowell, *Village life in ancient Egypt*, 1999, p. 230, § 181).

La necesidad de esta ayuda extra en la selección no es de extrañar, porque, tratándose de un cargo tan atractivo y para una tarea tan relevante como era la de dar existencia a la tumba del faraón, la competencia seguro que era feroz.

Cuando un linaje de artesanos desaparecía o simplemente se ampliaba el número de trabajadores de la tumba, se recurría a los artesanos reales que estaban destinados a otras tareas, los cuales contaban ya con el nivel de calidad requerido para la tarea que se iban a encargar de terminar. Como era de rigor, la llegada de nuevos miembros al equipo de la tumba quedaba recogida por los escribas:

> Aquellos que serán traídos al asentamiento de la necrópolis como artesanos: 2 dibujantes, 2 portadores de cincel, 2 yesistas, 2 artesanos de la herramienta-*kha*, 2 trabajadores del cobre para hacer las herramientas de la cuadrilla del faraón, 2 fabricantes de sandalias, 10 personal de abastecimiento, [...] 1 porteador, 2 oficiales, 2 guardianes, 2 *war-Hor* (significado desconocido). Y este gran lugar del faraón será provisto (?) con ellos.[203]

Como es lógico, cuando la tarea menguaba o la plantilla había crecido demasiado no eran pocos los que eran despedidos del equipo de la tumba y degradados a meros proveedores de los que hasta ese momento habían sido sus compañeros. Por supuesto, todo volvía a quedar recogido por escrito para los archivos reales:

> El escriba Pa-ser dijo, así habló el visir: «Dejad a estos sesenta hombres aquí como el equipo, todos de tu elección, y dejad que el resto sean llevados fuera. Ordenadles que se conviertan en personal de abastecimiento que acarrearán para vosotros».[204]

Con este tipo de documentación a nuestra disposición, aunque nunca tanta como quisiéramos, no es extraño que sean bastantes las familias cuyo rastro podemos seguir en el poblado durante varias generaciones. Algo que se ve favorecido también por el modo en que los artistas recibían su formación: de un maestro a un aprendiz, o «quien se encuentra bajo la mano o la autoridad (del maestro)» como eran

203 Ostracon El Cairo 25585 (A. G. McDowell, *Village life in ancient Egypt*, 1999, p. 229, § 179).

204 Ostracon Berlín 12654 (A. G. McDowell: *Village life in ancient Egypt*, 1999, p. 231, § 182).

llamados, lo que en la mayoría de las ocasiones y más en este caso concreto significaba de padre a hijo, como bien explica Irtysen: «Nadie lo divulgará a alguien, excepto yo solo y mi hijo primogénito de mi carne, pues el dios le ha ordenado ejercer y a mí divulgárselo.[205] Algo que asimismo vemos en el caso de Dedia, «un jefe de los escribas-dibujantes de Amón» que recoge en una estela el nombre de sus seis antepasados inmediatos, de los cuales los cinco últimos lo precedieron en el mismo cargo que ahora ocupaba. En Deir al-Medina sabemos que el escriba Baki fue formado por su padre, el pintor Nebra, que hizo lo propio con una mujer llamada Henutnefer. A veces, uno podía ceder la formación de su hijo a otro, pero encargarse de la de su nieto. Es lo que le sucedió a Nebnetjeru, instruido por su abuelo, el escriba y pintor Pay. Años después sería Nebnetjeru quien pidió a su padre, el pintor Parahotep, que se encargara de la instrucción de su propio hijo, llamado Panakhte.

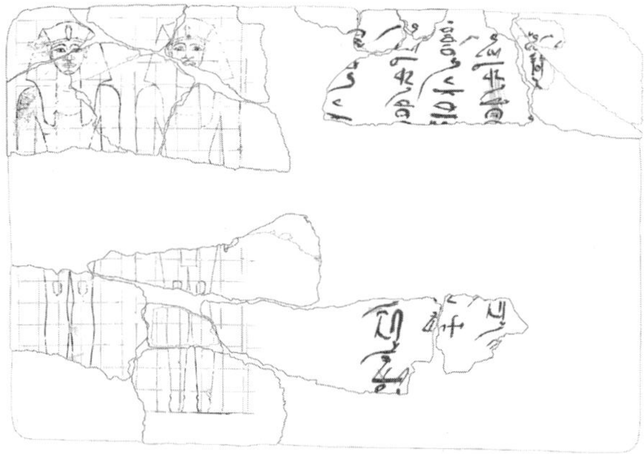

Tablilla del aprendiz. «Pizarrín» de dibujo encontrado en el patio de la TT 11 por el equipo del Proyecto Djehuty (Galán 2007, p. 98, fig. 3)

Ningún modo mejor para aprender que trabajando, de modo que la formación de los artistas era sobre el terreno, ajena la trasmisión del conocimiento artístico —al menos que sepamos— a los manuales y libros de texto. Todo era practicar y practicar. Tanto, que cuando estaban en casa podían seguir haciéndolo sobre sus pizarrines, de los que se han encontrado varios ejemplos. Luego, en un proceso de formación continua que contaba con

205 Estela Louvre C 14 (B. Mathieu: *La littérature de l'Égypte ancienne*, II, 2021, p. 307).

la ventaja de que las tumbas egipcias estaban pensadas para que la gente entrara a verlas, los «escribas de las formas» no dejaban de visitar hipogeos conocidos por la belleza de sus composiciones en busca de inspiración o para fijarse en cómo un maestro de tiempo atrás resolvió técnicamente una figura a la que ellos no conseguían dar el toque deseado. En ocasiones, una imagen les resultaba tan interesante que no dudaron en copiarla para llevársela de recuerdo. Es el caso de la esteatopígica reina del Punt en el templo de Deir al-Bahari, copiada a vuela pluma en un ostracon por un artista ramésida. Así es como uno se convertía en un maestro de su arte y podía alardear de ello, al modo de Irtysen:

> Conozco el secreto de los jeroglíficos y la realización de las ceremonias de las fiestas. Toda forma de magia *hekau*, la he adquirido sin que nada se me escape. Soy un artesano que destaca en su arte, convertido en maestro de su ciencia.
>
> Conozco las proporciones de una representación, los cálculos aritméticos, cómo rebajar o añadir según desborde o demuestre ser demasiado pequeña, hasta que el cuerpo encuentre su lugar correcto.
>
> Conozco los andares de una estatua de hombre, el aspecto de una efigie de mujer, las posturas de once pájaros, la inclinación de quien golpea a un único cautivo, la mirada de un hombre girado hacia su semejante, la expresión de temor de los revoltosos, la posición del brazo de quien arponea al hipopótamo, el aspecto de quien corre. Conozco el arte de fabricar pastas de colores y los enlucidos, sin dejar que el fuego los queme y, además, insolubles al agua.[206]

En cualquier caso, ya fuera uno un mero aprendiz o un maestro, antes de empezar a dibujar había que preparar el soporte donde luego expresaría su arte atendiendo a unas normas bastante rígidas, las cuales sin embargo dejaban bastante espacio al artista para expresarse cuando se trataba del encargo de un particular. Lo primero era excavar la tumba siguiendo un plano previo, como los que conservamos de alguna tumba del Valle de los Reyes. Si la caliza era de buena calidad y se quería una decoración en relieve, las paredes se alisaban por completo; si en cambio era de mala calidad o solo se tenía dinero para una decoración pintada, el desbaste era menor y luego todas las imperfecciones se cubrían con una espesa capa de adobe, que seguidamente se

206 Estela Louvre C 14 (B. Mathieu: *La littérature de l'Égypte ancienne*, II, 2021, pp. 305-307).

enlucía de blanco. Generalizando, se puede decir que, ya fuera relieve o pintura, sobre esta superficie acondicionaba se trazaba una cuadrícula de referencia sobre la que el aprendiz bosquejaría las escenas con rojo. Si era relieve, tras la corrección con negro del maestro se rebajaba el fondo exterior a la silueta y luego se daba volumen al interior de esta, que seguidamente era coloreada. En el caso de la decoración pintada, las siluetas se rellenaban de color.

El relieve de la reina del Punt en el templo de Hatshepsut en Deir al-Bahari y el ostracon (Museo Egipcio de Berlín, ÄM 21442) donde un artista lo copió (Diego Espinel, 2011 y foto del autor)

Claro está que el contenido de la decoración no se decidía sobre el terreno, sino que se había discutido antes con el dueño de la tumba, o los sacerdotes en el caso de una tumba real, y el artista llegaba a trabajar con las escenas abocetadas en ostraca que le servían de referencia. Algo que se sospechaba, pero que recientemente parece haberse confirmado en la tumba de Djehuty (TT 11) en Dra Abu al-Naga, a sesenta metros de cuya fachada, en un área de basurero, han aparecido ostraca que contienen escenas esbozadas que pueden identificarse entre las del interior del hipogeo: parte de la procesión funeraria, con parejas de hombres que cargan arcones o bandejas con parte del ajuar; bailarines *muu;* y alguien que acerca un objeto a la boca de una momia o ataúd puestos de pie.

Las diversas fases de la creación de una escena pintada en un tumba privada. Tumba de Amenemhat (TT 82). XVIII dinastía. Sheikh abd al-Qurna (foto del autor)

El período de mayor esplendor de Deir al-Medina fue la XIX dinastía hasta el reinado de Merneptah y, como es lógico, es el que ha proporcionado una documentación más amplia. Tanto que ha permitido a los especialistas identificar a una treintena de los artistas que por esas fechas trabajaron en el poblado. De ellos, dos terceras partes se ha podido comprobar que pertenecen a solo dos familias, la de Ipu (I) y la de Amenemhat. No son sino los identificados con seguridad, hay otros muchos trabajadores que por el momento son poco más que menciones aisladas sin una datación concreta y sin muchos más datos que nos permitan hacernos una idea de cuál fue su labor y a qué familia pertenecían.

Ipu (I) comenzó a trabajar como dibujante en Deir al-Medina durante la ampliación del poblado por parte de Horemheb, y que sepamos solo tuvo un hijo llegado a la adultez o al menos que siguiera sus pasos como artista en el poblado. Se trata de Pay (I), quien se incorporó al equipo de la tumba a la vez que su padre —antes los dos habían sido «dibujantes de Amón»—; sin embargo, el vástago se mostró más prolífico que el progenitor y junto a su esposa trajo al mundo a seis hijos que sobrevivieron a la infancia, tres de cada sexo. Los varones, llamados Parahotep (I), Paraemheb y Nebra, siguieron en el negocio familiar y lo ampliaron, porque llegado el momento los dos hijos de Parahotep (I): Ipu (II) y Pay (II), se unieron a sus primos: Kay, Paherypedjet y Nakhamón, hijos de Nebra, para continuar decorando las tumbas de los faraones en el Valle de los Reyes convertidos en la cuarta generación de su familia que así lo hacía.

Estas genealogías se han reconstruido pacientemente a través de las briznas de información que se obtienen de los abundantes documentos escritos de Deir al-Medina. Por ejemplo, sabemos que Pay tuvo un hijo que se llamaba Paremheb, porque él mismo lo menciona en una misiva:

> Dirigida por el dibujante Pay a su hijo, el dibujante Paraemheb.
>
> No me des la espalda, porque no estoy bien. No escatimes en lágrimas para mí, porque estoy en esta oscuridad [= ciego] y mi señor Amón me ha dado la espalda.
>
> Ojalá puedas traerme un poco de miel para mis ojos, así como ocre que acabe de ser moldeado en bastoncillos y galena genuina [...]. ¡Ponte a ello! ¡Ponte a ello! ¿Acaso no soy tu padre? Ahora estoy incapacitado. Estoy buscando mi vista, pero ya no existe.[207]

La capacidad de trabajo de Parahotep, otro de los hijos de Pay y hermano de Paraemheb, parece haber contado con la admiración de su supervisor, que siempre lo llamaba cuando había trabajo duro que hacer; pero no lo agraciaba con su amistad. Lógicamente, Parahotep se lo hizo notar a su superior: «Soy como un burro para ti. Si hay trabajo ¡que traigan al burro! Y si hay forraje ¡que traigan al buey! Si hay cerveza nunca me pides que vaya. ¡Solo me llamas si hay trabajo que hacer!».[208] Del tercer hermano, Nebra, sabemos que además era alguien piadoso que dedicó numerosas estelas a distintos dioses como Meretseguer o Khonsu.

Varias generaciones más se prolongó en Deir al-Medina la presencia de la familia de Amenemhat, el origen de la longeva saga. Él fue «dibujante de Amón en el templo de Sokar», pero no miembro del equipo de la tumba, cargo que sí ostentó su único descendiente dedicado a la decoración de hipogeos, Pashed, quien llegaría a alcanzar el cargo de «jefe de dibujantes» en época de Ramsés II, además de ser el dueño de la tumba (TT 323). Pashed tuvo a su vez dos parejitas niño-niña, los varones de las cuales, Amenmose y Maaninakhtuef (I), trabajaron en el Valle de los Reyes. El segundo de ellos crio con salud a siete criaturas y los chicos, Pashed (II), Pabaki y Merysekhmet (I), pudieron entrar a formar parte del equipo de la tumba. El tercero del trío incorporó al censo de Deir

207 Ostracon Berlín 11247 (E. Wente: *Letters from ancient Egypt*, 1990, p. 142, n.º 185).

208 Ostracon Deir al-Medina 303 (E. Wente: *Letters from ancient Egypt*, 1990, p. 149, n.º 204).

al-Medina a una niña y a tres hijos dibujantes: Neferhotep, Pashed (III) y Maaninakhtuef (II). Las últimas incorporaciones familiares a los trabajadores del poblado fueron cosa del primero, que crio como dibujante a Menna, quien a su vez trajo al mundo a Merysekhmet (II).

Algunos datos curiosos conocemos de esta familia, como que Pabaki le hizo saber a su padre el mal ojo que tenía escogiendo recomendados:

> El escriba Pabaki habla a su padre, el dibujante Maaninakhtuef.
>
> En el sentido de que he prestado atención a lo que me dijiste: «¡Deja que Ib trabaje junto a ti!». Ahora, mira, se pasa el día trayendo la jarra de agua. No tiene otra obligación en todo el día. No escucha los consejos de uno que le dice: «¿Qué has hecho hoy?».
>
> Mira, el sol se ha puesto y él está lejos con la jarra de agua.[209]

De haber estado vivo, el lejano Amenemhat sin duda hubiera puesto firme a su muy lejano descendiente, Merysekhmet (II), un golfo que primero deja embarazada a la esposa de uno de sus colegas dibujantes:

> ... encontré al trabajador Merysekhmet hijo de Menna acostado con mi esposa. [...]
>
> Entonces el escriba de la necrópolis Amónnakhte le hizo pronunciar un juramento por el señor, vida, fuerza, salud, diciendo: «Como Amón permanece, como el soberano permanece, si hablo de nuevo con ella, la esposa, mi nariz y las ventanas de la nariz y mis orejas serán cortadas y seré exiliado en la tierra de Kush.
>
> Pero volvió y la dejó preñada.[210]

Y luego, con toda su cara dura, decidió utilizar como si fuera suya una capilla reconstruida por el trabajador Kenna, haciéndole saber a este que lo hacía porque ¡el propio dios así se lo había comunicado! Comprensiblemente indignado, Kenna le preguntó al mismísimo dios Amenhotep sobre la verdad del supuesto mensaje y su respuesta no pudo ser más rotunda: «¡Devuélvele la capilla a Kenna, su dueño! Es suya mediante una orden del faraón, vida, fuerza, salud, y nadie debe compartirla!».[211]

---

209 Ostracon Deir al-Medina 328 (E. Wente: *Letters from ancient Egypt*, 1990, p. 29, n.º 2).

210 Ostracon Deir al-Medina 27 (E. Wente: *Letters from ancient Egypt*, 1990, pp. 48-49, n.º 22).

211 Ostracon British Museum 5625 (E. Wente: *Letters from ancient Egypt*, 1990, p. 178, n.º 134).

Como vemos, la vida de estos trabajadores era algo más que dejar preparadas para la eternidad las tumbas de faraones y reinas. Sus semanas eran de diez días, pero no eran pocos los que faltaban al trabajo por los motivos más variopintos: su esposa estaba de parto, se encontraba haciendo medicinas para el poblado, el día anterior había sido su cumpleaños y estaba borracho... Justificaciones que los jefes de equipo dejaban registradas por escrito para llevar una contabilidad exacta de quién y cuánto trabajaba. Unos jefes de equipo que a veces incluso utilizaban el trabajo de sus hombres en su propio beneficio, gastando además los materiales oficiales, como sabemos hizo Paneb. En cualquier caso, terminada su jornada laboral, los trabajadores del equipo de la tumba estaban autorizados a emplear su tiempo libre como desearan y muchos de ellos lo utilizaron para prestar servicios como trabajadores especializados a los tebanos que podían permitírselo. Sus principales tareas fueron la decoración de ataúdes y tumbas. Cuando esos hipogeos eran los de algún colega es posible que no mediara un pago, sino algún tipo de intercambio de favores: hoy por ti, mañana por mí. Indudablemente, eso cambiaba cuando quien deseaba contratarlos era ajeno a Deir al-Medina. Así lo vemos en el ostracon Ashmolean Ho 183, que es el recibo de un pago por tal servicio: un total de 240 *deben* de cobre por decorar un ataúd barnizado, una tabla de momia y otros objetos del ajuar que sumaban una superficie total de 100 *dni͗*. Y lo mismo sucede con el ostracon Ashmolean HO 133, por un precio de mínimo 108 *deben*.

En otras ocasiones es la mano de un artista concreto la que los especialistas detectan en determinados elementos de las figuras que decoran una tumba: la forma de nariz, la comisura de la boca..., y ello les permite sostener que se trata del creador de la decoración de un hipogeo y confirmar de nuevo que, si bien ocultos a la vista, los miembros del equipo de la tumba tenían libertad de movimiento y la posibilidad de trabajar por cuenta propia; el faraón no les había hecho firmar una cláusula de exclusividad. Como se ve, está claro que las tumbas en el Egipto antiguo valían para bastante más que enterrar una momia, eran una parte importante de la economía general.

15

Rentistas fantasmagóricos

Como todo en el pensamiento egipcio, el concepto que tenían del ser humano no podía ser sencillo. Ningún texto de la época lo detalla, pero juntando varias referencias sabemos que para ellos estaba compuesto por nada menos que cinco elementos: el cuerpo, el nombre, la sombra, el *ba* y el *ka*. El cuerpo era el contenedor de todos, mientras que el nombre describía a la persona: Merira (el amado de Ra). La sombra es un elemento poco comprendido, pero que indudablemente relacionaba a la persona con el sol, que era el responsable de su existencia. El *ba* venía a ser todos los rasgos inmateriales que convertían a la persona en lo que era, la personalidad; podríamos decir incluso la impresión que se deja en otras personas. Finalmente, el *ka* era la energía vital de una persona, algo así como las «pilas» con las que nacía. Era también el doble de la persona, al menos del faraón. A estos cinco elementos se le podría sumar un sexto, el corazón, que para los egipcios era la sede de la inteligencia y los sentimientos.

Roto su vínculo al fallecer el ser humano, la realización de los adecuados ritos funerarios permitía que el *ka* y el *ba* se reunieran en el más allá para convertirse en un *akh*, un ente efectivo. El *ba*, pese a ser incorpóreo, podía interactuar con el mundo de los vivos, mientras que el *ka* solo se asomaba a la falsa puerta de la tumba para alimentarse de las ofrendas que se le presentaban.

De la tarea de alimentar al *ka* del difunto se encargaba teóricamente su primogénito, que todos los días había de proporcionarle vituallas a su progenitor. Dado que las tumbas se encontraban del otro lado del río, el privilegio de mantener vivo al difunto se convertía rápidamente en una tarea ingrata que requería de un tiempo del que muy pocos disponían. Por ese motivo desde muy temprano los grandes hombres delegaron la tarea en profesionales, llamados «servidores del *ka*», mientras ellos se reservaban la tarea para los momentos especiales y las fiestas de guardar.

Siendo la egipcia una sociedad sin moneda, la remuneración de la tarea eran las propias ofrendas que presentaba a diario, que tras cumplir su función nutricia eran recogidas por el servidor del *ka*. En el caso de las familias mejor provistas, los bienes presentados procedían de una fundación funeraria. Esta consistía en una o varias fincas cuya producción agropecuaria era destinada antes de fallecer por el futuro difunto a mantener su culto funerario, con la intención de que estuviera funcionando por toda la eternidad. Un contrato se encargaba de dejar claro el destino tanto de los terrenos como de su producción. Por ejemplo, durante la v dinastía, un gobernador de Tehna llamado Nykaankh dispuso que su esposa y sus nueve hijos podían disponer de la producción de diez meses de su fundación funeraria, la de otro mes pasaba entera a manos de un sacerdote de Hathor y la del mes restante se la dividían dos personas, una de las cuales era un «sacerdote funerario». Evidentemente, no era cuestión de que a alguien le tocara el peor mes, durante el cual poco o nada podía repartirse, de modo que cada mes se hacían doce lotes y se repartían atendiendo a los deseos del difunto: 10 + 1 + (½ + ½).

Estos profesionales aparecieron pronto y en el Reino Antiguo solían ser miembros de la *casa* del difunto; pues solo los más pudientes disponían de los recursos para organizar una fundación funeraria y el culto anejo. Vigilados de cerca por la familia, estaban vinculados mediante un contrato para realizar esta labor y no podían enajenar los bienes que se les entregaba para el servicio cultual. El deseo era disponer de unos recursos tales que permitieran imitar el sistema de rotación de servicio que funcionaba en el culto funerario del soberano, pero esto es algo que muy pocos consiguieron siquiera en parte. Como era de esperar, es de la época tardía de donde procede la documentación más amplia sobre su modo de trabajar y para entonces se habían producido modificaciones con respecto a sus orígenes, acercándose más su modo de hacer a lo que podemos describir como «moderno». Con todo, no deja de ser una fascinante imagen del pasado faraónico tardío, concretamente del Tercer Período Intermedio (c. 1070-650 a. C.), que es una época bastante confusa desde el punto de vista histórico.

Tras las glorias del Reino Nuevo, al cual sigue sin solución de continuidad, fueron unos siglos en los cuales Egipto se disgregó (dinastías xxi) para acabar teniendo dos centros de poder político. En teoría, desde su capital en el norte, los faraones seguían siendo los monarcas únicos de todo el país; pero lo cierto es que en el sur los sacerdotes del culto a Amón de Tebas se terminaron convirtiendo en casi un Estado independiente.

La situación se volvió luego tan caótica que tres dinastías (XXII-XXIV) acabaron gobernando simultáneamente en distintos lugares de Egipto y tuvieron que venir gentes del extranjero a poner orden e intentar devolver al país al lugar que le correspondía como potencia mediterránea. ¡Nada menos que desde Nubia!, esos viles, cobardes y traicioneros personajes de comportamiento similar al del cocodrilo, como durante milenios se esforzó en denigrarlos la ideología faraónica.

En conflicto con las Dos Tierras desde el período predinástico, nunca dejaron de poner en dificultades a los sucesivos monarcas egipcios que intentaron y consiguieron controlarlos. Así, los nubios estuvieron dominados por Egipto en numerosas ocasiones. Tantas que, a pesar de poseer una importante cultura propia, el constante roce con lo egipcio se introdujo en su esencia y terminaron por adoptar muchas características de esta civilización. Al haber terminado considerándose una parte de la misma, desde el sur observaron con horror lo que sucedía en el otrora poderoso reino y terminaron por decidir tomar cartas en el asunto. Así que el rey nubio se lanzó con sus ejércitos hacia el norte para conquistar el valle del Nilo y gracias a su poder devolverle a la civilización faraónica la dignidad y el esplendor perdidos.

Cinco fueron los reyes nubios que se coronaron como faraones de Egipto, formando la XXV dinastía (747-656 a. C.): Piy (Menkheperra), Shabaqo (Neferkara), Shabitqo (Djedkaura), Taharqo (Khunefertemra) y Tanutamani (Bakara). Su poder en Egipto, y con él la existencia del Tercer Período Intermedio, terminó cuando fueron expulsados del país por los asirios, quienes a su vez fueron expulsados de Egipto por sus problemas dinásticos y la traición de Necao, el monarca títere al que habían nombrado faraón. Independizado de los asirios, Necao se convirtió en el primer soberano de la XXVI dinastía (664-525 a. C.), llamada saíta por el nombre de su capital en el Delta. Con ella comenzó la Baja Época. El catalizador del proceso de búsqueda e imitación de las perdidas glorias faraónicas característico de este período fue sin duda la regeneradora invasión nubia; pero todo terminó con la llegada de los persas, con quienes comenzó la XXVII dinastía (525-404 a. C.). Este es el mundo en el que vivió inmersa la familia de Tebas de cuyos negocios, muchos y variados, nos vamos a ocupar.

El protagonista principal de nuestra historia se llamaba Djedkhonsuiufankh (que viene a significar «Khonsu dice que vivirá»), más conocido como Djekhy por sus familiares y amigos. Nació en Tebas en algún momento cercano al 590 a. C. (a finales del reinado de Psamético II, de la XXVI dinastía), hijo de Tesmontu y Khausenese, quienes le dieron al menos un hermano, llamado Rery. Casado a edad temprana —recordemos que por entonces con veinte años ya se encontraba uno en la edad adulta—, en el 570 a. C. Djekhy tuvo un hijo llamado Ituresh. Con seguridad le dio varios hermanos; pero solo sabemos de otro que alcanzara la edad adulta, Khausenmin, apenas un nombre para nosotros. Sería Ituresh quien en el 550 a. C. (a mediados del reinado de Ahmose II, de la XXVI dinastía) sucediera a su padre al frente del negocio familiar.

Los documentos que nos van a permitir echar una mirada indiscreta a los negocios de Djekhy e hijo y a la vida de los servidores del *ka* de la Baja Época proceden del propio archivo comercial de la familia. Fue adquirido en 1884 por el egiptólogo August Eisenhor a un conocido tratante de antigüedades de Luxor, Muhassib, quien a su vez lo consiguió de saqueadores de tumbas seguramente. Unos meses después, Eisenhor revendió los papiros al Museo del Louvre por intermedio de Eugène Revillout, uno de los pocos especialistas de la época que sabía leer el demótico (ningún egiptólogo había conseguido todavía leer el hierático anormal) en el que estaban escritos gran parte del medio centenar de documentos que forman el archivo (papiros Louvre 7832 a 7862). No se trata de cartas familiares, como el archivo de Heqanakhte (Reino Medio), sino de áridos documentos puramente comerciales, relativos a divisiones de la cosecha, alquileres, arrendamientos de tierras…

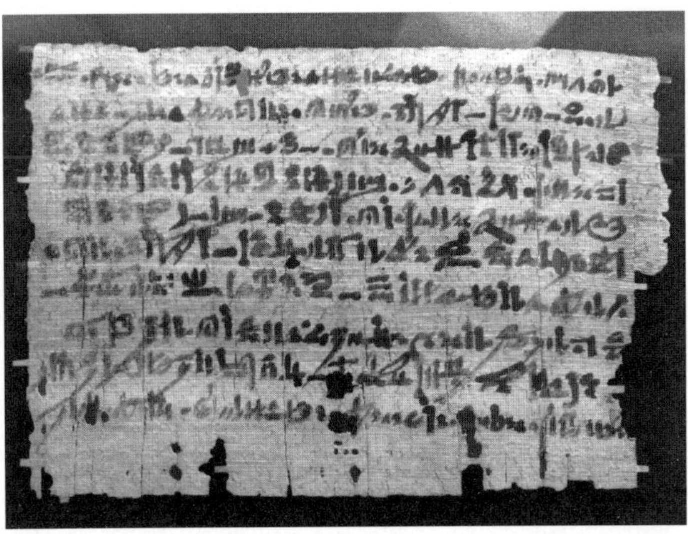

Ejemplo de hierático anormal. Recibo por la compra de ushebtis a Petekhons. Museo Británico (EA10800/1966,0215) (foto de Fae/Wikimedia Commons)

Antes de continuar detengámonos un momento en la cuestión de la lengua y la escritura, que no carece de interés. Cuando Psamético I (el segundo monarca de la XXVI dinastía) consiguió convertirse en el único poder político del valle del Nilo, Egipto ya llevaba varios cientos de años dividido en dos regiones políticamente diferenciadas al norte y al sur. La fractura política terminó por separar a ambas regiones en un aspecto cultural muy concreto, la escritura. Hasta el punto de que aparecieron dos tipos diferentes: en el norte surgió lo que llamamos el demótico temprano, mientras que en el sur hizo lo propio el hierático anormal. Ambas son escrituras cursivas derivadas del hierático, que es a su vez la escritura cursiva derivada de los jeroglíficos y utilizada desde siempre en Egipto para las labores administrativas diarias al poder ser trazada con rapidez sobre papiro. No obstante, si bien los signos hieráticos todavía mantienen semejanza con los jeroglíficos a los que sustituían, resulta complicado decir lo mismo del hierático anormal o del demótico temprano.

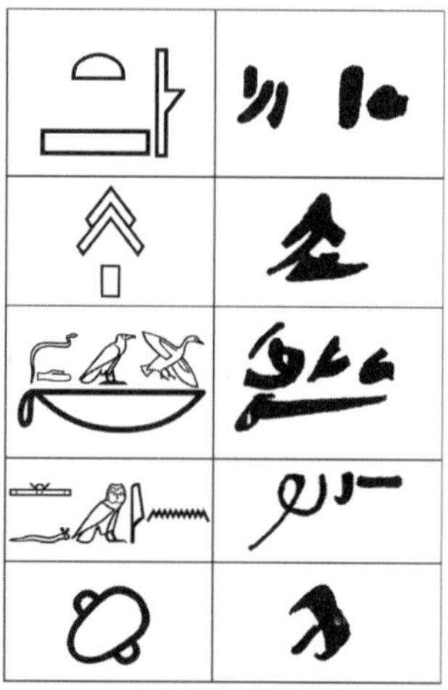

Ejemplos de algunos jeroglíficos y cómo se escribían en hierático anormal (dibujo del autor)

Como es lógico, tras la «reconquista» del país durante la XXVI dinastía, no pasaron demasiados años hasta que se impuso la escritura administrativa del grupo vencedor: el demótico temprano. Se trata de una transición que se aprecia con facilidad en el archivo de Djekhy, donde los documentos están redactados en un sistema de escritura o en el otro, dejando claro que se trata de un período de transición.

Djekhy era un coaquita (vertedor de agua), un tipo de sacerdote funerario al que los difuntos o sus familiares contrataban para que se encargara de mantener vivo el culto de uno o varios difuntos concretos, es decir, un «servidor del *ka*» o «sacerdote *ka*». Al no profesar una religión revelada, en el antiguo Egipto para convertirse en sacerdote no era necesario haber recibido la «llamada» del dios. Bastaba una remuneración adecuada para que alguien se hiciera responsable de acercarse a las tumbas de cuyo mantenimiento se encargaba y allí realizar las necesarias libaciones y presentación de ofrendas. Resulta difícil saber con qué periodicidad lo hacían. ¿A diario, una vez a la semana o solo se acercaban en días señalados como aniversarios de algún tipo y en festividades concretas de la ciudad?

En una sociedad donde no existía el dinero, el coaquita recibía como pago por sus servicios las ofrendas que acababa de presentar. Eso sí, esperamos que tras haberlas dejado expuestas sobre la mesa de ofrendas el mínimo necesario para que el difunto recibiera su esencia. Este sistema de pago para los sacerdotes había existido desde el principio en el antiguo Egipto, como podemos comprobar al leer los archivos administrativos de las pirámides del Reino Antiguo.

Un documento del archivo de Djekhy (papiro Louvre 7843) nos informa de cuáles eran los pagos recibidos por un coaquita, o al menos de este servidor del *ka* en concreto. Se trata de un contrato firmado en noviembre-diciembre del 536 a. C. por su hijo Ituresh, mediante el cual se asociaba con su colega de profesión Khausenmut:

> Año de reinado 35, cuarto mes de la estación de *shemu* bajo el faraón, vida, fuerza, salud, Amasis, vida, fuerza, salud. El coaquita del valle, Khausenmut, hijo de Teos, cuya madre es Ruru, ha dicho al coaquita del valle, Ituresh, hijo de Djekhy: «Eres mi compañero con el que compartir en el lugar de la montaña [la tumba] que hemos dado al sacerdote Petemestu, hijo de Nespamety, y también en el lugar del sacerdote Djedmontuiufankh, hijo de Pakhar, relativo a cualquier cosa que pueda sernos dada en su nombre, a saber, pan, ofrendas y todo lo demás que será dado en su nombre, siendo tuya la mitad y la mitad siendo mía, y compartiremos los servicios entre nosotros, los dos hombres, siendo tuya la mitad y la mitad siendo mía, para completar la especificación. Escrito por Inaros, hijo de Petosiris.[212]

212 K. Donker van Heel: *Djekhy & son*, 2012, p. 146, obra de donde, por otra parte, procede toda la información relativa a estos personajes y sus negocios.

El documento deja claro que ambos se hacían cargo a partes iguales de las tareas de mantenimiento del culto de las momias de dos sacerdotes y, a cambio, también se repartían a partes iguales todo lo que les fuera entregado para presentar como ofrenda. Hay que mencionar que, en esta época, refiriéndonos siempre a la gente corriente, la tumba podía ser una gruta en la montaña donde se guardaban las momias de varios, muchos, difuntos diferentes. Por otra parte, la presentación de las ofrendas no era la única función de un coaquita, también entraba entre sus responsabilidades preparar el funeral del difunto y hacerse cargo de la momia y de su transporte hasta la orilla occidental de Tebas. Para los egipcios el Duat, el más allá, se encontraba en el oeste y era allí donde se situaban invariablemente sus necrópolis. A la espera de que se realizara el cruce del río, parece ser que las momias reposaban en un almacén con jardín situado al oeste del gran templo de Karnak. Con unas apreciables dimensiones de 551 m^2, el almacén era propiedad de los coaquitas tebanos, que habían formado una asociación profesional para mejor defender sus intereses. Si bien no contamos con el acta de fundación de esta asociación, ni de ninguna otra semejante, conocemos de su existencia gracias a documentos como el papiro Cairo CG 31178, donde aparece mencionada una de ellas: «Aquél a quien se dice: "Serás el representante de nuestra asociación" y no lo hace, su multa será de diez *deben* de plata y continuaremos teniendo derechos sobre él, concretamente que seguirá siendo el representante de la asociación».[213]

En el archivo de Djekhy no tenemos nada parecido, pero sí algo igual de interesante. Se trata del papiro Louvre 7840, nada menos que las notas en limpio tomadas por el secretario de la asociación de coaquitas de Tebas (o el escriba pagado para ello) durante una de sus reuniones. Dado que se trata de una junta celebrada el día de año nuevo del año 29 del reinado de Amasis, muy probablemente se trató de una reunión general de socios durante la cual se cerró el año fiscal anterior y se aprovisionó de fondos la caja común. Al fin y al cabo, en el acta se detallan las cantidades aportadas por cada uno de los socios, suponemos que a la tesorería de donde salían los bienes destinados a pagar los gastos generales.

La asociación de coaquitas de Tebas funcionaba casi como un gremio medieval. En el Egipto faraónico lo normal era que los primogénitos heredaran la ocupación de sus padres, de modo que de los hijos de los coaquitas se esperaba que asistieran desde jóvenes a las reuniones

213 K. Donker van Heel: *Djekhy & son*, 2012, p. 117.

de la asociación. Y no solo esto, llegados a los dieciséis años eran prácticamente obligados a unirse a la misma. El riesgo de no hacerlo era grande, pues implicaba la exclusión social del desafecto: «Cualquier coaquita que alcance la edad de dieciséis años y no venga a la asociación de Amenofis, uno no comerá o beberá con él o con alguien de su familia extensa».[214] En un mundo donde las relaciones y los contactos eran de gran relevancia, se trataba de una amenaza de bastante peso. Los coaquitas eran un grupo cerrado que prefería los casamientos dentro del mismo, porque era el mejor medio de limitar la llegada de advenedizos que sacaran fuera del círculo los importantes ingresos que podía conseguir un «sacerdote vertedor». No es el único ejemplo de matrimonios dentro de un «gremio»; durante el reinado de Hatshepsut, por ejemplo, Seniseneb, la hija del primer sumo sacerdote de Amón Hapuseneb, estaba casada con el segundo sumo sacerdote del mismo dios, Puyenra.

Siendo el de la muerte un floreciente negocio en Egipto, los coaquitas estaban en estrecho contacto tanto con los embalsamadores como con el superintendente de la necrópolis, con quienes sin duda cerraban tratos ventajosos para unos y otros. Y es que si algo queda abundantemente claro en el archivo de Djekhy es que los coaquitas no se limitaban a sus actividades rituales. Los más emprendedores de entre ellos utilizaban las ganancias derivadas de su actividad principal para diversificar y aumentar sus fuentes de ingresos. Dado que la sociedad egipcia de la época era una economía mayoritariamente agropecuaria, esto solo podía significar una cosa: alquiler de campos de cultivo a cambio de una parte de la cosecha.

Cuando se trataba de negocios pequeños entre familiares o vecinos, quizá algún trato se cerrara de forma oral con un mero apretón de manos; pero cuando los bienes eran relevantes, ya se tratara de la compra de un ataúd pintado o del alquiler de un burro, por ejemplo, los documentos firmados ante testigos eran de rigor. Más aún cuando se trataba de fincas de gran extensión, capaces de proporcionar una gran cantidad de trigo, como vemos en el archivo de Djekhy, donde nos encontramos con el siguiente contrato de arrendamiento:

> Nos has alquilado los campos de lino de «La paleta de Khonsu», que fueron sembrados con lino desde el año de reinado 14 hasta el año de reinado 15. Somos quienes vamos a cultivar lino en ellos desde el año de reinado 15 hasta el año de reinado 16. Cuando la cosecha

214 Papiro Louvre E 7840 (K. Donker van Heel: *Djekhy & son*, 2012, p. 116).

haya tenido lugar en el año de reinado 16 recibirás el 25 % del lino que produzcamos...[215]

Como buenos abogados de sí mismos, en este tipo de documentos ambas partes intentaban incluirlo todo, desde la cosecha que se calculaba se iba a conseguir hasta los impuestos que se iban a pagar por ella, pasando por los límites de los terrenos. Por ejemplo, «la paleta de Khonsu» estaba limitada al este por «el agua de Na-Pe», al sur por «el desagüe de Hapy el Grande (el Nilo)», al norte por «campos de la adoratriz del dios» y al oeste por otros terrenos de la «adoratriz del dios», sobre los cuales estaban «los campos de la fundación mortuoria de Pamy». Cálculos basados en el número de arrendatarios de «la paleta de Khonsu» —un total de quince, quienes aparecen listados en el ostracon del Museo Británico EA 31681—, así como el porcentaje de la cosecha que recibía cada uno y la cantidad mínima de grano necesaria para mantener a una familia a lo largo de un año —cincuenta sacos, lo que equivale a unos cuatro mil litros—, han permitido saber que estamos hablando de un terreno de dimensiones notables: unas veinticinco hectáreas, lo cual vienen a ser unos cincuenta campos de fútbol. Lógico que en el contrato se intentara pensar en todas las posibles variantes ¡había mucho en juego!

Este tipo de documentos nos permite vislumbrar una bullente vida económica en la Tebas saíta en la cual nuestro Djekhy parece haber sido un empresario que sabía defenderse y poco dispuesto a soportar tonterías de nadie. Podemos verlo claramente en un documento de su archivo fechado el 27 de septiembre del 559 a. C., donde se narra el resultado de lo que en términos modernos cabría definirse como un intento de «opa hostil».

Desde antes de que llegara a firmarse el documento, a lo mejor los diez días de una semana egipcia, quizá muchos menos, a oídos de Djekhy habían estado llegando rumores de que una pareja de coaquitas llamados Petosiris y Ankhor, ambos hijos de un tal Ituresh —no su hijo—, iban por ahí afirmando ser los poseedores del derecho a encargarse de las momias contenidas en una tumba excavada en la roca del acantilado de la orilla occidental de Tebas. Djekhy, que entendía ser el legítimo poseedor de esos derechos, sin duda no recibió la noticia con buena cara. Y con él Khausendjehuty y los hijos del coaquita Teo, miembros todos del gremio que se encargaba de atender a los difuntos de esa tumba. En un principio, los derechos para ocuparse del culto de un difunto podían venderse,

215 Papiro Louvre 7840 (K. Donker van Heel: *Djekhy & son*, 2012, p. 77).

heredarse o comprarse, de modo que una sustitución de los coaquitas encargados no sería extraña; sin embargo, tanto Djekhy como sus compañeros se consideraron robados al no existir esa venta previa, de modo que decidieron pasar a la ofensiva. Hasta su resolución, la noticia del enfrentamiento fue sin duda la comidilla de la ciudad, porque todos los implicados formaban parte de la asociación profesional de coaquitas de Tebas. El revuelo entre los cuidadores de momias sin duda dio pie a jocosos comentarios en el mercado. Para solucionarlo, la parte ofendida no recurrió a la justicia ordinaria —no muy de fiar, como vamos a ver de inmediato—, prefiriendo que fuera el reglamento interno de su asociación profesional quien zanjara el asunto. El resultado de la conciliación quedó reflejado en un contrato cuidadosamente guardado por Djekhy en su archivo:

> Nosotros [= los solicitantes] hemos asegurado que el coaquita Petosiris, hijo de Ituresh, realizará un juramento para nosotros en presencia de Khonsuemwasneferhotep, en el año 12 de reinado, en el día 13 del segundo mes de la estación de *shemu*, en el decimoquinto día del primer mes de la estación de *shemu*, en el que afirmará: «El lugar de la montaña [= la tumba] del cual he dicho: "He [...] recibido [...] Ankhor, hijo de Ituresh", vosotros sois sus coaquitas, vinculados a esos Grandes [= las momias de la tumba]». Si rehúye [esta declaración], realizará un juramento para nosotros en el que afirmará: «Ya no tengo autoridad ninguna sobre ello a partir del día de hoy. No hay nadie de nosotros: hermano, hermana, amo, ama o ningún otro que sea capaz de plantearse esta cuestión, hasta la eternidad».[216]

El peligro había sido conjurado. Como el éxito profesional de un coaquita quedaba reflejado en el número de difuntos a los que atendía, dejarse arrebatar aunque fuera uno de ellos suponía una merma de prestigio, y lo que es peor, de ingresos, que nadie podía dejar pasar impune.

Resulta muy interesante que Djekhy y sus colegas decidieran resolver el litigio de puertas a dentro de su asociación profesional. El motivo fue que la justicia egipcia había dejado de estar presidida por la diosa Maat. La cosa venía de lejos, sin duda, porque, si bien durante la durante la XVIII dinastía el visir Rekhmira presumía desde las paredes de su tumba de su rectitud como juez: «He juzgado al litigante, pero no he sido injusto; no he sentido interés por las "indemnizaciones"»,[217] lo cierto es que apenas

216 Papiro Louvre 7847 (K. Donker van Heel: *Djekhy & son,* 2012, p. 70).
217 Tumba TT 100 (P. Vernus: *Affaires et scandales sous les Ramsès,* 1993, p. 180).

una dinastía después, un trabajador de Deir al-Medina ya tenía que «engrasar» las ruedas de la elección para que su hijo pudiera ingresar en su cofradía de trabajadores (más detalles en el capítulo 14). La cosa no mejoró, pues en época de Ramsés III los trabajadores de Deir al-Medina tuvieron que ponerse en huelga varias veces para que les pagaran los sueldos atrasados que se les debían.

Fue por entonces cuando se pasó a tener más fe en el dios personal que en la ecuanimidad de los jueces para conseguir justicia, siendo normal que la gente se encomendara a Amón en vez de a los jueces para salir con bien de un juicio, como queda registrado en esta oración:

> Amón, escucha a un hombre solo en el tribunal y que es pobre; no tiene fortuna y por lo tanto el tribunal le quita dinero en beneficio del «escriba de la esterilla» y vestidos en beneficio de los ordenanzas. ¡Ojalá podamos constatar que Amón se ha transformado en visir para hacer que el pobre se libre![218]

Como cabía esperar, durante ese período de crisis institucional que fue el Tercer Período Intermedio, la justicia de los tribunales e incluso la probidad de los funcionarios pasó a ser considerada una entelequia. Y así continuó para no mejorar, porque en el siglo II a. C. —con el país ya en manos de los Ptolomeos— la fe en la justicia de los hombres se había perdido por completo. De esas fechas data el texto sapiencial del papiro Insinger X, donde leemos la siguiente afirmación: «El hombre tonto sin protección duerme en la cárcel. [...] Quien quiera pagar por protección dormirá a salvo en la calle. Quienquiera que pague un soborno en caso de litigio es aquél que siempre tendrá razón».[219] Siendo los tribunales tan poco de fiar, no resulta extraño que Djekhy y compañía prefirieran una mediación interna, sin duda más ecuánime.

Como vemos, a pesar de la distancia cronológica que nos separa, los antiguos egipcios del siglo VI a. C. resultan bastante modernos. Solemos considerar la sociedad egipcia como un remanso de paz donde las cosechas llegaban puntuales gracias a la crecida del Nilo y la vida transcurría pacífica. Nada más lejos de la realidad. El mundo de los negocios en el que se movían Djekhy y su hijo Ituresh podía ser tan taimado y sin escrúpulos como el actual.

---

218 Papiro Anastasi II (P. Vernus: *Affaires et scandales sous les Ramsès*, 1993, p. 184).
219 Décima instrucción, 10, 5 (M. Lichtheim: *Ancient egyptian literature*, III, 1980, p. 193).

— VI —
DIGNOS DE ADORACIÓN

Cuando desconoce cómo funciona el mundo, qué particular mecanismo hace que todos los años regresen las aguas vivificadoras del Nilo, por ejemplo, o el motivo de que la enfermedad se cebe en alguien y lo deje postrado durante días y a veces privado del aliento de la vida, el elucubrante cerebro humano se rebela y busca explicaciones. Las que sean. Cualquiera vale para que ordenemos el mundo y con ello llegue la paz a las mentes más inquietas. Así fue, entre otras cosas, como aparecieron los dioses, y los egipcios no andaban escasos de ellos. No señor. Eso sí. conocedores de su poder subyugante, los que mandaban se los apropiaron desde el principio y diseñaron las ceremonias y festejos donde participaban humanos y dioses. Pero a la gente le gusta poder hablar sin intermediarios con sus dioses cuando los necesita y por eso surge una religión personal, que a veces acaba incorporando al santoral a meros mortales que les resultan de utilidad.

16
Una colina que vale por el Olimpo

Desde nuestra perspectiva judeocristiana, la gran diferencia entre el mundo antiguo y el moderno reside sin duda en la cantidad de dioses que uno podía adorar para que el mundo funcionara y las cosas le fueran bien en la vida. Desde que el mundo era mundo, el panteón de dioses a disposición de los fieles de todas las latitudes fue siempre abundoso, hasta que el 27 febrero del año 380 d. C., el Edicto de Tesalónica del emperador Constantino volvió obligatorio concentrar todos los esfuerzos religiosos de los súbditos del Imperio romano en Dios, uno y trino a la vez. Teóricamente al menos, el politeísmo había dejado de existir en torno al Mare Nostrum.

Nada cuesta más cambiar que el sistema de creencias de una cultura, en especial si es una tan longeva y enraizada como la faraónica. Y si no que se lo digan a Akhenatón y su intento de imponer a sus súbditos el culto a Atón a finales de la XVIII dinastía. De modo que, a pesar de ser Egipto uno de los primeros territorios en contar con una importante población cristiana, los coptos, la realidad deseada por el emperador romano todavía tardó muchos años en ser cierta. La *manu militari* que tan libérrimamente usaban los gobernantes romanos fue la responsable de que la religión egipcia terminara oficiosamente el 24 de agosto del 394 d. C., cuando se escribió en el templo de Isis en File, en el extremo sur de Egipto, el último texto jeroglífico fechado que se conoce: «Ante Mandulis, hijo de Horus, de la mano de Nesmeterakhem [Esmet-Akhom], hijo de Esmet, segundo sacerdote de Isis, para siempre jamás. Palabras dichas por Mandulis, señor de Abatón, gran dios».[220]

No obstante, la religión continuó practicándose en el templo hasta el 456 d. C. concretamente, al menos así lo dicen los restos arqueológicos...

220 R. Parkinson: *Cracking codes*, 1999, p. 178.

Los egipcios, como toda civilización que en el mundo haya existido, se consideraban a sí mismos el centro del mundo. Su toque personal es que todo aquello que se encontraba fuera del control del faraón era interpretado no solo como algo ajeno, sino algo que podía llegar a resultar peligroso para su bienestar y como tal habían de tomarse todas las medidas para mantenerlo alejado de Egipto. Esto conllevaba, evidentemente, entender que el único territorio del mundo donde reinaban tanto el orden como la justicia —algo que ellos conocían como la *maat*— era el valle del Nilo. Eran unos privilegiados que vivían en Kemet (la Tierra Negra), un territorio gobernado por la sacrosanta figura del faraón, cuya principal tarea era mantener, y mejorar, el *statu quo*. Esta isla de paz se encontraba rodeada por todo un mundo de caos, Desheret (la Tierra Roja), unos territorios cuyos habitantes buscaban con afán penetrar en el abundoso territorio regado por el Nilo, o así lo veían los egipcios. El conjunto de todos los territorios conocidos estaba circunvalado a su vez por un océano, «el gran ceñidor», plantado en medio del universo, que era «todo lo que el sol circunvala».

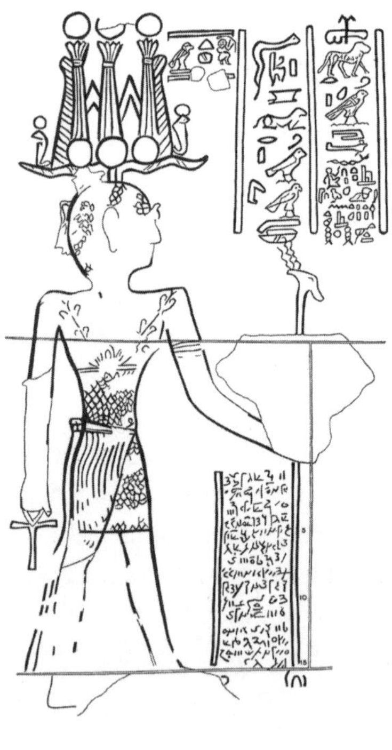

El último texto jeroglífico fechado que se conoce, grabado en la pared sur de la puerta de Adriano en el templo de Isis en File (Wkimedia Commons)

Para que este mundo llegara a existir fue necesario un dios, el demiurgo; pero en esto la civilización egipcia también se diferencia del resto, porque en su caso hemos de hablar de los demiurgos: prácticamente cualquier dios con una mínima importancia era considerado por sus sacerdotes como el creador del mundo. Unas historias que no chocaban entre sí, porque los egipcios vivían en una sociedad donde reinaba la multiplicidad de aproximaciones y, al contrario que en nuestra cartesiana sociedad occidental heredera del mundo grecorromano, cosas incompatibles entre sí podían ser verdad, cada una en un momento dado.

Sea como fuere, todas las historias de la creación del mundo faraónico comparten unas características comunes. Al comienzo de todo no existía sino una inmensa masa de agua llamada el Nun. En un momento dado, de este océano primordial que contenía en sí mismo todos los elementos de la creación emergió un terreno seco, una colina primigenia, una isla en medio del agua. Sobre ella aparece seguidamente un dios que desde allí crea el mundo tal cual lo hemos descrito; eso sí, cada dios utiliza su sistema particular. Es un reflejo mitológico del mundo real del valle del Nilo, donde cada año la crecida lo anegaba todo y al cabo de varios meses al menguar iban emergiendo del agua regeneradora algunos puntos de terreno empapados, en los cuales de inmediato brotaba la vida.

Con estos elementos compartidos, fueron varios los templos egipcios que convirtieron a sus dioses en creadores del mundo y narraron la hazaña en un mito. Quizá el principal de ellos, no en vano aparece ya en los Textos de las Pirámides, sea el del culto heliopolitano, cuyo protagonista era el dios Atum de Heliópolis. Como era de rigor, el dios aparece sobre la colina primigenia y, tras masturbarse, con su semen crea a la primera pareja de dioses Shu (el aire) y Tefnut (el calor), los cuales cohabitaron y trajeron al mundo a Geb (la tierra) y Nut (el cielo), los cuales desobedecieron la prohibición del creador de no copular y dieron a luz a Osiris, Isis, Seth, Neftis. Nueve dioses —tres veces tres, es decir, un plural de plurales—[221] que se conocen como la enéada heliopolitana, que casi se convirtió en una deidad en sí misma. Como vamos a ver, no es el único conjunto de dioses que existió en Egipto.

Los detalles del mito de la creación emanado de Hermópolis, en cuyo templo residía el dios Thot, son algo confusos; pero en este caso los creadores del mundo serían ocho dioses emparejados: cuatro ranas

221 En egipcio, el plural se escribía repitiendo tres veces el mismo jeroglífico o escribiendo tres rayitas al lado de la palabra.

(un animal de género masculino en el antiguo Egipto) y cuatro serpientes (un animal de género femenino en el antiguo Egipto). Se trata de Nun y Nunet (el agua primordial, el caos), Hehu y Hehet (el infinito espacial), Keku y Keket (las tinieblas) y Amón y Amonet (los escondidos). Fue este grupo de ocho de dioses, la ogdóada hermopolitana, el que se encargó de fecundar el huevo que un ganso había depositado en la isla primigenia. No obstante, como las versiones no concuerdan, a veces lo que brotó en esa primera tierra fue una flor de loto. En cualquier caso, bien del loto, bien del huevo, el que nació fue el dios Ra, en unos relatos en forma de niño y en otros en forma de escarabajo. Luego sería cosa del dios crear el mundo.

Tutankhamón emergiendo de una flor de loto. Museo Egipto de El Cairo (foto de Nacho Ares)

Como no podía ser de otro modo, Menfis, la milenaria capital egipcia, también cuenta con su propia cosmogonía. La protagoniza su dios patrón, Ptah, y la conocemos gracias a la piedra de Shabaka (una estela grabada durante la XXV dinastía). Se trata de un relato bastante particular y que a la vez nos resulta conocido. El dios alfarero menfita dio existencia al mundo pensando cada cosa en su corazón (donde los egipcios consideraban residía la razón) y luego pronunciando su nombre en voz alta para que cobrara existencia. Nada extraño encontramos este modo de proceder, pues al fin y al cabo es la misma técnica utilizada por el dios del Antiguo Testamento para crear el mundo: «Y Dios dijo: "Haya luz", y hubo luz» (Gén 1, 3).

Finalmente, tenemos la cosmogonía de Amón, la cual demuestra lo artificial del ascenso de este dios provinciano y sin relevancia en el panteón egipcio, que solo alcanzó importancia a partir del Reino Medio y sobre todo del Reino Nuevo. Los sacerdotes de Amón eran conscientes de que habían de dotarlo de un mito de la creación acorde a su nueva categoría de dios nacional egipcio. De modo que se pusieron manos a la obra y se las arreglaron para acabar con un texto donde el dios tebano es el protagonista de un mito que incluye la creación solar de Heliópolis, la creación animal de Hermópolis y la creación vocal de Menfis. Un perfecto combinado mítico cuya intención era abarcarlo todo para así dejar a Amón por encima de sus demás compañeros en la divinidad.

Como en toda religión politeísta que se precie, cada uno de los dioses egipcios se ocupaba de su propia porción de realidad, que en ocasiones eran varias a la vez, pero todos compartían una serie de características físicas que los distinguían de los meros mortales. La primera eran los huesos que conformaban su esqueleto, que eran de plata. La carne que cubría esa estructura no podía ser de otro metal que el oro, imperecedero y reluciente. El conjunto se completaba con unos cabellos de lapislázuli verdadero, la valiosa piedra llegada de Afganistán. El conjunto resultaba de una perfección física irreal, de una belleza tal que en ocasiones resultaba aterradora para los meros mortales. Algo que es comentado incluso en la literatura egipcia. En *La historia del pastor*, su protagonista vio a una diosa y cuando esta le hizo una propuesta indecorosa se asustó tanto que salió huyendo aterrado ante la posibilidad de tener intimidad con ella. Así es como se lo cuenta a sus compañeros de profesión:

> Mirad, habiendo descendido al estanque que está cercano a estos pastos vi a una mujer: no era de la raza (?) de los humanos. Mis cabellos se erizaron cuando vi su peluca rizada, y la suavidad de su piel. Jamás haré lo que dijo: el miedo que me causó sigue estando en mi cuerpo.[222]

222 Papiro de Berlín 3024 (G. Lefebvre: *Romans et contes de l'époque pharaonique*, 1988, p. 27).

El olor maravilloso que desprende su cuerpo es la última característica física que comparten y distingue a los dioses de los meros humanos sin posibilidad de equívoco. En los templos se quemaba incienso en pebeteros, en especial durante las ceremonias, no solo para enmascarar los posibles malos olores, sino para recordar con el sahumerio que se trataba de la casa del dios y conjurar con esta fragancia llegada de tierras lejanas la presencia de la divinidad. Nada mejor que un relato de la época para comprobar el irresistible efecto del embriagador olor corporal de los dioses. Se trata de la historia de la gestación divina de Hatshepsut. Deseoso de preñar personalmente a una mortal para que el siguiente rey fuera nacido de su carne, el dios Amón decidió visitar a la esposa del faraón cuando esta se encontraba sola en sus aposentos de palacio. Deseando pasar desapercibido, para su visita nocturna el dios adoptó la forma física del faraón reinante, Tutmosis I. No obstante, para no añadir el de violación al delito de suplantación de identidad, antes de intimar con ella permitió que la reina percibiera su olor maravilloso y divino. Ella supo entonces que se trataba del dios, no de su esposo. Así lo cuenta el texto grabado en las paredes de la segunda terraza del templo de Deir al-Bahari:

> Este noble dios Amón, Señor de los Tronos del Doble País, se transformó, tomando la apariencia de Su Majestad, el rey del Alto y el Bajo Egipto Aakheperkara [= Tutmosis I], esposo de la reina. Encontró a ésta mientras se reposaba en la belleza de su palacio. Se despertó al olor del dios, y sonrió en presencia de Su Majestad.[223]

El aspecto antropomorfo de los dioses egipcios no era más que una de sus manifestaciones, porque si por algo son famosos es por sus imágenes híbridas donde en no pocas ocasiones aparecen con cuerpo humano y cabeza de animal, y a veces con forma completamente animal. En realidad, pese a la creencia generalizada, los egipcios no adoraban a los animales. Lo que sucedía es que en ellos apreciaban ciertos rasgos de comportamiento que eran característicos de un dios y ello servía para relacionarlos. Por ejemplo, la pausada y calmosa existencia de los gatos, que puede volverse furibunda y mortal con inusitada rapidez, casaba a la perfección con el comportamiento de la diosa Bastet, del mismo modo que el poderío de la leona era la perfecta manifestación

223 C. Lalouette: *Textes sacrés et textes profanes de l'ancienne Égypte,* I, 1984, p. 30.

de la ira de Sekhmet. Los romanos y otros pueblos de la Antigüedad no llegaron a captar esta sutileza de la religión egipcia, como vemos en la ácida crítica que de ella hace Juvenal en su decimoquinta sátira:

> ¿Quién no sabe, oh Volusio de Bitinia, qué clases de monstruos adoran los insensatos egipcios? Aquí, en esta región, veneran al cocodrilo, en aquélla se asustan de un ibis harto de serpientes. La imagen de oro de un mono sagrado refulge allí donde resuenan las cuerdas mágicas de la estatua truncada de Memnón y yace sepultada la antigua Tebas de cien puertas. Allá adoran a los gatos, acullá a los peces fluviales; en tal otra parte ciudades enteras dan culto a los perros, pero ninguna a Diana.[224]

En el valle del Nilo, al contrario de lo que sucede en Mesopotamia, donde los hombres fueron creados para servir a los dioses, seres humanos y dioses comparten el mundo, si bien claramente diferenciados. En un principio los reyes de Egipto fueron sus dioses, hasta que tras una revuelta de la humanidad decidieron abandonarlos y ascender a los cielos. Luego se produjo un período de transición, durante el cual gobernaron los seguidores de Horus, que con ello de algún modo prepararon el camino para que los faraones terminaran sentándose en el trono del Doble País. La presencia de los faraones es imprescindible para el bienestar del país, porque al ser los únicos capaces de actuar como intermediarios entre la humanidad y el mundo divino están claramente situados por encima del resto de los mortales.

Sin los faraones no hay comunicación posible entre la esfera mortal y la esfera divina. Gracias a la semidivinidad que les proporcionan los ritos de la coronación, los faraones se convierten en los únicos seres humanos que pueden realizar el culto a las distintas divinidades, las cuales sin su concurso no recibirían ofrendas y de resultas de ello terminarían por darle la espalda a Egipto. Esto es exactamente lo que en la estela de la Restauración nos cuenta Tutankhamón que aconteció durante el malhadado período amárnico y uno de los motivos por los cuales se esforzó tanto en retornar al culto tradicional:

> Sus santuarios eran como algo que no hubiera llegado a existir y sus edificios eran un sendero, pues la tierra estaba arruinada. Los dioses estaban ignorando esta tierra: si un ejército era enviado a Djahy para ampliar las fronteras de Egipto ningún éxito tenía lugar; si alguien

224 Traducción de Manuel Balasch (Juvenal: *Sátiras*, 2008, p. 288).

oraba a un dios para pedirle algo este no acudía; y si uno suplicaba a cualquier diosa del mismo modo, ella no acudía en absoluto.[225]

Nada demuestra más la no divinidad de los faraones que su carencia del don de la ubicuidad, porque su carga ceremonial y política era tal que tenían que delegar en miles de sustitutos, los sacerdotes, la tarea del culto diario a los innumerables dioses del panteón egipcio dotados de un templo o santuario a lo largo de todo el valle del Nilo. No obstante, como las formas hay que guardarlas, en los relieves que decoran esos templos solo hay una persona representada oficiando a los dioses y no es otra que el señor de las Dos Tierras. No podía ser de otro modo, porque todo lo que se dibujaba y escribía cobraba vida al leerlo, de modo que una imagen acompañada por la inscripción «El sacerdote X atendiendo el culto de la estatua del dios» implicaba que por toda la eternidad ese acto estaría siendo realizado por alguien que no tenía capacidad para que surtiera el efecto deseado.

El primitivo templo de Elefantina en su etapa del Reino Antiguo (foto del autor)

El panteón egipcio contaba con centenares de miembros, entre los que podemos encontrar desde dioses demiurgos capaces de crear el mundo hasta «demonios» que actuaban como enviados de otras divinidades más poderosas, pasando por seres humanos divinizados tras su fallecimiento. Se trata de dioses y diosas que presentan todas las formas posibles. Los tenemos antropomorfos como Hapy (el dios de la crecida) o Anukis (diosa

225 W. J. Murnane: *Texts from the Amarna period in Egypt*, 1995, p. 213.

de las cataratas del sur). Otros muchos tienen forma de todo tipo de animales: mamíferos como el cánido Anubis (dios de los muertos), reptiles como el cocodrilo Sobek (dios del agua), aves como el halcón Montu (dios de la guerra) y arácnidos como la escorpión Serket (una diosa protectora). También había dioses de morfología mixta como Taweret, una diosa protectora con cuerpo de hipopótamo, pechos de mamífero, cola de cocodrilo y patas de leona; pero también Amit, la devoradora, que se comía las almas de los desgraciados que no pasaban el juicio de Osiris y estaba compuesta por unos cuartos traseros de hipopótamo, unos cuartos delanteros de león o guepardo y una cabeza de cocodrilo.

Todas estas divinidades habitaban en el mundo celestial, pero contaban con una residencia propia y específica sobre la tierra: su templo principal, el cual se consideraba la casa de ese dios concreto. De hecho, eso es lo que significa literalmente su nombre egipcio: *hut netjer*. Los primeros templos egipcios fueron creados atendiendo a la morfología del lugar o la idiosincrasia de la divinidad que acogían y contaban con una personalidad que les era propia. Es el caso, por ejemplo, del primigenio templo de Elefantina, encajado en un afloramiento granítico de la isla y cuyos espacios se delimitaron construyendo unos sencillos muros de adobes que sirvieron para cerrarlos y separarlos. Lo mismo puede decirse del primitivo templo de Medamud, formado por dos colinas artificiales oblongas que componían un ángulo recto entre ellas y dentro de cada una de las cuales había un corredor ondulado cuyo acceso partía desde un patio común, todo ello rodeado de un muro que delimitaba el recinto sagrado.

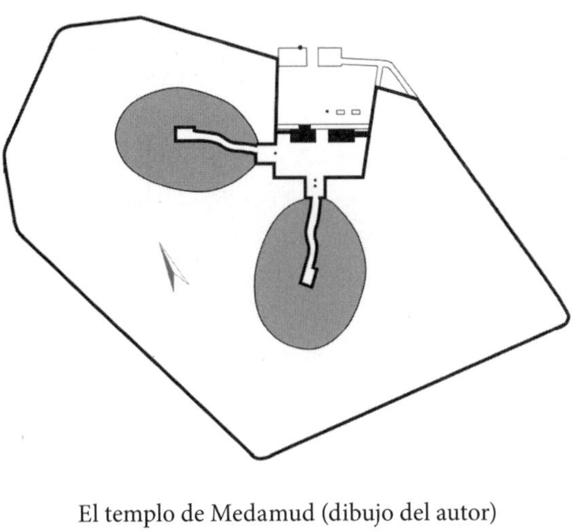

El templo de Medamud (dibujo del autor)

Esta variabilidad en la arquitectura de las casas de los dioses desapareció a partir de la XVIII dinastía, cuando todos los templos pasaron a tener la misma estructura. Por supuesto, estos elementos básicos podían componerse con cierta libertad por parte del arquitecto, que tenía autonomía para la variación dentro de la uniformidad general. De este modo, ningún templo egipcio es exactamente igual a otro, pero todos se parecen mucho. El primer elemento es el pilono de acceso: dos estructuras trapezoidales que se identifican con colinas separadas por una puerta que se identifica con el sol; así, el conjunto es una representación del jeroglífico que significa «horizonte» 𓈌, que es donde nace el sol. Y es que el rectilíneo eje del templo es un remedo del recorrido de este por el firmamento desde su aparición en el este hasta su llegada al oeste, el sanctasanctórum, la última habitación del edificio. Después del pilono nos encontramos con un patio rodeado por un soportal columnado, al que sigue una sala hipóstila, es decir, repleta de unas columnas que representan elementos vegetales, muchas más de las necesarias para sustentar el techo. La sala representa una marisma, por eso las columnas pegadas al eje central son más altas que el resto, porque como están más cerca del sol cuando pasan crecen más. A continuación viene una habitación para depositar la barca portátil que, sobre andas, servirá para pasear la estatua del dios en procesión fuera del templo en determinadas fiestas. Seguidamente se encuentra el sanctasanctórum, la pequeña habitación donde se guarda el naos, el armario de piedra donde reposa el dios oculto a los ojos de todos. De haberlas, un pequeño corredor deambulatorio separa a estas dos estancias de las diferentes capillas/almacenes que las rodean.

Como el templo es una representación del mundo, según uno va avanzando hacia el interior el suelo se alza un poco y el techo disminuye ligeramente en altura, convergiendo hacia el naos, que junto al sillar de roca sobre el que suele estar emplazado es una representación de la colina primigenia. Por lo mismo, el muro de adobes que rodeaba al templo alejado de sus fachadas equivalía a las fronteras del mundo que mantenían alejado al caos. Algo lógico, porque el culto conservaba satisfecho al dios, que al estarlo emanaba bienestar a todo el país, convirtiendo el templo en una especie de central de energía positiva para Egipto.

La creación de un templo era un largo proceso de diez pasos en el que tomaba parte el propio faraón y daba comienzo con «el estirado de la cuerda», es decir, el dibujo de las trazas del edificio sobre el terreno. Después había que excavar depósitos de fundación, purificar el templo, construirlo y una vez terminado presentarlo al dios para que accediera a habitar en su morada terrenal. La última ceremonia consistía en la primera presentación de ofrendas, mediante la que se ponía en marcha el templo como generador de *maat*. A partir de ese momento, la ceremonia del culto se celebraba dos veces al día. Consistía en entrar en el sanctasanctórum, romper los sellos que cerraban las puertas del naos, abrirlas, sacar la estatua del dios, desnudarla, lavarla, vestirla con ropas nuevas, maquillarla, sahumarla, ofrecerle ofrendas, introducirla de vuelta en el naos, sellar las puertas de este y salir de la habitación caminando de espaldas mientras el sacerdote iba barriendo sus huellas. Por motivos evidentes relacionados con su falta de omnipresencia, el faraón delegaba esta actividad en los sumos sacerdotes de todos los templos de Egipto, los únicos con acceso al sanctasanctórum. La esfera divina y la humana estaban tan separadas que los mortales únicamente podían acceder hasta el patio columnado del templo y al dios sólo podían «verlo» cuando lo sacaban en procesión: dentro de un naos cerrado situado sobre una barca portátil que los sacerdotes llevaban a hombros.

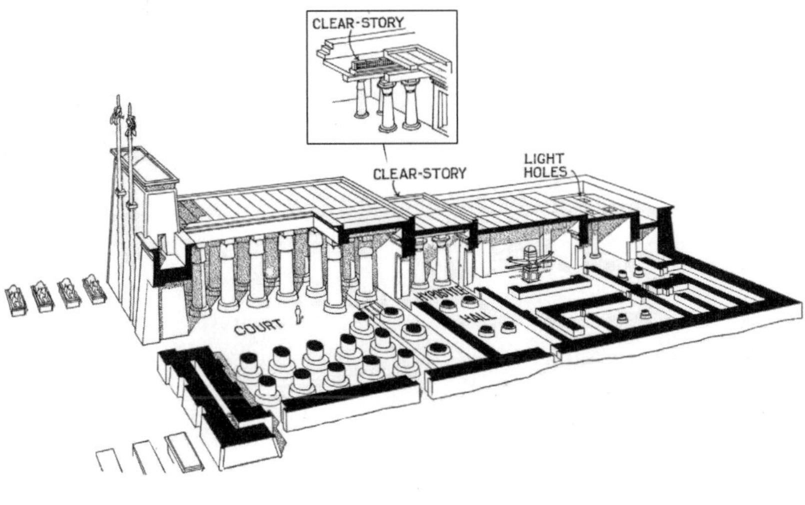

Sección del templo de Khonsu en Karnak. xx dinastía (Fletcher, 1946, p. 38]

¿Quiénes eran entonces esos dioses a los que los egipcios dedicaban maravillosos edificios de piedra? El grupo principal estaba formado por los dioses que componían la enéada helipolitana, de la que ya hablamos páginas atrás. Nueve dioses que explicaban tanto la existencia del mundo como el sistema político egipcio; porque si Atum fue el demiurgo, Osiris gobernó Egipto hasta ser asesinado y convertirse luego en la primera momia y rey del más allá, siendo sustituido en el trono de las Dos Tierras por su hijo Horus. Un traspaso de poderes repetido después por los faraones, que legitimaban así su poder; pues tras morir y ser enterrado el faraón se convertía en un Osiris, mientras que el encargado de enterrarlo con toda la pompa y ritos necesarios se transformaba en un Horus y por ello en el legítimo heredero del trono.

Por su parte, la fidelidad de Isis por su esposo Osiris y sus esfuerzos por conservar la herencia de su hijo Horus, unidos a sus saberes mágicos y su mente taimada, que no duda siquiera en emponzoñar con una mordedura de serpiente al bisabuelo Ra para conseguir averiguar su nombre secreto, la convierten en modelo de mujer perfecta, madre fiel y esposa devota, llena de recursos e inteligencia. No es de extrañar que Isis sea la única representante del panteón egipcio que se convirtió en una diosa universal adorada en todos los rincones del Imperio romano.

Atum, además, era el dios sol del atardecer, mientras que Khepri lo era del amanecer y Ra del mediodía, pleno de poder. Una tríada solar a la que podemos añadir otro componente, Atón, el disco solar en sí mismo. Estamos hablando aquí del principal de los dioses del antiguo Egipto desde el comienzo de la civilización faraónica: el sol, por más que el Imperio egipcio trajera luego gran renombre y relevancia política y económica a Amón. No hay más que comparar sus templos para darse cuenta de que era así, el de Heliópolis triplicaba en tamaño al de Karnak; lástima que haya quedado casi destruido por completo. La importancia de Ra en el entramado político faraónico queda reflejada en uno de los cinco nombres que compone la titulatura completa de los faraones, el de «hijo de Ra», el cual reciben al nacer. Es uno de los dos que aparecen protegidos por un «cartucho», que no es otra cosa que un signo *shen* de eternidad. El otro es el conocido como el «del junco y la abeja» *(nesut-bity)* o «rey dual».

Sin duda el segundo dios en relevancia, aupado al primer lugar por el impulso político de todos los soberanos egipcios desde la XII dinastía, fue Amón. Su nombre, «el oculto», quizá derive de su primigenia función como dios del viento, dejada de lado para convertirlo en el «rey de los dioses, señor de los tronos del Doble País», algo para lo cual hubo que emparejarlo con el dios sol para crear Amón-Ra, y otros dioses cuando era necesario. Así en los *Himnos a Amón* del papiro Leiden I 350 leemos de él: «Su nombre está oculto en tanto que Amón; es Ra por su rostro; su cuerpo es Ptah».[226] También podemos encontrarlo

226 J.-P. Corteggiani: *L'Égypte ancienne et ses dieux*, 2007, p. 30.

como Amón-Min, por ejemplo, en conjunción con el dios de la fertilidad. Durante el reinado de Hatshepsut en la XVIII dinastía se le asignó una paredra, Mut «la madre», con la que tiene un hijo, Khonsu, «la luna»; aunque en la cosmogonía hermopolitana tiene como compañera a Amunet, que más que su pareja sería su contrapartida femenina. Amon, Mut y Khonsu formaron una importante tríada divina, protagonista de la gran fiesta de Opet de Tebas.

Otra importante deidad polivalente es Hathor, la diosa de la belleza, del amor, de la música, de la danza, del sexo, de la borrachera y de la alegría, entre otras cosas. Esto no quita para que en la historia de *La destrucción de la humanidad* sea la hija de Ra, su ojo vengativo, que se transforma en la diosa leona Sekhmet y aniquila a media humanidad antes de que el arrepentido dios sol consiga emborracharla con cerveza teñida de rojo, que bebe ansiosa creyendo que es sangre humana. Es una diosa comodín, que puede ser identificada con casi cualquier divinidad femenina del panteón faraónico. Además, se trata de una diosa de gran antigüedad cuyo nombre significa «mansión de Horus» y que se equipara a las diosas vaca que alimentan al soberano y le transmiten la divinidad. Su carácter de bóvido queda bien reflejado en los famosos capiteles hathóricos, donde vemos en cada cara una representación frontal de un rostro femenino acompañado de orejas de vaca.

Sekhmet, cuyo nombre significa «la poderosa» pertenece a la tríada menfita, donde es la paredra de Ptah (el dios alfarero) y madre de Nefertum (el dios del olor agradable, de la corte, del loto que da la vida). La violencia de la leona se puede desencadenar de improviso y sin previo aviso, en ocasiones por medio de su aliento abrasador. Es considerada por lo tanto la causante de las epidemias, que no son sino sus «genios emisarios» que arrasan sin piedad el valle del Nilo dejando un reguero de muertos (incluida la familia real, como comprobó a su costa Akhenatón). Del mismo modo, cuando la diosa es aplacada, se transforma en un ser benévolo que cura las enfermedades, por eso sus sacerdotes son médicos y se realizan rituales para calmarla.

Thot (el ibis, *djehuty* en egipcio) es el dios de uno de los principales rasgos de la civilización egipcia, la escritura, y siempre lo vemos con la tablilla de escriba. Esta divinidad lunar es uno de los ojos de Ra —el izquierdo concretamente, porque el derecho era el sol— y la regularidad con la que se sucedían sus movimientos celestes permitía a los sacerdotes llevar al día el calendario. Como dios de este sistema de control del paso del tiempo, no es de extrañar que Geb (el dios de la tierra) y su hermana Nut (la diosa del cielo) recurrieran a él después de que esta quedara embarazada para saltarse la prohibición de su padre Atum de no poder parir «en ningún momento ni del mes ni del año». El sabio ibis solucionó la papeleta creando cinco días nuevos, llamados epagómenos, que añadió al calendario. Así fue como pudieron nacer consecutivamente Osiris, Seth, Isis y Neftis, a los que luego se añadiría Horus el Viejo, cada uno en un día diferente. Se trata de centenares de divinidades que los egipcios de a pie tenían vedado ver, tan sagrada y poderosa era su efigie, de modo que no resulta raro que terminaran por encontrar el modo de conseguir una relación más estrecha y personal con la de su elección.

17

¡Corre, que ya viene la procesión!

Al contrario que los mesopotámicos, los egipcios no fueron creados para servir a los dioses; quizá por eso, como dijo Heródoto (II, 37) «... son extremadamente piadosos, mucho más que el resto de los humanos...». ¿Cómo no creerlo cuando Diodoro Sículo (I, 83) nos cuenta que una enfurecida masa de egipcios se presentó en casa de un turista romano que había matado sin querer un gato y sin compasión lo despacharon por el ultraje?

La barca de Amón siendo sacada en procesión. Karnak. Pilono sur (Lepsius, 1849-1856, III, lám. 14, The New York Public Library Digital Collections)

El caso es que, como vamos a ver, este tipo de intenso compromiso con la divinidad solo parece haberse desarrollado entre los egipcios bastante tarde. A diario, la actividad directa de la gente normal con los dioses era bastante limitada, incluso físicamente; porque ni siquiera podían pasar del primer patio de los templos. Por ejemplo, en las jambas de la puerta de acceso a la sala hipóstila del templo de Ramsés III en Medinet Habu se lee: «Sé dos veces puro», para indicar que solo podían atravesarlas y penetrar en el templo quienes hubieran cumplido con la purificación adecuada. La gente de la calle solo tenía oportunidad de posar su mirada sobre la imagen divina durante las grandes fiestas religiosas, cuando era sacada en procesión sobre una barca portátil llevada en andas por los sacerdotes; pero ni siquiera entonces veían al dios, que viajaba oculto dentro de un naos sobre la cubierta de la barca. En estas grandes fiestas, en Karnak podían penetrar en la sala hipóstila para ver pasar a la barca, como nos informa un texto grabado en una de las paredes, que nos habla de que era una estancia «en la cual Amón se manifiesta a la población». No obstante, en la mayoría de las ocasiones es la figura de un pájaro *rekhyt* grabado en la base de las columnas de la sala correspondiente la que indicaba a las masas analfabetas que no podían seguir penetrando más allá. La separación entre los meros mortales y lo sagrado era tal que parece que a veces ni siquiera les estaba permitido ver ciertas escenas especialmente sagradas grabadas en las zonas en las zonas del templo a las que sí tenían acceso. Unos agujeros pertinentemente realizados en torno a la escena permitían introducir viguetas de madera de las cuales colgaban las telas que las cubrían. Tenemos un ejemplo perfecto en el templo de Karnak, donde una imagen en la que Ramsés II ofrece el jeroglífico del «jubileo» a Thot no se consideraba adecuada para los ojos de la plebe y aparece delimitada por esos agujeros cuadrados.

Lógicamente, todas estas trabas no impidieron que los egipcios de a pie se comunicaran con sus dioses. Deseaban cosas, una buena cosecha, tener un hijo, casarse..., que les pedían personalmente sin participación del clero oficial. El modo de llamar la atención de la divinidad y ganarse su buena voluntad era por supuesto una ofrenda, *quid pro quo*. Podemos detectar este tipo de relación con el mundo divino gracias a los pequeños amuletos, exvotos, grafitos, estelas o capillas que encontramos en lugares no regulados por los sacerdotes, como puedan ser puntos concretos del paisaje que se consideraran sagrados, pero también en la propia vivienda de cada uno.

Generalizando, la piedad ajena a la religión oficial/Estado tiene varias categorías: la comunitaria (cómo se presta atención a la divinidad en tu poblado o ciudad), la familiar (cómo se hacen las cosas con respecto a los dioses en tu entorno familiar) y la personal (cómo uno mismo lidia con el mundo de lo divino); pero todas ellas comparten el elemento clave que la define: no estar regulados por la religión oficial emanada del templo y el Estado. Pues bien, lo curioso es que durante el Reino Antiguo y el Reino Medio los restos físicos de esta actividad son casi inexistentes, solo a partir del Primer Período Intermedio empezamos a encontrar muestras de «piedad personal».

El pájaro *rekhyt* marcando los límites de acceso de los fieles al templo de File. Baja Época (foto del autor)

Esta peculiaridad ha sido explicada de varias formas. Por ejemplo, hay especialistas que consideran que al existir la figura del rey como intermediario la gente normal no sentía la necesidad de comunicarse personalmente con los dioses para encontrar solaz a sus problemas o presentarles sus cuitas y pedirles una solución a las mismas. O sea, que los egipcios eran justo lo contrario de lo que aseguraba Heródoto. La religiosidad existía, por supuesto, ¿qué sentido tendrían si no los templos?, pero no era algo que ocupara mucho tiempo en la vida de los súbditos del faraón, a los cuales les era «impuesta».

Otros, en cambio, entienden que esa religiosidad sí que existió y se manifestó de forma privada tanto entre la clase superior como entre la gente de a pie, porque, como existía la dominante figura religiosa del rey, el *decorum* de la época —el modo correcto de hacer las cosas, podríamos definirlo— exigía que no se manifestara públicamente de forma física. Esto explicaría a la perfección la ausencia de restos y a la vez seguiría dándole la razón al padre de la historia. Claro, que también podemos tener la extraordinaria mala fortuna de que la arqueología no haya tenido el detalle de proporcionarnos ninguna prueba de algo que sí existía.

El caso es que si estudiamos los textos del Reino Antiguo y Medio vemos que los egipcios consideraban que las desgracias e injusticias no eran producto de la acción divina, que le podían ocurrir a cualquiera y que solo la justicia de los hombres podía castigar los crímenes. Allá donde actúes en contra de la *maat* serás castigado por ello, lo que significaba en el mundo de los vivos. *Las máximas de Ptahhotep* nos proporcionan detalles al respecto:

> *Maat* es poderosa, durable su pertinencia, no se la ha podido modificar desde los tiempos de Osiris. Aquel que transgrede las leyes es castigado, es lo que se le escapa al codicioso. Es la bajeza la que se apodera de las riquezas, pero no hay ni un solo ejemplo en el que cual la villanía jamás haya llevado a buen puerto sus acciones.[227]

Así, fiados en la acción de la justicia del faraón, no necesitaban la entelequia de la acción divina. Salvando las distancias, podríamos decir que, como Laplace, tampoco ellos necesitaban de esa hipótesis. Con todo, parece que ya en el Reino Medio la idea de recurrir a los dioses para intentar remediar problemas era cosa común. Kahun, la ciudad de la pirámide de Senuseret II (XII dinastía), encontrada en Lahun en un sorprendente estado de conservación, nos proporciona algunos ejemplos muy vívidos de cuál era el uso doméstico que se hacía de esos poderes superiores. Los hay diminutos, como los pocos centímetros que miden todas las figurillas utilizadas con intenciones apotropaicas, algunas de las cuales posiblemente se llevaran colgadas del cuello para una protección portátil. Es el caso de una figurita en forma de hipopótamo (un animal peligroso donde los haya), que presenta unas líneas rojas que servían para dominar su negatividad.

Más llamativo todavía es el ladrillo de parto encontrado en una de las casas. Las egipcias parían en cuclillas ayudadas por las parteras y la gravedad, con cada pie sobre un ladrillo decorado con imágenes protectoras. Estos seres mágicos y divinos generaban una especie de esfera de

227 P. Vernus: *Affaires et scandales sous les Ramsès*, 1993, p. 166.

seguridad que evitaba sufrieran desgracias durante el proceso de traer al mundo a una criatura. Un ritual en el que también se utilizaba un incisivo de hipopótamo cortado por la mitad y decorado con el mismo tipo de imágenes apotropaicas, mediante el cual se delimitaba un círculo en torno a la parturienta y las comadronas. Este tipo de usos del mundo de lo divino era habitual por lo necesario, pero que no estaba sancionado por el templo, es decir, se trata de piedad personal pura y dura.

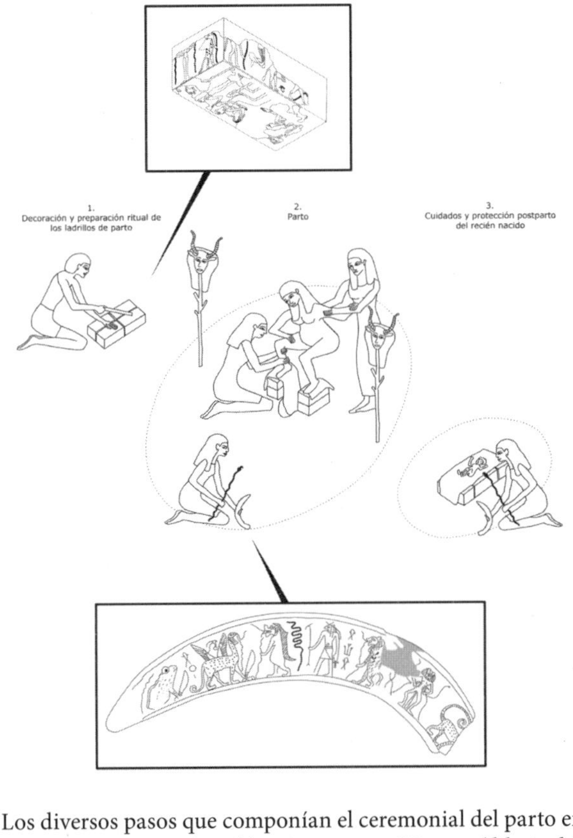

Los diversos pasos que componían el ceremonial del parto en el antiguo Egipto tal cual los reconstruye Wegner (dibujo del autor, con añadido de Wegner 2009, p. 450, fig. 2)

De algún modo, durante el Segundo Período Intermedio y el Reino Nuevo este modo de entender la relación con el mundo de lo divino cambió. En especial tras el trauma religioso que supuso para la religión oficial el episodio amárnico. Parece como si ahora los dioses hubieran decidido manifestar su poder en el mundo de los hombres, dejándoles ver quién tenía de verdad el poder de actuar sobre sus vidas. Que se lo digan si no a Neferabu, un habitante de Deir al-Medina con cierta tendencia a no mostrarse lo bastante comedido en sus tratos con los dioses. Así nos lo explica él mismo en una estela encontrada en el templo ptolemaico situado junto al poblado:

> Soy un hombre que juró falsamente usando el nombre de Ptah, señor de la Justicia, y él hizo desde entonces que vea oscuridad durante el día. Declararé su poder a quien lo ignora, así como al que lo conoce, al insignificante al igual que a los destacados. [...] Hace que ahora sea como un perro de la calle, yo estando en su mano. Hace que la gente y los dioses me miren como a un hombre que ha causado mal a su señor. Honrado es Ptah para mí, me ha dado una lección.[228]

Lo curioso es que Neferabu debía de ser un poco tardo de entendederas, porque no es la única vez que tuvo problemas de respeto a la divinidad y sufrió las consecuencias en sus carnes:

> Yo era un hombre ignorante y un loco, que no distinguía el bien del mal; hice una transgresión contra la Cima, y ella me dio una lección. Estuve en su mano de noche y de día, me senté en ladrillos como una mujer a punto de dar a luz, llamé al viento, y no vino, libé a la Cima del Oeste, de gran poder, y a cada dios y cada diosa.
>
> [...]
>
> Llamé a mi Señora, la encontré llegando hasta mí como una dulce brisa; se mostró clemente conmigo, habiendo hecho que viera su mano. Regresó a mí calmada, hizo que mi enfermedad se olvidara; pues la Cima del Oeste se calma si uno la llama.[229]

No obstante, el trauma amárnico no basta para explicar esa necesidad de recurrir a una fuerza superior. Algo cambió en la sociedad del valle del Nilo, seguramente fomentado o acelerado por todo el aflujo de riquezas que estaban llegando a un Egipto en pleno proceso de convertirse en una de las potencias dominantes del Mediterráneo occidental. Si en época de Tutmosis III el visir Rekhmira ya afirmaba en su tumba: «He juzgado al litigante, pero no he sido injusto; no he sentido interés

228 Museo Británico EA589 (J. M. Galán: «Seeing darkness», *CdE*, 74, 1999, pp. 25-26).

229 Estela Museo Egipcio de Turín cat. 1593 (M. Lichtheim: *Ancient egyptian literature*, II, 1976, p. 108).

por las “indemnizaciones”»[230] y un poco después insistía en que «no he sido indiferente en absoluto respecto al débil, al contrario, no he aceptado las especias de nadie»[231] es porque verdaderamente los casos de corrupción judicial debían ser algo flagrante y habitual. Un claro ejemplo de lo cual encontramos en el caso de Mes, donde incluso se falsificaron documentos del archivo real, por más que al final la justicia triunfara. Con todo, atentos a su labor de mantenedores de la *maat*, los faraones intentaron contener el proceso con medidas muy enérgicas, como Horemheb en su decreto, en realidad redactado por Tutankhamón:

> En cuanto a todo gobernador y todo profeta del que se sepa esto: «Abre la sesión para pronunciar juicios en el tribunal que ha sido instituido para juzgar de tal modo que trata al culpable como un inocente» es en tanto que falta grave, merecedora de la pena de muerte, que eso le será imputado.[232]

La lógica reacción ante tamañas injusticias fue recurrir a una autoridad superior, y la única que quedaba se encontraba en la esfera divina; por eso a partir de Merneptah nos encontramos a Amón como visir de los débiles:

> Eres Amón, el visir, el visir que juzga a cada pobre. Amón no le dice a aquel que no tiene gratificación: «Sal de mi tribunal». Amón, vuelve tu rostro hacia aquel que pronuncia tu nombre; Amón eres tú el que hace resurgir la verdad.[233]

Solo un dios podía ser un «patrón» lo bastante poderoso como para impedir las injusticias terrenales. De algún modo, este tipo de relación de patronazgo con lo divino existió en Egipto desde siempre, como se puede ver con los nombres teóforos.

En algunos casos, el recurso al patronazgo divino alcanzó un grado extremo. Si no que se lo digan a los herederos de Samut (cuyo nombre significa «hijo de la diosa Mut»), un «contable del ganado de la heredad de Amón» de época de Ramsés II enterrado en la TT 409, que vieron esfumarse la fortuna de su padre, quien se la cedió entera a su diosa:

230 P. Vernus: *Affaires et scandales sous les Ramsès*, 1993, p. 180.
231 P. Vernus: *Affaires et scandales sous les Ramsès*, 1993, p. 180.
232 P. Vernus: *Affaires et scandales sous les Ramsès*, 1993, p. 181.
233 Ostracon IFAO inv. 2181 (P. Vernus: *Affaires et scandales sous les Ramsès*, 1993, p. 185).

> Había una vez un hombre de la Heliópolis meridional, un verdadero escriba en Tebas; Samut era su nombre de su madre, llamado Kiki, justificado.
>
> Había sido instruido por su dios, y hecho sabio en sus enseñanzas, este lo puso en el camino de la vida para preservar sus miembros. [...]
>
> Y consideró que debía encontrar un patrono; y encontró a Mut a la cabeza de los dioses, destino y fortuna en sus manos, el tiempo de vida y el aliento de vida ella podía conjurarlos. Todo lo que pasa, pasa porque ella lo ordena.
>
> Él dijo: le daré a ella mi fortuna y mis ingresos, pues reconozco su poder con mis ojos, su voluntad única. Ella hizo que mi miedo desapareciera y me protegió en el momento de necesidad. Ella vino precedida por el viento del norte, cuando la llamé por su nombre.
>
> Soy uno débil de su lugar de ella, un hombre pobre y peregrino de su ciudad de ella; dispongo de mi fortuna para que ella sea rica y yo a cambio tenga el aliento de vida. Nadie de mi casa debe tener una parte de ella [= mi fortuna], debe pertenecer a su *ka* [= de Mut] en paz.[234]

Lógicamente, esta creciente necesidad de comunicarse con los dioses sin intermediarios oficiales fue advertida por el faraón y sus sacerdotes, que, en su afán tanto de controlarla como de responder a ella, tomaron cartas en el asunto. Así, Tutmosis III construyó justo detrás del sanctasanctórum del templo de Amón en Karnak, por fuera del recinto, junto a «la Puerta Superior de la casa de Amón», una capilla destinada al uso de los fieles que deseaban entrar en contacto con el dios en sus propios términos y que luego Ramsés II retocaría. Allí invocaban a «Amón que escucha las oraciones», una manifestación divina que también encontramos en los templos de otros dioses, los cuales contaban con sus propias capillas para salir a prestar oídos a sus adoradores plebeyos. En algunas, haciendo alarde de su pragmatismo y sabiendo que un mínimo porcentaje de la población sabía leer y menos escribir, la pared del recinto o del santuario estaba decorada con unas orejas. No solo como señal icónica para saber dónde orar al dios, sino también como representación gráfica de la capacidad de las paredes y por ende del dios de escuchar las palabras dirigidas a él. El templo de Kom Ombo y el templo de Menfis son buenos ejemplos; aunque en el templo de Karnak también las encontramos, por supuesto, son capillas llamadas «santuario de la oreja que escucha». No obstante, como siempre

234 J. Assmann: *The mind of Egypt*, 2002, pp. 235-236.

hay clases, había personas que se buscaban a un sacerdote con el nivel de acceso adecuado al templo y le encargaban que le transmitiera sus cuitas al dios directamente. El propio suplicante se lo explica seguidamente a la divinidad en la carta donde le presenta sus desventuras:

> Cuando te estaba buscando [= al dios] para contarte algunas cuestiones mías, resulta que estabas oculto en tu sanctasanctórum, y no había nadie con acceso a él para hacértelas llegar. Según estaba esperando, me encontré con Hori, escriba del templo de Usermara-miamón [= Medinet Habu], y me dijo: «Yo tengo acceso». De modo que te lo envío.[235]

Las orejas del dios escuchan las oraciones de los fieles en el templo de Kom Ombo. Época ptolemaica (foto de Nacho Ares)

Cuando uno tenía posibles y no deseaba utilizar la capilla dispuesta para ello en el templo de la ciudad, lo que hacía era encargar una estela particular llena de orejas para colocarla en el templo (si disfrutaba de los favores necesarios para ello) o en una capilla y así tener su propio punto de acceso al dios. Lo que no sabemos es si estas estelas «orejonas» funcionaban a distancia y el fiel podía comunicarse con la divinidad desde

235 Papiro Nevill (E. Wente: *Letters from ancient Egypt,* 1990, p. 219, n.º 355).

cualquier punto cuando le placiera o tenía que estar frente a ellas adoptando la postura adecuada de adoración: rodilla en tierra con los brazos hacia delante y doblados hacia arriba. La estela de Bay (XIX dinastía), un trabajador del poblado de Deir al-Medina (Cairo JE 43566), es un precioso ejemplo.

Estela con orejas de Bay. Deir al-Medina. XIX dinastía. Museo Egipcio de El Cairo CG 35006 (dibujo de Gema Menéndez)

En otras ocasiones, la comunicación con la divinidad se hacía de forma mucho más pública, pero fuera de la casa del dios. Nos referimos a los oráculos, durante los cuales la divinidad era sacada en procesión dentro de su capilla en su barca portátil y durante el recorrido respondía a las preguntas y dirimía los problemas que le eran presentados por escrito en ostraca o papiro. Dependiendo de cómo se moviera el «paso» que transportaba la efigie del dios, este respondía positiva (moviéndose hacia delante) o negativamente (hacia atrás). También se podía dejar una respuesta y su contraria en el suelo y el dios respondía deteniéndose ante una de ellas. En estos casos no se puede hablar mucho de piedad personal; cierto que la comunicación era directa entre uno y otro, pero se realizaba siguiendo las reglas marcadas por la autoridad religiosa.

Para encontrar buenos ejemplos de piedad personal en el día a día egipcio tenemos que recurrir de nuevo a los habitantes de Deir al-Medina. Todo el paraje de la orilla occidental de Tebas era un terreno sagrado dominado por la pirámide natural de la Cima (el pico que hoy llamamos al-Qurn), a cuyos pies se excavaron las tumbas del Valle de los Reyes y donde habitaba Meretseguer. Esta diosa cobra contaba con un santuario al aire libre situado a medio camino entre el poblado y el Valle de las Reinas. Aquí, al fondo del *wadi* donde se encuentra la necrópolis real (*Ta set Neferu* «el lugar de los lotos», como era conocida entonces) hay una cueva que se convirtió en centro de devoción popular, porque se abre en los acantilados como si fuera una vulva de mujer, muy adecuado en un cementerio dedicado a las mujeres e hijos de la familia real. Además, cuando en el lugar caía una lluvia torrencial, dentro de la cueva se creaba un estanque natural que fue ampliado y mejorado después. Era el lugar perfecto para que en él se manifestara la diosa vaca Hathor, como dejan ver los numerosos grafitos que dibujaron en sus paredes quienes se acercaron a comunicarse *tête à tête* con la diosa en ejercicio de su piedad personal.

Si ahora nos vamos a casi un kilómetro a vuelo de pájaro al norte del poblado de Deir al-Medina, justo antes de comenzar el descenso desde la cima del acantilado tebano hacia el Valle de los Reyes, nos encontramos con un poblado intermedio donde se siente a la perfección el poder de la Cima. A escasa distancia, en la ladera norte de al-Qurn, durante el Reino Nuevo se construyeron decenas y decenas de pequeñas capillas —apenas tres piedras para las paredes y una cuarta de forma triangular como cubierta, con unos 60 cm de altura y la mitad de anchura—, las cuales parecen haber albergado pequeñas estelas y cuando no nódulos de pedernal. Son unas construcciones que crean un paisaje mágico, porque al estar erigidas con las piedras del lugar, una vez terminadas se mimetizan con él a la perfección; solo cuando uno ha conseguido distinguir una capilla se empiezan a ver las demás, que dan la impresión de aparecer únicamente cuando se consigue establecer contacto con la deidad. Y esto sucede en un punto mágico de la montaña, pues hacia arriba se puede ver la Cima, hacia abajo el Valle de los Reyes y al otro lado del río Karnak. Desde aquí resultaba mucho más sencillo comunicarse con la divinidad, aunque no sabemos a ciencia cierta cuál. Posiblemente se adorara de un modo general a la montaña sagrada y, por medio de la forma piramidal de al-Qurn, la redondez de los nódulos de pedernal y la capa ferruginosa de las piedras —la cual recuerda al hierro meteorítico llegado de la esfera celeste/divina—, también al elemento solar que todos estos elementos representan.

Una de las capillas junto al poblado intermedio camino del Valle de los Reyes (foto del autor)

En los alrededores de Deir al-Medina, sobre todo en la ladera norte, nos encontramos también con unas capillas que, pese a ser colectivas, no estaban controladas por el clero nombrado por el Estado. Había varias dedicadas a Hathor y Amón, pero también a Osiris y Ptah, e incluso alguna a faraones como Amenhotep I y Tutmosis I. Eran los propios fieles de la pequeña congregación quienes se encargaban de mantener el culto, actuando uno o varios de ellos como sacerdotes de las ceremonias. Un cargo para el que seguramente se presentaban voluntarios, que eran escogidos por sus compañeros de francachelas religiosas. Está claro que actuar de sacerdote para los cofrades debía acrecentar el haber social del oficiante, además de proporcionarle ciertas gabelas, por lo que alguno de ellos dubitativo quiso cerciorarse de elegir a la persona adecuada y presentó sus dudas al dios durante un oráculo: «¿Debemos nombrar a Seti como sacerdote?».[236]

Las capillas de las cofradías son pequeños edificios de adobes que pueden estar precedidos por un patio o dos, a los que seguía una estancia para los festejos con bancos de obra en las paredes laterales y otros individuales de piedra repartidos por ese espacio. Al fondo se encontraban una o dos estancias abovedadas y con las paredes decoradas, desde donde se accedía a un santuario triple. El objetivo de estas capillas era celebrar a la divinidad, sin duda, pero siempre con alegría, mucha bebida y no pocas borracheras. Eran peñas... con un toque religioso. Nada mejor que dar muestras de piedad personal compartiéndolas con los amigos.

Dentro de las casas del poblado hay elementos que nos hablan de la religión en familia, pues en las paredes hay tallados pequeños nichos, enmarcados con caliza y con puertas de madera en cuyo interior se guardaba, cual pequeño naos familiar, una figurilla de dioses como Meretseguer, Ptah, Renenutet, Sobek-Ra... Asimismo, pequeñas estelas de piedras dedicadas a otros dioses podían estar encastradas en las paredes, como dejan ver sus cicatrices en forma de impronta en negativo. Y, a modo de anticipo de lo que será una de las grandes tradiciones romanas, también podía haber un busto de un antepasado genérico al que parecen podían rendir culto.

Lo interesante de la piedad personal es que las divinidades a las que se recurre son exactamente las mismas que reciben culto oficial en los templos y que, a pesar de no tratarse de un culto regido por el Estado, sí estaba codificado. Si bien nadie podía saber qué decía su vecino a su dios al comunicarse con él, sin duda sí sabía cómo la hacía, porque el modo correcto de hacerlo formaba parte de la cultura popular. Pasa como en la actualidad con san Pancracio, por ejemplo, nadie sabe qué le digo ni en qué juego de azar he puesto mis esperanzas, mas el ritual «de toda la vida» dice que como no le ponga un ramito de perejil a la estatua del santo no habrá manera de que se cumpla mi deseo. Ahora bien, si se lo pongo en las manos, lo deposito a sus pies, le añado una monedita..., todo eso ya varía según la tradición que uno haya aprendido de su abuela. En el antiguo Egipto sucedía lo mismo, ningún sacerdote andaba mirando; pero todos en privado seguían un mismo ritual consuetudinario que era el que funcionaba.

236 Ostracon Cairo J. 59464 (A. G. McDowell: *Village life in ancient Egypt*, 1999, p. 95).

18

De mero mortal a dios adorado

Cuando uno se cría en una religión monoteísta, donde el todopoderoso ser de luengas barbas que rige los designios del mundo sentado en su nube invisible allá en el cielo y disfruta mirando complacido su obra sobre la tierra escrutando los más nimios comportamientos de sus criaturas, le resulta muy complicado ponerse en el lugar de un romano, por ejemplo, cuando le hablan sobre la deificación de alguien, en este caso Julio César:

> Murió a los cincuenta y cinco años y fue incluido entre los dioses por voluntad expresa de los senadores, que contaron, además, con el convencimiento del pueblo. En efecto, durante los juegos que su heredero Augusto daba por primera vez en su honor después de haber sido divinizado, un cometa, apareciendo hacia la hora undécima, brilló durante siete días seguidos, y se creyó que era el alma de Cesar acogido en el cielo; por este motivo se le representa con una estrella encima de la cabeza.[237]

¿De modo que nuestro agente creador tarda milenios en aparecerse ante un grupo de escogidos y manifestarles su poder y resulta que vienen unos senadores de una ciudad del Lacio y con una votación deciden que alguien se ha convertido en dios? Pues sí, así eran las cosas en el mundo antiguo, cuando no faltaban divinidades a las que recurrir. A cada achaque su dios, a cada necesidad su entidad divina. Y cuando no existía la adecuada se creaba a gusto del consumidor. ¿Que la plebe romana bebía las aguas por el recientemente acuchillado Julio César, su dictador perpetuo (a la romana) favorito?; pues nada, nos curamos

237 Suetonio, *Vidas de los doce césares*, I, 88 (traducción de Rosa M.ª Agudo Cubas).

en salud y lo convertimos en un dios para que lo recuerden y le pidan que interceda por ellos desde allá en lo alto. ¿Que necesitamos un dios que mezcle características del panteón helenístico y del panteón faraónico para que nuestros súbditos encuentren en la religión un punto de común encuentro que suavice las tensiones sociales? Ningún problema. Unas barbas rizadas, un cuerpo olímpico y un nombre mixto faraónico y ya lo tenemos, Serapis acaba de nacer. Como vemos, lo de hacer dioses no supone ningún problema, nunca lo ha supuesto y los egipcios lo practicaron antes que nadie.

Primero de entrar en materia y ver algunos casos concretos nos faltaría por definir qué era un dios para las gentes del valle del Nilo. Según un especialista en la materia, para los egipcios (y no tan egipcios) un dios era básicamente cualquier cosa a la que decidieran adorar. Por ese motivo nada hay de extraño en que un faraón fallecido se convirtiera en un dios al llegar al más allá y continuar allí su tarea de gobierno; pero, igualmente, que los escribas terminaran por considerar como su dios patrón al arquitecto que construyó la pirámide Escalonada, Imhotep, o que un cortesano destacado como Amenhotep hijo de Hapu alcanzara también la divinidad al poco de fallecer.

En el caso de los reyes es mucho más sencillo. Al fin y al cabo, ya desde el Reino Antiguo se sabía que ascendían al cielo, hasta las estrellas circumpolares para reunirse con ellas, como queda recogido en los Textos de las Pirámides:

> ¡Gírate para que puedas ver esta ofrenda que el rey ha hecho para ti, la cual el Primero de los Occidentales ha hecho para ti; ojalá puedas ir junto a esos dioses del Norte, las Estrellas Inmortales![238]

Y también para unirse a Ra en su recorrido celeste:

> Haz que le den la escala del dios a Pepi Neferkara y la escala de Seth sea dada a Pepi Neferkara, para que Pepi Neferkara pueda subir gracias a ella al cielo y escoltar al sol —así dijo— como el dios de aquellos que se han ido a reunir con sus *kas*.[239]

Dadas sus artes de intermediarios entre este mundo y el de los dioses, era quizá una pequeña prebenda que aquellos que habían recibido

238 Pir. 441, § 818 (R. O. Faulkner: *The ancient egyptian Pyramid Texts*, 1969, p. 147).
239 Pir. 478, § 974 (J. P. Allen: *The ancient egyptian Pyramid Texts*, 2005, p. 280).

sus atenciones durante sus años de reinado les concedían al fallecer. Los primeros casos de reyes egipcios divinizados tras su muerte, de forma espontánea, además, son Senuseret III y Amenemhat III, a cuenta de su denodada labor realizada en un punto concreto del país, Nubia para el primero y Fayum para el segundo. Su dedicación a estos lugares implicó la presencia de funcionarios reales, el gasto de recursos en abundancia y visitas del soberano. Como es lógico, en zonas hasta entonces abandonadas a su suerte, eso representaba sustanciales mejoras con respecto al pasado. De modo que cuando fallecía el rey que había llevado prosperidad a una zona, en algunos casos los lugareños no tardaban en convertirlo en una divinidad a la que adorar y con ello asegurarse la continuidad de sus favores. De hecho, Senuseret III terminó convirtiéndose en un dios más del panteón nubio. Se trata de un comportamiento que vimos repetido a la perfección en las más aisladas islas del Pacífico durante la segunda guerra mundial, lo que hoy se llama «cultos cargo».

Las tropas aliadas desembarcadas en la isla llegaban del cielo en unos seres voladores de piel impenetrable, de cuyo vientre salían maravillas sin fin: comida, objetos increíbles, seres más pequeños e igual de ruidosos... Cosas que los soldados compartían con los lugareños. El problema es que, cuando los objetivos bélicos se habían alcanzado y la pequeña base insular era abandonada, los indígenas se consideraban desatendidos por las divinidades, de modo que crearon réplicas de los aviones con maderas y hojas de palmera a las que adorar solicitando el regreso de sus favores. En el caso de Senuseret III, su culto parece haber comenzado al poco de su muerte en la zona de Semna y Kumma, justo donde situó su frontera, aunque luego también recibió culto en Buhen, Toshka, Faras, Mirgissa y Uronarti. Y así hasta el reinado de Tutmosis III, que cuando renovó el templo de la fortaleza de Buhen no se olvidó de incluir al anciano soberano divinizado. En el caso de Amenemhat III esa divinización puede apreciarse en esculturas de la zona que lo muestran como una divinidad nutricia.

Este mismo tipo de divinización popular de un gobernante lo podemos ver claramente en Deir al-Medina, donde las figuras tanto de Ahmose Nefertari como de su hijo Amenhotep I acabaron convertidas en deidades tutelares del poblado de los constructores del Valle de los Reyes. Seguramente por haber sido los responsables de su creación.

También conocemos el caso de algunos faraones algo impacientes por alcanzar la categoría divina; los cuales forzaron el proceso de su divinización mientras estaban sentados en el trono. Este parece haber sido el caso de Khufu, el constructor de la Gran Pirámide, cuyo hijo y sucesor, Djedefra, es el primer monarca de las Dos Tierras en incorporar el nombre de hijo de Ra a su titulatura; siendo el dios sol, evidentemente, el equivalente divino de su padre. Al fin y al cabo, por eso la Gran Pirámide se llama en egipcio: «Akhet Khufu» (el horizonte de Khufu), que es el punto por donde amanece el sol/Khufu todas las mañanas.

El culto cargo en las islas del Pacífico (Internet)

Amenhotep III (xviii dinastía) y Ramsés II (xix dinastía), por su parte, decidieron hacerse representar como dioses en sus templos nubios de Soleb y Abu Simbel respetivamente. Y, por si fuera poco, para darle otra vuelta de tuerca a todo esto, además decidieron que lo mejor era representarse a sí mismos (como faraones reinantes que eran) adorando a sus efigies (como los dioses regionales que querían llegar a ser). Todo con vistas a impresionar y darle puntos de referencia adecuadamente faraónicos a la ya muy aculturada población nubia, o eso creemos, que sin duda hay sutilezas del pensamiento egipcio que se nos escapan.

Estela del Museo de Múnich (GL 287) donde vemos a Ramsés II como rey viviente adorandose a sí mismo en forma de estatua (Wildung 1977, p. 26, fig. 23)

El proceso de la divinización del soberano parece de algún modo «lógico», pero qué motivos llevaron a que meros mortales disfrutaran del mismo privilegio, si bien ninguno de ellos en vida. Es muy posible que todo tenga que ver con la existencia en el más allá de la que todos los difuntos justificados disfrutaban. La capacidad del *ba* para pasar del mundo de los vivos al de los muertos los convertía en agentes con capacidad para actuar en ambas realidades. Lógico entonces que los vivos recurrieran a los miembros difuntos de la familia y les rindieran culto en el hogar: en Deir al-Medina algunas casas tienen bustos de antepasados e incluso una estela de falsa puerta en la sala de estar; pero también se daba el caso de que les escribieran cartas en busca de su socorro desde el más allá. Está claro que los difuntos se convertían en parte de la familia extensa de los vivos y, como es lógico, cuanto más poderosa o conocida por sus capacidades hubiera sido una persona en vida, mayores eran sus recursos en el otro mundo.

Situémonos ahora en la isla de Elefantina a finales del Reino Antiguo, el poder del soberano sigue siendo fuerte, pero la necesidad de controlar todo el país y su creciente población requirió la creación de pequeñas cortes provinciales donde residían sus funcionarios de confianza. En este lugar concreto, se trata de personajes que no solo actuaban como remedo de la corte lejos de Menfis, sino que además participaban en expediciones hacia el lejano sur por el desierto o remontando el río para imponer orden y dejar sentir en esas tierras el poder del brazo del soberano del Doble País, como hizo Pepinakhte, llamado Heqaib:

> La majestad de mi señor me envió a devastar la tierra de Wawat e Irtjet. Hice lo que complace a mi señor y maté grandes cantidades allá, incluidos los hijos del soberano y al comandante de la excelente fuerza nubia. Traje un gran número de ellos a la Residencia como prisioneros, estando yo a la cabeza de la expedición, una grande y poderosa fuerza, como uno que es fuerte de corazón, y mi señor estaba encantado conmigo como lo estaba con cada misión a la que me envió.[240]

En otras expediciones, su presencia como enviados del soberano egipcio los llevaba a actuar como diplomáticos de alto nivel que procuraban mantener el orden en la región y así la calma y las vías comerciales abiertas, como hizo Harkhuf:

> Salí del nomo tinita por el camino del oasis y me encontré con que el soberano de Iam se había ido a la tierra de los tjemehu para empujarlos hasta el rincón oeste del cielo. Lo seguí a la tierra de los tjemehu. Lo satisfice lo suficiente como para que pudiera alabar a todos los dioses para el soberano
>
> [...]
>
> Cuando hube satisfecho a ese soberano de Iam bajé mediante [...] sur de Irtjet y norte de Setjau, y encontré al soberano que había unido Irtjet, Setjau y Wawat. [...] Cuando el soberano de Irtjet vio el contingente de tropas de Iam que venía conmigo hacia la Residencia, así como mi propia expedición la cual estaba viajando conmigo, este soberano entonces me acompañó, me dio ganado y cabras, y me condujo a los caminos de las colinas de Irtjet, debido al excelente modo en el cual había ejercido vigilancia, más que ningún «compañero» o «supervisor de extranjeros» que previamente había sido enviado a Iam.[241]

240 N. C. Strudwick: *Texts from the pyramid age*, 2005, n.º 242, p. 334.
241 N. C. Strudwick: *Texts from the pyramid age*, 2005, n.º 241, p. 330-331.

No obstante, el objetivo principal era la consecución de bienes y productos de prestigio llegados del África negra, algo que vemos en la autobiografía de Sabni:

> Viajé corriente abajo hasta Menfis con el tributo de esas tierras extranjeras que este *haty-a* había traído. Recogí todo el tributo que este padre mío había recogido con esa expedición previa, con esta expedición mía consistente en nubios y mi propia tropa.[242]

Se trata de personajes destacados, triunfadores que visitan la corte y satisfacen al rey cumpliendo sus designios, miembros de algunas de las familias más poderosas de la región de Elefantina. Eran, pues, conseguidores excelsos, de cuya familia extensa los menos afortunados deseaban formar parte; si estuviéramos hablando del mundo romano diríamos que todos querían formar parte de su clientela. Este deseo que se concretó en la figura de Heqaib, nomarca y hombre de confianza de Pepi II, que al fallecer fue uno de los primeros en convertirse en un dios local, cuyo culto se prolongó además durante varios cientos de años. La cosa parece haber sido como sigue, la autoridad central del monarca del valle del Nilo desapareció durante el Primer Período Intermedio y con ella no solo la figura de autoridad a la que recurrir, sino también el intermediario para con el mundo de los dioses; de modo que las gentes de Elefantina decidieron *motu proprio* que el perfecto sustituto era alguien al que todos podían adoptar como antepasado común y convertirlo en el encargado de interceder por ellos ante los dioses. Había nacido el culto a los particulares, que tuvo lugar a finales del III milenio y que dio en la aparición de varios patrones locales en el Reino Medio, como el mencionado Heqaib en Elefantina, Isi en Edfu, Shemai en Coptos y Medunefer en Balat. Unas figuras divinas surgidas sin participación del poder central y que encontraremos luego en el mundo cristiano y después musulmán en forma de «santos» y «santones».

Hay bastantes ejemplos de este tipo de divinidades populares locales, como es el caso del nomarca Djehutyhotep en al-Bersha (XII dinastía), conocido por el relieve que representa el épico traslado de su estatua monolítica de 60 t de peso. Logros como este le valieron ser adorado después en su capilla del *ka*. Podemos mencionar también a Mehu, un supervisor de las pirámides de Teti y Pepi I que llegó a ser visir de este

242 N. C. Strudwick: *Texts from the pyramid age*, 2005, p. 337, n.º 243.

último y, tras enterrarse en Sakkara al sur del recinto de Djoser, terminó siendo considerado un santo local. Ninguna prueba mejor de ello que el caso de Bia, enterrado cerca, quien llamó a sus hijos Nebipumehu (Mehu es mi señor) y Mehuemhat (Mehu está a la cabeza). En Efdu nos encontramos con una divinidad local quizá más consolidada, se trata del visir Isi, que vivió a caballo de los reinados de Unas (v dinastía) y Teti (vi dinastía), cuya tumba fue descubierta en 1933. En su interior aparecieron estatuas y ofrendas propias de un culto local y su nombre fue utilizado como base para teóforos como Netjerisi o Satisi.

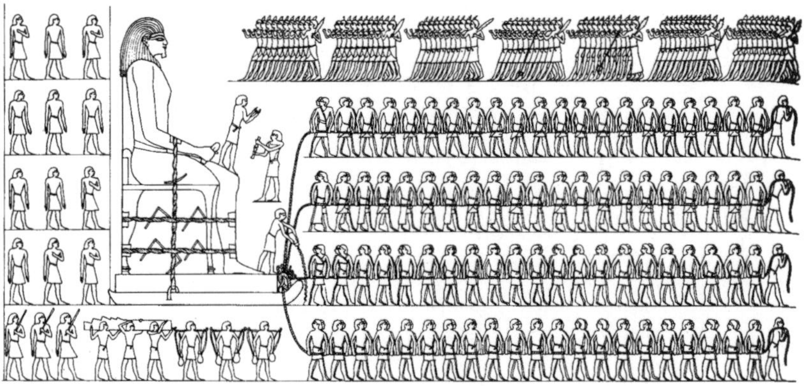

El traslado de la estatua monolítica de Djehutyhotep en El Bersha (Wilkinson 1854)

Conocemos incluso el caso de una mujer llamada Udjarenes, hija de dos miembros del clero de Hathor en Hut-sekhem durante la Baja Época (quizá la xxv dinastía), que por motivos completamente desconocidos fue deificada al fallecer. Apenas cuatro documentos nos permiten conocerla y tres de ellos son de época ptolemaica. El cuarto y más antiguo nos permite verla representada como la igual de la diosa Hathor y tocada con un disco solar. Se trata de un culto meramente local, pero muy asentado, pues los faraones ptolemaicos la reconocieron oficialmente como una diosa, llamada «esposa del dios de Neferhotep».

Por más que larga, la duración de estos cultos locales y regionales no pasó de varios cientos de años en el mejor de los casos. Por ejemplo, Sobeknakhte habla en los textos de su tumba en Elkab de que durante el Segundo Período Intermedio los kushitas realizaron incursiones en Egipto que pudieron implicar la interrupción de la explotación de las canteras de Asuán, lo que a su vez supuso que se abandonara el culto a

Heqaib en su capilla de Elefantina. Una duración similar tuvo el culto de Isi, que se mantuvo con fuerza hasta su desaparición durante el reinado de Sebekhotep IV, a finales de la XIII dinastía.

Solo en un par de ocasiones un dios local egipcio traspasó las fronteras cronológicas y terminó convertido en una divinidad con una iconografía y características propias. Estamos hablando de Imhotep y Amenhotep hijo de Hapu.

Amenhotep hijo de Hapu fue hijo de un noble de la ciudad de Atribis en el Delta, donde nació c. 1450 a. C. y pasó los cincuenta primeros años de su vida, hasta que fue descubierto por Amenhotep III, quien lo fichó para su equipo y lo puso a trabajar en la corte en Tebas: «arquitecto jefe del rey», «real primer escriba del rey»..., parecía que nada se escapaba a sus buenos servicios. Como recompensa por ellos, una de las muchas prebendas que el faraón le concedió a este probo funcionario fue el privilegio de colocar estatuas suyas en lugares destacados de varios templos, en especial el de Karnak. Allí, la cercanía a las estatuas gigantes del monarca (adoradas por la gente) y al propio sanctasanctórum de Amón convirtieron su estrecha relación con el poder en algo muy visible para todos. El pueblo tenía vedado el acceso al interior del templo, pero sí podía presentarse ante la estatua de un mero mortal y aprovecharse de él como vía de comunicación con el mundo de lo divino. El propio Amenhotep hijo de Hapu sabía que podía cumplir esa tarea y no duda en ponerlo por escrito en una de sus estatuas:

> Oh pueblo de Karnak, que deseáis ver a Amón. Venid a mí para que os informe de vuestras peticiones. Yo soy el heraldo de este dios, ya que Nebmaatra me ha designado para anunciar lo que dicen las Dos Tierras. Lleva a cabo para mí «una ofrenda que el rey concede», invoca mi nombre cada día como se hace para un alabado: «para el *ka* del *r-pꜥt*, *hꜣty-ꜥ*, escriba real y escriba de reclutas, Amenhotep-justificado».[243]

Así fue como dio comienzo su camino hacia la divinización. Algo en lo que ayudó que falleciera a la provecta edad de ochenta años o más —eso al menos parece indicar la fecha de su muerte, mencionada junto a su imagen en la tumba de Ramose (véase la portadilla de esta sección)—, que su tumba estuviera localizada en las cercanías del Valle de

243 Estatua Cairo CG 44862 (J. M. Galán: «Amenhotep Son of Hapu as intermediary between people and gods», en Z. Hawass y L. Pinch Brock (eds.), 2004, p. 222).

los Reyes y que además contara con su propio complejo funerario. De modo que la gente no tardó en considerarlo un santo local capaz de sanar los males que los afligían, un cambio de estatus sencillo tras haberlo considerado durante mucho tiempo como un sabio y un adivino. Como en el caso de Imhotep, con el que no tardaría en ser hermanado, recibió una familia formada por Thot y Seshat como sus progenitores. Su culto se prolongó hasta la época ptolemaica, cuando fue convertido en miembro de pleno derecho del panteón de Tebas; durante el reinado de Ptolomeo II Filadelfo pasó a ser identificado con el dios Amenothes.

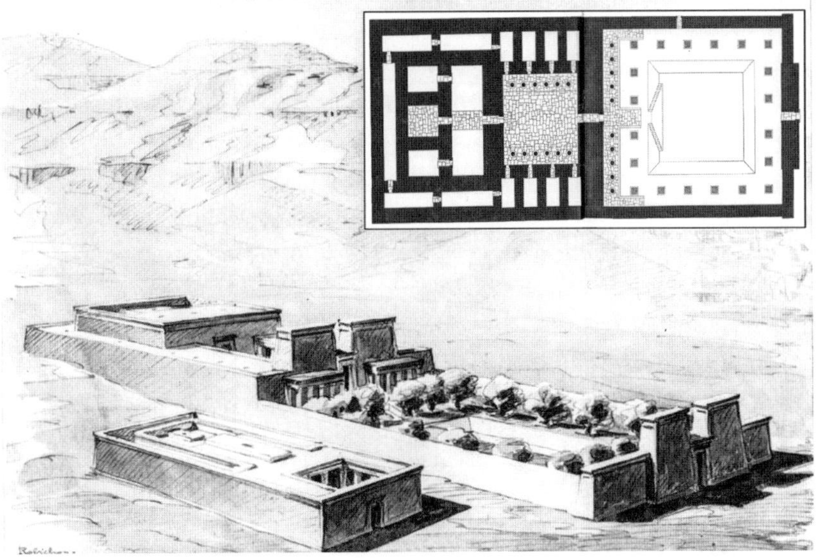

Reconstrucción del complejo funerario de Amenhotep hijo de Hapu junto a Medinet Habu, con detalle de su planta (Robichon y Varille 1936, láms. XX y XI)

Por su parte, el factótum de Djoser, el hombre con todos los cargos: «canciller del rey del Bajo Egipto», «el primero tras el rey del Alto Egipto», «administrador de la Gran Mansión», «noble hereditario», «gran sacerdote de Heliópolis», «escultor jefe» y «carpintero jefe», (posible) instigador y (seguro) arquitecto de la pirámide Escalonada, Imhotep, presentaba también y desde mucho antes los rasgos necesarios para terminar convertido en dios local en la zona norte de Sakkara, donde se supone está su tumba. Durante un milenio nada sabemos de esta figura del lejano comienzo de la historia de Egipto; pero sin duda su recuerdo, ligado al de la gigantesca tumba que construyó para su señor, debieron perdurar en el imaginario egipcio. En cualquier caso, es en el Reino Nuevo cuando lo encontramos ya convertido en alguien para quien se hacían pequeñas libaciones con regularidad: «El sacerdote *wab* puede dar ofrendas a tu *ka*. Los sacerdotes *wab* pueden extender hacia ti sus brazos con libaciones en el suelo, como se hace para Imhotep con los restos del cuenco de agua»,[244] hasta el punto de convertirse en el patrón de los escribas: «Agua del cuenco de agua de todos los escribas para tu *ka*, oh Imhotep».[245] Algo lógico, dada su trayectoria como intelectual cuyas obras eran una referencia habitual. La primera mención que tenemos a un templo y sacerdotes de Imhotep es de la XXVI dinastía, cuando nos tropezamos con un «sirviente de los dioses del templo de Imhotep, hijo de Ptah». El dios ya estaba tan consolidado que incluso se había incorporado a la familia divina como hijo de Ptah, el dios patrón de Menfis, ciudad a la cual quedaba limitado su culto. Una adoración que sin duda debió de ser ferviente, pues las estatuillas de bronce de Imhotep presentada como exvotos se conocen por centenares; todos los museos arqueológicos del mundo cuentan con un ejemplar. Es posible que fuera su relación con Ptah, demiurgo que crea el mundo, la que le concediera las características sanadoras por las que fue conocido a partir de la XXX dinastía: «Ofrenda que el rey concede a Imhotep, hijo de Ptah, que acude a todos los que le imploran, que cura las enfermedades, que cura los miembros».[246] Fue entonces cuando los griegos comenzaron a llamarlo Imutes y a identificarlo con Asklepio, el dios de la medicina. Así se consolidaron sus virtudes sanadoras, las cuales prolongaron su culto hasta la época ptolemaica, cuando llegó a la ciudad de Tebas y luego hasta Filae. Por entonces contaba incluso con una familia, siendo su madre Khereduankh y Renpetnefret su esposa. En la época romana lo encontramos ya por todo Egipto convertido en una divinidad más al alcance de cualquiera.

Una cosa ha de quedar clara y es que, si bien todos estos mortales eran adorados como una divinidad, la naturaleza de un santo local no era la misma que la de un dios del panteón tradicional, evidentemente. Una divinidad local no es un dios, es un punto de contacto con el más allá, porque en realidad no tiene capacidad para crear el mundo ni nada parecido, como sí tienen los dioses de verdad. Se trata de un

244 D. Wildung: *Egyptian saints*, 1977, p. 34.
245 D. Wildung: *Egyptian saints*, 1977, p. 34.
246 D. Wildung: *Egyptian saints*, 1977, p. 44.

conciudadano especialmente exitoso y triunfador en vida que, una vez fallecido, sirve como punto de confluencia social y se convierte en parte de la familia extensa de la población, a la que da servicio en el más allá. De hecho, las ofrendas y atenciones que recibe en este mundo lo vuelven más poderoso en el otro mundo, en un ciclo que se realimenta para beneficio de todos. Ni siquiera los faraones deificados (mera propaganda real cuando el culto empezaba impulsado por la corte) tenían la misma categoría que los dioses dioses. En el antiguo Egipto siempre hubo clases, y más en este caso.

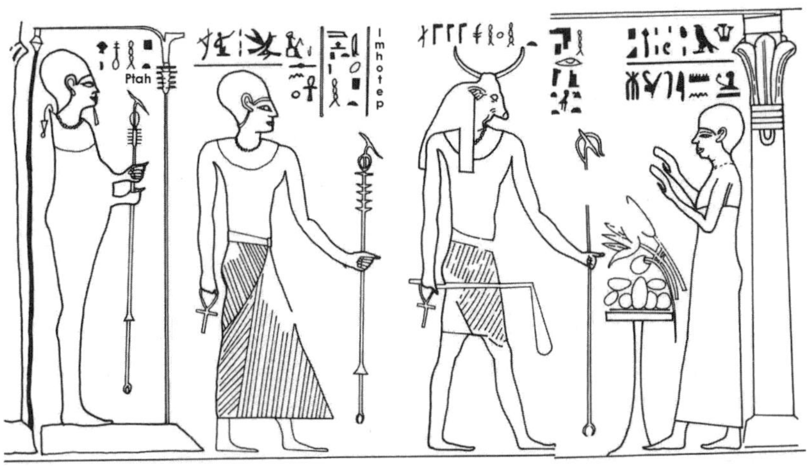

Imhotep siendo adorado en Sakkara. Museo Borely de Marsella, estela 46 (Wildung 1977, p. 44, fig. 30)

— VII —
MUJERES AL PODER

Las españolas no pudieron disponer de su propio patrimonio sin injerencia de sus esposos hasta 1975, casi cien años después de que en el Código Civil de 1889 se decidiera que «el marido es el representante de su mujer. Ésta no puede, sin su licencia, comparecer en juicio [...]. Tampoco puede la mujer, sin licencia o poder de su marido, adquirir por título oneroso ni lucrativo, enajenar sus bienes...» (arts. 60-61). Ítem más, no fue hasta 1981 cuando adquirieron el derecho a terminar su relación con sus esposos. Una pobre egipcia de hace cinco mil años que hubiera llegado a la España de entonces merced a un sortilegio cuántico de algún tipo se hubiera llevado las manos a la cabeza y arrancado los cabellos como si acompañando a un entierro estuviera. Ella podía hacer todas esas cosas desde que existía su civilización y que alguien intentara coartar alguno de esos derechos hubiera supuesto un ataque tan brutal contra el equilibro del mundo que sin duda Ra hubiera tenido gran placer en soltar a Sekhmet contra el «civilizado» mundo moderno.

19

Aparta, que ya me encargo yo

Nada más fácil que imaginarse la hierática dignidad señorial que debía mostrar un soberano egipcio en todas sus actividades públicas. Al fin y al cabo, son ya años los que llevan recreándola no pocas novelas y películas, aunque las más de las veces dejando que los datos históricos no interfieran en una buena historia. Vestido con ligeras ropas de lino al estilo del Reino Nuevo y quizá con la Doble Corona sobre la cabeza, impertérrito el faraón asiste al desarrollo de algún tipo de ceremonia, adornado su pecho con un collar ancho mientras con una mano agarra un cayado y con otra un espantamoscas como los que vemos en el ataúd de Tutankhamón. Si el protagonista de la historia es Akhenatón, la imagen que nos bulle por la cabeza quizá venga acompañada de la irreal belleza de la reina Nefertiti, que muy bien pudiera ser Nefertari si el monarca protagonista es Ramsés II, pero pocas más son las reinas egipcias que se suelen conocer. La excepción es Cleopatra VII, sin duda, que conviene recordar es una reina ptolemaica y no faraónica. Deslumbrados por la pirámide de Khufu, las conquistas proximorientales de Tutmosis III o el dos veces saqueado ajuar funerario de Tutankhamón, y ayudados en ello por las tartamudas fuentes históricas, pocas veces nos fijamos en ese personaje femenino que indefectiblemente acompaña a los faraones y aparece tras ellos en relieves y pinturas. Lo curioso es que era alguien de gran relevancia, no solo ceremonial, sino también política, cuyo papel en la corte era mucho más relevante de lo que la imaginería faraónica muestra al espectador. Se trata de la «gran esposa del rey», que así era llamada la reina consorte en el antiguo Egipto, la más destacada de las muchas (varias como mínimo) mujeres con las que este se desposaba a lo largo de su vida.

Esta relevancia de la reina no debería sorprendernos, porque el mundo de los faraones es una rareza también en el campo de la igualdad entre sexos. Sí, en el antiguo Egipto la mujer era la perfecta igual al hombre desde el punto legal. No solo podía denunciar ante los tribunales a un marido abusador, por ejemplo, además disponía a su antojo de sus bienes, que podía comprar o vender a su libre albedrío, y nadie podía chistarle si decidía desheredar a unos hijos desagradecidos. Es más, requerida ante los jueces para deponer, el valor de su testimonio no menguaba ni un ápice a causa de su sexo. Lógico entonces que el faraón contara a su lado con una figura femenina que completara los rasgos masculinos que él aportaba a los rituales que mantenían en marcha el ciclo eterno del mundo y, juntos, mantuvieran la *maat*, una noción básica de la ideología faraónica que se puede traducir por «justicia», «equilibrio» o «lo que debe ser».

La ya desechada teoría de la «heredera» reconocía la importancia vital de las reinas, porque consideraba que el derecho al trono lo concedía desposarse con una princesa de sangre real. Repositorios del linaje real, las mujeres del linaje gobernante eran por tanto imprescindibles para acceder al poder, pero nada hay de lo dicho. En la actualidad se trata de una teoría por completo descartada y todo gracias a los estudios realizados por egiptólogas en el último cuarto del siglo XX. No son pocos los soberanos cuyos herederos no nacieron de mujeres de la realeza, sin contar con que la documentación nos empuja a pensar que el heredero era elegido en vida de su majestad. No obstante, está claro que, si uno accedía al trono sin ser hijo del último monarca, casarse con una mujer de la familia real añadía un plus de legitimidad a la toma del poder. Convertirse en faraón era, sobre todo, tener la suerte de sobrevivir al resto de los hermanos o herederos potenciales y, sobre todo, haber sido el encargado de llevar a cabo las ceremonias funerarias del monarca difunto. Al ser responsabilidad del primogénito, si uno realizaba las exequias de una persona se convertía *de facto* en su heredero, el Horus que enterraba a Osiris y quedaba legitimado para sentarse en el trono.

Nada de lo anterior mengua la relevancia de las mujeres en la corte egipcia. La principal de entre ellas era la *hemet nesu weret*, que nosotros conocemos como la «gran esposa real» o «gran esposa del rey». Venían seguidamente numerosas *hemut nesu*, «esposas del rey», un grado menos en relevancia, pero encargadas como la primera de darle al soberano el mayor número posible de posibles herederos. Pese a la igualdad de sexos, la biología mandaba y la principal labor de las egipcias era dar a luz hijos sanos que mantuvieran el culto funerario de sus progenitores al fallecer estos. Elevada al nivel de la realeza, esta circunstancia causó algún que otro quebradero de cabeza a varios soberanos, no nos olvidemos de los más de cincuenta hijos varones que tuvo Ramsés. Finalmente, entre las mujeres de la corte nos encontramos también con la figura de la *mut nesu*, la «madre del rey», relevante no solo por su carga simbólica, sino por su experiencia política tras años compartiendo el trono con el rey difunto. Su capacidad procreadora fue el modo en que muchas «esposas del rey» acabaron por adquirir relevancia en la corte, ya que al morir el o los primogénitos nacidos de la «gran esposa real» fue su sanote churumbel el que acabó siendo coronado.

Dado que la documentación al respecto es casi inexistente, resulta difícil hacerse una idea de cómo era la agenda diaria de su «gran esposa real». Los únicos datos que poseemos sobre el desarrollo de una jornada en la corte proceden de la XIII dinastía, un período de transición entre el Reino Medio y el Segundo Período Intermedio. Se trata del papiro Bulaq 18, un documento de la administración cortesana en el cual se enumeran las actividades que realizó en Tebas durante su visita de dos semanas un soberano cuyo nombre no se ha conservado. Desde la lejanía de algunas de ellas se nos escapa el motivo de su mención en la agenda del rey, como la fabricación de una resina olorosa para sahumar durante el culto. Otras, en cambio, sí nos parecen lógicas para un soberano de visita en la futura capital del reino; se trata de diferentes ceremonias religiosas realizadas en el templo del dios de la guerra Montu en la cercana ciudad de Medamud, la recepción de dos embajadas de *medjaiu* (nómadas del desierto) o un recorrido en barca por el Nilo con una intención desconocida. En el propio palacio destaca la ceremonia del reparto de «raciones», es decir, el pago del sueldo de los cortesanos atendiendo a su categoría. No es mucho, como se puede ver, pero en todas y cada una de estas ceremonias hemos de imaginar a la «gran esposa real» acompañando al soberano como la profesional que era, sin desfallecer ante el tedio de un «besamanos». Algunas veces a su lado, otras en un plano más discreto.

La relevancia que las mujeres del linaje en el poder tenían para el monarca y el mantenimiento del orden en el mundo no es una cuestión baladí, como queda reflejado en uno de los títulos que ostentaba una de ellas y solo una, el de «mano del dios». A primera vista no parece algo demasiado llamativo, solo cuando recordamos las onanistas actividades de Atum durante la creación del mundo queda clara su función: «Atum es aquel que (una vez) vino a ser, aquel que se masturbó en Iunu. Cogió su falo en su mano para poder así tener un orgasmo, y de ese modo nacieron los gemelos Shu y Tefnut».[247] Como vemos, el dios

247 Textos de las Pirámides, § 1248 (R. O. Faulkner: *The ancient egyptian Pyramid Texts*, 1993, p. 198).

apareció sobre la colina primigenia emergida en Heliópolis (Iunu, para los egipcios, la ciudad del dios sol) y, tras amancebarse con su mano, tuvo un orgasmo que creó a los dos primeros dioses: Shu y Tefnut. Para racionalizar este proceso cosmogónico, los egipcios acabaron considerando la mano del dios como una diosa aparte (como en español, la palabra «mano» en egipcio es femenina), de tal modo que la creación del mundo tenía lugar al interactuar un principio masculino y uno femenino. Era obligación de la «gran esposa del rey», pero en ocasiones de la madre o de la hermana del monarca, como complemento que era del faraón, encargarse de esa labor masturbatoria ejerciendo de mano del dios y ayudando a este a crear el mundo una y otra vez. Nada ha quedado de estas ceremonias, que cabe pensar algo tendrían de salaces a poco que dejemos volar la imaginación…, menos si las realizaba la reina a una estatua de Atum en un discreto santuario de un templo, más si era su esposo el que ocupaba el lugar de la divinidad.

Sabiendo que los egipcios tenían harenes donde residían las mujeres del rey, resulta lógico imaginarlos llenos de picantes encuentros con el soberano en su afán reproductor en busca de un heredero (en el capítulo 16 se describe la escena de cama de Amón y la reina Ahmes). No obstante, esto supone considerar los harenes egipcios como un antecedente del típico serrallo turco repleto de odaliscas, cuando en realidad en el mundo faraónico tenían una función muy concreta: dar cobijo a las reinas secundarias del soberano y su abundante prole. Por supuesto que el monarca podía ir a solazarse con sus esposas, pero el harén era más que nada una institución administrativa, encargada de mantener a las esposas y vástagos del faraón. El presupuesto que le permitía funcionar dependía del Tesoro, que era el departamento que pagaba los sueldos de los funcionarios encargados de la administración del mismo. Tampoco era un edificio cerrado a todos los hombres sin emascular destinado a guardar la virtud de las esposas y los «ornamentos del rey», las concubinas del soberano, que también las tenía. No obstante, no olvidemos que en egipcio se llamaban *khener,* que viene del verbo que significa «restringir, confinar».

Con todo, los harenes no dejaban de ser potenciales centros de sedición y conjuras, verdaderos quebraderos de cabeza para los faraones. Las reinas secundarias sabían que solo podían ascender de categoría en la corte si uno de sus hijos se sentaba en el trono, de modo que algunas decidieron acelerar el curso natural de las cosas. El lugar bullía de potenciales herederos y convenía ayudar a la naturaleza a seleccionar al adecuado. Así las cosas, las conjuras no fueron desconocidas y quizá incluso relativamente frecuentes. Nosotros sabemos de al menos tres; curiosamente, una por cada uno de los grandes períodos históricos faraónicos.

En plena época de las grandes pirámides de piedra, el Reino Antiguo, tuvo lugar la primera. Sucedió durante el reinado de Pepi I (el segundo faraón de la VI dinastía) y nos la narra uno de sus hombres de confianza, Weni, desde las paredes de su tumba. Así dice en su autobiografía:

> Cuando hubo un caso legal en secreto en el harén real contra la esposa real, la «grande de afecto», su majestad me hizo proceder a escucharlo yo solo. Ningún visir ni funcionario estuvo presente excepto yo mismo, porque yo era excelente, estaba arraigado en su corazón y su corazón estaba henchido de mí. Yo solo, junto con otro único juez y boca de Nekhen lo puse por escrito.[248]

Descubierto el complot, los responsables fueron juzgados, condenados y Pepi I continuó reinando.

La segunda conjura tuvo lugar durante el Reino Medio y sabemos de ella por la descripción que nos dejó el propio afectado, el rey Amenemhat I (XII dinastía). Se trata de un texto sapiencial que la magia de la literatura le permitió escribir una vez fallecido como testamento político para su heredero, Senuseret I. Allí leemos que fue en el interior del palacio donde todo se inició:

> Fue tras la cena, la noche había llegado. Estaba reposando durante una hora, tumbado en mi cama, pues estaba cansado. Cuando mi corazón comenzó a seguir al sueño, las armas para mi protección fueron vueltas contra mí, mientras era como una serpiente del desierto. Me desperté ante la lucha, alerta, y me encontré que era un combate de la guardia. Si con rapidez hubiera cogido las armas, hubiera hecho que los cobardes se retiraran apresurados; pero nadie es fuerte por la noche; nadie puede luchar solo; no se consigue el éxito sin ayuda.[249]

Corrobora el atentado Sinuhe —el protagonista del cuento egipcio del mismo nombre, no el de la novela de Mika Waltari—, un alto funcionario que tras escuchar sin querer que el regicidio había tenido éxito huyó presuroso a Siria-Palestina, temeroso de ser confundido con uno

248 Museo de El Cairo CG 1435 (N. C. Strudwick: *Texts from the pyramid age*, 2005, p. 353, n.º 256).

249 M. Lichtheim: *Ancient egyptian literature*, I, 1975, p. 137.

de los conjurados. Como era uno de los encargados del harén real, su comportamiento nos informa de que fue entre las esposas secundarias del faraón donde se gestó todo.

La tercera y última conjura se produjo cuando Egipto había alcanzado el punto álgido de su poder como potencia dominante del Mediterráneo oriental, el Reino Nuevo. Pese a conseguir acabar con la vida del monarca, en este caso Ramsés III (XX dinastía), los magnicidas no alcanzaron su propósito de apoderarse del trono. De hecho, son las actas del juicio las que nos informan de que fue en el harén donde todo se gestó:

> El gran criminal Pabakkamen, que era chambelán. Fue citado debido al hecho de que se había hecho cómplice de Tiyi y las mujeres del harén; se asoció con ellas. Se puso a hacer llegar al exterior sus mensajes para sus madres y sus hermanos que estaban allí, a saber: «Reunid personas, organizad una guerra para rebelarse contra vuestro señor».
>
> [...]
>
> Pentaur, aquel al que se le dio ese otro nombre. Fue citado debido al hecho de que se hizo cómplice de Tiyi, su madre, cuando ella urdía los proyectos con las mujeres del harén, rebelándose contra su señor. Se le hizo comparecer delante de los coperos para su interrogatorio. Se constató que era culpable. Se le abandonó en su lugar. Se dio muerte a él mismo.[250]

Por supuesto, asesinar al ocupante del trono no era requisito previo para que una mujer se hiciera con las riendas del poder. Como compañera en el trono podía compartir las tareas de gobierno con su esposo, que era siempre quien aparecía oficialmente como responsable de todas las decisiones; pero también podía darse que el heredero legítimo fuera coronado a muy tierna edad y necesitara de un regente, cargo que parece haber sido ocupado por su madre en todas las ocasiones. Si se daba el caso extremo, como se dio, de que la línea de herederos varones quedaba truncada definitivamente, siempre hubo una mujer de la familia real lista para coronarse como faraón legítimo y continuar la dinastía.

En otras ocasiones ese deseo de proporcionar un heredero al monarca se tornaba mortal para la «gran esposa del rey», como sabemos fue el caso de Mutnedjmet, la esposa de Horemheb. En el año 13

250 P. Vernus: *Affaires et scandales sous les Ramsès,* 1993, pp. 144, 148.

de su esposo, tras tener varios vástagos que no sobrevivieron y de los que no sabemos nada, con la para entonces avanzada edad de cuarenta años, se quedó preñada una vez más solo para terminar muriendo de sobreparto. Sus restos y los del feto que lleva dentro así nos lo cuentan desde la primera tumba de su esposo, construida en Sakkara cuando solo era un general.

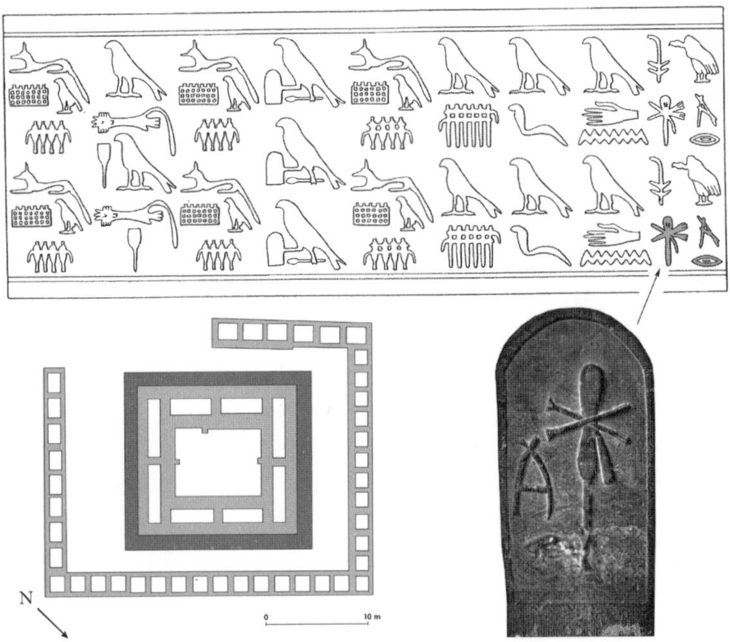

Impronta de un sello cilíndrico con los nombres de los reyes de la I dinastía procedente del cementerio de Umm al-Qaab, en Abydos; Planta de la tumba de Merneith en Umm al-Qaab; Estela con el nombre de la reina Merneith procedente de su tumba en Umm al-Qaab. Museo Egipcio de El Cairo (Dreyer, 1986, p. 36, fig. 3; dibujo y foto del autor)

La primera mujer de la que tenemos noticia que ocupó el trono con atavíos de rey es Neithotep, o Hemsithotep, de acuerdo a una nueva propuesta de lectura del nombre. A pesar de ser solo una regente para su hijo Djer, que a lo mejor era en realidad su nieto, esta destacada mujer de la I dinastía aparece en varios documentos con su nombre escrito dentro de un *serekh*, como era privilegio de los reyes. Los azares de la vida no tardaron en colocar a otra mujer al cargo del recién creado reino del Nilo. Se trata de Merneith (o Merhemsit), que ocupó el trono durante la minoría de edad de su hijo Den y llegó a disponer de tal control del poder que pudo construirse una tumba en el cementerio real de Abydos, entre los demás soberanos tinitas que allí se enterraron, que la acogieron como una gobernante legítima. Un sello cilíndrico de la época donde aparecen en su orden los faraones de la I dinastía, incluida Merneith, corroboran su relevancia política de esta mujer.

En el Reino Antiguo hay dos mujeres con el mismo nombre cuyo poder político es innegable a la luz de sus documentos arqueológicos, pero nada más sobre ellas ni sus actividades ha llegado hasta nosotros. Se trata de Khentakus I, que vivió a finales de la IV dinastía, cuando Kheops y sus sucesores construyeron sus abrumadoras pirámides, en medio de las cuales, al pie de la calzada de acceso de Menkaura, se erigió para ella una tumba regia de dos alturas. Dos pequeñas modificaciones en una de las imágenes de la reina que decoran la fachada: el añadido de una barba postiza y de una pequeña cobra en la frente (véase la portadilla de esta sección) hacen que su ambigua titulatura cobre demasiados sentidos. Se trata de la *mut nesut bity nesut bity*, es decir, «madre de dos reyes del Alto y del Bajo Egipto», que también puede traducirse como «rey del Alto y el Bajo Egipto, madre de un rey del Alto y el Bajo Egipto». En el primer caso se trataría de una mujer que habría dado a luz a dos hijos que ocuparon el trono del Doble País, mientras que en el segundo estaríamos ante una regente cuyo hijo llegó a ser el faraón de Egipto. Personalmente, dado el gusto de los egipcios por los juegos de palabras, creo muy factible que en realidad quisiera que se leyera de ambos modos a la vez.

No mucho tiempo después de esta posible esposa de Menkaura, anduvo por la corte de los primeros faraones de la V dinastía su tocaya, Khentkaus II, dueña de un complejo piramidal sito en la necrópolis de Abusir digno de la esposa de Neferikara Kakai y madre de Neferefra y Niuserra Ini que era.

No contamos en esta lista de mujeres en el trono a Nitocris, que sí aparece destacada en la obra de Manetón:

> La VI dinastía. Una cierta mujer, Nitocris, gobernó el reino. Fue más enérgica que todos los varones de su tiempo y más hermosa que las demás mujeres, y era rubia y de sonrosadas mejillas. Se cuenta que levantó la tercera pirámide, que se parecía en su aspecto exterior a una colina.[251]

251 Manetón: *Historia de Egipto* (versión armenia de Eusebio. Crónica I) (edición de J. Jiménez y A. Jiménez), 2008, p. 101.

Desafortunadamente, parece que no llegó a existir y que su nombre es una corrupción del del faraón Neitiqerty Siptah de la VIII dinastía, que Manetón leyó mal debido al estado de los documentos.

Es de nuevo en una época de problemas dinásticos, el final de la XII dinastía, cuando nos encontramos a la primera faraón, que no faraona, coronada como tal. Se trata de Neferusobek (o Sobekneferu), hija de Amenemhat III y posible hermana o medio hermana de Amenemhat IV, a quien sucedió en el trono ante la falta de herederos varones. Su legitimidad y coronación quedan corroboradas por su inclusión en listas de reyes posteriores, como la de la cámara de los Antepasados de Karnak o el Canon de Turín, y que fue dotada de una titulatura completa: el Horus hembra: Meryt-Ra (la amada de Ra); el Horus de oro: Djedet-Khau (la que es estable de apariciones); las dos señoras: Sat-Sekhem, Nebet Tawy (la hija del poderoso, la señora de las Dos Tierras); el rey del Alto y el Bajo Egipto: Ka-Sobek-Ra (el *ka* de Sobek-Ra); la hija de Ra: Neferu-Sobek o Neferu-Sobek-Shedty (la belleza de Sobek o la belleza de Sobek de Shedet [una ciudad del Fayum]). Los cuatro años que se calcula ejerció como faraón debieron ser un tiempo delicado en lo político; pero también en lo ideológico, porque el cargo que ocupaba era por definición masculino. Algo que podemos ver con claridad en una de sus estatuas, donde aparece con ropas de mujer sobre las cuales luce el típico faldellín del monarca masculino. Una mezcla de rasgos sexuales que refleja claramente las particularidades de su reinado.

Nunca como en el tránsito de la XVII a la XVIII dinastía, es decir, del final del Segundo Período Intermedio al comienzo del Reino Nuevo, durante los reinados consecutivos de Seqenenra, Kamose y Ahmose, fue tan evidente el carácter dual de la monarquía egipcia; pues sus respectivas reinas, Tetisheri, su hija Ahhotep y su nieta Ahmose-Nefertari, tomaron parte de forma destacada en las tareas de gobierno del país. Hasta el punto de que casi se podía considerar que las tres formaron un linaje femenino paralelo al masculino.

Tenemos entonces a tres hombres y tres mujeres indudablemente emparentados, pero de un modo que las fuentes no nos permiten dilucidar con seguridad cómo. Por un lado, hasta hace unos años se reconstruía la relación entre ellos considerando que todo empezaba con Tetisheri, que habría sido la madre de Seqenera Taa II, Kamose y Ahhotep. Seqenenra Taa II y Ahhotep se habrían casado y traído al mundo a Ahmose y Ahmes Nefertari, convertidos por su parte en los progenitores de Amenhotep I. No obstante, los datos también pueden interpretarse de forma ligeramente distinta. En esta segunda versión, la preferida actualmente por los egiptólogos, Tetisheri sería la esposa de Seqenenra Taa I y madre de Seqenenra Taa II, de Kamose y de Ahhotep. Seqenenra Taa II se habría casado con su hermana Ahhotep, que es también como se llamaría la esposa de Kamose. Los dos primeros habrían traído al mundo entre otros a Ahmes Nefertari y Ahmose, casados entre sí y progenitores de Amenhotep I. Está claro, ¿no?

Estatua de cuarcita de la reina Sobekneferu, el último faraón de la XII dinastía, vistiendo un faldellín de hombre encima de un vestido de mujer. Museo del Louvre (foto de Sebi/Wikimedia Commons)

La gran longevidad de Tetisheri, pues estuvo presente en la arena política egipcia desde el reinado de su esposo Seqenenra Taa I hasta el de su nieto Ahmose, sin duda se sumó a su cacumen para conseguir la tremenda influencia de la que disfrutó en la corte. ¿Cómo podría ser diferente, si contribuyó a la expulsión de los hicsos de Egipto y vio el nacimiento de la XVIII dinastía y el período imperial egipcio? Hasta el punto de que hay documentos que nos muestran a Tetisheri acompañando a su nieto Ahmose durante los rituales de restauración del culto de Montu en la zona de Tebas, con Egipto ya liberado. Parece haber fallecido poco después, y transfirió toda su influencia política a su hija Ahhotep, quien la habría sumado a su experiencia directa en el poder como regente de su hijo Ahmose durante su minoría de edad. Su dedicación al cargo y su capacidad política quedan reflejados en la condecoración al valor que recibió por haber congregado en torno a ella las fuerzas tebanas a la muerte de su esposo. Por su parte, su hija Ahmes Nefertari no solo era la «gran esposa del rey», sino que por los cargos de «segundo profeta de Amón», «aquélla que se encuentra al frente del Alto y del Bajo Egipto» y «aquélla que preside el conjunto de las Dos Tierras» que ostentó parece haber ejercido un poder ejecutivo real en la dirección de las Dos Tierras. Su larga vida le permitió no perder relevancia durante el reinado de su hijo, Amenhotep I; tanta tuvo que ambos acabaron siendo deificados como los santos patrones del poblado de Deir al-Medina. Con ella terminó ese linaje femenino paralelo al masculino que vio a Tetisheri participar en la expulsión de los hicsos, a su hija Ahhotep reorganizar el reino tras la reunificación del valle del Nilo y a su nieta Ahmes Nefertari consolidar lo anterior con una reorganización religiosa.

No es de extrañar que poco después de este trío de primeras figuras políticas apareciera una mujer que llegaría a coronarse como faraón de Egipto. Era la hija de Tutmosis I, ¿primo? y heredero de Amenhotep I, fallecido sin descendencia. Tras apenas cuatro años como «gran esposa real» de su medio hermano Tutmosis II, al fallecer este se convirtió en regente del país en nombre de su sobrino, Tutmosis III, que apenas gateaba. Preocupada por mantener el linaje tutmósida y heredera directa de las formidables reinas de la XVII dinastía, a los siete años de gobierno decidió dar un paso más en su control del país y coronarse faraón. Al fin y al cabo, otras la habían precedido en el cargo, como hemos visto. El suyo fue un reinado fructífero con pocas guerras, pero victoriosas, y una formidable y triunfal expedición al país del Punt en busca de árboles de incienso y otros productos de lujo. Un detalle interesante es que según fue avanzando su reinado fue modificando su sexo en los relieves y las estatuas, pasando de ser una mujer a una mujer con elementos de imaginería masculina y a terminar representada como un hombre; en cambio, en los textos casi siempre aparece mencionada con género femenino. Se trata de un detalle muy particular, que habla a las claras de los problemas ideológicos que seguía suponiendo que una mujer ocupara un cargo que se suponía era masculino, por muy bien que lo ejerciera.

A su muerte, en el año 22 de su reinado conjunto con Tutmosis III, dejó un país en perfecto estado de revista. Desgraciadamente para el linaje femenino que quizá deseara haber inaugurado, el matrimonio de su hija Nefrura con el nuevo monarca no prosperó. De hecho, la ausencia de un heredero varón procreado por ella acabó siendo la responsable de la *damnatio memoriae* de Hatshepsut, puesta en marcha por Tutmosis III hacia el final de su reinado para fortalecer el linaje que daba derecho al trono a su hijo, el futuro Amenhotep II, nacido de una esposa secundaria.

a) Hatshepsut con el tradicional vestido ajustado de lino propio de las mujeres; pero también el masculino tocado nemes de los reyes egipcios; b) Hatshepsut a medio camino de su transformación iconográfica en varón, vestida sólo con un faldellín y los pechos al aire, como un hombre, pero luciendo unos hombros gráciles, facciones delicadas y pechos femeninos; c) Imagen completamente masculinizada de Hatshepsut, con hombros anchos y fuertes, firmes músculos pectorales y sin señal de pecho femenino. También su rostro se alteró, con unas mejillas más rellenas y una nariz aquilina (MET de Nueva York, Rogers Fund, 1929 [29.3.3], torso prestado por el Rijksmuseum van Oudheden, Leiden [L.1998.80]; Rogers Fund, 1929 [29.3.2]; Rogers Fund, 1928 [28.3.18], todas dominio público)

Avanzada la dinastía, una importante capacidad política poseyó también la plebeya desposada con Amenhotep III, que sería la madre del futuro Amenhotep IV/Akhenatón, la reina Tiyi. No solo el monarca alardea de su esposa y su carencia de sangre real, sino que poseemos documentos diplomáticos que nos informan de su participación en el gobierno de Egipto. Se trata de una carta (EA 27) que le escribió Tushratta, rey de Mitani, a comienzos del reinado de su hijo, donde le ruega que le explique a este (el faraón Akenatón) que el mitanio mantenía una excelente relación de amistad con su padre y que tenían firmado un tratado, del que ella había sido testigo como parte del gobierno egipcio.

Muy poco después nos volvemos a encontrar a otra mujer coronada faraón. Se trata nada menos que de Nefertiti, conocida de todos por la artificial belleza perfecta de su busto expuesto en el Museo Egipcio de Berlín y por ser la esposa de Akhenatón. No solo fue la perfecta imagen de la fertilidad, pues le dio media docena de hijas al faraón, sino también la perfecta compañera política de su esposo. Y ello desde el principio mismo de su reinado, de cuando se conserva una imagen de ella donde aparece representada golpeando a los enemigos de Egipto, una iconografía de uso exclusivo del soberano. Con las briznas de documentación que conservamos, las posibles reconstrucciones de este intrigante período de la historia de Egipto son muy variadas. Con todo, algo que parece haber sido aceptado por la mayoría de los egiptólogos es que Nefertiti llegó a coronarse faraón y reinar un par de años a la muerte de su esposo, tras cambiarse el nombre a Neferneferuatón. Los detalles son oscuros, porque además podría haber sido sucedida como faraón por la mayor de sus hijas, Meritatón, lo cual supone complicar la cosa todavía más. En especial cuando añadimos al conjunto la presencia del esquivo Esmenkhkara, que podría resultar incluso un príncipe hitita llegado para suplir la falta de un heredero varón.

La última mujer en sentarse en el trono egipcio como faraón fue Tausert, también en un momento peliagudo para la dinastía gobernante, el final de la XIX dinastía. Era la esposa de Seti II, cuyo reinado sufrió con los cuatro años de rebelión de Amónmose, posiblemente un hijo suyo, en la zona sur del país. La vida de Seti II terminó casi a la vez que la del rebelde y entonces el trono pasó a su hijo Siptah, un niño con polio cuya regencia quedó asegurada por su esposa Tausert. Aquí aparece entonces un oscuro personaje, el canciller Bay, un importante funcionario de origen asiático que se jacta de haber colocado en el trono a Siptah. Quizá fueran sus mañas para manejarse entre las bambalinas del poder las que terminaron haciendo que fuera ejecutado por orden del faraón: «Año 5 III mes de *shemu* el 27. En este día, el escriba de la tumba Paser vino a anunciar: "El faraón, vida, fuerza, salud, ha matado al gran enemigo Bay"».[252] Apenas tres años después, moría Siptah y su regente se coronaba en su lugar como faraón. En una corte plagada de tensiones apenas dos años permaneció en el trono antes de desaparecer de un modo que todos sospechan fue expeditivo y no natural.

Nefertiti golpeando a un enemigo en un bloque procedente del templo del Atón en Karnak (Redford 1975)

No han sido sino unas pequeñas pinceladas para esbozar el cuadro de las reinas egipcias, pero está claro que en el Doble País no faltaron mujeres que se negaron a ser meras comparsas a la sombra de su esposo el faraón. En realidad, no fueron pocas las que llegaron a tener bastante que decir en el devenir del reino, en especial cuando se recurría a ellas para actuar como regentes o convertirse en las salvadoras de la dinastía como últimas representantes de un linaje.

252 P. Grandet: «L'execution du chancelier Bay O. IFAO 1864», *BIFAO*, 100 (2000), pp. 339-345.

20

Si ellos pueden, nosotras también

En un mundo como el de la Antigüedad, donde las mujeres eran ciudadanos de segunda en casi todas las civilizaciones (algo que desgraciadamente podemos ampliar hasta la época contemporánea), el caso del antiguo Egipto destaca por justo lo contrario, de lo que no faltan ejemplos. Atendiendo al necesario equilibrio del mundo, la *maat,* hombres y mujeres eran considerados iguales. Algo que se refleja en que poseían exactamente los mismos derechos y obligaciones. Evidentemente, la realidad luego podía mostrarse esquiva con el concepto, pero al menos este existía. Desde nuestro punto de vista occidental del siglo XXI, esta afirmación choca bastante con la imagen y consejos que ofrecen algunos textos sapienciales cuando hablan de las mujeres. *Las máximas de Ptahhotep,* por ejemplo, uno de los más antiguos que conocemos, recomiendan a sus lectores:

> Si eres excelente, debes fundar su casa, y amar a tu esposa de acuerdo a sus estándares: llena su vientre, viste su espalda; el perfume es una prescripción para sus miembros. ¡Hazla feliz mientras vivas! Es un campo, bueno para su señor. No debes juzgarla. Apártala del poder, domínala; su ojo cuando mira algo es su tormenta. Así es como harás que perdure en tu casa: debes contenerla. Una mujer que están en sus propias manos es como el agua de lluvia: es deseada, y se ha ido.[253]

La biología mandaba y el ideal de las mujeres, según lo redactaban los hombres que escribían los textos, era alumbrar una abundosa progenie que ayudara a mantener a sus padres en los años de ancianidad y luego mantuviera su culto funerario. Algo que podemos leer en las *Enseñanzas de Ani,* por ejemplo: «Toma una mujer mientras

253 R. B. Parkinson: *Voices from ancient Egypt,* 1991, pp. 69-70.

eres joven, que tenga un hijo para ti; ella te dará hijos mientras eres joven. Enséñale a ser un hombre. Feliz es el hombre cuyas gentes son muchas, es saludado en función de su progenie».[254] Y todo, como no podía ser menos, respetándola, como leemos en el mismo texto: «No controles a tu mujer en su casa cuando sabes que es eficiente; no le digas: "¿Dónde está? ¡Ve a buscarlo!", cuando lo ha puesto en el lugar correcto».[255] Sin olvidarse, por supuesto, de que el hombre es fuego, la mujer, estopa, llega el diablo y sopla, o como nos previene Ani: «Así es una mujer lejos de su esposo: "Soy bonita", te dice a diario, cuando no tiene testigos; está lista para atraparte».[256] Por fortuna los numerosos documentos legales, actas de juicios y fallos de los tribunales que se han conservado nos permiten matizar el contenido de los textos sapienciales y saber que la mujer, legalmente al menos, no era una ciudadana de segunda.

Mujer dando de mamar a su hijo. Ostracon hallado en Deir al-Medina. Reino Nuevo. Museo Británico EA 8506 (dibujo del autor)

254 M. Lichtheim: *Ancient egyptian literature*, II, 1976, p. 136.
255 M. Lichtheim: *Ancient egyptian literature*, II, 1976, p. 143.
256 M. Lichtheim: *Ancient egyptian literature*, II, 1976, p. 137.

Es cierto que no son muchos los documentos donde vemos a una mujer presentando un caso ante el tribunal del pueblo, pero sí los bastantes como para que quede claro que tenían capacidad legal para hacerlo. El mejor ejemplo son dos casos de violencia doméstica registrados en Deir al-Medina. En el primero, pese las lagunas del texto,[257] parece que en él se denuncian una serie de bastonazos propinados por su esposo a una mujer, que probablemente los denunciara ante el tribunal, que diligentemente los recogió en este documento.

El segundo es una denuncia más concreta, aunque por desgracia también fragmentaria, donde se nos informa de lo siguiente:

> Año 20, tercer mes del verano, día 1. Día que el trabajador Amenemope compareció ante el tribunal formado por [siguen siete nombres] [...] diciendo, «En cuanto a mí mi marido [...]. Entonces me pegó me pegó [...]. E hice que trajeran a su madre, él [...]». Se encontró que no tenía razón, y uno hizo [...] y le dije: «Si tu [...] delante de los magistrados». Y realizó un juramento delante del señor diciendo: «Igual que Amón vive».[258]

Como vemos, tras sufrir una paliza a manos de su esposo, la mujer intentó hacerlo entrar en razón llamando a su madre para que lo reconviniera. Y es muy probable que, contrito, prometiera no hacerlo más... hasta la siguiente, que lo acabó llevando ante el tribunal del poblado, donde realizó otro juramento ante testigos ante el dios Amón, esperamos que con mejores resultados que el primero. De no ser así, nuestra anónima denunciante habría podido terminar como la mujer de treinta y cinco años enterrada en el cementerio del Reino Medio de Abydos, cuyos huesos son un claro mapa de toda una vida de abusos que terminaron con un puñal clavado en la espalda. Se entiende así que Ramsés III, para alabar su buen gobierno, presumiera en un papiro diciendo: «Yo hice posible que la mujer de Egipto siguiera su camino, que sus viajes se extendieran hasta donde ella quería, sin que ninguna persona la asaltase en ruta».[259]

Pese a todo, no pensemos que las mujeres egipcias eran unas desvalidas, porque conocemos un caso en el que una de ellas participó, o al menos le fue sugerido que participara, en un asesinato. Esto es lo que escribe el general Payankh a su esposa (o su madre), la Sra. Nedjedmet:

---

257 Se trata del ostracon DeM 919.

258 Ostracon Nash 5r (A. G. McDowell: *Village life in ancient Egypt*, 1999, p. 34, n.º 8).

259 Papiro Harris I, 78, 8-9 (J. Baines y J. Malek, *Atlas of ancient Egypt*, 2002, p. 204).

> Respecto a la cuestión de esos dos policías de quienes has dicho que han hablado, ponte de acuerdo con Payshuweben y el escriba Tjaroy. Haz que esos dos policías sean traídos a mi casa y arregla sus acusaciones la más rápidamente posible. Luego haz que sean asesinados y arrojados al río por la noche. Escríbeme qué tal te va. Saludos.[260]

Si dejamos atrás esta triste y milenaria realidad de la violencia doméstica, podemos ver que si las mujeres poseían capacidad legal para presentar denuncias también la tenían para recibir todo el peso de la ley cuando eran consideradas culpables de un delito. Así pudo comprobarlo en sus carnes Herya, denunciada por una vecina de Deir al-Medina por haberse apoderado con malas artes de un cincel de cobre que uno de sus vecinos utilizaba para excavar la tumba real del momento. Las autoridades competentes no se anduvieron con remilgos porque fuera mujer. Averiguar el paradero del valioso objeto, que en última instancia además pertenecía al faraón, no lo olvidemos, era importante. De modo que durante una hora Herya sufrió el mismo interrogatorio que un hombre... hasta que confesó su delito. El tercer grado, aplicado después de que se le diera la oportunidad de confesar y tras haber jurado en vano por Amón, parece que tenía lugar en un establecimiento junto al río conocido como «el lugar de los interrogatorios», donde hombre y mujeres compartían espacio de castigo:

> Año 25, primer mes del invierno, día 25. En este día, Nakhtemmut, hijo de Khonsu, fue traído, junto con Isis, la esposa de Anynakhte después de haber estado prisioneros en el lugar de los interrogatorios debido a [...] en la necrópolis.[261]

Su idéntico valor ante la justicia queda de nuevo patente cuando estudiamos el encarcelamiento por parte del Estado durante el Reino Medio de los familiares de alguien que había huido para no cumplir con la azofra, el trabajo obligatorio debido al faraón. Así leemos en el registro de la cárcel, el papiro Brooklyn 35.1446:

---

260 Papiro Berlín P 10489, *Late ramesside letters*, n.º 35 (K. Donker van Heel: *Mrs. Naunakhte*, 2016, p. 184).

261 Ostracon Turín 57556 (A. G. McDowell: *Village life in ancient Egypt*, 1999, p. 193, n.º 148

> Teti, hija de Sainher. | Una mujer del escriba de los campos de This. | De sexo femenino. | Orden transmitida al gran *kheneret* el año 31, el (?) mes de la estación (?), el día (?) para ser liberada por la *djadjat*, siendo una orden transmitida para ejecutar contra ella la sentencia que se aplica a quien huye sin cumplir con su tarea. | Presente. | El escriba del visir Deduamón ha declarado que se había cumplido. | Asunto cerrado.[262]

Viendo que poseían capacidad legal, lógico parece pensar que participaron igualmente en la estructura administrativa del faraón, pero en este caso parece que la respuesta es negativa, con matices. A lo que parece por la documentación existente, la Administración egipcia era campo vedado para las mujeres. Esto quiere decir que todos los cargos de escriba, de mensajero, de encargado del catastro, de jefe de expedición, etc., eran siempre ocupados por hombres; por supuesto, nunca dejó de haber mujeres que realizaban trabajos remunerados para el faraón y que por ese mero hecho ya eran parte del organigrama oficial, pero no en cargos como los de los varones. Parece, además, que se trata de una exclusión que creció a partir de finales del Reino Antiguo, donde todavía encontramos a algunas mujeres que ocupan puestos relevantes. Por ejemplo, se conoce a dos mujeres que fueron «supervisora de bailarinas», a una «supervisora de cantantes», a una «supervisora de médicos» y a una «supervisora de la cámara de las pelucas». Los más altos cargos políticos parecen incluso a su alcance, y no está claro que el nombramiento fuera únicamente una recompensa honorífica que le permitiría disfrutar del salario y reconocimiento social del puesto, pero no de su capacidad de mando. Estamos hablando de Kemu durante la XIII dinastía, que aparece en la estela de su esposo, el gobernador Wahka con el título de «la gobernadora». Pero sobre todo del de Nebet durante la VI dinastía, con cuyas dos hijas se casó Pepi I. Nebet fue enviada como visir provincial a la ciudad de Abydos acompañada por su esposo Khui, que recibió el cargo de «supervisor del Alto Egipto». Inenek/Inti, una esposa de Pepi I también tiene el título de visir. A partir de este momento, la presencia de las mujeres en cargos relevantes en el organigrama no dejó de menguar, por más que durante el Reino Nuevo no faltaran las «grandes esposas del rey», que tuvieron mucho que decir en el gobierno del país. Como nos recuerdan las *Enseñanzas*

262 A. Philip-Stéphan, *Dire le droit en Égypte pharaonique*, 2008, p. 283, doc. 82.

de Ani: «Así, uno siempre dice, el rango crea sus reglas; una mujer es preguntada por su marido, un hombre es preguntado por su rango».[263]

Hasta el Reino Nuevo el sacerdocio fue una tarea a tiempo parcial que se cumplía por meses, durante los cuales se cobraba como sueldo un porcentaje de las propias ofrendas al dios. Llegado el imperio, el sacerdocio pasó a ser un oficio a tiempo completo. Hemos de tener en cuenta que no todos los que trabajaban en un templo eran sacerdotes; pero todos se encargaban de servir al dios que moraba en él, mujeres incluidas, que las había. Habida cuenta de que los sacerdotes con capacidad para penetrar en el sanctasanctórum y realizar las ofrendas diarias al dios eran meros representantes del faraón, que ideológicamente siempre era un varón, se entiende que no hubiera sumas sacerdotisas. No obstante, sí conocemos algunos ejemplos de mujeres que ocuparon el cargo de *wabet*, el equivalente femenino del sacerdote *wab* (puro), encargados de realizar las tareas menores del culto. Es el caso de Shepeset, que participó en el culto de Gesiab, o el de Senebtisi Sement, que fue «sacerdotisa *wab* de Khonsu que está en Tebas», ambas durante la XIII dinastía. Por encima de ellos estaban los sacerdotes *hem netjer* (servidores del dios) y ese quizá fuera el cargo de la sacerdotisa de Hathor llamada Hetpet durante la V dinastía, el de *hemet netjer*. En cualquier caso, son escasísimas las mujeres que conozcamos que trabajaron en un templo ocupando estos puestos. Caso aparte son las reinas e hijas del rey, que a partir de la XVII dinastía podían ser «esposa del dios» y «mano del dios». Eran sumas sacerdotisas que no se ocupaban del culto diario, pero sí interactuaban con la estatua sagrada del dios y tenían una importancia capital a la hora de generar el impulso sexual de la divinidad y con él la regeneración del mundo. Es en ese ambiente sexual/generador donde de hecho encontramos a la mayoría de las mujeres participantes en el culto, en forma de cantantes o músicas. Una actividad, la musical, que estaba relacionada con la diosa Hathor y como tal con sus aspectos más eróticos y reproductivos.

Si nos situamos ahora a finales del Reino Nuevo, tenemos una interesante carta donde vemos a las mujeres encargándose de las tareas que competían a un hombre por su cargo oficial. Se trata de una misiva que el escriba de la necrópolis Nesanemope le escribió a la que suponemos es su esposa, la cantante de Amón Henuttawy, pidiéndole que lo sustituyera en sus funciones, ya que se encontraba fuera, y recibiera

263 M. Lichtheim: *Ancient egyptian literature,* II, 1976, p. 140.

en su nombre varios cargamentos de grano. La carta es de lo más interesante, no solo porque vemos a una esposa actuando en nombre de su marido y haciéndose cargo de sus labores en ausencia de este, sino también porque podemos comprobar que había que andarse con mil ojos, puesto que Nesanemope le advierte que compruebe que no utilicen una medida superior a la oficial. Presentada la queja, un medidor y un escriba de la oficina del visir comprobaron la medida *oipe* (19,2 l) que se iba a utilizar en la cuenta del grano y descubrieron que era una medida *hin* (0,48 l) más grande de lo que debía, de modo que se utilizó la medida *oipe* del granero de Amón. Pese a todo, de los supuestos 162,5 *khar* que debían de recibirse, solo 150 llegaron. Mujer resolutiva, Henuttawy comprobó la medida utilizada y les dijo: «Estoy satisfecha con la comprobación. Encontraré el grano allá donde esté».[264] En la carta se habla de otras recepciones semejantes que le encomienda su esposo, a quien también da noticias de su padre: «No te preocupes de tu padre. Está bien, tiene salud. Ningún daño le ha ocurrido».[265]

Mujer tocando el laúd (Vandier d'Abbadie, lám. LV n.º 2391)

264 E. Wente, *Letters form ancient Egypt*, 1990, p. 174, n.º 290.
265 E. Wente: *Letters form ancient Egypt*, 1990, p. 175 n.º 290.

¿Tenemos entonces en esta carta un ejemplo de que las mujeres en el antiguo Egipto sabían leer y escribir? Por desgracia, no se conserva ningún documento que sepamos a ciencia cierta fue escrito por una mujer. La alfabetización era mínima por entonces entre los hombres y menos todavía entre ellas, pero como el aprendizaje del oficio se realizaba en las más de las ocasiones de padres a hijos, no sería extraño que algunas mujeres ajenas a la nobleza supieran leer y escribir. Al fin y al cabo, sabemos que en Deir al-Medina el pintor Nebra formó en escritura y dibujo a varios aprendices, entre ellos una mujer llamada Henutnefer. En la mayoría de casos, sin embargo, hemos de suponer que recurrían a los servicios de un escriba para realizar la lectura y la redacción de sus cartas. En cualquier caso, incluso las meras amas de casa sin dominio de la escritura ni la lectura participaban de la economía doméstica y local; pues no son pocas las mujeres que aparecen en las escenas de mercado encargándose de vender sus mercancías.

Un detalle importante de la libertad de la que disfrutaban las egipcias era su capacidad para decidir con quién y cuándo se casaban. El matrimonio a orillas del Nilo no necesitaba de ningún tipo de sanción administrativa ni religiosa. Bastaba con decir: «Nos vamos a vivir juntos» y la cosa ya estaba hecha. Está claro que casarse no era el objetivo de las egipcias, al menos de algunas, que no tenían reparos en darle con la puerta en las narices a los pretendientes que no les hacían tilín:

> Lista de todo lo que llevé a su casa:
>
> ~~1 sábana de tela suave / 1 saco de cebada / 4 sacos de farro / Total 5 sacos~~ [tachado por el propio escriba].
>
> 1 una túnica de tela suave / 2 *hin* de aceite de sésamo / 2 pares de sandalias (falta una) / 2 cestas *denyt* / 1 estera de dormir / una estera normal / 1 jarra de manteca / 1 reposacabezas / 1 tapete / ~~3 esteras~~ / 2 cajas de shabtis, 1 falta / 1 caja *tajy* / hogazas, total 165 (?) / 30 hogazas de la recompensa / 30 peces *berrey* / 2 cedazos / 2 cuencos / 10 jarras de cerveza / 1/4 de *oipe* de judías / 1/4 de *oipe* de fruta *sety* / 1/4 de *oipe* de sal / 5 ladrillos de natrón / 2 anillos de jaspe rojo / 1 amuleto de ojo de jaspe rojo, hecho de una pieza.
>
> Y ellos me echaron de allí, a pesar de que ella ni (¿siquiera?) había hecho para mí un vestido para mi trasero.
>
> Fui de nuevo con todas mis propiedades para vivir con ella. Fíjate, actuó exactamente igual de nuevo.[266]

266 Ostracon Nash 6 (A. G. McDowell: *Village life in ancient Egypt*, 1999, n.º 20, pp. 45-46).

Suponemos que este alarde de buen pasar para convencer a la dama de sus sueños se limitó a una muestra representativa y a la lectura de la lista, porque si no, los dos paseos del pobre enamorado por las estrechas calles de Deir al-Medina hubieran sido bastante tristes. O quizá se trataba de parte del ceremonial del cortejo. No tenemos modo de saberlo.

Sea como fuere, si las mujeres podían rechazar pretendientes, también podían mostrarse activas en su búsqueda de la pareja ideal. En este caso, el objetivo de sus afectos, el sacerdote Weserhat, no parece enterarse de lo que estaba pasando y escribió indignado una carta a su hermana Resty quejándosele del, para él incomprensible, comportamiento de una mujer del poblado. Mientras estaba con unos amigos vino Iupy y le dijo algo así como: «Mira, me habría encantado dejar este cargamento de paja en tu almacén, pero no tienes ninguno, ¿verdad que no?».[267] Esperemos que su hermana le explicara que estaba intentado llamar su atención y con qué objetivo…

Esta libertad de elección se deja ver igual de claramente en el terreno del sexo, porque carentes de las cortapisas psicológicas que impone una educación judeocristiana, las egipcias hacían y deshacían a su conveniencia con sus *partenaires*. Al menos así parece leerse de las muchas historias de sexo y adulterio que encontramos en la documentación de Deir al-Medina, que muy probablemente puedan extrapolarse al resto de Egipto.

Por supuesto no solo seducían, como vamos a ver de inmediato, sino que se dejaban seducir. El caso de crápula más conocido es el de Paneb, un matón de pueblo con un ramalazo violento (eso al menos afirman sus enemigos) que llegó a jefe de los trabajadores del poblado y tenía mucha maña con las mujeres. Tanto es así que, no contento con meterse en la cama de la suegra de su hijo, también consiguió yacer con su nuera. No es el único don Juan del poblado, porque Weserhat o Pentaweret «tuvo sexo con tres esposas con marido, incluida la Sra. Menat, cuando ella estaba con Kenna; la Sra. Taiuenes cuando ella estaba con Nakhteamón; y la Sra. Tawerethotep cuando estaba con Pentaweret».[268] Parece claro que en estos dos casos el intruso de camas ajenas es un hombre, pero no son pocos los casos que se conocen donde es una mujer: «Denuncia relativa a lo que dijo el escriba del distrito

267 Ostracon Glasgow D.1925.87 (O. Collin Campbell) (K. Donker van Heel: *Mrs. Naunakhte*, 2016, p. 176.

268 P. Turín 1880 (A. G. McDowell: *Village life in ancient Egypt*, 1999, n.º 147, p. 193).

Wennefer de que la esposa de Anhotep tuvo sexo con los tres hijos del escriba Hori, hijo de Pentawere, y tuvo sexo con el escriba de la necrópolis Hori».[269] Tan seguras estaban de su libertad de elección, que una de ellas decidió negarse a cumplir con su esposo el sagrado «débito conyugal». Justamente indignado, el marido decidió presentar su caso ante el tribunal: «Como Amón perdura, como el soberano perdura, hice de esta mujer mi esposa, pero ella no me ama y no tiene sexo conmigo».[270] Tras ponderar la acusación el tribunal indagó si había echado de su casa a la esposa no cumplidora. Dada la respuesta positiva a esa pregunta del tribunal, quizá estemos ante un caso de divorcio, donde la parte masculina se negaba en redondo a repartir su propiedad con la parte femenina, que quiso utilizar el sexo como elemento de presión y se encontró con un resultado inesperado.

A veces el marido engañado era tan ingenuo o despistado que no se enteraba de lo que estaba pasando. Por fortuna para las chismosas, las calles de Deir al-Medina eran muy estrechas (menos de dos metros), las puertas de las casas no siempre cerraban a la perfección y todas las viviendas tenían un muro medianero con las que las flanqueaban, de modo que no resultaba muy complicado entrometerse en la vida de los demás. Un modo discreto de hacerlo fue el adoptado por esta mujer, preocupada por la situación en casa de su vecino sin este saberlo. En una carta le decía:

> En cuanto a mí, ¿no te llevé a un lado para decir: «Mira las cosas que has hecho por tu esposa», y para decir: «Estás ciego por cuanto a ella respecta?». Me apartas debido a tu ceguera con ese crimen, que es una abominación de Montu. Mira, haré que veas esas aventuras sexuales que tu esposa tiene a tu costa.[271]

A lo que parece, eran varios los hombres que no dejaban enfriar la cama del anónimo cornudo.

Uno de los casos más llamativos de adulterio es el que tuvo que soportar un servidor de Amónemone, que se había casado con la hija de Payom y tras pasar la primera noche en casa de su padre, como quizá

---

269 P. Milán RAN E 0.9.40126, E 0.9.40127 y E 0.9.40128 (K. Donker van Heel: *Mrs. Naunakhte*, 2016, p. 168).

270 Ostracon Cairo CG 25227 (K. Donker van Heel: *Mrs. Naunakhte*, 2016, p. 184).

271 Ostracon Deir al-Medina 439 (A. G. McDowell: *Village life in ancient Egypt*, 1999, p. 49, n.º 23).

mandaba la tradición, cuando el día siguiente fue a buscar a su flamante esposa se la encontró encamada con Merysekhmet, un niño de papá con malas pulgas y tendencia a los excesos. Cuando el pobre marido engañado denunció la situación se encontró con la inesperada respuesta de cien bastonazos. Sin duda en ese momento el tribunal del pueblo estaba compuesto por compañeros de francachelas del seductor, no caben muchas más explicaciones. El caso es que, presentado un recurso al jefe de trabajadores, este sí reconoció el (doble) agravio sufrido e hizo jurar al seductor que no se acercaría nunca más a la mujer, bajo pena de que le cortaran la nariz y las orejas y el exilio en Kush; pero de poco sirvió, porque en posteriores aventuras llegó a dejarla embarazada, lo cual le valió otro juramento con el castigo de ir a picar piedra a Elefantina. No sabemos cómo terminó la cosa, desafortunadamente.

Está claro, por lo que hemos visto hasta ahora, que la mujer solía encontrarse en posición de dependencia económica con respecto a su esposo; pero eso en modo alguno supone que todas se dejaran mangonear, del mismo modo que podían elegir compañero de cama, también sabían cómo hacerse valer en su casa. Y si no que se lo digan a Shedukhons, todo un capitán de la tropa y escriba, que por culpa de su mujer perdió la cara ante uno de sus subordinados, un recluta nubio llamado Painebenadjed. Esta es la carta que le escribió:

> Después de que te dijera que no te volvería a conceder el derecho a cultivar regresé a Ne [= Tebas]. Pero mira, mi esposa, la señora de mi casa, me dijo: «No le quites a Painebenadjed el cultivo de esos terrenos. Devuélveselos. Déjale que los cultive.» De modo que tan pronto como te llegue mi carta debes atender al cultivo de esos terrenos y no seas descuidado respecto a ellos.[272]

Hay muchos modos posibles de reconstruir el contexto de la carta, pero quedémonos con que la «señora de su casa» tenía más conocimiento de lo que sucedía en la economía familiar que su marido, atareado siempre en el cuartel y sabía que el recluta era un aparcero honrado y de fiar que le sacaba todo el rendimiento al terreno.

Sea como fuere, como no siempre las hijas tenían el buen sentido de rechazar a un novio inadecuado, no faltaban los padres que se

272 Papiro de Berlín 8523, de la XXI dinastía (E. Wente: *Letters from ancient Egypt*, 1990, p. 209, n.º 339).

adelantaban a los acontecimientos y hacían firmar un contrato prematrimonial a sus futuros yernos con vistas a proteger a sus hijas:

> Año 23, primer mes del invierno, día 4. Este día, Tenermontu dijo al trabajador jefe Khonsu y al escriba Amónnakhte hijo de Ipuy, «Haced que Nakhtenmut haga un juramento ante el señor, v.s.f, diciendo: «No abandonaré a su hija».
>
> Juramento ante el señor, v.s.f., que pronuncia: «Al igual que Amón permanece, igual que el monarca permanece, si incumplo mi palabra y abandono a la hija de Tenermontu en el futuro, recibiré 100 golpes y seré desprovisto de todas las propiedades que adquiera con ella». [Sigue la firma de los testigos y los dos implicados].[273]

Tenían, al menos algunas, libertad para escoger un marido del que también podían divorciarse con total libertad sin temor a represalia ninguna; aunque en Deir al-Medina nos encontramos con una docena de hombres divorciados por únicamente tres mujeres. De hecho, caso de romperse el matrimonio, no solo recuperaban los bienes que habían aportado al mismo en forma de dote, sino también una tercera parte de los de su exmarido. Como para pensárselo.

Desgraciadamente, el posterior gineceo ateniense, la subordinación al *pater familias* de las romanas y la misoginia del apóstol Pablo incorporada al pensamiento cristiano hicieron que las mujeres occidentales hayan tardado muchos milenios en volver a gozar de unos derechos de los que nunca hubieran debido ser desprovistas.

---

273 Ostracon Bodleian 253 (A. G. McDowell: *Village life in ancient Egypt*, 1999, p. 33, n.º 7).

21

Con mi dinero hago lo que quiero

No cabe duda de que tener la capacidad de comprar y vender propiedades, comerciar con los bienes que uno posee o realizar un trabajo remunerado proporciona una independencia económica con respecto a segundas o terceras personas que permite disfrutaron de libertad. Una capacidad de la cual las mujeres del antiguo Egipto disfrutaron a la par que los hombres. Cierto que en una sociedad donde el faraón poseía la potestad, la cual ejercía, de disponer a voluntad del trabajo de sus súbditos para cualesquiera menesteres sin que ellos tuvieran posibilidad de negarse, resulta difícil decidir dónde empieza el hombre libre y dónde termina el esclavo; pero incluso en eso era igualitario el mundo faraónico, pues la azofra afectaba por igual a hombres y mujeres, que tenían una deuda que saldar con el soberano.

Se han de imaginar todos los matices posibles, pero por más que resulta innegable que en el antiguo Egipto las mujeres tenían tanta libertad como los hombres, incluida la económica, esto no quita para que todas acabaran desposadas. Al fin y al cabo, tener hijos no es que fuera una responsabilidad social, que también, sino una salvaguardia para los años de senectud cuando ya no se pudiera seguir siendo un elemento económicamente productivo. En cualquier caso, la principal actividad económica de las egipcias ajenas a la nobleza fue siempre la de ama de casa *(nebet per)*. Unas labores que en el caso de los campesinos con seguridad implicaba ayudar a su esposo en las tareas agrícolas. Además, colaboraban en la economía familiar vendiendo en el mercado los bienes que producían.

Los productos con los que se podían mercadear en el mercado eran bien productos perecederos, bien productos manufacturados a pequeña escala. En el primer caso serían vegetales cultivados en el terreno familiar o animales o peces desecados/cocinados; en el segundo puede tratarse de telas, cestas, cerámicas... Eran cosas que se fabricaban en todas las casas, pero que sin duda no a todo el mundo le salían igual de bien. Por lo tanto, si alguien tenía talento para usar el telar y gracias a él producía una tela de propiedades superiores a la media del poblado, y ese plus de calidad acababa siendo evidente para sus vecinos, gozaba de una ventaja que podía explotar económicamente; lo mismo si tejía cestas, tallaba juguetes o producía cualquier otro objeto que resultara especialmente duradero, útil o simplemente bonito. Producto excedente en mano, luego podía ir con él al mercado a intercambiarlo por algo que necesitara.

Mujer vendiendo sus productos en un mercado. Tumba de Niankhnum y Khnumhotep. v dinastía. Sakkara (dibujo del autor)

En las escenas donde aparecen, estos mercados se encuentran situados mayormente a orillas del río, sin duda porque ello facilitaba el acceso al mismo a la mayor cantidad de gente posible de los alrededores. La relevancia de esta actividad económica de las mujeres egipcias queda en evidencia al ser uno de los rasgos que en el siglo v a. C. Heródoto destaca para señalar que en Egipto todo se hace al revés que en el resto del mundo: «… han adoptado en casi todo costumbres y leyes contrarias a las de los demás pueblos. Entre ellos son las mujeres las que van al mercado y hacen las compras, en tanto que los hombres se quedan en casa tejiendo».[274]

274 *Historia*, ii, 35 (traducción de C. Schrader, p. 318).

Mercado en el río, con varias mujeres vendiendo sus mercancías. Tumba de Ipuy (TT 217). Reinado de Ramsés II. XIX dinastía (Davies, 1927, lám. XXX)

Cuando la labor del esposo se situaba dentro de la Administración, es posible que las mujeres pudieran ejercitar con algo más de facilidad sus capacidades económicas, al disponer de un mayor «capital» con el que mercadear. Este ejemplo, procedente de Deir al-Medina (cómo no) nos muestra con claridad que las mujeres podían negociar el precio de los objetos que les interesaba conseguir: «Otra cuestión para Nenutwedjbu (fem.): Por favor presta atención y busca para mí (fem.) una túnica a cambio del anillo; te concedo diez días».[275]

Otro buen ejemplo de los mercadeos de una mujer es este en el que la señora Erenofre cuenta en un documento cómo adquirió una esclava: «El mercader Reia se me acercó con la esclava siria Gemnihiamente, siendo ella todavía una niña, y me dijo: "Compra esta chica y dame un precio por ella"».[276] El precio fueron cuatro *deben* y un *qite* de plata (estamos en la XX dinastía, en plena época ramésida). Más adelante, en este mismo documento la misma mujer adquiere un esclavo al mismo mercader. Debido al elevado precio de la «mercancía», en ocasiones la compra realizada podía resultar sospechosa, en especial si nos encontramos en plena efervescencia del robo de tumbas en la necrópolis tebana, Valle de los Reyes incluido.

Un par de esas adquisiciones que alguien con unos ingresos limitados no podía permitirse llevó al interrogatorio de dos «sospechosos habituales». Uno era el jardinero Kel, que sin duda sufrió mucho cuando su esposa fue llevada a declarar: «El escriba Djehutymes le dijo: "¿Cómo conseguiste los esclavos que has adquirido?". Ella dijo: "Si los he

275 Ostracon Deir al-Medina 125 (A. G. McDowell: *Village life in ancient Egypt*, 1999, p. 75, n.º 46b).

276 Papiro Cairo 65739 (A. M. Bakir: *Slavery in pharaonic Egypt*, 1978, pp. 70-71).

adquirido es a cambio de los productos de mi jardín"».[277] Una respuesta que no convenció en absoluto al encargado de la investigación, pero que al menos nos permite comprobar que, en efecto, el excedente de producción personal podía ser vendido a particulares por las mujeres.

En el otro interrogatorio, la sospechosa prefiere hacerse la tonta y dedicarse a despejar balones con la cantinela de que ella no sabía nada, que todo era cosa de su esposo:

> Se trajo a la ciudadana Irynefer, la mujer del extranjero Panehesy, hijo de Tjat [...]. Se le dijo: «¿Qué tienes que decir respecto a la plata que ha traído Panehesy, tu esposo?» Ella dijo: «No la he visto». El visir le dijo: «¿Cómo conseguiste los servidores con ella?». Ella dijo: «No he visto plata. Fue cuando estaba en los desplazamientos a los que se dedicaba cuando los adquirió».[278]

Lo que nos interesa a nosotros es que el interrogador, nada menos que el visir, da por supuesta la capacidad de Irinefer de disponer de sus propios recursos para realizar adquisiciones a título personal.

Por supuesto, poseer algo significa defenderlo cuando alguien intenta arrebatártelo y eso es lo que pasa en uno de los juicios más conocidos de la jurisprudencia egipcia, el de los terrenos de Mes, que se prolongó desde la época de Horemheb (finales de la XVIII dinastía) hasta la de Ramsés II (principios de la XIX dinastía), casi ochenta años de dimes y diretes judiciales con protagonistas masculinos y femeninos por igual.

A principios de la XVIII dinastía, el faraón Ahmose recompensó con unos terrenos al capitán de barco Neshi, que había participado con distinción en la guerra contra los hicsos. «El asentamiento de Neshi» fue disfrutado a partes iguales por los descendientes directos del marinero. En época de Horemheb hubo problemas entre ellos y una comisión dividió el terreno por igual entre todos los hermanos. La hermana mayor fue declarada administradora, pero otra hermana se quejó ante los tribunales y se hizo un nuevo reparto. Gracias a él, Wernuro y luego su hijo Huy, un escriba, pudieron cultivar la tierra. Al morir Huy, heredaron el terreno su viuda Nubnofret y su hijo Mes, que fueron echados del mismo sin demasiados miramientos por un tal Khay, al que por

277 P. Vernus: *Affaires et scandales sous les Ramsès,* 1993, p. 57.
278 P. Vernus: *Affaires et scandales sous les Ramsès,* 1993, p. 57.

supuesto la viuda denunció: «Que se traigan para mí las declaraciones de impuestos del Tesoro, del mismo modo de la oficina del Granero del faraón. ¡Porque declaro con confianza que soy la descendiente de Neshi [...] el agente Khay no conoce mis derechos [...]!».[279] Khay y un funcionario fueron a los archivos de Per-Ramsés, donde no se encontró resto algunos de los documentos requeridos, por lo que la propiedad pasó a Khay. Así quedó la cosa hasta que, ya adulto y fallecida su madre, Mes decidió solucionar de una vez por todas la cuestión de la propiedad. Él sabía que sus padres habían explotado «el asentamiento de Neshi» y pagado los impuestos correspondientes, de modo que volvió a los tribunales y acusó a Khay de manipular los documentos en el archivo. Como prueba de que era el legítimo heredero presentó a toda una ristra de testigos que declararon que Huy era hijo de Wernuro y que esta era descendiente de Neshi y que todos habían cultivado el terreno. Para rematar su testimonio, Mes aportó también documentos antiguos que lo corroboraban todo. Estaba claro que el pérfido Khay había falsificado los documentos del archivo, de modo que el tribunal no pudo sino darle la razón al denunciante: «¡Mes tiene razón, Khay está equivocado!».[280] Y así lo vemos exultante en su tumba tras escuchar el veredicto.

Uno de los detalles más destacados del juicio de Mes es el protagonismo que en él tienen las mujeres de la familia de Neshi, a las que vemos recurrir a los tribunales con toda naturalidad y sabiéndose igual de protegidas por las leyes que los hombres. Está claro que las mujeres podían disponer de su patrimonio a su antojo y realizar el reparto de ellos en su testamento a su libre albedrío. Algo que podemos ver con total claridad en el caso de Naunakhte, que se muestra muy clara en quién recibirá sus bienes a su muerte y los motivos de ello.

Un texto que nos habla de las mujeres como dueñas de pleno derecho de terrenos es el papiro Wilbour; un documento que data del año 4 de Ramsés V (xx dinastía), donde se registran las dimensiones, el tipo y los dueños de las fincas agrícolas en una zona del Medio Egipto. Uno de los detalles más interesantes es que, de todos los propietarios listados, el 10,8 por ciento son mujeres, a las que se califica de *ankhet net niwt* (ser vivo [femenino] de la ciudad). Este título parece denotar siempre a una mujer casada, a una viuda e incluso una hija, en este caso de un militar fallecido o en activo. Su principal ocupación era ser ama de casa, una

279 K. A. Kitchen: *Pharaoh triunfant,* 1982, p. 128.
280 K. A. Kitchen: *Pharaoh triunfant,* 1982, p. 129.

categoría que en modo alguno las privaba de su derecho a poseer, transferir o transmitir propiedades, exactamente igual que su contrapartida masculina. Los terrenos de estas mujeres tienen siempre una superficie de entre tres y cinco *aruras*, adecuada para la supervivencia y en modo alguno propios de un terrateniente.

Nada mejor que presentar un caso concreto para ver a una egipcia de la época faraónica en pleno uso de sus facultades disponer de sus posesiones en completa libertad redactando su testamento. Como en tantos otros ejemplos que hemos ido viendo a lo largo de estas páginas, se trata de una habitante de Deir al-Medina llamada Naunakhte. Esta mujer de armas tomar no tiene ningún reparo (¿por qué habría de tenerlo?, la amparaba la ley) en acercarse al tribunal a dictar sus últimas voluntades, en las cuales deshereda a la mitad de sus hijos.

Se trata de una mujer ya mayor, que había enviudado en dos ocasiones y ardía en deseos de dejarles las cosas claras a sus hijos, a la mitad de ellos al menos, que son los que no se están ocupando de Naunakhte en sus años de senectud. No significa esto que estuviera incapacitada (ya vemos que su cerebro funcionaba sin problemas), simplemente que, si en el mundo antiguo los hijos eran el báculo de la vejez, había unos cuantos que parecían no acordarse de ella, ni siquiera el día de la madre. El texto resulta complejo y se reparte en varios documentos, pero su intención está clara: los descastados que se han olvidado de su madre no recibirían nada de las propiedades que Naunakhte había heredado de su primer marido, Qenhirkhopshef. Este, quien fuera escriba jefe del poblado, consiguió gracias a ello un capitalito que a su muerte pasó a su esposa. Así dejó por escrito sus últimas voluntades el año 3, el cuarto mes de la inundación, día 5 del reinado de Ramsés V:

> Este día, la dama Naunakhte hizo un registro de su propiedad ante la siguiente corte:
>
> el trabajador jefe Nakhteemmut
>
> el trabajador jefe Inherkhau
>
> [siguen doce nombres más]
>
> Ella dice: «En cuanto a mí, soy una mujer libre de la tierra del faraón. Crié a esos ocho sirvientes tuyos, y los equipé con todo lo que es habitual para la gente de esa condición. Ahora mira, me he hecho vieja, y mira, no se ocupan de mí. A aquellos que ponen su mano sobre mi mano, a ellos les daré mi propiedad; pero a aquellos que no me dan nada, a ellos no les daré mi propiedad».
>
> Lista de los hombres y mujeres a los cuales da:
>
> el trabajador Maanakhtef

el trabajador Qenherkhepesh. Ella dice: «Le voy a dar un cuenco en bronce de lavar como un plus por encima de sus compañeros, con un valor de 10 sacos de trigo».

el trabajador Amónnakhte

la dama Wasernakhte

la daña Menetnakhte.

En cuanto a la dama Menetnakhte, dice respecto a ella: «Compartirá la división de toda mi propiedad, excepto el *oipe* de trigo que mis tres hijos varones y la dama Wasernakhte me dieron o mi *hin* de aceite que me dieron del mismo modo».

Lista de los hijos de los cuales dijo: «No tendrán una parte en la división de mi tercio, sino solo en la de los dos tercios de su padre»:

el trabajador Neferhotep

la dama Menetnakhte

la dama Henutsenu

la dama Khatanebu

En cuanto a estos cuatro hijos míos, no tendrán una parte de la división de toda mi propiedad.

En cuanto a toda la propiedad que el escriba Qenherkhepesh, mi primer esposo, y también su propiedad inmueble y el almacén de mi padre, y también ese *oipe* de trigo que recogí con mi esposo, no tendrán una parte.

Pero estos ocho hijos míos compartirán la división de la propiedad de su padre en igualdad de términos.[281]

Como vemos, Naunakhte, que posiblemente era una quinceañera cuando se casó con su primer marido, un hombre quizá ya cincuentón, a las propiedades que heredó de este le sumó luego las que reunió con su segundo esposo, Khaemnun. Como queda claro, por mucho que pueda disponer de sus propiedades libremente, no por ello puede evitar que sus hijos hereden la legítima, las dos terceras partes de las propiedades de su padre.

El mejor ejemplo que poseemos de una mujer dedicada a sus negocios es de la Baja Época, siglos VI-V a. C. y ha sido estudiado a fondo por K. Donker van Heel, de quien tomamos toda la información pertinente. La mujer de negocios que nos vamos a encontrar en las páginas que siguen se llama Tsenhor y nació en torno al año 550 a. C., en pleno reinado de Ahmose II (XXVI dinastía); pero que pasó la mayor parte

281 Papiros Ashmolean Museum de Oxford 1945.95 y 1945.97 (A. G. McDowell: *Village life in ancient Egypt*, 1999, pp. 38-40, n.º 14).

de su vida como súbdita de Darío I, conquistador de Egipto. Ya desde pequeña parecía destinada al mundo de los negocios con los muertos, pues todo parece indicar que su nombre se lo debe a una mujer también llamada Tsenhor que entregó a su padre Nesmin once *aruras* como legado. Y es que el padre de nuestra protagonista trabajaba en Tebas como coaquita, es decir, un profesional encargado mediante contrato de mantener vivo y en marcha el culto funerario de alguien…, varias personas si los negocios marchaban bien. La generosa donación, no sabemos si para que se encargara de su memoria eterna le valió el reconocimiento de que su nombre continuara viviendo en una mujer de quien seguro hubiera estado orgullosa; no en vano participaba en el negocio familiar que había comenzado su padre. Además de ella estaban su hermano Nesamónhotep y dos medio hermanos llamados Inaros y Burekhef. Uno de los papiros del archivo familiar lo deja claro, si bien data de los momentos finales de la vida de Tsenhor, cuando rondaba los sesenta años de edad:

> A ti [= Tsenhor] pertenece un cuarto del pan del coaquita y cualquier otra cosa que se nos entregue como ofrenda para la boca del *kalasirio* [= policía] del nomo, Nespaser hijo de Teo y sus hijos. Realizarás el servicio de un coaquita por su cuarto de acuerdo con sus necesidades en cualquier momento.[282]

Fechado en el 491 a. C., este documento nos informa de cuáles eran el salario y las obligaciones de un coaquita en el desempeño de su labor. El primero consistía en las ofrendas presentadas al difunto, que el coaquita se quedaba por sus servicios, tras quedar expuestas el tiempo adecuado sobre la mesa de ofrendas. Las segundas estaban muy claras: realizar el culto funerario siempre que fuera necesario, a ser posible a diario, pero sobre todo de modo constante e incluyendo las «fiestas de guardar». De hecho, en la tumba de Sennefer (TT 96 de época de Tutmosis III) tenemos un ejemplo de cuáles podían ser algunas de estas fiestas. En los textos que la decoran se habla de que su familia pasaba a visitarlo en cuatro fechas clave durante el año: Wepet Renpet (o víspera de Año Nuevo), Nehebkau (un dios cuya celebración servía para confirmar el poder real), Tepy Renpet (el primero del año) y Peret Sopdet (el orto helíaco de Sirio). Por supuesto, un coaquita visitaría la tumba

282 Papiro Turín 2127 (K. Donker van Heel: *Mrs. Tsenhor,* 2014, p. 1).

mucho más a menudo con las ofrendas. Imaginamos que el modo más eficiente de realizar la tarea para uno muy solicitado sería hacer una ronda, es decir, cruzar a la necrópolis en la orilla occidental y visitar todas las tumbas a las que estaba ligado por contrato.

Los documentos del archivo de Tsenhor nos dejan claro que era una mujer que no solo realizaba una labor remunerada como la profesional que era, sino que gozaba de completa independencia económica con lo que respecta a sus propiedades. Así, en el año 517 reconoce a su primogénito de su primer matrimonio, Peteamónhotep, como su legítimo heredero, al igual que hace con su hija Ruru, de su segundo matrimonio.

Siendo una mujer con posibles y exitosa en los negocios, Tsenhor era todo un partido. Se casó primero con Inaro, quien falleció o de quien se divorció, o él de ella. Un procedimiento que en el antiguo Egipto era muy sencillo. El hombre podía repudiar *(khaa)* a su esposa y ella podía marcharse *(shem);* por supuesto, atendiendo a las responsabilidades económicas derivadas de la tradición o reflejadas en un contrato prematrimonial. Eso sí, teniendo la precaución de que la separación (amistosa esperamos) quedara reflejada por escrito, para no tener problemas de falsas acusaciones de infidelidad. Recordemos que el castigo consuetudinario por el adulterio era la muerte, como vemos en el primer cuento de *Khufu y los magos* y también en las *Máximas de Ankhsheshonq*, quien recomienda a sus lectores: «No hagas el amor con una mujer casada. Aquel que hace el amor con una mujer casada es muerto en el umbral de ella».[283] No obstante, seguramente es mera exageración, porque como vemos en los ejemplos de Deir al-Medina la sangre llegaba al río en muy pocas ocasiones.

Su segundo matrimonio fue con otro coaquita llamado Psenese, a quien también sobrevivió y con quien tuvo un hijo, Ituru, y una hija, Ruru. Un matrimonio que poco después de realizarse quedó atado y bien atado en lo económico con un documento firmado por ambos cónyuges donde quedaban claras ciertas cuestiones en previsión de posibles desavenencias conyugales:

> Año de reinado 5, tercer mes de la estación de *akhet* bajo el faraón, v.f.s, Darío, v.f.s. El coaquita del valle Psenese hijo de Heryrem, cuya madre es Beniuutethytes, ha dicho a la Sra. Tsenhor hija del coaquita del valle Nesmin, cuya madre es Ruru: «Me has dado tres *(deben)* de plata del

283 M. Lichtheim: *Ancient egyptian literature,* III, 1980, 23(1) 7, p. 177.

> Tesoro de Ptah, siendo dos *deben* de plata y 9 2/3 1/6 1/10 1/20 1/60 *kite* del Tesoro de Ptah, siendo tres *(deben)* en barras de plata de nuevo. Si te repudio como esposa o si te odio, te daré esos tres *(deben)* en barras de plata del Tesoro de Ptah mencionadas arriba que tú me has dado, así como un tercio de lo que adquiera junto a ti. Te los daré a ti.[284]

Otro de los negocios de Tsenhor que conocemos fue la adquisición de un niño esclavo llamado Psenpaqed. Es posible que también se convirtiera en socia de pleno derecho en el negocio de construcción de su segundo esposo y asimismo participó en la compra de un terreno o una casa en el año 512 a. C. El documento donde Psenese la reconoce como copropietaria es muy interesante, porque nos permite ver cómo funcionaba el sistema de catastro de los egipcios:

> Te he dado la mitad de esta casa/parcela en el/la cual pretendo edificar contigo, que se encuentra al oeste de Tebas en la tumba del faraón, v.f.s Osorkon, v.f.s. Su sur es la vía procesional de Amón, su norte la casa de la coaquita Sra. Ruru hija de Namenekhese, que está vacía, su oeste es la casa del coaquita Peterorresne hijo de Nesamunhotep y su este la buena casa de Inaro, hijo de Amunirdis. Te he dado la mitad de esta casa/parcela mencionada arriba. Es tuya, mientras que la otra mitad es mía.[285]

Unos pocos años después, en el 506 a. C. su medio hermano Nesamónhotep le entrega parte de un edificio comprado por su padre. Como vemos, Tsenhor tenía claro que diversificar su cartera de fuentes de ingresos era lo mejor para prosperar y evitar posibles menguas de ingresos. Con estos antecedentes familiares, no es de extrañar que años después Ruru siguiera los pasos de su madre y entrara en el negocio familiar de los servicios funerarios. Era el 497 a. C., y en los más de doce años que todavía tardó en fallecer su progenitora, seguro que aprendió el negocio con ella manteniendo viva la costumbre de las mujeres egipcias en el mundo de los negocios. No eran todas, pero tampoco eran pocas.

---

284 Papiro British Museum EA 10120A (K. Donker van Heel: *Mrs. Tsenhor,* 2014, pp. 61-62).

285 Papiro Turín 2123 (K. Donker van Heel: *Mrs. Tsenhor,* 2014, p. 133).

Epílogo

Y así llegamos al final de un recorrido que espero haya sido abundoso en informaciones nuevas para el lector, a la par que entretenido. Creo que adentrarnos en esos vergeles llenos de utilidad lúdica y práctica que son los jardines egipcios, comprobar que en realidad las gentes del faraón podían ser tan malas bestias como cualquier otro pueblo de la Antigüedad y que, como nosotros, consumían con fruición las carnes de nuestro amigo el gocho nos ha abierto un poco los ojos sobre lo variado del mundo egipcio. Del mismo modo, conocer la duradera relación en el tiempo, muy estrecha a veces, entre el valle del Nilo y Canaán quizá le haya sorprendido a alguno respecto a los orígenes de ciertos elementos culturales muy arraigados en Occidente. Y qué decir de ese mundo donde las ruedas no funcionan y son los adorables pollinos y el fluctuante Nilo los que permiten trasladar mercancías y atravesar un desierto más concurrido de lo esperado.

En ese mundo lleno de enfermedades, son las momias las que mejor nos permiten conocer todos los achaques de la realeza y el brutal desgaste que suponía para todos vivir a orillas del Nilo, niños y adolescentes en especial, especialmente si se tenía que construir una capital nueva partiendo de cero. Algo de alivio parece haberles proporcionado a los egipcios saber que en el otro mundo les esperaba una vida igual, pero más satisfactoria y eterna, para lo cual era mejor contar con una tumba decorada por expertos artistas y mantenido su culto por profesionales de las ofrendas. Un mundo ese, el de los dioses, lleno de figuras a veces representadas híbridas que a los romanos les parecían monstruos y a los cuales los egipcios no podían ver dentro del templo, de modo que acabaron hablando con ellas en sus propios términos. Un carácter divino que algunos selectos personajes podían incluso conseguir, cuando las gentes de su poblado decidían que se convirtieran en los conseguidores de todos, incluidas las poblaciones aledañas.

Por último, están las mujeres, imprescindibles para la vida, y siempre prestas para ocuparse de las tareas de los hombres cuando fuera menester. Algo que en el caso de la familia real implicaba dar un paso adelante para salvar la dinastía cuando las cosas pintaban bastos y subir al trono para intentar arreglar el desaguisado; porque nada había a orillas del Nilo que las mujeres no fueran capaces de hacer, en especial ocuparse de su patrimonio, pero también denunciar a sus abusadores ante el tribunal, divorciarse o desheredar a esos descastados de hijos que no se ocupaban de ellas en su ancianidad. Son cosas de los egipcios, pequeñas historias de la historia, y no son pocas más las que ya vuelven a agolpársenos en el cuaderno de notas, listas para volver a sorprender al lector.

Fuentes y pie de las portadillas

Portadilla I: Tutmosis III siendo amamantado por Hathor, la señora del sicómoro. Tumba KV 34 del Valle de los Reyes (XVIII dinastía). Modificada de una imagen de Wikimedia Commons.

Portadilla II: Ostracon con texto protosinaítico encontrado en el Valle de las Reinas. Según Leibovitch, 1940, lám XIX.

Portadilla III: Una burra cargada con espigas de trigo muestra las orejas semigachas, que indican un estado agresivo, mientras a su lado marcha su cría despreocupada y feliz, como indican sus orejas erguidas. Tumba de Ti en Sakkara (V dinastía). Según Wild, 1966, lám, CLIV.

Portadilla IV: El *ba* del difunto entrando en la tumba al final del día. Libro de los muertos de Nebqed. Museo del Louvre. Dibujo de Jolana Maláková en Verner, 1998, p. 48.

Portadilla V: La apertura de la boca en el papiro de Hunefer. Según Naville, 1886, p. II.

Portadilla VI: Amenhotep hijo de Hapu representado en la tumba de Ramose en Tebas. Según Wildung, 1977, p. 90, fig. 54.

Portadilla VII: La reina Khentkaus I representada la jamba sur de la puerta de su tumba de Guiza con la cobra de la realeza en la frente. Según Verner, 1995, p. 174, fig. 85.

Bibliografía

Para intentar reducir un poco el volumen de la bibliografía, cuando un título se ha utilizado como referencia en mas de un capítulo se incluye en el apartado «general». Por su parte, las fuentes de donde se han tomado las figuras que ilustran el texto aparecen en la bibliografía de su correspondiente capitulo.

Fuentes

Allen, J. P.: *The ancient egyptian pyramid texts*, Atlanta: The Society of Biblical Literature (Writings from the Ancient World), 2.ª ed. 2015.

Bardinet, T.: *Les papyrus médicaux de l'Égypte pharaonique*, París: Fayard, 1995.

Barguet, P.: *Le Livre des morts des anciens égyptiens. Introduction, traduction, commentaire*, París, Du Cerf (Littératures Anciennes du Proche Orient, 1), 1967.

— *Textes des sarcophages égyptiens du Moyen Empire*, París: Du Cerf (Littératures Anciennes du Proche Orient, 12), 1986.

Blackman, A. M. y T. E. Peet, «Papyrus Lansing: a translation with notes», *Journal of Egyptian Archaeology*, 11 (1925), pp. 284-298.

Breasted, H.: *Ancient records of Egypt: historical documents from the earliest times to the persian conquest*, 5 vols., Chicago: The University of Chicago Press, 1906.

Caminos, R.: *Late-egyptian miscellanies*, Londres: Cambridge Universiy Press-Geoffrey Cumberlege (Brown Egyptological Studies, 1), 1954.

Galán, J. M.: *Cuatro viajes en la literatura del Antiguo Egipto*, Madrid: Consejo Superior de Investigaciones Científicas (Banco de Datos Filológicos Semíticos Noroccidentales. Monografías, 3), 2.ª ed. rev. 2000.

— *El Imperio egipcio: inscripciones, ca. 1550-1300 a. C.*, Madrid-Barcelona: Trotta-Ediciones de la Universidad de Barcelona (Pliegos de Oriente, 7), 2002.

Heródoto: *Historia: libros I-II*, Madrid: Gredos (Biblioteca Clásica Gredos, 3), 2.ª reimp. 1992. Traducción y notas de Carlos Schrader.

— *Historia: libros V-VI*, Madrid: Gredos (Biblioteca Clásica Gredos, 39), 3.ª reimp. 1981. Traducción y notas de Carlos Schrader.

Kitchen, K. A.: *Ramesside inscriptions: historical and biographical*, I, Wallasey: Abercromby Press, 2015.

Kitchen, K. A.: *Ramesside inscriptions: historical and biographical*, vi. *Ramesses IV to XI and contemporaries*, Oxford: Blackwell, 1983.

Juvenal y Persio: *Sátiras*, Madrid: Gredos (Biblioteca Clásica Gredos, 156), 2008. Introducciones generales de Manuel Balasch y Miquel Dolç. Traducción y notas de Manuel Balasch.

Lalouette, C.: *Thèbes ou la naissance d'un empire. Histoire de la civilisation pharaonique*, 2, París: Flammarion (Champs, 328), 1995.

— *L'empire des Ramsès. Histoire de la civilisation pharaonique*, 3, París: Flammarion (Champs, 329), 1995.

Lichtheim, M.: *Ancient egyptian literature: a book of readings*, 3 vols., Berkeley: University of California Press, 1975-1980.

— *Ancient egyptian autobiographies chiefly of the Middle Kingdom: a study and an anthology*, Friburgo/Gotinga: Vandenhoeck & Ruprecht/Universitätsverlag (Orbis Biblicus et Orientalis, 84), 1988.

López, J.: *Cuentos y fábulas del antiguo Egipto*, Madrid: Trotta-Publicaciones de la Universidad de Barcelona (Pliegos de Oriente, 9), 2005.

Mathieu, B.: *La poésie amoureuse de l'Égypte ancienne: recherches sur un genre littéraire au Nouvel Empire*, El Cairo: Institut Français d'Archéologie Orientale (Bibliothèque d'Étude, 106), 1996.

— *La littérature de l'Égypte ancienne*, ii. *Moyen Empire et Deuxème Période Intermédiaire. Texters des sarcofaes, chants hymnes, eulogies et narrations royales, autobiographies*, Paris: Les Belles Lettres, 2021.

McDowell, A. G. M.: *Village life in ancient Egypt: laundry lists and love songs*, Oxford: Oxford University Press, 1999.

Moran, W.: *The Amarna letters*, Baltimore: Johns Hopkins University Press, 1992.

Murnane, W. J.: *Texts from the Amarna period in Egypt*, Atlanta: Scholars Press (Writings from the Ancient World, 5), 1995.

Parkinson, R. B.:*Voices from ancient Egypt: an anthology of Middle Kingdom writings*, Norman: University of Oklahoma Press (Classical Culture, 9), 1991.

Peet, T. E.: «A historical document of ramesside age», *Journal of Egyptian Archaeology*, 10[2] (1924), 116-127.

Roccati, A.: *La littérature historique sous l'Ancient Empire égyptien*, Paris: Du Cerf (Littératures Anciennes du Proche Orient, 11), 1982.

Sagrada Biblia. Versión crítica sobre los textos hebreo, arameo y griego, traducción y notas de F. Cantera y M. Iglesias, Madrid: Biblioteca de Autores Critianos, 2000.

Sethe, K.: *Dramatischetexte zu altaegyptischen mysterienspielen*, Leipzig: J. C. Hinrichs (Untersuchungen Zur Geschichte und Altertumskunde Ägyptens, 10), 1928.

Simpson, W. K. (ed.): *The literature of ancient Egypt: an anthology of stories, instructions, and poetry*, El Cairo: The American Universirty in Cairo Press, 2003.

Singer, I.: *Hittite prayers*, Atlanta: Society of Biblical Literature (Writings from the Ancient World), 2002.

Thorpe, S.: *Dayly life in ancient egyptian personal correspondence*, Oxford: Archaeopress (Egyptology, 32), 2021.

Vandersleyen, C.: *Le rapport d'Ounamon (vers 1065 avant Jésus-Christ): analyse d'une mission manquée,* Bruselas: Éditions Safran (Connaissance de l'Égypte Ancienne, 15), 2013.

Vanstiphout, H. L. J.: *Epics of sumerian kings: the matter of Aratta,* Atlanta: Society of Biblical Literature (Writings from the Ancient World, 20), 2003.

Vernus, P.: *Sagesses de l'Égypte pharaonique,* París: Éditions de l'Imprimerie National (La Salamandre), 2001.

Volten, A.: *Demotische traumdeutung (pap. Carlsberg XIII und XIV verso),* Copenhague: Einar Munksgaard (Analecta Aegyptiaca, 3), 1942.

Wente, E. F.: *Letters from ancient Egypt,* Atlanta: Society of Biblical Literature (Writings from the Ancient World), 1990.

General

Agut, D. y J. C. Moreno García: *L'Égypte des pharaons: de Narmer à Dioclecien 3150 av. J.-C.-284 apr. J.-C.,* París: Belin (Mondes Anciens), 2016.

Allen, J. P.: *Genesis in Egypt: the philosophy of ancient egyptian creation accounts,* San Antonio (Texas): Van Siclen Books (Yale Egyptological Studies 2), 2.ª ed. 1995.

Álvarez Sosa, M.: *La muerte y el más allá en el Libro de los muertos,* Madrid: Raíces, 2013.

Andreu-Lanoë, G. (dir.): *L'art du contour. Le dessin dans l'Égypte ancienne,* París: Louvre-Somogy, 2013.

— y D. Valbelle: *Guide de Deir el-Médina. Un village d'artistes,* El Cairo: Institut Français d'Archéologie Orientale, 2022.

Arnold, D.: *The temple of Mentuhotep at Deir el-Bahari, from the notes of Herbert Winlock,* Nueva York: The Metropolitan Museum of Art (Egyptian Expedition, 21), 1979.

Baker, B. J.: «Contribution of biological anthropology to the understanding of ancient egyptian and nubian societies», en J. Lustig (ed.): *Anthropolgy and egyptology, a developing dialogue,* Sheffield: Sheffield Academic Press (Monographs in Mediterranean Archaeology, 1), 1997, pp. 106-116.

Bunbury, J.: *The Nile and ancient Egypt: changing land- and waterscapes, from the Neolithic to the roman era,* Cambridge: Cambridge University Press, 2019.

Campillo, D.: *Introducción a la paleopatología,* Barcelona: Bellaterra, 2001.

Černý, J.: *Ancient egyptian religion,* Londres: Hutchinson's University Library, 1952.

Boessneck, J.: *Die Tierwelt des Alten Ägypten, untersucht anhand kulturgeschichtlicher und zoologischer Quellen,* Múnich: C.H. Beck (Beck's Archäologische Bibliothek), 1988.

Collier, B.: *The Penguin historical atlas of ancient Egypt,* Londres: Penguin, 1997.

Conney, K.: «Profit or exploitation? The production of private ramesside tombs within the west theban funerary economy», *Journal of Egyptian History,* 1 (2008), pp. 79-115.

Corteggiani, J.-P.: *L'Égypte ancienne et ses dieux. Dictionnaire ilustré,* París: Fayard, 2007. [Hay edición española: *El gran libro de la mitología egipcia. Diccionario ilustrado,* Madrid: La Esfera de los Libros, 2010.]

DAWSON, W. R.: «Making a mummy», *Journal of Egyptian Archaeology*, 13 (1927), pp. 40-49.

DELVAUX, S.: *Les modes de transport terrestre en Égypte à l'Ancien et au Moyen Empire. Vol. I: Corpus*, Montpellier: Université Paul-Valéri (Cahiers «Égypte Nilotique et Méditerranéene», 38), 2023.

DREYER, G.: *Umm el-Qaab I: Das prädynastische Königsgrab U-j und seine frühen Schriftzeugnisse*, Maguncia: Philip von Zabern (Archäologische Veröffentlichungen, Deutsches Archäologisches Institut, Abteilung Kairo, 86), 1998.

— «Tomb U-J: a royal burial of dynasty 0 at Abydos», en E. Teeter (ed.), *Before the pyramids: the origins of Egyptian civilization*, Chicago: The Oriental Institute of the University of Chicago (Oriental Institute Museum Publications, 33), 2011, pp. 127-136.

DUNAND, F. y C. ZIVIE-COCHE: *Dieux et hommes en Égypte 3000 av. J.-C.-395 apr. J.-C. Anthropologie réligieuse*, París: Armad Colin, 1991.

EICHLER, E.: *Untersuchungen zum Expeditionswesen des ägyptischen Alten Reiches*, Wiesbaden: Harrassowitz (Göttinger Orientforschungen, 4. Ägypten, 26), 1993.

EPIGRAPHIC SURVEY, The: Medinet Habu, 1*: Earlier historical records of Ramses III*, Chicago: University of Chicago Press (Oriental Institute Publications, 8), 1930.

EVANS, L.: *Animal behaviour in egyptian art: representations of the natural world in memphite tomb scenes*, Oxford: Arys & Phillips (The Australian Centre for Egyptology. Studies, 9), 2010.

FRANKFORT, H.: *Kingship and the gods: a study of ancient near eastern religion as the integration of society & nature*, Chicago: The University of Chicago, 1978 [Hay edición española: *Reyes y dioses*, Madrid: Alianza (Universidad 308), 3.ª reimp. 1988.]

GRANDET, P.: *Ramsès III: histoire d'un règne*, París: Pygmalion/Gérard Watelet (Bibliothèque de l'Égypte Ancienne), 1993.

HERRERÍN, J. y M. Á. SÁNCHEZ: *La momificación egipcia. La vida eterna paso a paso*, Córdoba: Almuzara (Nun), 2023.

HODGIN, R. M.: *Trauma at Akhetaten (Tell el-Amarna): Interpersonal violence or occupational hazard*, Universidad de Arkansas, Fayetteville (Theses and Dissertations 412), 2012. [http://scholarworks.uark.edu/etd/412]

HOULIHAN, P. F.: *The animal world of the pharaohs*, Londres: Thames & Hudson, 1996.

— *Wit and humour in ancient Egypt*, Londres: The Rubicon Press, 2001.

— «Animals in egyptian art and hieroglyphs», en B. J. Collins (ed.): *History of the animal world in the ancient Near East*, Leiden: E. J. Brill (Handbook of Oriental Studies. Section 1: The Near and Middle East, 64), 2002, pp. 97-143.

HUE-ARCÉ. Ch.: *La violence interpersonnelle en Égypte au Nouvel Empire et à l'époque gréco-romaine*, Wallasey: Abercromby, 2020.

JANSSEN, R. M.: *Commodity prices from the ramesside period: an economic study of the age of necropolis workmen at Thebes*, Leiden: E. J. Brill, 1975.

Janssen, R. M. y J. Janssen: *Egyptian household animals*, Buckimhamshire: Shire (Shire Egyptology, 12), 1989.

Kemp, B. J.: *The city of Akhenaten and Nefertiti: Amarna and its people,* Londres: Thames & Hudson, 2012.

— *Ancient Egypt: anatomy of a civilization,* Londres: Routledge, 3.ª ed. 2018 [Hay edición española de la 1.ª ed.: *Egipto. Anatomía de una civilización*, Barcelona, Crítica: 1992.]

Kelly, S.: *Unveiling female social power in Early Egypt (c. 3080–2180 BCE),* Oxford: BAR Publishing (Archaeology of Egyt and Sudan, S3189), 2024.

Köpp-Junk, H.: *Reisen im Alten Ägypten: Reisekultur, Fortbewegungs- und Transportmittel in pharaonischer Zeit,* Viesbaden: Harrassowitz (Göttinger Orientforschungen, IV. Ägypten, 55), 2015.

— «Pharaonic prelude: being on the move in ancient Egypt from predynastic times to the end of the New Kingdom», *Journal of Ancient Egyptian Interconnections*, 12 (2016), pp. 21-40.

Loprieno, A.: *Topos und Mimesis. Zum Ausländer in der ägyptischen Literatur.* Wiesbaden: Harrasowitz, 1998.

Manniche, L.: *An ancient egyptian herbal*, Londres: British Museum Press, rev. ed. 1999.

McFarlane, A.: «Transportation», en A. McFarlane y A.-L. Mourad: *Behind the scenes: daily life in Old Kingdom Egypt,* Warminster: Aris & Phillips (The Australian Centre for Egyptology. Studies, 10), 2012, pp. 147-165.

Miroschedji, P. de: «The socio-political dynamics of egyptian-canaanite interaction in the Early Bronze Age», en E. C. M. van den Brink y T. E. Levy (eds.): *Egypt and the Levant: interrelations from the 4th through the Early 3rd Millenium BCE,* Londres: Leicester University Press, pp. 39-57.

Moussa, A. M. y A. Altenmüller: *Das Grab des Nianchchnum und Chnumhotep*, Maguncia del Rin: Philipp von Zabern (Old Kingdom tombs at the Causeway of King Unas at Saqqara; Archäologische Veröffentlichungen-Deutsches Archäologisches Institut. Abteilung Kairo, 21), 1987.

Naville, E.: *The temple of Deir el-Bahari, ii*, Londres: Egypt Exploration Fund, 1897.

Newberry, P. E. y F. Ll. Griffith, *Beni Hasan*, ii, Londres: Egypt Exploration Fund (Archaeological Survey of Egypt, 2), 1894.

Nunn, J. F.: *Ancient egyptian medicine*, Londres: British Museum Press, 1996.

O'Connor, D.: *Abydos. Egypt's first pharaohs and the cult of Osiris,* Londres: Thames & Hudson, 2009.

Parra Ortiz, J. M.: *Las pirámides: historia, mito y realidad,* Madrid: Complutense, 2001.

— *La vida amorosa en el antiguo Egipto: sexo matrimonio y erotismo*, Madrid: Alderabán (El Legado de la Historia, 36), 2001.

— *Gentes del valle del Nilo: la sociedad egipcia en la época faraónica*, Madrid: Complutense, 2003.

— *Historia de las pirámides de Egipto*, Madrid: Complutense, 2.ª ed. 2008.

— (coord.): *El Egipto faraónico: sociedad, economía y política*, Madrid: Marcial Pons Ediciones de Historia, 2.ª ed. 2011.

Parra Ortiz, J. M.: *Momias: la derrota de la muerte en el antiguo Egipto,* Barcelona: Crítica, 2.ª ed. 2015.

— *La historia empieza en Egipto: eso ya existía en tiempos de los faraones,* Barcelona: Crítica, 2.ª ed. 2017.

— *La vida cotidiana en el antiguo Egipto,* Madrid: La Esfera de los Libros, 2015.

— *La Gran Pirámide ¡vaya timo!,* Pamplona: Laetoli (¡Vaya Timo!, 29), 2019.

— *Eso no estaba en mi libro de historia del antiguo Egipto,* Córdoba: Almuzara, 3.ª ed., 2020.

Partridge, R.: *Transport in ancient Egypt,* Londres: The Rubicon Press, 1996.

— «Transport in ancient Egypt», en A. B. Lloyd (ed.): *A companion to ancient Egypt,* Oxford: Blackwell, 2010, pp. 370-389.

Redford, D. B.: *Egypt, Canaan, and Israel in ancient times,* Princeton (NJ): Princeton University Press, 1992.

— *City of the Ram-Man: the story of ancient Mendes,* Princeton: Princeton University Press, 2010.

Redford, S.: *The harem conspiracy: the murder of Ramesses III,* DeKalb (Il.): Northern Illinois University Press, 2002.

Reeves, N.: *Akenaten. Egypt's false prophet,* Londres: Thames & Hudson, 2001. [Hay edición en español: *Akhenatón. El falso profeta de Egipto,* Madrid, Oberon - Grupo Anaya, 2002.]

Ritner, R. K.: *The mechanics of ancient egyptian magical practice,* Chicago: The Oriental Institute of the University of Chicago (Studies in Ancient Oriental Civilization, 54), 2008

Rossi, C.: *Architecture and mathematics in ancient Egypt,* Cambridge: Cambridge University Press, 2004.

Tallet, P.: *Sésostris III et la fin de la XIIe dynastie,* París: Pygmalion, 2015. [Hay edición española: *Sesostris III y el final de la XII dinastía,* Madrid: Dilema, 2021.]

— *La zone minière pharaonique du sud-Sinaï - III. Les expéditions égyptienes dans la zone minière du sud-Sinaï du Prédynastique à la fin de la XXe dynastia,* El Cairo: Institut Français d'Archéologie Orientale (Mélanges de l'IFAO, 138), 2018.

— F. Payraudeau, C. Ragazzoli, C. Somaglino: *L'Égypte pharaonique: Histoire, société, culture,* París: Armand Colin, 2019. [Hay edición española: *El Egipto Faraónico. Historia, sociedad, cultura,* Madrid: Dilema (Egipto Mayor), 2022.]

Teeter, E.: «Animals in egyptian literature», en B. J. Collins (ed.): *History of the animal world in the ancient Near East,* Leiden: E. J. Brill (Handbook of Oriental Studies. Section 1: The Near and Middle East, 64), 2002, pp. 251-270.

— «Animals in egyptian religion, en B. J. Collins (ed.): *History of the animal world in the ancient Near East,* Leiden: E. J. Brill (Handbook of Oriental Studies. Section 1: The Near and Middle East, 64), 2002, pp. 335-360.

Te Velde, H.: *Seth, god of confusion: a study of his role in egyptian mythology and religion,* Leiden: E. J. Brill (Probleme der Ägyptologie, 6), 1967.

Tyldesley, J.: *Chronicle of the queens of Egypt,* Londres: Thames & Hudson, 2006.

Toivari Viitala, J.: *Women at Deir el-Medina: A study of the status and roles of the female inhabitants in the workmen's community during the ramesside period,* Leiden: Nederlands Instituut voor het Nabije Oosten (Egyptologische Uitgaven 15), 2001.

Valbelle, D.: *«Les ouvriers de la tombe». Deir el-Médineh à l'époque ramesside,* El Cairo: Institut Français d'Archeologie Orientale (Bibliothèque d'Étude, 96), 1985.

— *Les neuf arcs: l'égyptien et les étrangers de la préhistoire à la conquête d'Alexandre,* París: Armand Colin, 1990.

Vandersleyen, C., *L'Égypte et la vallée du Nil,* 2. *De la fin de l'Ancien Empire à la fin du Nouvel Empire,* París, Presses Universitaires de France (Nouvelle Clio. L'Histoire et ses problèmes), 1995.

Vernus, P.: *Affaires et scandales sous les Ramsès: la crise des valeurs dans l´Égypte du Nouvel Empire,* París: Pygmalion-Gérard Watelet (Bibliothèque de l´Égypte Ancienne), 1993.

Wilkinson, R. H.: *Reading egyptian art. A hieroglyphic guide to ancient egyptian painting and sculpture,* Londres: Thames & Hudson, 1994.

— *The complete god and godesses of Ancient Egypt,* Londres: Thames & Hudson, 2003.

Wilkinson, T. A.: *Early dynastic Egypt,* Londres: Routledge, 1999. [Hay edición española: *Origen del Antiguo Egipto: Los primeros faraones en el predinástico tardío,* Córdoba: Almuzara (Nun), 2023).

Woods, Cr. (ed.): *Visible language: inventions of writing in the ancient Middle East and beyond,* Chicago: The Oriental Institute of the University of Chicago (Oriental Institute Museum Publications, 32), 2010.

1. Sicalípticos, mágicos y refrescantes

Alexanian, N. y F. Arnold: «The complex of the Bent Pyramid as a landscape design project», en M. Ullmann (ed.): *10. Ägyptologische Tempeltagung: Ägyptische Tempel zwischen Normierung und Individualität, München, 29.-31. August 2014,* Wiesbaden: Harrassowitz (Königtum, Staat und Gesellschaft früher Hochkulturen, 3, 5), 2016, pp. 1-16.

Arnold, F.: «Ein Garten bei den Pyramiden Königliche Landschaftsgestaltung in Dahschur», *Antike Welt,* 3 (2015), pp. 46-54.

Assmann, J.: «Der Garten als Brücke zum Jenseits», en C. Tietze (ed.): *Ägyptische Gärten,* 2011, pp. 102-116.

Aufrère, S. H.: «Du marais primordial de l'Égypte des origines au jardin médicinal: traditions magico-religieuses et survivances médiévales», en S. H. Aufrère (ed.): *Encyclopédie religieuse de l'Univers végétal,* i, Montpellier: Université Paul Valéry-Montpellier III (Orientalia Monspeliensia, x), 1999, pp. 3-36.

Baud, M.: *Les dessins ébauchés de la nécropole thébaine,* El Cairo: Institut Français d'archéologie Orientale (MIFAO 63), 1935.

Baum, N.: *Arbres et arbustes de l'Égypte ancienne: la liste de la tombe thébaine d'Ineni (n.º 81),* Lovaina: Departement Oriëntalistiek-Peeters (Orientalia Lovaniensia Analecta, 31), 1988.

Bietak, M.: «Der Friedhof in einem Palastgarten aus der Zeit des späten Mittleren Reiches und andere Forschungsergebnisse aus dem östlichen Nildelta (Tell el Dab'a1984-1987)», *Ägypten & Levant,* 2 (1991), pp. 47-109.

Cornelius, I.: «The garden in the iconography of the Ancient Near East: a study of selected material from Egypt», *Journal for Semitics,* 1[2] (1989), pp. 204-228.

Dambach, M. e I. Wallert: «Das tilapia-motif in der altägyptische Kunst», *Chronique d'Égypte,* 41 (1966), pp. 273-294.

Davies, N. de G.: *The tomb of Nefer-hotep at Thebes,* Nueva York: The Metropolitan Museum of Art (Egyptian Expedition, ix), 1933.

— *The tomb of Rekh-mi-Rē at Thebes,* Nueva York: Metropolitan Museum of Art (Egyptian Expedition, 11), 1943.

Derchain, P.: «Le lotus, le mandragore et le perséa», *Chronique d'Égypte,* 50 (1975), pp. 65-86.

— «Symbols and metaphors of private life», *Royal Anthropological Institut News,* 15 (1976), pp. 7-10.

El-Menshawy, S.: «Aspects of the office of temple gardener in ancient Egypt», *Discussions in Egyptology* 65 (2012), pp. 53-66.

Eigner, D.: «Der Residenzgarten in Tell el-Dab'a, Ostdelta», en C. E. Loeben y S. Kappel: *Die Pflanzen im altägyptischen Garten,* 1999, pp. 16-27.

Eyre, C. J.: «The water regime for orchards and plantations in pharaonic Egypt», *Journal of Egyptian Archaeology,* 80 (1994), pp. 57-80.

Gabolde, M.: «Les forêts de Coptos», *Topoi. Orient-Occident. Supplément* 3, 2002, pp. 137-145.

Galán, J. M. y D. García: «Twelfth dynasty funerary gardens in Thebes», *Egyptian Archaeology,* 54 (2019), pp. 4-8.

Heye, H.: *Die Gräber des Amenemhab und des Pehsucher, Theben Nr. 85 und 88: die Dekoration der Innenräume,* Wiesbaden: Harrassowitz (Archäologische Veröffentlichungen, Deutsches Archäologisches Institut, Abteilung Kairo, 138), 2023.

Hepper, F. N., *Pharaoh's flowers: the botanical treasures of Tutankhamun,* Londres: HMSO, 1990.

Hugonot, J.-C.: «Les modèles de jardin de la tombe de Meket-Re à Thèbes», *Varia Aegyptiaca,* 3 (1987), pp. 117-125.

— *Le jardin dans l'Égypte ancienne,* Francfort del Meno: Peter Lang (Publications Universitaires Européens. Serie XXXVIII, 27), 1989.

Ikram, S.: «Domestic shrines and the cult of the royal family at el-'Amarna», *Journal of Egyptian Archaeology,* 75 (1989), pp. 89-101.

Kappel, S. y C. E. Loeben (eds.): *Gärten im alten Ägypten und in Nubien 2000 v. Chr. - 250 n. Chr.. Archäologie,* Rahden, Westfalen: Marie Leidorf (Inschriften und Denkmäler Altägyptens 1), 2011.

Keimer, I.: *Die Gartenpflanzen im Alten Ägypten,* 1, Berlín: Deutschen Archäologischen Instituts: Abteilung Kairo, 1924.

Loeben, C. E. «Les jardins égyptiens, les plus anciens du monde», *Égypte, Afrique & Orient,* 72 (2014) pp. 25-32.

— «Der Garten im und am Grab - Götter in Gärten und Gärten für Götter: reale und dargestellte Gärten im alten Ägypten», *Entretiens sur l'Antiquité Classique,* 60 (2014), pp. 27-52.

Loeben, C. E. y S. Kappel: *Die Pflanzen im altägyptischen Garten, ein Bestandskatalog der ägyptischen Sammlung im Museum August Kester*, Rahden (Westfalia): Marie Leidorf, 1999.

Loth, M.: «Das Gehöft und der Garten eines Rindervorstehers des Aton-Tempels in Amarna», en C. Loeben y S. Kappel, *Die Pflanzen im altägyptischen Garten*, 1999, pp. 28-33.

Manniche, L.: «The tomb of Nakht, the gardener, at Thebes (No. 161) as copied by Robert Hay», *Journal of Egyptian Archaeology*, 72 (1986), pp. 55-78.

Moens, M.-F.: «The ancient egyptian garden in the New Kingdom: a study of representations», *Orientalia Lovaniensia Periodica*, 15 (1984), pp. 11-53.

— «The procession of the God Min to the *ḫtjw*-garden», *Studien zur Altägyptischen Kultur*, 12 (1985), pp. 61-73.

Murray, M. A.: «Fruits, vegetables, pulses and condiments», en P. Nicholson e I. Shaw (eds.): *Ancient egyptian materials and technology*, Cambridge: Cambridge University Press, 2000, pp. 609-655.

Parnham, K.: «On the grid: small-scale gardening at Amarna», *Horizon* 21 (2021), pp. 27-29.

Pasquali, S.: «Un jardin au petit temple d'Aton de Tell el-Amarna?», *Égypte Nilotique et Méditerranéenne*, 6 (2013), pp. 205-231.

Schäfer, H.: «Neue Altertümer der "new race" aus Negadeh», *Zeitschrift für Agyptische Sprache und Altertumskunde*, 34 (1896), pp. 158-161.

Shaw, M. C.: «The aegean garden», *American Journal of Aarchaeology*, 97 (1993), pp. 661-685.

Tietze, C. *et al.* (eds.): *Ägyptische Gärten. Erstausgabe Erschienen anlässlich einer Ausstellung im Römisch-Germanischen Museum der Stadt Köln vom 27. Mai bis zum 6. November 2011*, Weimar: Arcus, 2011.

Vandesleyen, C.: «Le jardin de Mentouhotep», *Bulletin de la Société d'Égyptologie de Génève*, 13 (1989), pp. 161-163.

Wegner, J.: «Echoes of power: the mayor's house of ancient Wah-Sut», *Expedition* 48(2) (2006), pp. 31-36.

Wilkinson, A.: *The garden in ancient Egypt*, Londres: The Rubicon Press,1998.

— «Symbolism and design in ancient egyptian gardens», *Garden History*, 22[1] (1994), pp. 1-17.

Winlock, H. E.: *Excavations at Deir el-Bahri, 1911-1931*, Nueva York: The Macmillan company, 1942.

2. Somos gente pacífica ¡y no nos gusta gritar!

Abdalla, M. A.: «The amputated hands in ancient Egypt», en K. Daoud, S. Bedier y S. abd el-Fatah (eds.): *Studies in honor of Ali Radwan*, vol. i, El Cairo: Conseil Suprême des Antiquités de l'Égypte, 2005, pp. 25-34.

Beaux, N.: «Ennemis étrangers et malfaiteurs égyptiens : la signification du châtiment au pilori», *Bulletin de l'Institut Français d'Archéologie Orientale*, 91 (1992), pp. 33-53.

Bestock, L.: *Violence and power in ancient Egypt: image and ideology before the New Kingdom*, Londres: Routledge (Routledge Studies in Egyptology), 2017.

Bochi, P. A.: «Death by drama: the ritual of *damnatio memoriae* in ancient Egypt», *Göttingen Miszellen*, 171 (1999), pp. 73-86.

Buzon, M. R. y R. Richman: «Traumatic injuries and imperalism: the effects of egyptian colonial strategies at Tombos in Upper Nubia», *American Journal of Physical Anthropology*, 133 (2007), pp. 783-791.

Černý. J.: «Quelques ostracas hiératiques inédits de Thèbes au Musée du Caire», *Annales du Service des Antiquités de l'Égypte*, 27 (1927), pp. 183-210.

Crubézy, E. y B. Midant-Reynes: «Les sacrifice humains à l'époque prédynastique: L'apport de la nécropole d'Adaïma», *Archèo-Nil*, 10 (2000), pp. 21-40.

— T. Janin y B. Midant-Reynes: *Adaïma II. La nécropole prédynastique*, El Cairo: Institut Français d'Archeólogie Orientale (FIFAO, 47), 2002.

Dabbs, G. R. y W. C. Schaffer: «Akhenaten's warrior? An assessment of traumatic injury at the South Tombs Cemetery», *Paleopathology Newsletter*, 142 (junio 2008), pp. 20-29.

Dias-Meirinho, M.-H., I. Crevecoeur, D. Antoine y F. Bon: «Le cimetière de Jebel Sahaba (site 117, Nubie): nouvel examen des traces de violences interpersonnelles», *Archéo-Nil*, 30 (2020), pp. 17-36.

Emery, W. B.: *The tomb of Hemaka*, El Cairo: Government Press (Excavations at Saqqara), 1938.

Galán, J. M.: «La mutilación de enemigos en el antiguo Egipto», *Supplementa ad Isimu Estudios Interdisciplinares sobre Oriente Antiguo y Egipto*, serie ii, vol. ii (2003), pp. 353-360.

Grajetzki, W.: *The people of the Cobra province in Egypt. A local history, 4500 to 1500 bc*, Oxford: Oxbowbooks, 2020.

Gresky, J., N. Roumelis, A. Kozak y M. Schultz: «"Folter" im Alten Reich? Untersuchungen zu den Ursachen und der Häufigkeit von Traumata bei der altägyptischen Population von Elephantine», en D. Raue, S. J. Seidlmayer y P. Speiser (eds.): *The First Cataract of the Nile: one region - diverse perspectives*, Berlín: De Gruyter, 2013, pp. 77-89.

— M. Bietak, E. Petiti, C. Scheffler y M. Schultz: «First osteological evidence of severed hands in Ancient Egypt», *Scientific Reports*, 13 (2023), p. 5239.

Grimm, A.: «Ein Käfig für einen Gefangenen in einem Ritual zur Vernichtung von Feinden», *Journal of Egyptian Archaeology*, 73 (1987), 202-206.

Hagenmüller, M.: «La douleur du bouvier : scènes de fessée de l'Ancien Empire égyptien», *Bulletin de l'Institut Français d'Archéologie Orientale*, 124 (2024), pp. 278-304.

Hawass, «Tombs of the pyramid builders», *Archaeology*, 50[1] (1997), pp. 39-43.

— S. Ismail, A. Selim, S. N. Saleem, D. Fathalla, S. Wasef, A. Z. Gad, R. Saad, S. Fares, H. Amer, P. Gostner, Y. Z. Gad, C. Pusch y A. R. Zink: «Who killed Ramesses III?», *British Medical Journal*, 345 (2012), pp. 39-40.

Judd, M.: «Trauma in the city of Kerma: ancient versus modern injury patterns», *International Journal of Osteoarchaeology*, 14 (2004), pp. 34-51.

Kanawati, N.: «El-Hagarsa and its mummies», *Bulletin of the Australian Centre for Egyptology*, 4 (1993), pp. 29-40.

— *Conspiracies in the egyptian palace: Unis to Pepy I*, Londres: Routledge, 2003.

KANAWATI, N. y M. ABDER-RAZIQ: *The Teti cemetery at Saqqara, 7: tombs of Shepsipuptah, Mereri (Merinebti), Hefi and others,* Warminster: Aris & Phillips (Australian Centre for Egyptology. Reports, 17), 2001.

KEMP, B. J.: «Bone Update» *Horizon: The Amarna Project and Amarna Trust Newsletter* 9 (2011), p. 5.

LOKTIONOV, A. A.: «May my nose and ears be cut off: Practical and "supra-practical" aspects of mutilation in the egyptian New Kingdom», *Journal of the Economic and Social History of the Orient,* 60 (2017), pp. 263-291.

MATIĆ, U.: *Body and frames of war in New Kingdom Egypt: violent treatment of enemies and prisoners,* Wiesbaden: Harrassowitz (Philippika - Altertumskundliche Abhandlungen, 134), 2019.

— «Killing Living icons? Human remains from execration pits at Mirgissa and Tell el-Dab'a», en C. Kühne-Wespi y J. F. Quack (eds.): *Ancient egyptian rituals against enemies,* Mohr Siebek: Tubinga (Orientalische Religionen in der Antike, 56), 2024.

MESKELL, L.: *Archaeologies of social life: age, sex, class et cetera in ancient Egypt,* Oxford: Blackwell (Social Archaeology), 1999.

MONTET, P.: *La vie quotidienne en Égypte au temps des Ramsès (XIIe-XIIe avant J.-C.),* París: Librairie Hachette, 1946 (44.ª ed. 1950). [Hay edición española: *La vida cotidiana en Egipto en tiempos de los Ramsés,* Madrid: Temas de Hoy, 1990.]

MOHR, H. T.: *The mastaba of Hetep-Her-Akhti,* Leiden: Brill, 1943.

MORENO GARCÍA, J. C.: «War in Old Kingdom Egypt (2686-2125 BCE)», en J. Vidal (ed.): *Studies on war in the ancient Near East: collected essays on military history,* Münster: Ugarit Verlag (Alter Orient und Altes Testament, pp. 372), 2010, pp. 5-41.

MUHLESTEIN, K. «Execration ritual», en J. Dieleman y W. Wendrich (eds.): *UCLA encyclopedia of Egyptology,* Los Angeles: University of California, Los Angeles, 2008, pp. 1-4.

— *Violence in the service of order: the religious framework for sanctioned killing in ancient Egypt,* Oxford: British Archaeological Reports (BAR Interntional Series, 2299), 2011.

NERLICH, A., A. ZINK, H. G. HAGEDORN, U. SZEIMIES y C. WEYSS: «Anthropological and palaeopathological analysis of the human remains from three "tombs of the nobles" of the necropolis of Thebes-West, Upper Egypt», *Anthropologischer Anzeiger,* 58 (2000), pp. 321-343.

PARKINSON, R. y L. SCHOFIELD: «Of helmets and heretics: a possible egyptian representation of mycenaean warriors on a papyrus from El-Amarna», *Annual of the British School at Athens,* 89 (1994), pp. 157-170.

PARRA ORTIZ, J. M.: «Los extranjeros en Egipto: imagen y cotidianidad», en J. Mangas y S. Montero (eds.): *Los extranjeros en el mundo antiguo,* Madrid: Ediciones 2007, 2007, 9-35.

— «La violencia doméstica en el antiguo Egipto», *Trabajos de Egiptología,* 5[2], 2009, pp. 139-148.

SHAW, I.: *Egyptian warfare and weapons,* Princes Risborough: Shire (Shire Egyptology, 16), 1991.

SHAW, G. J.: *War & trade with the pharaohs. An archaeological study of ancient Egypt's foreing relations,* Barnsley: Pen & Sword, 2017. [Hay edición española: *Guerra y comercio con los faraones: Un estudio arqueológico de las relaciones exteriores del antiguo Egipto,* Madrid: Dilema, 2023.]

VAN DIJK, J.: «Retainer sacrifice in Egypt and in Nubia» en J. N. Bremmer (ed.): *The strange world of human sacrifice. Studies in the history and anthropology of religion,* 1, Lovaina: Peeters, 2007, pp. 135-155.

VILA, A.: «Un rituel d'envoûtement au Moyen Empire égyptien», en M. Suter (ed.): *L'homme, hier et aujourd'hui: recueil d'études en hommage à André Leroi-Gourhan,* París: Éditions Cujas, 1973, pp. 628-639.

VOGEL, C.: «Fallen heroes? Winlock's "slain soldiers" reconsidered», *Journal of Egyptian Archaeology,* 89 (2003), pp. 239-245.

WEATHERHEAD, F.: «Painted pavements in the Great Palace at Amarna», *Journal of Egyptian Archaeology,*78 (1992), pp. 179-194.

WILLIAMS, R. J.: «Scribal training in ancient Egypt», *Journal of the American Oriental Society,* 92 (1972), pp. 214-221.

WINLOCK, H.: *The slain soldiers of Neb-Hepet-Re Mentu-Hotpe,* Nueva York: Metropolitan Museum of Art (Egyptian Expedition, 16), 1945.

WOODWARD, S. R. y N. KANAWATI: *The tombs of el-Hagarsa,* II, Sydney: The Australian Centre for Egyptology (Australian Centre for Egyptology. Reports, 6), 1994.

ZABECKI, M. y J. ROSE: «Bioarchaeological findings from the Amarna South Tombs Cemetery», *Horizon: The Amarna Project and Amarna Trust Newsletter* 8 (2010), pp. 5-9.

3. Nos encanta la chacina, pero a los dioses no

BARBOTIN, C.: *Âhmosis et le début de la XVIIIe dynastie,* París: Pygmalion (Les Grands Pharaons), 2.ª ed. aum. y puesta al día, 2015. [Hay edición española: *Ahmosis y el comienzo de la XVIII dinastía,* Madrid: Dilema: 2024.]

BATS, A.: «Étables, écuries et entraves: recherches sur des modalités d'élevage en Égypte entre l'Ancien et le Nouvel Empire», *Bulletin de l'Institut Français Archéologie Orientale,* 124 (2024), pp. 37-68.

DAVIES, N. de G.: «The work of the graphic branch of the expedition», *The Metropolitan Museum of Art Bulletin,* 27[3, 2] (1932), pp. 51-62.

DZIOBEK, E.: *Das Grab des Ineni: Theben Nr. 81. Archäologische Veröffentlichungen,* Maguncia: Zabern (Deutsches Archäologisches Institut, Abteilung Kairo, 68), 1992.

EVANS, L.: «Pig overboard? An enigmatic tomb scene from Beni Hassan», en C. Di Biase-Dyson y L. Donovan (eds.): *The cultural manifestations of religious experience. Studies in honour of Boyo G. Ockinga,* Münster: Ugarit Verlag (Ägypten und Altes Testament. Studien zu Geschichte, Kultur und Religion Ägyptens und des Alten Testaments, 85), 2017, pp. 153-165.

FAKHRY, A.: «Tomb of Nebamun, captain of troops (no. 145 at Thebes)», *Annales du Service des Antiquités de l'Égypte,* 43 (1943), pp. 369-379.

GARDINER. A. H.: «The defeat of the hyksos by Kamōse: the Carnarvon tablet, n.º I», *Journal of Egyptian Archaeology,* 3 (1916), pp. 95-110.

Harpur, Y. y P. Scremin: *The chapel of Kagemni: scene details,* Reading: Oxford Expedition to Egypt (Egypt in Miniature, 1), 2006.

Hecker, H. M.: «A zooarchaeological inquiry into pork consumption in Egypt from prehistoric to New Kingdom times», *Journal of the American Research Center in Egypt,* 19 (1982), pp. 59-71.

Ikram, S.: *Choice cuts: meat production in ancient Egypt,* Lovaina: Uitgeverij Peeters en Departement Oosterse Studies (Orientalia Lovaniensia Analecta, 69), 1995.

Keimer, K.: «Le sanglier égyptien», *Chronique d'Égypte,* 10[19] (1935), pp. 26-33.

— «Remarques sur le porc et le sanglier dans l'Égypte ancienne», *Bulletin de l'Institut d'Égypte,* 19 (1936-1937), pp. 147-156.

Kemp, B. J.: «The Amarna Workmen's Village in retrospect», *Journal of Egyptian Archaeology,* 73 (1987), pp. 21-50.

Koening, Y.: *Catalogue des etiquettes de jarres hieratiques de Deir el-Médineh,* 1, El Cairo: Institut Français d'Archéologie Orientale (DFIFAO, 21), 1979

Leahy, M. A.: «The hieratic labels, 1979-82», en B. J. Kemp: *Amarna Reports,* 2, Londres: The Egypt Exploration Society (Occasional Publications), 1985, pp. 65-109.

Legge, A. J.: «The mammal bones from Grid 12» en B. J. Kemp y A. Stevens, *Busy lives at Amarna: excavations in the Main City (grid 12 and the house of Ranefer, N49.18). Volume I: the excavation, architecture and environmental remains,* Londres: Egyprt Exploration Society (Excavation Memoirs, 90), pp. 445-452.

Miller, R. L.: «Hogs and hygiene», *Journal of Egyptian Archaeology,* 76 (1990), pp. 125-140.

Millet, N. B., G. D. Hart, Th. A. Reyman, M. R. Zimmennan y P. K. Lewin: «ROM I: mummification for the common people» en A. Cockburn, E. Cockbum, Th. A. Reyman (eds.): *Mummies, disease & ancient cultures,* Cambridge: Cambridge University Press, 1998, pp. 91-105.

Moens, M. y W. Wetterstrom: «The agricultural economy of an Old Kingdom town in Egypt's west Delta», *Journal of Near Eastern Studies,* 47 (1988), pp. 159-174.

Moreno García, J. C.: «J'ai rempli les pâturages avec des vaches tachetées... Bétail, économie royale et idéologie en Égypte, de l'Ancien au Moyen Empire», *Revue d'Égyptologie,* 50 (1999), pp. 241-257.

— «Production alimentaire et idéologie : les limites de l'iconographie pour l'étude des pratiques agricoles et alimentaires des Égyptiens du IIIe millénaire avant J.-C.», *Dialogues d'Histoire Ancienne,* 29[2], 2003, pp. 73-95.

Newberry, P. E.: «The pig and the cult-animal of Set», *Journal of Egyptian Archaeology.* 14[3/4] (1928), pp. 211-225.

Northampton, W. C. marqués de, W. Spiegelberg y P. E. Newberry: *Report on some excavations in the Theban necropolis during the winter of 1898-9,* Londres: Constable, 1908.

Pastoreau, M.: *Le cochon: histoire d'un cousin mal aimé,* París: Gallimard (Découvertes), 2009. [Hay edición española: *El cerdo: historia de un primo malquerido,* Almería: Confluencias (L'Hexagone,), 2014.

Pérez Vázquez, F.: *El cerdo en el antiguo Egipto,* Alcobendas: Ediciones Técnicas de Calidad, 2005.

Pernigotti, S.: «Tra alimentazione e religione nell'antico Egitto: un animale "maledetto"» en *L'alimentazione nell'Antichità,* Parma: Cassa di Risparmio di Parma, 1985, pp. 149-166.

Price, M. D.: *Evolution of a taboo. Pigs and people in the ancient Near East,* Oxford: Oxford University Press, 2020.

Reeding, R. W.: «The role of the pig in the subsistence system of ancient Egypt: a parable on the potential of faunal data», en P. J. Crabtree y K. Ryan, *Animal use and culture change,* Filadelfia: University Museum, University of Pennsylvania (MASCA Research Papers in Science and Archaeology, Supplement to Volume 8), 1991, pp. 20-30.

— «Egyptian Old Kingdom patterns of animal use and the value of faunal data in modeling socioeconomic systems», *Paleorient,* 18 (1992), pp. 99-107.

— «Status and diet at the Workers' Town, Giza, Egypt» en D. Campana *et al., Anthropological approaches to zooarchaeology,* Cambridge: Oxbow Books, 2010, pp. 65-75.

— «A tale of two cities: Old Kingdom subsistence economy and the infrastructure of pyramid construction», en B. de Cupere, V. Linseele y S. Hamilton-Dyer (eds.), *Archaeozoology of the Near East, X: proceedings of the Tenth International Symposium on the Archaeozoology of South-Western Asia and Adjacent areas,* Lovaina: Peeters, 2013, pp. 307-322.

— *A view from the herd. Cattle, sheep, goats, and pigs in pharaonic Egypt. A primer for egyptologists and archeologists*, Columbus (GA): Lockwood Press (Archaeobiology), 2024.

Shaw, I.: «Report on the 1983 excavations: the animal pens (building 400)», *Amarna Reports,* 1 (1984), pp. 40-59.

Takács, L.: «Grubbing by swine as a means of preparing the soil on swampy ground», *Tools and Tillage,* 4[3] (1982), pp. 155-157.

Te Velde, H.: «Some egyptian deities and their piggishness», *Studia Aegyptiaca,* 14 (1992), pp. 571-578.

Tylor, J. J.: *The tomb of Renni. Wall drawings and monuments of El Kab,* Londres: Bernard Quaritch, 1900.

— *The tomb of Paheri. Wall drawings and monuments of El Kab,* Londres: Egypt Exploration Fund, 1895.

Volokhine, Y.: *Le porc en Égypte ancienne,* Lieja: Presses Universitaires de Liège (Religions, 3), 2014.

Wenke, R. J. *et al.*: «Kom el-Hisn: excavation of an Old Kingdom settlement in the Egyptian Delta», *Journal of the American Research Center in Egypt,* 25 (1988), pp. 5-34.

— R. W. Redding y A. J. Cagle: *Kom El-Hisn (ca. 2500-1900 BC): An ancient settlement in the Nile delta,* Columbus (GA): Lockwood Press, 2016.

Wilson, P. y G. Gilbert: «Pigs, pots and potholes: prehistoric Sais», *Egyptian Archaeology,* 21 (2002), pp. 12-13.

4. Una guía de viaje por Retenu

Bajeot, J.: *Predynastic Maadi in context: the research of the italian expedition revisited (1977-1986),* Roma: Dipartimento di Scienze dell'Antichità, Sapienza Università di Roma (Studi di Preistoria Orientale, 4), 2017.

Beaux, N.: *Le cabinet de curiosités de Thoutmosis III: plantes et animaux du «jardin botanique» de Karnak»,* Lovaina: Departement Oriëntalistiek/Peeters (Orientalia Lovaniensia Analecta, 36), 1990.

Ben-Tor, D. (ed.): *Pharaoh in Canaan: the untold story,* Jerusalem: The Israel Museum, 2016.

Bryan, B. M.: «The egyptian perspective on Mittani», en R. Cohen y R. Westbrook (eds.): *Amarna diplomacy: the beginnings of international relations,* Baltimore: The Johns Hopkins University Press, 2000, pp. 71-84, 244-247.

Darnell, J. C. y C. M. Manassa: *Tutankhamun's armies: battle and conquest during ancient Egypt's late eighteenth dynasty,* Hoboken (NJ): John Wiley & Sons, 2007.

Freu, J.: *Histoire du Mitanni,* París: L'Harmatan (Kubaba. Antiquité, 3), 2011.

Galán, J. M.: *Victory and border: terminology related to Egyptian imperialism in the* xviii*th Dynasty,* Hildesheim: Gerstenberg (Hildesheimer Ägyptologische Beiträge, 40), 1995.

Grandet P.: *Les pharaons du Nouvel Empire: une pensée stratégique (1550-1069 avant J.-C.),* París: Du Rocher (L'Art de la Guerre), 2008.

Güterbock, H. G.: «The deeds of Suppiluliuma as told by his son, Mursilli II», *Journal of Cuneiform Studies* 10[2, 3, 4] (1956), pp. 41-68, 75-98, pp. 107-130.

Hartung, U.: *Umm el-Qaab 2: Importkeramik aus dem Friedhof U in Abydos (Umm el-Qaab) und die Beziehungen Ägyptens zu Vorderasien im 4. Jahrtausend v. Chr.,* Maguncia: Philipp von Zabern (Archäologische Veröffentlichungen, Deutsches Archäologisches Institut, Abteilung Kairo, 92), 2001.

Hasel, M. G.: «Pa-Canaan in the egyptian New Kingdom: Canaan or Gaza?», *Journal of Ancient Egyptian Interconnections,* 1[1] (2009), pp. 8-17.

Kamrin, J.: «The aamu of Shu in the tomb of Khnumhotep II at Beni Hassan», *Journal of Ancient Egyptian Interconnections,* 1[3] (2009), pp. 22-36.

Kemp, B. J.: «Imperialism and empire in New Kingdom Egypt (c. 1575-1087 B.C.)», en P. D. A. Garnsey y C. R. Whittaker (eds.), *Imperialism in the ancient world. The Cambridge University Research Seminar in Ancient History,* Cambridge: Cambridge University Press, 1978, pp. 7-57 y 284-297.

Macqueen, J. G.: *The hittites: and their contemporaries in Asia Minor,* Londres: Thames & Hudson (Ancient Peoples and Places, 83), 1996.

Matthiae, P.: «Doni faraonici alla corte di Ebla nell'Antico Regno: una riflessione sul contesto storico», *Contributi e Materiali di Archeologia Orientale,* 18 (2018), pp. 347-366.

Morenz, L. D.: *Egyptian meeting canaanites and the genesis of alphabetic writing around 1900 BCE,* Alcalá de Henares: Editorial Universidad de Alcalá (MOA, 4), 2024.

Parra Ortiz, J. M.: «Sinuhe el Egipcio, ¿topo del faraón?», *La Aventura de la Historia,* 142 (2010), pp. 40-46.

Prisse d'Avennes, E.: *Histoire de l'art égyptien d'après les monuments, depuis les temps les plus reculés jusqu'à la domination romaine. Atlas, tome second,* París: Arthus Bertrand, 1878.

Rosellini, I.: *I monumenti dell'Egitto e della Nubia: disegnati dalla Spedizione Scientifico-Letteraria Toscana in Egitto. Tomo secondo: Monumenti civili,* Pisa: Nicoló Capurro, 1834.

Smith, S. T.: «State and Empire in the Middle and New Kingdoms», en J. Lustig (ed.): *Anthropology and egyptology: a developing dialogue,* Sheffield: Academic Press (Monographs in Mediterranean Archaeology, 8), 1997, pp. 66-89.

Tobin, V. A.: «The secret of Sinuhe», *Journal of the American Research Center in Egypt,* 32 (1995), pp. 161-178.

Virey, Ph.: *Sept tombeaux thébains de la* XVIIIe *dynastie,* 2 vols, Paris: Ernest Leroux (Mémoires publiés par les membres de la Mission Archéologique Française au Caire, 5), 1891-1894.

Watrin, L.: «The relationship between the Nile Delta and Palestine during the fourth millennium: from early exchange (Naqada I-II) to the colonisation of southern Palestine (Naqada III)», en C. J. Eyre (ed.): *Proceedings of the Seventh International Congress of Egyptologists, Cambridge, 3-9 September 1995,* Lovaina: Peeters (Orientalia Lovaniensia Analecta, 82), 1998, pp. 1215-1226.

5. El alfabeto que no inventaron los fenicios

André-Leicknam, B. y Ch. Ziegler (eds.): *Naissance de l'écriture: cunéiformes et hiéroglyphes. Galeries nationales du Grand Palais, 7 mai - 9 août 1982,* París: Ministère de la Culture, Éditions de la Réunion des Musées Nationaux, 1982.

Baines, J.: «The earliest egyptian writing: development, context, purpose», en S. D. Houston (ed.): *The first writing: script invention as history and process,* Cambridge: Cambridge University Press, 2004, pp. 150-189.

Colless, B. E.: «The origin of the alphabet: an examination of the Goldwasser hypothesis», *Antiguo Oriente,* 12 (2014), pp. 71-104.

Collier, M. y B. Manley: *How to read Egyptian hieroglyphs: a stepp-by-step guide to teach your self,* Londres: British Museum Press, 1998. [Hay edición española: *Introducción a los jeroglíficos egipcios,* Madrid: Alianza, 2013.]

Cooper, J. S.: «Babilonian beginnings: the origin of the cuneiform system in comparative peerspective», en S. D. Houston (ed.): *The first writing,* 2004, pp. 71-99

Darnell, J. C. *et al.:* «Two early alphabetic inscriptions from the Wadi el-Hõl: new evidence for the origin of the alphabet from the Western Desert of Egypt», *The Annual of the American Schools of Oriental Research,* 59 (2005), pp. 73-124.

Farout, D.: «Les hieroglyphes et la naissance de l'alphabet», *Égypte Afrique & Orient,* 46 (2007), pp. 37-48.

Gardiner, A. H.: «The egyptian origin of the semitic alphabet», *Journal of Egyptian Archaeology,* 3 (1916), pp. 1-16.

— «Once again the proto-sinaitic inscriptions», *Journal of Egyptian Archaeology,* 48 (1962), pp. 45-48.

Goldwasser, O.: «Canaanites reading hieroglyphs: Horus is Hathor? The invention of the alphabet in Sinai», *Ägypten und Levante,* 16 (2006), pp. 121-160.

GOLDWASSER, O.: «The advantage of cultural periphery: the invention of the alphabet in Sinai (circa 1840 B.C.E)», en R. Sela-Sheffy y G. Toury (eds.): *Culture contacts and the making of cultures: papers in homage to Itamar Even-Zohar*, Tel Aviv: Tel Aviv University, Unit of Culture Research, 2011, pp. 255-321.

— «The invention of the alphabet: on "lost papyri" and the egyptian "alphabet"», en Ch. Rico y C. Attucci (eds.): *Origins of the alphabet: proceedings of the first Polis Institute Interdisciplinary Conference,* Newcastle upon Tyne: Cambridge Scholars Publishing, 2015, pp. 124-141.

— «Appendix B: The birth of the alphabet from egyptian hieroglyphs in the Sinai desert», en D. Ben-Tor (ed.): *Pharaoh in Canaan: the untold story. Exhibition catalogue,* Jerusalén: Israel Museum, 2016, pp. 166-170.

HAMILTON, G. J.: *The origins of the west semitic alphabet in egyptian scripts,* Washington, DC: Catholic Biblical Association of America (Catholic Biblical Quarterly Monograph Series, 40), 2006.

HOCH, J. E.: «The Byblos syllabary: bridging the gap between Egyptian hieroglyphs and Semitic alphabets», *Journal of the Society for the Study of Egyptian Antiquities,* 20 (1990), pp. 115-124.

JIMÉNEZ SERRANO, A.: «Principles of the oldest egyptian writing», *Lingua Aegyptia,* 15 (2007), pp. 47-66.

KREBENIK, M. Y H.-W. FISHER-ELFERT: «Zu den Buchestabennamen auf dem *Halaham*-ostracon aus TT 99 (Grab des Sennefri)», *Zeitschrift für Ägyptische Sprache und Altertumskunde,* 143 (2016), pp. 169-176.

LEIBOVITCH, J.: «Recent discoveries and developments in protosinaïtic», *Annales du Service des Antiquités de l'Égypte,* 40 (1940), pp. 101-122.

LEMAIRE, A.: «La diffusion des écritures alphabétiques (*ca.* 1700-500 av. n. È.)», *Diogène,* 218 (2007), pp. 52-70.

LOPRIENO, A.: *Ancient Egyptian: a linguistic introduction*, Cambridge: Cambridge University Press, 1995.

MALLON, A.: «L'origine égyptienne de l'alphabet phénicien», *Bulletin de l'Institut Français d'Archéologie Orientale,*30 (1931), pp. 131-151.

MORENZ, L. D.: *Ägypten und die Geburt der Alphabetschrift,* Rahden: Marie Leidorf (Archäologie, Inschriften und Denkmäler Altägyptens, 3), 2016.

— *Egyptian meeting canaanites and the genesis of alphabetic writing around 1900 BCE,* Alcalá de Henares: Editorial Universidad de Alcalá (MOA, 4), 2024.

NAVILLE, E.: *Das ägyptische Toptenbuch der XVIII. bis XX. Dynastie*, Berlín: Asher, 1886.

PARRA ORTIZ, J. M: «El primer alfabeto no fue fenicio», *La Aventura de la Historia,* 177 (2013), pp. 50-53.

PETRIE, W. M. F.: *Researches in Sinai,* Londres / New York: John Murray / E. P. Dutton, 1906.

POPE, M.: *The story of decipherment: from egyptian hieroglyphs to maya script,* Londres: Thames & Hudson, ed. rev. 1999.

SASS, B.: «The genesis of the alphabet and its development in the second millennium B.C.: twenty years later», *De Kêmi à Birīt Nāri,* 2 (2004), pp. 147-166.

SIMONS, F.: «Proto-Sinaitic - Progenitor of the Alphabet», *Rosetta* 9 (2011), pp: 16-40.

Teeter, E. (ed.): *Before the pyramids. The origins of the egyptian civilization,* Chicago: The Oriental Institute of the University of Chicago (Oriental Institute Museum Publications, 33), 2011.

Valbelle, D. y Ch. Bonnet: *Le sanctuaire d'Hathor, maîtresse de la turquoise: Sérabit el-Khadim au Moyen Empire,* París: Picard, 1996.

Vanstiphout, H. L. J.: *Epics of Sumerian Kings: The matter of Aratta,* Atlanta: Society of Biblical Literature (Writings from the Ancient World), 2003.

Vernus, P.: «Écriture hiéroglyphique égyptienne et écriture protosinaïtique: une typologie comparée acrophonie "forte" et acrophonie "faible"», en Ch. Rico y C. Attucci (eds.): *Origins of the alphabet: proceedings of the first Polis Institute Interdisciplinary Conference,* Newcastle upon Tyne: Cambridge Scholars Publishing, 2015, pp. 142-175.

— «La naissance de l'écriture dans l'Égypte pharaonique: une problématique revisitée», *Archéo-Nil,* 26 (2016), pp. 105-134.

Wimmer, S. J.: «A proto-Sinaitic inscription in Timna/Israel: new evidence on the emergence of the alphabet», *Journal of Ancient Egyptian Interconnections,* 2[2] (2010), pp. 1-12.

6. ¡«Seño», me está copiando los deberes!

Auffret, P.: *Hymnes d'Égypte et d'Israel: études de structures littéraires,* Friburgo-Gotinga: Universitätsverlag-Vandenhoeck & Ruprecht (Orbis Biblicus et Orientalis, 34), 1981.

Bárta, M.: *Sinuhe, the Bible, and the Patriarchs,* Praga-Oxford: Czech Institute of Egyptology-Oxbow, 2003.

Bauks, M.: «Quelques traditions cosmogoniques en Gen 1-2 ou nécessité et limite de la méthode comparative», en J.-M. Marconot y S. H. Aufrère (eds.): *L'interdit et le sacré dans les religions de la Bible et de l'Égypte: suivis de deux conférences sur le thème Bible & Égypte et d'une postface interdisciplinaire,* Montpellier: Service des publications, Université Paul-Valéry-Montpellier III, 1998, pp. 165-178.

Cannuyer, Ch.: «La sagesse biblique et la *maât* égyptienne», *Égypte, Afrique & Orient,* 27 (2002), pp. 26-38.

Day, J.: «Psalm 104 and Akhenaten's hymn to the Sun», en S. E. Gillingham (ed.): *Jewish and christian approaches to the Psalms: conflict and convergence,* Oxford: Oxford University Press, 2013, pp. 211-228.

Davies, N. de G.: *The rock tombs of el Amarna. Volume 6: Tombs of Parennefer, Tutu, and Aÿ,* Londres: Egypt Exploration Fund (Archaeological survey of Egypt, 18), 1908.

Fox, M. V.: «Joseph and wisdom», en A. E. Craig, J. N. Lohr y D. L. Petersen: *The book of Genesis: Composition, reception, and interpretation,* Leiden Brill, 2012, 231-262.

— «From Amenemope to Proverbs. Editorial art in Proverbs 22,17-23,11», *Zeitschrift für die Alttestamentliche Wissenschaft,* 126[1] (2014), pp. 76-91.

Gemser, B.: «The Instructions of 'Onkhsheshonqy and biblical wisdom literature», *Supplements to* Vetus Testamentum. *Volume VII. Congress volume,* Oxford, 1959, Leiden: E. J. Brill, 1960, pp. 102-128.

HOLLIS, S. T.: *The ancient egyptian «Tale of two brothers»: a mythological, religious, literary, and historico-political study,* Oakville: Bannerstone Press, 2.ª ed. 2008.

HUMBERT, P.: *Recherches sur les sources égyptiennes de la littérature sapientiale d'Israël,* Neuchâtel: Secrétariat de l'Université (Mémoires de l'Université de Neuchâtel, 7), 1929.

IVERSEN, E.: «The cosmogony of the Shabaka text», en S. Israelit-Groll (ed.): *Studies in egyptology presented to Miriam Lichtheim,* vol. 1, Jerusalén: Magnes Press, Hebrew University, 1990, pp. 485-493.

KUNZ, A.: «Sinuhe und der Starke von Retjenu - David und der Riese Goliat: eine Skizze zum Motivgebrauch in der Literatur Ägyptens und Israels», *Biblische Notizen,* 119/120 (2003), pp. 90-100.

LAISNEY, V. P.-M.: *L'Enseignement d'Aménémopé,* Roma: Pontificio Istituto biblico (Studia Pohl: Series Maior, 19), 2007.

LANCZKOWSKI, G.: «Die Geschichte vom Riesen Goliath und der Kampf Sinuhes mit dem Starken von Retenu», *Mitteilungen des Deutschen Archäologischen Instituts, Abteilung Kairo,* 16 (1958), pp. 214-218.

LEWIS, B.: *The Sargon legend: a study of the akkadian text and the tale of the hero who was exposed at birth,* Cambridge (MA): American Schools of Oriental Research (Dissertations Series, 4), 1980.

MATTHEWS, V. H y D. C. BENJAMIN: *Old Testament parallels: laws and stories from the Ancient Near East,* Nueva York: Paulist Press, 4.ª ed. rev. y aum. 2016. [Hay edición española de la ed. de 1997: *Paralelos del Antiguo Testamento: leyes y relatos del antiguo Oriente bíblico,* Santander: Sal Terae (Panorama), 2004.]

MELTZER, E. S.: «Sinuhe yet again: Sinuhe and Moses», *Journal of the Society for the Study of Egyptian Antiquities,* 44 (2017-2018), pp. 219-224.

MONTET, P.: *L'Égypte et la Bible,* Neuchâtel: Delachaux & Niestlé (Cahiers d'Archéologie Biblique, 11), 1959.

OVERLAND, P.: «Structure in The Wisdom of Amenemope and Proverbs», en J. E. Coleson y V. H. Matthews (eds.): *«Go to the land I will show you»: studies in honor of Dwight W. Young,* Winona Lake: Eisenbrauns, 1996, pp. 275-291.

PARKINSON, R. B.: *The tale of the eloquent peasant: a reader's commentary,* Hamburgo: Widmaier (Lingua Aegyptia, Studia Monographica, 10), 2012.

PARRA, J. M.: «Canaán en los textos faraónicos», *Reseña Bíblica,* 80 (2013), pp. 35-42.

RÖMER, Th.: «The role of Egypt in the formation of the hebrew Bible», *Journal of Ancient Egyptian Interconnections,* 18 (2018), pp. 63-70.

RUFFLE, J.: «The Teaching of Amenemope and its connection with the look of Proverbs», en R. B. Zuck (ed.): *Learning from the sages: selected studies on the book of Proverbs,* Grand Rapids, MI: Baker Books. 1995, pp. 293-331.

SHUPAK, N.: *Where can wisdom be found? The sage's language in the Bible and in ancient Egyptian literature,* Orbis Biblicus et Orientalis 130. Friburgo-Gotinga: Universitätsverlag-Vandenhoeck & Ruprecht, 1993.

— «The Instruction of Amenemope and Proverbs 22:17-24:22 from the perspective of contemporary research», en R. L. Troxel, K. G. Friebel y D. R. Magary (eds.): *Seeking out the wisdom of the ancients: essays offered to honor Michael V. Fox on the occasion of his sixty-fifth birthday,* Winona Lake: Eisenbrauns, 2005, pp. 203-217.

Smyth, F.: «L'Égypte du premier millénaire et la Bible», *Égypte, Afrique & Orient,* 4 (1996), pp. 19-25.

VV. AA.: *Ce que la Bible doit à l'Égypte,* París: Bayard, 2008.

Zivie, A.-P.: *La prison de Joseph: l'Égypte des pharaons et le monde de la Bible,* París: Bayard, 2004.

7. Los 4 x 4 del mundo antiguo

Beja-Pereira, A., P. R. England, N. Ferrand, S. Jordan, A. O. Bakhiet, M. A. Abdalla, M. Mashkour, J. Jordana, P. Taberlet y G. Luikart: «African origins of the domestic donkey», *Science,* 304 (2004), p. 1781.

Boessneck, J., A. von den Driesch y R. Ziegler: «Die Tierreste von Maadi und Wadi Digla», en I. Rizkana y J. Seeher (eds.): *Maadi III: the Non-lithic small finds and the structural remains of the predynastic settlement,* Maguncia del Rin: Philipp von Zabern (Archäologische Veröffentlichungen, 80), 1989, pp. 87-128.

— y A. von den Driesch, «Appendix III. Tierreste aus der vorgeschichtlichen siedlung von El-Omari bei Heluan/Unterägypten», en F. Debono y B. Mortensen, *El Omari: a Neolithic settlement and other sites in the vicinity of Wadi Hof (Helwan),* Maguncia: Philipp von Zabern (Archäologische Veröffentlichungen, 82), 1990, pp. 99-101.

Bourne, J.: *The livestock guard donkey,* Vermilion (Alberta): Alberta Agriculture Plant Industry Division, 1990.

Brunner-Traut, E.: «Esel», en W. Helck y W. Westendorf (eds.): *Lexikon der Ägyptologie,* ii, Wiesbaden: Harrassowitz, 1977, pp. 27-30.

Chassinat, E.: *Le temple d'Edfou,* 6, El Cairo: Institut Français d'Archéologie Orientale (Mémoires publiés par les Membres de la Mission Archéologique Française au Caire, 23), 1931.

Closse, K.: «Les ânnes dans l'Égypte ancienne», *Anthropozoologica,* 27 (1998), pp. 27-39.

Daressy, G.: «Seth et son animal», *Bulletin de l'Institut Français d'Archéologie Orientale,* 13 (1917), pp. 77-92.

Den Driesch, A. von: «Tierreste aus Buto im Nildelta», *Archaeofauna,* 6 (1997), pp. 23-39.

El-Menshawy, S.: «Uses of domesticatd donkeys: evidence from Old Kingdom tomb scenes», *Abgadiyat,* 4 (2009), pp. 51-62.

El-Sadeek, W. T. y J. M. Murphy: «A mud sealing with Seth vanquished(?)», *Mitteilungen des Deutschen Archäologischen Instituts, Abteilung Kairo,* 39 (1983), pp. 159-175.

Fielding, D. y P. Krause, *Donkeys,* Londres: Macmillan, 1998.

Flores, D. V.: *Funerary sacrifice of animals in the egyptian predynastic period,* Oxford: Archaeopress (BAR International Series, 153), 2003.

Förster, F.: «"Bowtied" donkeys at Hierakonpolis... A riddle solved?», *Nekhen News,* 33 (2021), pp. 18-19.

Goldwasser, O.: «Out of the mists of the alphabet - redrawing the «brother of the ruler of Retenu», *Ägypten und Levante,* 22-23 (2012-2013), pp. 353-374.

Grandet, P.: «Les ânes de Sennéfer (O. IFAO 10044)», *Bulletin de l'Institut Français d'Archéologie Orientale,* 103 (2003), pp. 257-265.

Grinder, M. I., P. R. Krausman y R. S. Hoffmann: «Equus asinus», *Mammalian Species,* 794 (2006), pp. 1-9.

Hall, H. R.: «Letters to sir William Gell from Henry Salt, [sir] J. G. Wilkinson, and baron von Bunsen», *Journal of Egyptian Archaeology,*2 (1915), pp. 133-167.

Harpur, Y. y P. Scremin: *The chapel of Niankhkhnum y Khnumhotep, scene details,* Oxford: Oxford Expedition to Egypt (Egypt in Miniature, 3), 2010.

Houlihan, P. F.: «Some instances of humor associated with animal riding in ancient Egypt», *Göttinger Miszelen,* 190 (2002), pp. 35-45.

Huyge, D.: «Detecting magic in rock art: the case of the ancient egyptian "malignant ass"», en H. Riemer, F. Förster, M. Herb y N. Pöllath (eds.): *Animals in the easter Sahara: Status, economic significance and cultural reflection in Antiquity,* Colonia: Heinrich-Barth Institut, 2009, pp. 293-307.

Janssen, J. J.: «The smaller Dâkhla stela (Ashmolean Museum n.º 1894. 107 b)», *Journal of Egyptian Archaeology,* 54 (1968), pp. 165-172.

— *Donkeys in Deir el-Medina,* Leiden: The Netherlands Institute for the Near East (Egyptologische Uitgaven,19), 2005.

Junker, H.: *Gîza V. Die Mastaba des Snb (Seneb) und die umliegenden Gräber,* Viena: Akademie der Wissenschaften in Wien (Philosophisch-historische Klasse, Denkschriften 71, 2), 1941.

Kanawati, N. y A. Hassan: *The Teti cemetery at Saqqara, volume ii: the tomb of Ankhmahor,* Warminster: Aris & Plillips (The Australian Centre for Egyptology. Reports, 9), 1997.

Keimer, L.: «Les "ânes sauvages" abattus par Aménophis II, près de Qadesh», *Bulletin de l'Institut d'Égypte,* 30 (1949), pp. 117-148.

Köpp-Junk, H.: «Wagons and carts and their significance in ancient Egypt», *Journal of Ancient Egyptian Interconnections,* 9 (2016), pp. 14-58.

Lafont, B.: «Cheval, âne, onagre et mule dans la haute histoire mésopotamienne: quelques donnés nouvelles», en D. Parayre (ed.): *Les animaux et les hommes dans le monde syro-mésopotamien aux époques historiques,* Lyon: La Maison de l'Orient et de la Méditeranée (Topoi Supplement, 2), 2000.

Lashien, M.: «Donkeys in the Old and Middle Kingdoms according to the representations and livestock counts from private tombs», *Études et Travaux,* xxxiii (2020), pp. 121-137.

Lepsius, R.: *Auswahl der wichtigsten Urkunden des aegyptischen Altertums,* Leipzig: Georg Wigand, 1842.

— *Denkmaeler aus Aegypten und Aethiopien,* vol. i, Berlín: Nicolaische Buchhandlung, 1849-1856, pp. 91-94.

McDowell, A.: «Agricultural activity by the workmen of Deir el-Medina», *Journal of Egyptian Archaeology,* 78 (1992), pp. 195-206.

Mitchell, P.: *The donkey in human history: an archaeological perspective,* Oxford: Oxford University Press, 2018.

MOEHLMAN, P. D.: «Behavioral patterns and communication in feral asses *(Equus africanus)*», *Applied Animal Behaviour Science*, 60(2) (1998), pp. 125-169.

MENU, B.: «Le louage des ânes à Deir el-Medineh», *Revue d'Égyptologie*, 39 (1988), pp. 211-213.

NEVEU, F.: «Le tarif de location des ânes à Deir el-Medineh», *Revue d'égyptologie*, 37 (1986), pp. 151-155.

NIBBI, A.: «Some remarks on ass and horse in ancient Egypt and the absence of the mule», *Zeitschrift für Ägyptische Sprache und Altertumskunde*, 106 (1979), pp. 148-168.

NORDH, K.: *Aspects of ancient egyptian curses and blessings. Conceptual background and transmission*, Uppsala: Upssala Universitatis Upsaliensis (Boreas. Uppsala Studies in ancient Mediterranean and Near Eastern Civilizations, 26), 1996.

ORHAM, Y., B. SAIM y E. MEHMET: «The domesticated donkey. I. Species characteristics», *Canadian Journal of Applied Sciences*, 4(2) (2012), pp. 339-353.

POWER, R. K.: «Deconstructing, deciphering and dating the donkey in Old Kingdom wall painting and relief», *Bulletin of the Australian Centre for Egyptology*, 15 (2004), pp. 131-151.

ROSSEL, S., F. MARSHALL, J. PETERS, T. PILGRAM, M. D. ADAMS y D. O'CONNOR: «Domestication of the donkey: timing, processes, and indicators», *Proceedings of the National Academy of Sciences of the United States of America*, 105 (2008), pp. 3715-3720.

STADELMANN, R.: «Riding the donkey: a means of transportation for foreign rulers», en E. Czerny, I. Hein, H. Hunger, D. Melman y A. Schwab (eds.): *Timelines: studies in honour of Manfred Bietak*, Lovaina: Peeters-Department of Oriental Studies (Orientalia Lovaniensia Analecta, 149), 2006, pp. 301-304.

VAN DE WALLE, B.: *Les mastaba de Neferirtenef aux Musées Royaux d'Art et d'Histoire à Bruxelles (Parc du Cinquantenaire). Notice sommaire*, Bruselas: Fondation Égyptologique Reine Élisabeth, 1930.

VANDIER, J.: *Moalla. La Tombe d'Ankhtifi et la Tombe de Sébekhotep*, El Cairo: Institut Français d'Archéologie Orientale (Bibliothèque d'Étude, 18), 1950.

VAN NEER W., V. LINSEELE y R. FRIEDMAN: «Animal burials and food offerings at the elite cemetery HK6 of Hierakonpolis», en S. Hendrickx, R. F. Friedman, K. M. Cialowicz, M. Chlodnicki (eds.): *Egypt at its Origins. Studies in memory of Barbara Adams. Proceedings of the international conference: Origin of the State. Predynastic and Early Dynastic Egypt», Krakow, 28th August-1st September 2002*, Lovaina: E. Peeters-Department of Oriental Studies (Orientalia Lovaniensia Analecta, 138), 2004, pp. 67-130.

VOLTEN. A.: *Demotische traumdeutung.* (Pap. Carlsberg XIII und XIV verso), (Analecta Aegyptiaca, 3), Copenhague: Einar Munksgaard,1942

WARD, W. A.: «The *H.w*-ass, the *H.w*-serpent, and the god Seth», *Journal of Near Eastern Studies*, 37 (1978), pp. 23-34.

WILD, H.: *Le tombeau de Ti, fasc. III: la chapelle* (deuxième partie), El Cairo: Institut Français d'Archéologie Orientale (Mémoires Publiés par les Membres de l'IFAO, 65), 1966.

8. El transitado desierto egipcio

Anthes, R.: «Eine Polizeistreife des Mittleren Reiches in die westliche Oase», *Zeitschrift für Agyptische Sprache und Altertumskunde,* 65 (1930), pp. 108-114.

Baud, M.: «La représentation de l'espace en Égypte ancienne: cartographie d'un itinéraire d'expédition», *Bulletin de l'Institut Française d'Archéologie Orientale,* 90 (1990), pp. 51-63.

Bloxam, E. y P. Storemyr: «Old Kingdom basalt quarrying activities at Widan el-Faras, northern Faiyum desert», *Journal of Egytian Archaeology,* 88 (2002), pp. 23-36.

Bubenzer, O., A. Bolten y F. Darius (eds.): *Atlas of cultural and environmental change in arid Africa,* Colonia: Heinrich-Barth-Institut (Africa Praehistorica, 21), 2007.

Cooper, J.: «Reconsidering the location of Yam», *Journal of the American Research Center in Egypt,* 48 (2012), pp. 1-21.

Couyat, J. y P. Montet: *Les inscriptions hiéroglyphiques et hiératiques du Ouâdi Hammâmât,* El Cairo: Institut Français d'Archéologie Orientale (MIFAO, 34), 1912.

Darnell, J. C.: *Theban Desert Road Survey in the egyptian western desert, i: Gebel Tjauti rock inscriptions 1-45 and Wadi el-Hôl rock inscriptions 1-45,* New Haven: Yale Egyptological Institute, 2013.

— *Egypt and the desert,* Cambridge: Cambridge University Press (Cambridge Elements. Ancient Egypt in Context), 2021.

— C. Manassa: «A trustworthy sealbearer on a mission: the monuments of Sabastet from the Khephren diorite quarries», en H.-W. Fischer-Elfert y R. B. Parkinson (eds.): *Studies on the Middle Kingdom: in memory of Detlef Franke,* Wiesbaden: Harrassowitz (Philippika: Marburger altertumskundliche Abhandlungen, 41), 2013, pp. 55-92.

Davies, N. M. y N. de G. Davies: «The tomb of Amenmosě (No. 89) at Thebes», *Journal of Egyptian Archaeology,* 26 (1941), pp. 131-136.

Farout, D.: «La carrière du *[ouhemou]* Ameny et l'organisation des expéditions au Ouadi Hammamat au Moyen Empire», *Bulletin de l'Institut Français d'Archéologie Orientale,* 94 (1994), pp. 143-172.

Fischer, H: «Sur les routes de l'Ancien Empire», *Cahiers de Recherches de l'Institut de Papyrologie et d'Égyptologie de Lille,* 13 (1991), pp. 59-64.

Förster, F.: «With donkeys, jars and water bags into the libyan desert: the Abu Ballas trail in the late Old Kingdom/First Intermediate Period», *British Museum Studies in Ancient Egypt and the Sudan,* 7 (2007), pp. 1-36.

Forster, F.: «The Abu Ballas trail: a pharaonic donkey-caravan route in the Libyan desert (SW-Egypt)», en O. Bubenzer *et al.*: *Atlas...,* 2007, pp. 130-133.

— «Beyond Dakhla: the Abu Ballas trail in the libyan desert (SW Egypt)», en F. Förster y H. Reimer (eds.): *Desert road...,* 2015, pp. 297-337.

— *Der Abu Ballas-Weg. Eine pharaonische Karawanenroute durch die Libysche Wüste,* Colonia: Heinrich-Barth Institut (Africa Praehistorica, 28), 2015.

— y H. Reimer (eds.): *Desert road archaeology in ancient Egypt and beyond,* Colonia: Heinrich-Barth Institut (Africa Praehistorica, 27), 2015.

Förster, F., H. Riemer y M. Mahir: «Donkeys to El-Fasher or how the present informs the past», en F. Förster y H. Reimer (eds.): *Desert road...*, 2015, pp. 193-218.

Harrell, J. A. y V. M. Brown: «The oldest surviving topographical map from ancient Egypt (Turin papyri 1879, 1899, and 1969)», *Journal of the American Research Center in Egypt,* 29 (1992), pp. 81-105 .

— y T. M. Bown: «An Old Kingdom basalt quarry at Widan el-Faras and the quarry road to lake Moeris», *Journal of the American Research Center in Egypt,* 32 (1995), pp. 71-91.

Hoffmeier, J. K. y S. O. Moshier: «"A highway out of Egypt": the main road from Egypt to Canaan», en F. Förster y H. Reimer (eds.): *Desert road...*, 2015, pp. 485-510.

Iversen, E.: «"The inscrition of Herwerre" at Serâbit al-Kâdem», en F. Jungen (ed.): *Studien zu Sprache und Religion Ägyptens: zu Ehren von Wolfhart Westendorf,* Gotenburgo: Hubert & Co., 1984, pp. 508-519.

Kaper, O. E. y H. Willems: «Policing the desert: Old Kingdom activity around the Dakhleh oasis», en R. Friedman (ed.), *Egypt and Nubia: gifts of the desert,* Londres: The British Museum Press, 2002, pp. 79-94.

Kitchen, K. A.: *Pharaoh triumphant. The life and times of Ramesses II, king of Egypt,* Warminster-Mississauga: Aris & Phillips-Benben Publications, 3.ª ed. corrg. 1985. [Hay edición española: *Ramsés II, rey de Egipto: Su vida y su época*, Madrid: Dilema (Egipto Mayor), 2022.]

Köpp-Junk, H.: «Desert travel and transport in ancient Egypt: an overview based on epigraphic, pictorial and archaeological evidence», en F. Förster y H. Reimer (eds.): *Desert road...*, 2015, pp. 107-132.

— H. Riemer y F. Förster: «Mobility in ancient egypt: roads and travel in the Nile valley and adjacent deserts», en S. Scharl y B. Gehlen (eds.): *Mobility in prehistoric sedentary societies: papers of the CRC 806 Workshop in Cologne, 26-27 June 2015,* Rahden: Marie Leidorf, 2017, pp. 277-300.

Kuhlmann, K. P.: «The "oasis bypath" or the issue of desert trade in pharaonic times», en T. Lenssen-Erz y U. Tegtmeier *et al.* (eds.): *Tides of the desert - Gezeiten der Wüste. Contributions to the archaeology and environmental history of Africa in honour of Rudolph Kuper,* Köln Colonia: Heinrich Barth Institut (Africa Praehistorica, 14), 2002, pp. 125-170.

— «Der "Wasserberg des Djedefre" (Chufu 01/1). Ein Lagerplatz mit Expeditionsinschriften der 4. Dynastie im Raum der Oase Dachla», *Mitteilungen des Deutschen Archäologischen Instituts, Abteilung Kairo,* 61 (2005), pp. 243-289.

Kuper, R.: «By donkey train to Kufra?: how Mr. Meri went west», *Antiquity,* 75 (2001), pp. 801-802.

— «"Looking behind the scenes": archaeological distribution patterns and their meaning», en O. Bubenzer *et al.*: *Atlas...*, 2007, pp. 24-25.

Labrousse, A.: *Les pyramides des reines. Une nouvelle nécropole à Saqqâra,* París: Hazan, 1999.

Kraemer, B y K. Liszka: «Evidence for administration of nubian fortresses in the Late Middle Kingdom: Semna Dispatches», *Journal of Egyptian History,* 9 (2016), pp. 1-66.

Kuhlmann, K. P.: «The "oasis bypath" or the issue of desert trade in pharaonic times», en T. Lenssen-Erz (ed.): *Tides of the desert - Gezeiten der Wüste. Contributions to the archaeology and environmental history of Africa in honour of Rudolph Kuper,* Colonia: Heinrich Barth Institut (Africa Praehistorica, 14), 2002, pp. 125-170.

Kuper, R.: «*Mefat* für Memphis: Cheops' Expeditionen in die Libysche Wüste», *Mitteilungendes Deutschen Archäologischen Instituts, Abt. Kairo,* 70/71 (2014/2015), pp. 285-299.

Montet, P.: «L'effectif d'une expédition a la montagne de *bekhen* en l'an iii de Ramsès IV», *Kêmi,* 13 (1954), pp. 59-62.

Obsomer, C.: «Les expéditions d'Herkhouf (vi[e] dynastie) et la localisation de Iam», en M.-C. Bruwier (ed.): *Pharaons noirs. Sur la piste des Quarante Jours. Catalogue de l'exposition du 9 mars au 2 septembre 2007 par le Musée royal de Mariemont,* Mariemont: Musée royal de Mariemont, 2007, pp. 39-52.

Parra Ortiz, J. M.: «El Nilo la primera "autopista". El comercio de los faraones», *La Aventura de la Historia,* 246 (2019), pp. 44-48.

Riemer, H.: «The archaeology of a desert road: the navigation system of the Abu Ballas trail», en O. Bubenzer *et al.*: *Atlas...,* 2007, pp. 134-135.

— y F. Förster: «Ancient desert roads: towards establishing a new field of archaeological research», en F. Förster y H. Reimer (eds.): *Desert road...,* 2015, pp. 19-58.

Seyfried, K.-J.: *Beiträge zu den Expeditionen des Mittleren Reiches in die Ostwüste,* Hildesheim: Gerstenberg (Hildesheimer Ägyptologische Beiträge, 15), 1981.

Shaw, I.: «Exploiting the desert frontier: the logistics and politics of ancient egyptian mining expeditions», en A. B. Knapp, V. C. Pigott y E. W. Herbert (eds.): *Social approaches to an industrial past: the archaeology and anthropology of mining,* Londres: Routledge, 1998, pp. 242-258.

— «"Master of the roads": quarrying and communications networks in Egypt and Nubia», en B. Mathieu, D. Meeks y M. Wissa (eds.): *L'apport de l'Égypte à l'histoire des techniques: méthodes, chronologie et comparaisons,* El Cairo: Institut Français d'Archéologie Orientale du Caire (Bibliothèque d'Étude, 142), 2006, pp. 253-266.

— «"We went forth to the desert land...": retracing the routes between the Nile valley and the Hatnub travertine quarries», en F. Förster y H. Reimer (eds.): *Desert road...,* 2015, pp. 521-532.

Shaw, I.: *Hatnub: quarrying travertine in ancient Egypt,* Londres: Egypt Exploration Society (EES Excavation Memoir, 88), 2010.

Sidebotham, S. E., M. Hense y H. M. Nouwens: *The Red Land: the illustrated archaeology Egypt's eastern desert,* El Cairo: The American University in Cairo Press, 2008.

Simpson, W. K.: *Heka-nefer and the dynastic material from Toshka and Arminna,* New Haven/Filadelfia: Aris & Phillips, 1963.

Vivian, C.: *The western desert of Egypt: an explorer's handbook,* El Cairo: The American University in Cairo Press, 2002.

WAGNER, G. y K. HELLER: «Chufu 01/01: a pharaonic outpost in the western desert of Egypt», en J. Kabacinski, M. Chlodnicki y M. Kobusiewicz (eds.): *Prehistory of northeastern Africa: new ideas and discoveries*, Poznan: Muzeum Archeologiczne w Poznaniu (Studies in African Archaeology, 11), 2012, pp. 349-364.

WILSON, J. A.: *The culture of ancient Egypt*, Chicago: The University of Chicago Press, 1951.

9. Marineros de agua dulce

BELZONI, G.: *Belzoni's travels. Narrative of the operations and recent discoveries in Egytp and Nubia*, editado por Alberto Siliotti, Londres: The British Museum Press, 2001 [ed. original de 1820] .

BORCHARDT, L. y H. RICKE: *Egypt: architecture, landscape, life of the people*, Londres: Orbis Terrarum, 1930.

BUNBURY, J. y R. ROWE: *The Nile. Mobility and manegement*, Cambridge: Cambridge University Press (Cambridge Elements. Ancient Egypt in Context), 2021.

CASTLE, E. W.: «Shipping and trade in ramesside Egypt», *Journal of the Economic and Social History of the Orient*, 35 (1992), pp. 239-277.

COOPER, J. P.: *The medieval Nile: route, navigation, and landscpae in islamic Egypt*, El Cairo: The American University in Cairo Press, 2014.

CREASMAN, P. P. y N. DOYLE: «Overland boat transportation during the pharaonic period: archaeology and iconography», *Journal of Ancient Egyptian Interconnections*, 2[3] (2010), pp. 14-30.

DARNELL, J. C.: *Theban Desert Road Survey in the egyptian western desert, II: The rock shrine of Pahu, Gebel Akhenaton, and other rock inscriptions from the western hinterland of Qamûla*, New Haven: Yale Egyptological Institute, 2013.

DAVIES, N. de G. y A. H. GARDINER: *The tomb of Huy, viceroy of Nubia in the reign of Tutankhamun (n.º 40)*, Londres: Egypt Exploration Society (The Theban Tombs Series, 4), 1926.

DEGAS, J.: «Navigation sur le Nil au Nouvel Empire», en B. Menu (ed.): *Les problèmes institutionnels de l'eau en Égypte ancienne et dans l'Antiquité méditerranéenne: colloque AIDEA Vogüé 1992*, El Cairo: Institut Français d'Archéologie Orientale (Bibliothèque d'Étude, 110), 1994, pp. 141-152.

ENGELBACH, R.: *The problem of the obelisks. From a study of the unfinished obelisk at Aswan*, Londres: T. Fisher Unwin, 1923.

FISCHER, H. G: «Two tantalizing biographical fragments of historical interest», *Journal of Egyptian Archaeology* 61 (1975), pp. 33-37.

GARDINER, A. H.: «Ramesside texts relating to the taxation and transport of corn», *Journal of Egyptian Archaeology*, 27 (1941), pp. 19-73.

GRAHAM, A.: «Plying the Nile: not plain sailing», en K. Piquette y S. Love (eds.): *Current Research in Egyptology 2003: proceedings from the Fourth Annual Symposium*, Oxford: Oxbow, 2005, pp. 41-56.

GRANDET, P.: *Le papyrus Harris I (BM 9999), I-II*, El Cairo: Institute Français d'Archéologie Orientale (Bibliothèque d'Étude, 109), 2.ª ed. 2005.

Habachi, L.: *The obelisks of Egypt, skycrapers of the past,* El Cairo: The American University in Cairo Press, 4.ª reimp. 1988.

Janssen, J. J.: *Two ancient Egyptian ship' logs: Papyrus Leiden I 350 verso and Papyrus Turin 2008 + 2016,* Leiden: E. J. Brill (OMRO suppl. 42), 1961.

— *Grain transport in the ramesside period. Papyurs Baldwin (BM EA 10061) and papyrus Amiens,* Londres: The British Museum Press (Hieratic Papyri in in the British Museum, 8), 2004.

Kees, H.: *Ancient Egypt: A cultural topography,* Londres: Faber and Faber, 1961.

Kitchen, K. A., «Building the Ramesseum», *Cahiers de Recherche de l'Institut de Papyrologie et Égyptologie de Lille,* 13 (1991), pp. 85-93.

Kraemer, B. y K. Liszka: «Evidence for administration of nubian fortresses in the Late Middle Kingdom: Semna Dispatches», *Journal of Egyptian History,* 9 (2016), pp. 1-65.

Landström, B.: *Ships of the pharaohs: 4000 years of egyptian shipbuilding,* Londres: Allen & Unwin, 1970.

Misuriello J.: «La double perception du sable en Éypte ancienne», *Techniques & Culture* 61 (= S. Boulay, M.-L. Gérard (eds.): *Vivre le sable! Corps, matière et sociétés*) (2013), pp. 1-17.

Nour, M. Z., Z. Iskander, M. S. Osman y A. Y. Moustafa: *The Cheops boats,* El Cairo: General Organisation for Government Printing Offices. United Arab Republic. Ministry of Culture and National Orientation. Antiquities Department of Egypt, 1960.

Pomey, P.: «Navires et construction navale en Égypte ancienne», *NeHeT,* 3 (2015), pp. 1-29.

Servajean, F.: «Les voiliers de Mérérouka», *Égypte Nilotique et Méditerranéenne,* 14 (2021), pp. 229-248.

— *Manoeuvres nilotiques. À propos de quelques scènes de navigation de l'Ancien Empire,* Montpellier: Université Paul-Valéri (Cahiers «Égypte Nilotique et Méditerranéenne», 31), 2022.

Simpson, W. K.: *The mastabas of Qar and Idu G 7101 and 7102,* Boston: Department of Egyptian And Ancient Near Eastern Art (Giza Mastabas, 2), 1976.

Somaglino, C.: «La navigation sur le Nil. Quelques réflexions autour de l'ouvrage de J. P. Cooper, *The Medieval Nile. Route, Navigation and Landscape in Islamic Egypt,* Le Caire - New York, 2014», *NeHeT,* 3 (2015), pp. 123-161.

Tallet, P.: «Les "ports intermittents" de la mer Rouge à l'époque pharaonique: caractéristiques et chronologie», *NeHeT* 3 (2015), pp. 31-72.

Tallet, P. y M. Lehner: *Les papyrus de la mer Rouge. L'inspecteur Merer: un témoin oculaure de la construction dce la pyramide de Chéops,* Arles: Errance-Actes Sud, 2021.

Vandersleyen, C.: «Une tempête sous le règne d'Amosis, *Revue d'Égyptologie* 19 (1967), pp. 123-159.

Vercoutter, J.: *Mirgissa,* I, París: Direction Genérale des Relations Culturelles, Scientiques et Techniques (Mission Archéologique Française au Soudan, 1), 1970.

Vergrote, J.: *De godsdienst van het Oude Egypte,* Lovaina: Peeters, 1987.

Vila, A.: «Les vestiges de la plaine», en J. Vercoutter: *Mirgissa*, i, 1970, pp. 193-221.

Ward, C. A.: *Sacred and secular: ancient Egyptian ships and boats,* Filadelfia: The University Museum, University of Pennsylvania (The Archaeological Institute of America, monographs new series, 5), 2000.

Wirsching, A.: «Wie die Memnonkolosse transportiert und aufgerichtet wurden. Teil 1: Der Transport auf festem Boden und auf dem Nil», *Göttinger Miszellen,* 233 (2012), pp. 99-108.

— «Wie die Memnonkolosse transportiert und aufgerichtet wurden. Teil 2: Das Aufrichten vor dem Tempel», *Göttinger Miszellen,* 235 (2012) , pp. 95-104.

10. Las coquetas momias de Amarna

Arnold, D.: *The encyclopaedia of ancient Egyptian architecture*, Londres: I. B. Tauris, 2003.

Bell, L. y H. Beinlich (2002): «Divine kingship and the theology of the obelisk cult in the temples of Thebes», en *Ägyptologische Tempeltagung, 5: Würzburg, 23.-26. September 1999,* Wiesbaden: Harrassowitz, 2002, pp. 17-46.

Bos, J.: «Hair from the North Tombs and north cliffs Cemeteries», en A. Stevens *et al.*: «Tell el-Amarna, autumn 2017 and spring 2018», *Journal of Egyptian Archaeology,* 104 (2018), p. 21.

— «Hairstyles at Akhetaten», en A. Stevens (ed.): *Amarna*, 2020, p. 155.

Bos, J y L. Beukenholdt: «Human hair from the South Tombs Cemetery», en B. J. Kemp: «Tell el Amarna 2014», *Journal of Egyptian Archaeology* 100 (2014), pp. 18-21.

Bruyère, B.: *Rapport sur les fouilles de Deir el Médineh (1924-1925),* El Cairo: Imprimerie de l'Institut Français d'Archéologie Orientale, 1926.

Cherpion, N.: «Le "cône d'onguent" gage de survie», *Bulletin de l'Institut Français d'Archaéologie Orientale* 94, (1994), pp. 79-106.

Dabbs, G. R.: «In focus: childhood health at Akhetaten», en A. Stevens *et al.*: *Amarna*, 2020, pp. 152-153.

— y M. Zabecki: «Abandoned memories: a cemetery of forgotten souls?», en B. W. Porter y A. T. Boutin (eds.): *Remembering and commemorating the dead: recent contributions in bioarchaeology and mortuary analysis from the Ancient Near East,* Boulder: University of Colorado Press, 2014, 217-250.

— J. C. Rose y M. Zabecki: «The bioarchaeology of Akhetaten: unexpected results from a capital city», en S. Ikram, J. Kaiser y R. Walker (eds.): *Egyptian bioarchaeology: humans, animals, and the environment,* Leiden: Sidestone Press, 2015, pp. 43-52.

Gastoso Singer, G.: «Beyond Amarna: The "hand of Nergal" and the plague in the Levant», *Ugarit-Forschungen,* 48 (2017), 223-248.

Goedicke, H.: «The canaanite illness», *Studien zur Altägyptischen Kultur,* 11 (1984), pp. 91-105.

Holloway, A.: «3,300-year-old Egyptian woman with hair extensions discovered in Armana»,

https://www.ancient-origins.net/news-history-archaeology/3300-year-old-egyptian-woman-hair-extensions-discovered-armana-002084

Kemp, B. J.: «Tell el-Amarna 2010», *Journal of Egyptian Archaeology*, 96 (2010), pp. 1-29.

— «Tell el-Amarna, spring 2017», *Journal of Egyptian Archaeology*, 104 (2018), pp. 121-144.

— y A. Stevens: *Busy lives at Amarna. Excavations in the Main City (grid 12 and the house of Ranefer, N49.18). Volume 1: The excavations, architecture and environmental remains*, Londres-Cambridge: Egypt Exploration Society (Memoirs, 90)-Amarna Trust, McDonald institute for archaeological research, 2010.

— A. Stevens, G. R. Dabbs, M. Zabecki y J. C. Rose: «Life, death and beyond in Akhenaten's Egypt: excavating the South Tombs Cemetery at Amarna», *Antiquity*, 87 (2013), pp. 64-78.

Kozloff, A.: «Bubonic plague in the reign of Amenhotep III?», *KMT*, 17/3 (2006), pp. 36-46.

Laboury, D.: *Akhénaton*, París: Pygmalion, 2010. [Hay edición española: *Akhenatón: el primer faraón monoteísta de la historia*, Madrid: La Esfera de los Libros, 2012.]

Live Science Staff: «Photos: 3,300-year-old egyptian hairstyles revealed», *Live Science*. [https://www.livescience.com/47834-egyptian-hairstyles-photos.html]

Manniche, L.: «Reflections on the banquet scene», en R. Tefnin (ed.): *La peinture égyptienne ancienne. Un monde de signes à preserver*, Bruselas: Fondation Égyptologique Reine Élisabeth (Monumenta Aegyptiaca 7), 1997, pp. 29-36.

Matić: «"The best of the booty of his majesty": Evidence for foreign child labour in New Kingdom Egypt», en C. Langer (ed.): *Global egyptology negotiations in the production of knowledges on ancient Egypt in global contexts*, Londres: Golden House Publications (Egyptology, 26), 2017, pp. 53-63.

Moss, G. E.: *Illness, immunity, and social interaction: The dynamics of biosocial resonation*, Nueva York: Wiley, 1973

Padgham, J.: *A new interpretation of the cone on the head in New Kingdom Egyptian tomb scenes*, Oxford: Archaeopress, 2012.

Panagiotakopulu, E.: «Fleas from pharaonic Amarna», *Antiquity*, 75 (2001), pp. 499-500.

— «Pharaonic Egypt in the origin of plague», *Journal of Biogeography*, 31/2 (2004), pp. 269-275.

— P. C. Buckland y B. J. Kemp: «Underneath Ranefer's floors - urban environments on the desert edge», *Journal of Archaeological Science*, 37 (2010), pp. 474-481.

Parra Ortiz, J. M.: «Un día en la vida de Amarna. Hablan los muertos», *La Aventura de la Historia*, 199 (2015), pp. 46-50.

Peet, T. E. y C. L. Woolley: *The city of Akhenaten. Part i. Excavations of 1921 and 1822 at el-'Amarneh*, Londres: Egypt Exploration Society (Memoirs, 38), 1923.

Rose, J.: «Paleopathology of the commoners at Tell Amarna, Egypt, Akhenaten's capital city», *Memórias do Instituto Oswaldo Cruz*, 101 (supl. ii) (2006), pp. 73-76.

Rose, J. y M. Zabecki: «The commoners of Tell el-Amarna», en S. Ikram y A. Dodson (eds.): *Beyond the horizon: studies in egyptian art, archaeology and history in honour of Barry J. Kemp,* vol. 2, El Cairo: Supreme Council of Antiquities, 2009, pp. 408-422.

Singer, I.: *Hittite prayers,* Atlanta: Society of Biblical Literature [Writings from the ancient world], 2002.

Stevens, A.: «Death and the city: The cemeteries of Amarna in their urban context», *Cambridge Archaeological Journal* 28:1 (2018), pp. 103-126.

— (ed.) *Amarna: A guide to the ancient city of Akhetaten,* El Cairo: The American University in Cairo Press, 2020.

— G. Dabbs y J. Rose: «Akhenaten's people: excavating the lost cemeteries of Amarna», *Current World Archaeology,* 78 (2016), pp. 14-21.

— y G. Dabbs: «The North Tombs cemetery excavations and skeletal analysis», *Journal of Egyptian Archaeology,* 103 (2017), pp. 137-150.

— *et al.*: «Tell el-Amarna, autumn 2017 and spring 2018», *Journal of Egyptian Archaeology,* 104 (2018), 121-144.

— C. E. Rogge, J. E. M. F. Bos y G. R. Dabbs: «From representation to reality: ancient Egyptian wax head cones from Amarna», *Antiquity,* 93(372) (2019), pp. 1515-1533.

— *et al.*: «Tell el-Amarna, Autumn 2018 to Autumn 2019», *Journal of Egyptian Archaeology,* 106 (2020), pp. 3-15.

Trevisanato, S.: «The hittite plague, an epidemic of tularemia and the first record of biological warfare», *Medical Hypotheses,* 69/6 (2007), pp. 1371-1374.

Van der Perre, A.: «The year 16 graffito of Akhenaten in Dayr Abūḥinnis: A contribution to the study of the later years of Nefertiti», *Journal of Egyptian History,* 7 (2014), pp. 67-108.

Zakrzewski, S. R.: «Variation in ancient egyptian stature and body proportions», *American Journal of Physical Anthropology* 121 (2003), pp. 219-229.

11. Un regio dolor que no cesa

Adamson, P. B.: «Schistosomiasis in Antiquity», *Medical History,* 20 (1976), pp. 178-188.

Aldred, C.: *Akhenaten king of Egypt,* Londres: Thames and Hudson, 1988. [Hay edición española: *Akhenaton, faraón de Egipto,* Madrid: Edaf, 1989.]

Balout, L. y C. Roubet (dirs.): *La momie de Ramsès. Contribution scientifique à l'Égyptologie,* París: Éditions Recherche sur les Civilisations (A.D.P.F.), 1985.

Barbotin, C.: Ahmosis et le début de la xviiie dynastie, París: Pygmalion, 2015.

Bardinet, T.: « La route d'Outénet au mont Laban. Une nouvelle étude de deux conjurations du papyrus médical Louvre E 32847», *Égypte Nilotique et Méditerranéene,* 13 (2020), pp. 151-209.

— *Le paludisme (malaria) dans l'Égypte des pharaons,* Montpellier (Cahiers «Égypte Nilotique et Méditerranéene», 29), 2021.

Buikstra, J. E., B. J. Baker y D. C. Cook: «What diseases plagued ancient Egyptians? A century of controversy considered» en V. Davies y R. Walker (eds.): *Biological anthropology and Egypt,* 1993, pp. 24-53.

BURRIDGE, A.: «A new perspective on Akhenaton: Amarna art, evidence of a genetic disorder in the royal family of 18th dynasty *Egypt*», *Journal of the Society for the Study of Egyptian Antiquities,* 23 (1995), pp. 63-74.

EDWARDS, I. E. S.: *Oracular amuletic decrees of the Late New Kingdom,* Londres: British Museum (Hieratic Papyri in the British Museum 4), 1960.

ESTES, J. W.: *The medical skills of ancient Egypt,* Canton: Science History Publications, ed. rev. 2004.

FILER, J.: *Disease,* Londres: British Museum Press para The Trusteees of the British Museum (Egyptian Bookshelf), 1995.

GABOLDE, M.: «L'ADN de la famille royale amarnienne et les sources égyptiennes. De la complémentarité des méthodes et des résultats», *Égypte, Nilotique et Méditerranéenne,* 6 (2013), pp. 177-203.

GARN, S. M. *et al.*: «Lines and bands of increased density», *Medical Radiography and Photography,* 44 (1968), pp. 58-74.

GRAEFE, E. y G. BELOVA (eds.): *The royal cache TT 320: A re-examination,* El Cairo: Supreme Council of Antiquities, 2010.

GRAY, P. H. K.: «Radiography of ancient Egyptian mummies», *Medical Radiography and Photography,* 43 (1967), pp. 34-44.

— «The radiography of mummies of ancient egyptians», *Journal of Human Evolution,* 2 (1973) pp. 51-53.

HARRIS, J. E. y E. H. WENTE (eds.), *An X-ray atlas of the royal mummies,* Chicago: The University of Chicago Press, 1980.

HAWASS, Z, y Z. Y. GAD, S. ISMAIL *et al.*: «Ancestry and pathology in king Tutankhamun's family», *Journal of the American Medical Association,* 303(7) (2010), pp. 638-647.

— M. SHAFIK, F. RÜHLI, *et al.*: «Computed tomographic evaluation of pharaoh Tutankhamun, ca. 1300 BC.», *Annales du Service des Antiquités de l'Égypte,* 81 (2009), pp. 159-174.

— y S. N. SALEEM, S. N., *Scanning the pharaohs: CT imaging of the New Kingdom royal mummies,* El Cairo: The American University in Cairo Press, 2018.

IKRAM, S. y A. DODSON: *Royal mummies in the Egyptian Museum*, Londres: Thames & Hudson, 1998.

LALUEZA-FOX, C.: *Palabras en el tiempo: La lucha por el genoma neandertal,* Barcelona, Crítica (Drakontos), 2013.

LEEK, F. F.: «Teeth and bread in ancient Egypt», *Journal of Egyptian Archaeology,* 58 (1972), pp. 126-132.

LEWIN, P.: «Ramses V: smallpox victim?», *Paleopathology Newsletter,* 36 (suplemento) (1982), p. 10.

MERCHANT, J. «New twist in the tale of Tutankhamun's club foot», *New Scientist,* 212 [2833] (2011), p. 10.

MILLER, R. L., C. G. ARMELAGOS, S. IKRAM, S. DE JONGE, F. W. KRIJGER y A. M. DEELDER: «Palaeoepidemiology of schistosoma infection in mummies», *British Medical History,* 304 (1992), pp. 555-556.

— N. JONGE, F. W. KRIJGER y A. M. Deelder:: «Predynastic schistosomiasis», en V. Davies y R. Walker (eds.): *Biological anthropology and Egypt,* 1993, pp. 54-60.

Miller, R. L., S. Ikram, G. J. Armelagos, R. Walker y W. B. Harer, C. J. Shiff, D. Baggett, M. Carrigan y S. M. Maret:: «Diagnosis of *Plasmodium falciparum* infections in mummies using the rapid manual *Para*Sight™-F test», *Transactions of the Royal Society of Tropical Medicine and Hygiene,* 88 (1994), pp. 31-32.

Montserrat, D.: *Akhenaten. History, fantasy and ancient Egypt,* Londres, Routledge, 2003. [Hay edición española: *Akhenatón. Historia, fantasía y antiguo Egipto,* Madrid: Dilema, 2022.]

Pääbo, S. *et al.*: «Genetic analyses from ancient DNA», *Annual Review of Genetics,* 38 (2004), pp. 645-679.

Parra Ortiz, J. M.: «Enfermedades de los faraones. De qué morían los reyes de Egipto», *Historia National Geographic,* 187 (2019), pp. 34-49.

Robins, G. y C. C. D. Shute.: «The physical proportions and living stature of New Kingdom pharaohs», *Journal of Human Evolution,* 12 (1983), pp. 455-465.

Rose, J.; C. George, J. Armelagos y L. S. Perry: «Dental anthropology of the Nile Valley», en V. Davies y R. Walker (eds.): *Biological anthropology and Egypt,* 1993, pp. 61-74.

Rowling, J. T.: «Pathological changes in mummies», *Proceedings of the Royal Society of Medicine,* 54 (1961), pp. 409-415.

— «Respiratory disease in ancient Egypt», en D. Brothwell y A. T. Sandison (comps. y eds.): *Diseases in Antiquity,* 1967, pp. 489-493.

Ruffer, M. A.: «Note on the presence of "Bilharzia haematobia" in egyptian mummies of the twentieth dynasty (1250-1000 B. C.)», *British Medical Journal,* 1 (1910), p. 16.

— y A. R. Ferguson.: «Note on an eruption resembling that of variola in the skin of a mummy of the xxth dynasty», *Journal of Pathology and Bacteriology,* 15 (1911), pp. 1-3.

Sandison, A. T.: «Evidence of infective disease», *Journal of Human Evolution,* 1 (1972), pp. 213-224.

— «Deseases in ancient Egypt», en A. Cockburn, E. Cockburn y T. A. Reyman (eds.): *Mummies, disease & ancient cultures,* Cambridge: Cambridge University Press, 1998, 38-58.

Smith, G. E.: *The royal mummies,* El Cairo: Catalogue Général des Antiquités Égyptienes du Musée du Caire, 1912.

Sterling, S.: «Mortality profiles as indicators of slowed reproductive rates: evidence from Ancient Egypt», *Journal of Anthropological Archaeology,* 18 (1999), pp. 319-343.

Tapp, E., A. Curry y C. Anfield: «Sand pneumoconiosis in an egyptian mummy», *British Medical Journal,* 2 (1975), p. 276.

Vernus, P.: «Un décret de Thoutmosis III relatif à la santé publique (P.Berlin 3049, vo xviii-xix)», *Orientalia,* 48 (1979), pp. 176-184.

12. Los fantasmas existen, sí señor

Assmann, J.: *Images et rites de la mort dans l'Égypte ancienne: l'apport des liturgies funéraires. Quatre séminaires à l'école pratique des hautes études.* París: Cybèle, 2000.

Assmann, J.: *Mort et au-delà dans l'Egypte ancienne,* Mónaco: Éditions du Rocher, 2003.

Borghouts, J. F.: «Divine intervention in ancient Egypt and its manifestation *(bAw)*», en R. J. Demarée y J. J. Janssen (eds.): *Gleanings from Deir el-Medîna*, Leiden: Nederlands Instituut voor het Nabije Oosten, 1982, pp. 1-70.

— «*ꜣḫ.w (akhu)* and *ḥkꜣ.w (hekau)*: two basic notions of ancient egyptian magic, and the concept of the divine creative word», en A. Roccati y A. Siliotti (eds.): *La magia in Egitto ai tempi dei faraoni: atti, convegno internazionale di studi, Milano, 29-31 ottobre 1985,* Verona: Rassegna Internazionale di Cinematografia Archeologica; Arte e Natura Libri, 1987, pp. 29-46.

Beckerath, J. von: «Zur Geschichte von Chonsemhab und dem Geist», *Zeitschrift für Ägyptische Sprache und Altertumskunde,* 119 (1992), pp. 90-117.

Bresciani, E.: «Chaemwese-Erzählungen», *Lexikon der Ägyptologie* I, 1975, Wiesbaden: Harrassowitz, 1975, cols. 89-91.

Brunner-Traut, E.: «Chonsuemheb und der Geist», *Lexikon der Ägyptologie* I, Wiesbaden: Harrassowitz, 1974, cols. 963-964.

Burgos Bernal, L.: «Comunicarse con los muertos: las cartas a los muertos egipcias y sus paralelos en Mesopotamia», en L. Burgos Bernal, A. Pérez Largacha e I. Vivas Sainz (eds.): *Actas V Congreso Ibérico de Egiptología: Cuenca 9-12 de marzo 2015*, Cuenca: Ediciones de la Universidad de Castilla-La Mancha, 2017, pp. 1133-1145.

Clarke, R.: *Natural history of ghosts: 500 Years of hunting for proof,* Londres: Penguin, 2013. [Hay edición española: *La historia de los fantasmas: 500 años buscando pruebas*, Madrid: Siruela, 2016.]

Donnat, S.: *Ecrire à ses morts: enquête sur un usage rituel de l' écrit dans l'Égypte pharaonique*, Grenoble: Jérôme Millon, 2014.

— «L'écrit comme trace de rituel en Egypte ancienne: l'exemple des lettres aux morts», *Archimèe,* 1 (2014), pp. 88-85.

— «The concept of "letters to the dead" and egyptian funerary culture», en R. Nyord (ed.): *Concepts in Middle Kingdom funerary culture: proceedings of the Lady Wallis Budge anniversary symposium held at Christ' College, Cambridge, 22 January 2016* Leiden; Boston: E. J. Brill, 2019, pp. 46-62.

Drioton, E. y J.-P. Lauer: «Une inscription de Khamouas sur la face sud de la pyramide d'Ounas à Saqqarah», *Annales du Service des Antiquités de l'Egypte,* 37 (1937), pp. 201-211.

Escolano-Poveda, M.: *The egyptian priests of the graeco-roman period. An analysis on the basis of the egyptian and graeco-roman literary and paraliterary sources,* Wiesbaden: Harrassowitz (Studien zur Spätägyptischen Religion, 29), 2.ª ed. 2025. [Hay edición española: *Los sacerdotes egipcios del período grecorromano,* Madrid: Dilema (Egipto Mayor), 2025.]

Gardiner, A. H.: «Khensemhab and the Spirit», en A. H. Gardiner: *Late-egyptian stories,* Bruselas: Fondation Égyptologique Reine Elisabeth (Bibliotheca Aegyptiaca, 1), 1932, pp. 89-94.

Guilmot, M.: «Les lettres aux morts dans l'Éypte ancienne», *Revue de l'Histoire des Religions,* 170(1) (1966), pp. 1-7.

Hsieh, J.: *Ancient egyptian letters to the dead. The realm of the dead through the voice of the living,* Leiden-Boston: E. J. Brill (Harvard Egyptological Studies 15), 2021.

Lichtheim, M.: *Late egyptian wisdom literature in the international context,* Friburgo: Friburg Universitätsverlag, 1983.

Lorand, D.: «Quand les vivants en appellent aux morts. Les "lettres aux morts" en Égypte ancienne», en C. Cannuyer y A. Tourovets (eds.), *Varia aegyptiaca et orientalia. Luc Limme in honorem,* Bruselas: Société Belge d'Études Orientales (Acta Orientalia Belgica xxiii), 2010, pp. 77-93.

Miniaci, G.: *Lettere ai morti nell'Egitto antico e altre storie di fantasmi,* Brescia: Paideia, 2014.

O'Donoghue, M.: «The "letters to the dead" and ancient egyptian religion», *Bulletin of the Australian Centre for Egyptology,* 10 (1999), pp. 87-104.

Parra Ortiz, J. M.: «El Libro de Thot», *Muy Historia Edición Coleccionista,* 39 (2023), pp. 20-29.

Piccione, P. A.: «The gaming episode in the Tale of Setne Khamwas as religious metaphor», en D. Silverman (ed.): *For his* ka. *Essays offered in memory of Klaus Baer,* Chicago: University of Chicago (Studies in Ancient Orient Civilizations 55), 1994, pp. 197-204.

Posener, G.: «Une nouvelle histoire de revenant (recherches littéraires viii)», *Revue d'Égyptologie,* 12 (1960), pp. 75-82.

— *Cathalogue des ostraca hiératiques littéraires de Deir el Médineh. Vol. 2, nos 1109-1266,* El Cairo: Institut Français d'Archéologie Orientale (Documents de Fouilles 18), 1951-1972, pp. 63-64.

Ritner, R. K.: «Des preuves de l'existence d' une nécromancie dans l'Éypte ancienne», en Y. Koenig (ed.): *La magie en Éypte: à la recherche d'une définition. Actes du colloque organisé par le Musée du Louvre les 29 et 30 septembre 2000,* París: La Documentation Française., 2002, pp. 285-304.

Rosmorduc, S.: «Histoire de fantôme égyptien», *Égypte, Afrique & Orient* 34 (2004), pp. 51-58.

Simpson, W. K. (ed.): *Religion and philosophy in ancient Egypt,* New Haven: Yale University Press (Yale Egyptological Seminar 3), 1989.

Szpakowska, K.: «The ungrateful dead: a dimension of dreams in pharaonic Egypt», en C. Rocheleau (ed.): *Proceedings of the Near & Middle Eastern Civilizations Graduate Students' Annual Symposia, 1998-2000,* Mississauga: Benben., 2001, pp. 97-109.

Tait, W. J.: «Demotic literature: forms and genres», en A. Loprieno (ed.): *Ancient egyptian literature: history and forms,* Leiden: E. J. Brill, 1996, pp. 175-190.

Thériault, C. A.: «The literary ghosts of pharaonic Egypt», en S. E. Orel (ed.): *Death and taxes in the ancient Near East,* Lewiston (NY): Edward Mellen, 1992, pp. 193-211.

Troy, L.: «How to treat a lady: reflections on the "notorious" P. Leiden i 371», en R. Nyord y K. Ryholt (eds.): *Lotus and laurel: studies on Egyptian language and religion in honour of Paul John Frandsen,* Copenhague: Museum Tusculanum Press, 2015, pp. 403-418.

Verner, M.: *Die Pyramiden,* Hamburgo: Rowohlt, 1999.

Willems, H.: «The end of Seankhenptah's household (Letter to the Dead Cairo JdE 25975)», *Journal of Near Eastern Studies* 50 (1991), pp. 183-191.

13. Cómo llegar incólume al más allá

Abt, T. y E. Hornung: *Knowledge for the afterlife. The egyptian Amduat. A quest for inmortality,* Zúrich: Daimon, 2003.

Allen, J.: «Some aspects of the non-royal afterlife in the Old Kingdom», en M. Barta (ed.): *The Old Kingdom art and archaeology. Proceedings of the conference, Prague, may 31-june 4, 2004,* Praga: Czech Institute of Egyptology, Faculty of Arts, Charles University in Prague, 2006, pp. 9-17.

Allen, T. G.: *The Book of the Dead or Going Forth by Day. Ideas of the ancient egyptians concerning the hereafter as expressed in their own terms,* Chicago: Oriental Institute of the University of Chicago Press (Studies in Ancient Oriental Civilization 37), 1974.

Berger el Naggar, C. y A. Labrousse: «La tombe de Rêhérychefnakht à Saqqâra-Sud, un chaînon manquant?», *Bulletin de la Société Française d'Égyptologie,* 164 2005, pp. 14-28.

Bickel, S. y B. Mathieu (eds.): *D'un monde à l'autre, Textes des pyramides et Textes des sarcophages,* El Cairo: Institut Français d'Archéologie Orientale (Bibliothèque d'Étude 139), 2004.

Einaudi, S.: «The tomb of Padiamunipet (TT 33) and its role in the "Saite recension" of the Book of the Dead», en A. Amenta y H. Guichard: *Proceedings of first Vatican Coffin Conference, 19-22 June 2013,* Città del Vaticano: Edizioni Musei Vaticani, 2017, 163-168.

Étienne, M. y S. Pagès-Camagna: «Illustrer un papyrus», en G. Andreu: *L'art du contour,* 2013, pp. 74-79.

Gardiner, A. H.: *The attitude of the ancient egyptians to death and the dead,* Cambridge: Cambridge University Press, 2014 (1.ª ed. 1935).

Geisen, C.: *Die Totentexte des verschollenen Sarges der Königin Mentuhotep aus der 13. Dynastie,* Wiesbaden: Harrassowitz (Studien zur Altägystischen Totenbuch 8), 2004.

Gugel Gironés, B.; E. Hornung, T. Abt y M.ª C. Pérez Díe: *La tumba de Tutmosis III. Las horas oscuras del sol. Museo Arqueológico Nacional de Madrid, septiembre-noviembre 2004,* Madrid: Ministerio de Cultura-Fundación Santander Central Hispano-Factum Arte, 2004.

Habachi, L.: *Sixteeen studies on Lower Nubia,* El Cairo: Imprimerie de l'Institut Français d'Archéologie Orientale (Cahier des Annales du Service des Antiquités de l'Egypte, 23), 1981.

Hornung, E.: *The tomb of pharaoh Seti I/Das Grab Sethos' I,* Zurich: Artemis, 1991.

— *The ancient Egyptian books of the afterlife,* Ithaca: Cornell University Press, 1999.

Janssen, J. J.: «Prolegomena to the study of Egypt's economic history during the New Kingdom», *Studien zur Altägyptische Kultur,* 3 (1975), pp. 127-185.

Lucarelli, R. y M. A. Stadler (eds.): «Demons in the Book of the Dead», en B. Bakkes, I. Munro y S. Stöhr (eds.): *Totenbuch-Forschungen. Gesammelte*

Beiträge des 2. Internationalen Totenbuch-Symposium. Bonn, 25. bis 29. September 2005, Wiesbaden: Harrassowitz (Studien zum Altägyptischen Totenbuch, 11), 2006, pp. 203-212.

Lucarelli, R. y M. A. Stadler (eds.): *The Oxford handbook of the egyptian Book of the Dead,* Oxford: Oxford University Press, 2023.

Morales, A. J.: *The transmission of the pyramid texts of Nut. Analysis of their distribution and role in the Old and Middle Kingdoms,* Hamburgo: Helmut Vuske (Studien zur Altägyptische Kultur 19), 2017.

Parkinson, R. y S. Quirke: «The coffin of prince Herrunefer and the early history of the Book of the dead», en A. B. Lloyd (ed.): *Studies in pharaonic religion and society in honnour of J. G Griffiths,* Londres: The Egypt Exploration Society (Occasional Publications 8), 1992, pp. 37-51.

— *Papyrus,* Londres: The Trustees of the British Museum (Egyptian Bookshelf), 1995.

Quack, F. J. «Redaktion und Kodifizierung im spätzeitlichen Ägypten. Der Fall des Totenbuches», en J. Shaper (ed.): *Die Textualisierung des Religion,* Tubinga: Mohr Siebeck (Forschungen zum Alten Testament 62) 2009, pp. 11-34.

Reeves, N.: *The complete Tutankhamun: 100 years of discovery,* Londres: Thames & Hudson, 2022.

— y R. H. Wilkinson: *The complete Valley of the Kings,* Londres: Thames & Hudson, 1996. [Hay edición española: *Todo sobre el Valle de los Reyes,* Barcelona: Destino, 1998.]

Serrano Delgado, J. M.: «El ritual de la Apertura de la Boca en la tumba de Djehuty (TT 11)», *Trabajos de Egiptología = Papers on Ancient Egypt,* 5 [2] (2009), pp. 243-258

Smith, M.: *Following Osiris. Perspectives on the osirian afterlife from four millenia,* Oxford: Oxford University Press, 2017.

Taylor, J. H. (ed.): *Journey through the afterlife. Ancient egyptian Book of the dead,* Londres: The British Museum Press, 2010.

Warburton, D. A.: «Work and compensation in ancient Egypt», *Journal of Egyptian Archaeology,* 93 (2007), pp. 175-195.

Zandee, J.: *Death as an enemy according to ancient egyptian conceptions,* Leiden: Brill (Numen 5), 1960.

14. Necesito un decorador en mi vida

Abitz, F.: *Baugeschichte und Dekoration des Grabes Ramses VI,* Friburgo-Gotinga: Universität Freiburg-Vandenhoeck Ruprechtht (Orbis Biblicus et Orientalis 89), 1989.

Bács, T. A.: «First preliminary report on the work of the Hungarian Mission in Thebes in Theban Tomb No 65 (Nebamun/lmiseba)», *Mitteilungen des Deutschen Archäologischen lnstituts, Abteilung Kairo,* 54 (1998), pp. 49-64.

Brunner-Traut: *Die altägyptischen Scherbenbilder (Bildostraka) der deutschen Museen un Sammlung,* Wiesbaden: Harrassowitz, 1956.

Buchwald, J. Z. y D. G. Josefowitcz: *The riddle of the Rosetta. How and english polymath and a french polyglot discovered the meaning of egyptian hieroglyphs,* Princeton-Oxford: Princepton University Press, 2020.

Cole, J.: *Napoleon's Egypt. Invading the Middle East,* Nueva York: Palgrave Macmillan, 2007.

Cooney, K.: «Alternative models for craft specialization in ancient Egypt: The informal workshop», en A. Dorn y T. Hofman (eds.).: *Living and writing in Deir el Medine: Socio-historical embodiment of Deir el Medine texts, University of Basel, july 2004,* Basilea: Schwabe (Aegyptiaca Helvetica 19), 2006, pp. 43-55.

— *The Cost of death: The social and economic value of ancient egyptian funerary art in the ramesside period,* Leiden: Netherlands Institute of the Near East (Egyptologische Uitgaven 22), 2007.

— «Apprenticeship and figured ostraca from the ancient egyptian village of Deir el-Medina», en W. Wendrich (ed.): *Archaeology and apprenticeship. Body knowledge, identity, and communities of practice*, Tucson: The University of Arizona Press, 2012, pp. 145-170.

— *Coffin commerce: how a funerary materiality formed ancient Egypt,* Cambridge: Cambridge University Press (Cambridge Elements: Elements in Ancient Egypt in Context), 2021.

Curl, J. S.: *The egyptian revival. Ancient Egypt as the inspiration for design motifs in the West,* Londres: Routledge, 2005.

Diego Espinel, A.: *Abriendo los caminos del Punt. Contactos entre Egipto y el ámbito afroárabe durante la Edad del Bronce (ca. 3000 a. C.-1065 a. C.),* Barcelona: Bellaterra (Arqueología), 2011.

Eyre, C. J.: «Work and organization of work in the New Kingdom», en M. A. Powell (ed.): *Labor in the ancient near East,* New Haven: Eisenbrauns, 1987, pp. 167-221.

Galán, J. M.: «An apprentice's board from Dra abu el-Naga», *Journal of Egyptian Archaeology,* 93 (2007), pp. 95-116.

Kanawati, N.: *The rock tombs of El-Hawawish. The cemetery of Akhmin,* 1, Sydney-warminster: Macquarie Ancient History Association-Wilts, 1980.

— y A. Woods: *The artists in the Old Kingdom,* El Cairo: The Supreme Council of Atnqituities, 2009.

Keller, C.: «The draughtsmen of Deir el-Medina: A preliminary report», *Newsletter of the American Research Center in Egypt,* 115 (1981), pp. 7-21.

— «A family affair: The decoration of Theban Tomb 359», en W. V. Davies (ed.): *Colour and painting in ancient Egypt,* Londres: British Museum Press, 2001, pp. 73-93.

Keller, C.: «How many draughtsmen named Amenhotep? A study of some Deir el-Medina painters», *Journal of the American Research Center in Egypt,* 21 (1984), pp. 119-129.

— «Royal painters: Deir el-Medina in dynasty xix», en E. Bleiberg y R. Freed (eds.): *Fragments of a shattered visage: Proceedings of the International Symposium of Ramesses the Great,* Menfis: Memphis State University, 1991, pp. 50-86.

Jomard, E.-F. (ed.): *Déscription de l'Egypte ou Recueil des observations et des recherches qui ont été faites en Égypte pendant l'expédition de l'Armée française, publié par les ordres de Sa Majesté l'Empereur Napoléon le Grand,* París: Imprimerie Impériale, 1809-1828.

LABOURY, D.: «L'artiste égyptien, ce gran méconnu de l'Égyptologie», en G. Andreu-Lanoë (dir.): *L'art du contour*, 2013, pp. 28-35.
— «De l'individualité de l'artiste dans l'art égyptien», en G. Andreu-Lanoë (dir.): *L'art du contour*, 2013, pp. 36-41.
— y A. Devillers: «The ancient Egyptian artist, a non-existing Category?, en D. Candelora, N. Ben-Mazouk y K. M. Cooney (eds.): *Ancient egyptian society. Challenging assumptions, explorinag approaches*, Londres: Routledge, 2023, pp. 163-181.
LEPSIUS, K. R.: *Denkmaeler aus Aegypten und Aethiopien*, vol. III, Berlín: Nicolaische Buchhandlung, 1849-1856.
MANLEY, B.: *Egyptian art*, Londres: Thames & Hudson (World of Art), 2017.
MENÉNDEZ, G.: *El artista en el antiguo Egipto. Vida y carrera de los pintores de Ramsés II*, Madrid: Dilema (Historia Mayor), 2019.
ROMER, J.: «Who made the private tombs of Thebes?», en B. Bryan y D. Lorton (eds.): *Essays Goedicke*, San Antonio: Van Siclen Books, 1988, pp. 211-132.
VARILLE, A.: *Inscriptions concernant l'architects Amenhotep, fils de Hapou*, El Cairo: Institut Français d'Archéologie Orientale (Bibliothèque d'Étude 44), 1968.

15. Rentistas fantasmagóricos

ALLAM, S.: «Le *ḥm-kꜣ* etait-il exclusivement pretre funeraire?», *Revue d'Égyptologie*, 36 (1985), pp. 1-15.
ALLEN, J. P.: *The Heqanakht papyri*, Nueva York: The Metropolitan Museum of Art (Egyptian Expedition, XXVII), 2002.
BIERBIER: «Hoherpriester des Amun», en W. Helck, E. Otto y W. Westendorf (eds.): *Lexikon der Ägyptologie*, II, Wiesbaden: Harrassowitz, 1977, cols. 1241-1249.
BOLSHAKOV, A. O.: *Man and his double in egyptian ideology of the Old Kingdom*, Wiesbaden: Harrassowitz, 1997.
BUSMANN, R.: «Egypt's Old Kingdom. Perspectives on culture and society», en K. Radner, N. Moeller y D. T. Potts (eds.): *The Oxford history of the ancient Near East*. Vol. I: *From the beginnings to Old Kingdom Egypt and de dynasty of Akkad*, Oxford: Oxford University Press, 2020, pp. 459-530.
COONEY, K.: *The woman who would be king: Hatshepsut's rise to power in ancient Egypt*, Nueva York: Crown, 2014. [Hay edición española: *La mujer que se convertiría en rey. El ascenso de Hatshepsut al poder*, Madrid: Dilema (Egipto Mayor), 2024.]
DODSON, A.: *The nubian pharaohs of Egypt: their lives and afterlives*, El Cairo: The American University in Cairo Press, 2023.
DONKER VAN HEEL, K.: *Abnormal hieratic and early demotic texts collected by the theban choachytes in the reign of Amasis*, Tesis Doctoral de la Universidad de Leiden, 1996.
— *Djekhy & son. Doing business in ancient Egypt*, El Cairo: The University in Cairo Press, 2012.
HUGHES, G. R.: *Saite demotic land leases*, Chicago: University of Chicago Press (Studies in Ancient Oriental Civilization, 28), 1952.

Kaplony, P.: «Ka-diener», en W. Helck, E. Otto y W. Westendorf (eds): *Lexikon der Ägyptologie,* iii, Wiesbaden: Otto Harrassowitz, 1980, cols. 282-284.

Kitchen, K. A.: *The Third Intermediate Period in Egypt*, Warminster: Aris & Philips, 2.ª ed. 1986.

Lull, J.: *Las tumbas reales egipcias del Tercer Período Intermedio (dinastías xxi-xxv): tradición y cambios*, Oxford: Archaeopress (BAR 1045) 2002.

Malinine, M.: «Vente de tombes à l'époque saïte», *Revue d'Égyptologie,* 27 (1975), pp. 164-174.

Morkot, R. G.: *The black pharaohs. Egypt's Nubian rulers*, Londres: The Rubicon Press, 2000.

Payraudeau, F.: *L'Egypte et la vallée du Nil: Tome 3, Les époques tardives (1069-332 av. J.-C.),* París: Puf, 2020.

Parise, N.: *El origen de la moneda. Signos premonetarios y formas arcaicas de intercambio,* Barcelona: Bellaterra (Arqueología), 2017.

Parra Ortiz, J. M.: «Los coaquitas de Tebas. El negocio de la muerte», *La Aventura de la Historia,* 175 (2013), pp. 54-58.

Redford, D. B.: *From slave to pharaoh: The black experience of ancient Egypt,* Baltimore: Johns Hopkins University Press, 2004. [Hay edición española: *De esclavo a faraón. Los faraones negros de la xxv dinastía*, Barcelona, Crítica, 2005.]

Reisner, G. A.: «The servants of the *ka*», *Bulletin of the Museum of Fine Arts,* 23[189] (1934), pp. 2-12.

Sánchez Casado, R.: *El servidor del* ka *en el Reino Antiguo. Funciones y espacios de actuación*, Oxford: BAR Publishing (International Series, S2997), 2020.

— «The *ka* servant», en R. Sánchez Casado y A. J. Morales: *Priestly officials in the Old Kingdom mortuary cult,* Alcalá de Henares: Editorial Universidad de Alcalá (MOA, 3), 2022, pp. 261-292.

16. Una colina que vale por el Olimpo

Allen, J. P.: *Genesis in Egypt. The philosophy of ancient egyptian creation accounts,* San Antonio (TX): Van Siclen Books (Yale Egyptological Studies, 2), 1995/1998.

Assmann, J.: *Egyptian solar religion in the New Kingdom: Re, Amun and the crisis of polytheism,* Londres: Kegan Paul International, 1995.

— *The Search for god in ancient Egypt,* Ithaca (NY): Cornell University Press, 2001.

Bennett, J.: «The restoration inscription of Tut'ankhamun», *Journal of Egyptian Archaeology*, 25 (1939), pp. 8-15.

Billing, N.: *Nut. The goddess of life in text and iconography*, Uppsala: Institutionen för Arkeologi och Antik Historia (Uppsala Studies in Egyptology 5), 2002.

Bleeker, C. J.: *Hathor and Thot. Two key figures of the ancient egyptian religion*, Leiden: Brill (Studies in the History of Religions, Supplements to Numen 26), 1973.

Daumas, F.: *Les dieux de l'Égypte,* París: PUF (Que Sais-Je 1194), 1965.

Derchain, P.: «Le nom Chou et sa fonction», *Revue d'Égyptologie,* 27 (1975), pp. 110-116.

El-Hawary, A.: *Wortschoepfung: Die Memphitische Theologie und die Siegesstele des Pije - zwei Zeugen kultureller Repraesentation in der 25. Dynastie*, Friburgo y Gotinga: Vandenhoeck & Ruprecht/Universitätsverlag (Orbis Biblicus et Orientalis 243), 2010.

Fletcher, B.: *A history of architecture on the comparative method,* Nueva York: Charles Scribnerss Sons, 17.ª ed. 1946.

Frankfort, H.: *Kingship and the gods: A study of ancient near eastern religion as the integration of society and nature*, Chicago: The University of Chicago Press (Oriental Institute Essays), 1948. [Hay edición española: *Reyes y dioses*: Madrid: Alianza Editorial, 1993].

— *Ancient egyptian religion: an interpretation,* Nueva York: Columbia University Press, 1948. [Hay edición española: *La religión del antiguo Egipto: una interpretación*, S. L.: Laertes, 1998].

Gardiner, A. H.: «Horus the Behdetite», *Journal of Egyptian Archaeology* 30 (1944), pp. 23-60.

Germond, P.: *Sekhmet et la protection du monde,* Ginebra: Éditions des Belles Lettres (Aegyptiaca Helvetica 9), 1981.

Griffiths, J. G.: *The conflict of Horus and Seth from egyptian and classical sources. A study in ancient mythology*, Liverpool: Liverpool University Press, 1960.

Hornung, E.: *El uno y los multiples: Concepciones egipcias de la divinidad,* Madrid: Trotta (Pliegos de Oriente), 2016.

Leclant, J.: «Isis, déesse universelle et divinité locale, dans le monde gréco-romain» en L. Kahil, C. Augé y P. Linant de Bellefonds (eds.), *Iconographie classique et identités régionales,* Atenas: École Française d'Athènes et Paris, Diffusion De Boccards (Bulletin de Correspondance Hellénique, supplément 14), 1986, pp. 341-353.

Leitz, C. (dir.): *Lexikon der ägyptischen Götter und Götterbezeichnungen,* Lovaina: Peeters (Orientalia Lovaniensia Analecta 110-116, 129), 202-2003.

López, J. y J. Sanmartín: *Mitología y religión del Oriente antiguo, I: Egipto y Mesopotamia,* Sbadell: AUSA, 1993.

Meeks, D.: *Les égyptiens et leurs mythes: Appréhenser un polythéisme,* París: Hazan/Louvre Éditions, 2018.

— y C. Favard-Meeks: *Les dieux égyptiens,* París: Hachette (La Vie Quotidienne), 1998.

Morenz, S.: *Egyptian religion,* Ithaca (NY): Cornell University Press, 1973.

Münster, M.: *Untersuchungen zur Göttin Isis vom Altem Reich bis zum Ender des Neuen Reiches,* Berlín: Hessling (Münchner Ägyptologische Studien 11), 1968.

Mysliwiec, K.: *Studien zum Gott Attum,* I. *Die heiligen Tiere des Atum,* Hildesheim: Gerstenberg (Hildesheimer ägyptologische Beiträge 5), 1978

— *Studien zum Gott Attum,* II. *Name-Epitheta-Ikonographie,* Hildesheim: Gerstenberg (Hildesheimer ägyptologische Beiträge 8), 1979.

Parkinson, R.: *Cracking codes. The Rosetta stone and decipherment,* Berkeley: University of California Press, 1999.

Parra Ortiz, J. M.: «Dioses en el Nilo: Seres perfectos», *Historia y Vida,* 594 (2017), pp. 32-37.

— «Dioses en el Nilo: El poder de los divinos», *Historia y Vida*, 594 (2017), pp. 38-49.

QUIRKE, S.: *Ancient egyptian religion*, Londres: The British Museum Press, 1992. [Hay edición española: *La religión del antiguo Egipto*, Madrid: Oberon, 2004.]

— *The cult of Ra: Sun-worship in ancient Egypt*, Londres: Thames & Hudson, 2001. [Hay edición española: *Ra, el dios del sol: La adoración en el antiguo Egipto*, Madrid: Oberon, 2004.]

— *Exploring religion in ancient Egypt*, Oxford: Blackwell (Ancient Religions), 2014.

REDFORD, D. B.: «The sun-disc in Akhenaten's program: its worship and its antecedents, I», *Journal of the American Research Center in Egypt*, 13 (1976), pp. 47-61.

— «The sun-disc in Akhenaten's program: its worship and its antecedents, II», *Journal of the American Research Center in Egypt*, 17 (1982), pp. 21-38.

— (ed.): *The ancient gods speak. A guide to egytian religion*, Oxford: Oxford University Press, 2002.

SHAFER, B. E. (ed.): *Religion in ancient Egypt. Gods myths, and personal practice*, Londres: Routledge, 1991.

TRAUNECKER, C. *Coptos: hommes et dieux sur le parvis de Geb*, Lovaina: Peeters (Orientalia Lovaniensia Analecta 43), 1992.

— *Les dieux de l'Egypte*, París: Puf (Que Sais-Je, 1194), 1993.

VERNER, M.: *Temple of the world: Sanctuaries, cults, and mysteries of ancient Egypt*, El cairo: The American University in Cairo Press, 2013.

17. ¡Corre, que ya viene la procesión!

ALMANSA VILLATORO, V.: «The cultural indexicality of the N41 sign for *bjꜣ*: the metal of the sky and the sky of metal», *Journal of Egyptian Archaeology*, 105 (2019), pp. 1-9.

ALTENMÜLLER, H.: *Die Apotropaia und die Götter Mittelägyptens. Eine typologische und religionsgeschichtliche Untersuchung der sogenannten "Zaubermesser" des Mittleren Reiches*, Tesis Doctoral Universidad Luis Maximiliano de Múnich, 1965.

ASSMANN, J.: *The mind of Egypt. History and meaning in the time of the pharaohs*, Nueva York: Metropolitan Books, 2002.

AUSEC, C. L.: *Gods who hear prayers: Popular piety or kingship in three theban monuments of New Kingdom Egypt*, Tesis doctoral inédita de la Universidad de California, 2010.

BAINES, J.: «Practical religion and piety», *Journal of Egyptian Archaeology*, 73, 1987, pp. 79-98.

— «Egyptian letters of the New Kingdom as evidence for religious practice», *Journal of Ancient Near Eastern Religions* 1, 2001, p. 1-31.

— y E. FROOD, «Piety, change and display in the New Kingdom», en M. A. Snape y S. R. Collier (eds.), *Ramesside studies in honour of K.A. Kitchen*, Bolton: Rutherford Press Limited, 2011, pp. 1-18.

DESROCHES NOBLECOURT, C.: *Lorsque la nature parlais aux égyptiens*, París: Philippe Rey (Points 1276), 2004.

Diego Espinel, A.: «Some profane and sacred features from Thebes: hunting grounds (?) and high places on the west bank», en M. Bárta y J. Jának (eds.): *Profane landscapes, sacred spaces*, Sheffield (New Directions in Anthropological Archaeology): Equinox, 2020, pp. 33-70.

Doranlo, H.: «L'émergence de la piété personnelle en Égypte, les stèles votives de Deir el-Médineh», *Cahiers d'Histoire, Institut Catholique de Rennes*, 1 (2003), pp. 5-22.

Duquesne, T.: «Private devotion and public practice: aspects of egyptian art and religion as revealed by the Salakhana stelae», en T. Schneider y K. Szpakowska (eds.): *Egyptian stories. A british egyptological tribute to A.B. Lloyd*, Munster: Ugarit (Alter Orient und Altes Testament, 347), 2008, p. 55-73.

Ebied, A.: «Places of worship of the common people in ancient Egypt», *International Journal of Heritage, Tourism and Hospitality*, 15 [1] (2021), pp. 64-72.

Gaber, H.: « Rhétorique et piété personnelle. La composition de quelques hymnes solaires dans des monuments privés», *Lingua Aegyptiaca*, 16 (2008), pp. 65-72.

Galán, J. M.: «Seeing darkness», *Chronique d'Égypte*, 74 (147) (1999), pp. 18-30.

— y G. Menéndez: *Catalogue general of the Egyptian Museum in Cairo. N.°35001-35066. Deir el-Medina stelae and other inscribed objects*, El Cairo: The Supreme Council of Antiquities Press, 2018.

Gunn, B.: « The religion of the poor in ancient Egypt», *Journal of Egyptian Archaeology*, 3 (1916), pp. 81-94.

Hellum, J.: «Pepi I: A case study of royal religious devotion in the Old Kingdom», en A. Mackay (ed.): *The 32nd Annual Conference of the Australasian Society for Classical Studies Selected Proceedings*, Sydney, 2011, pp. 1-8. [Recurso en línea: ascs.org.au/news/ascs32/Hellum.pdf.]

Kemp, B. J.: «How religious were the ancient egyptians?», *Cambridge Archaeological Journal*, 5 [1] (1995), pp. 25-54.

Krutchen, J.-M.: «Oracles», en D. B. Redford (ed.): *The ancient gods speaks. A guide to egyptian religion*, Oxford: Oxford University Press, 2002, pp. 298-302.

Lesko, B.: «Household and domestic religion in ancient Egypt», en J. Bodel y S. M. Olyan (eds.): *Household and family religion in Antiquity*, Oxford: Malden, 2008, p. 197-209.

Liesegang, D.: «The phenomenon of "personal religion" in the ramesside period, from the "Poem" of Ramses II through to the prayers of Ramses III», en T. Lekov y E. Buzov (ed.): *Cult and belief in ancient Egypt. Proceedinds of the Fourth International Congress for Young Egyptologists, 25-27 Sept. 2012, Sofia*, Sofia: New Bujlgarian University, 2014, pp. 97-101.

Luiselli, M. M.: «Personal piety», en J. Dieleman y W. Wendrich (eds.): UCLA *encyclopedia of egyptology*, Los Angeles, 2008, pp. 1-9.

— *Die Suche nach Gottesnähe: Untersuchungen zur Persönliche Frömmigkeit in Ägypten von der Ersten Zwischenzeit bis zum Ende des Neuen Reiches*, Wiesbaden: Otto Harrassowitz (Ägypten und Altes Testament, 73), 2011.

— «Images of personal religion in ancient Egypt», en M. M. Luiselli, J. Mohn y St. Gripentrog (eds.), *Kult und Bild. Das Bildliche Dimension des Kultes im Alten Orient, in der Antike und in der Neuzeit*, Würzburg: Ergon, 2013, p. 13-40.

LUISELLI, M. M.: «Personal piety in ancient Egypt», *Religion Compass,* 8 [4], 2014, pp. 105-116.

— «Tracing the religion of the voiceless: on children's religion in pharaonic Egypt», en H. Amstutz, A. Dorn, M. Ronsdorf, M. Müller y S. Uljas (eds.): *Fuzzy boundaries: Festschrift für A. Loprieno II,* Hamburgo: Viedmaier, 2015, pp. 641-654.

— «Escaping fear and seeking protection. On the role of Mut in New Kingdom personal religion» en C. Zivie-Coche e Y. Gourdon (eds.): *L'individu dans la religion égyptienne,* Montpellier: Université Paul-Valéri (Cahiers «Égypte Nilotique et Méditerranéene», 16), 2017, p. 119-135.

MOTA, S.: «Beyond the obvious: the Middle Kingdom sources and its contribution to the study of household religion in ancient Egypt», *Égypte Nilotique et Méditerranéene,* 11 (2018), pp. 23-32.

NIMS, C. F.: «Popular religion in ancient egyptian temples», en D. Sinor (ed.): *Proceedings of the Twenty-Third International Congress of Orientalists, Cambridge 21st - 28th August* 1954, Londres: Royal Asiatic Society, 1956, pp. 79-80.

PILLON, A.: «Prière, causalité divine et éthique. Remarques liminaires à l'étude de la piété des particuliers» en C. Zivie-Coche e Y. Gourdon (eds.), *L'individu dans la religion égyptienne,* Montpellier: Université Paul-Valéri (Cahiers «Égypte Nilotique et Méditerranéene», 16), 2017, p. 137-173.

POSENER, G.: «La piété personnelle avant l'âge amarnien», *Revue d'Égyptologie* , 27 (1975), pp. 195-210.

SADEK, A. I.: *Popular religion in Egypt during the New Kingdom,* Hildesheim: Gerstenberg, 1987.

STEVENS, A.: *Private religion at Amarna: The material evidence,* Oxford: BAR Publishing (International Series, S1587), 2006.

— «Domestic religious practices», en W. Wendrich, J. Dieleman y E. Frood (eds.), *UCLA encyclopedia of egyptology,* 2015.

SOUTO CASTRO, I.: *Personal religion in domestic contexts during the New Kingdom,* Oxford: Archaeopress (Egyptology, 43), 2023.

TEETER, E.: «Popular worship in ancient Egypt: commoners could approach their deities», *KMT,* 4 (2) (1993), pp. 28-37.

— *Religion and ritual in ancient Egypt,* Cambridge: Cambridge University Press, 2011.

TRAUNECKER, C. « Une pratique magique populaire dans les temples de Karnak», en A. Roccati y A. Siliotti (eds.), *La magia in Egitto ai tempi dei faraoni,* Milán: Franco Cosimo Panini, 1987, pp. 221-242.

VERNUS, P.: «Littérature et autobiographie. Les inscriptions de *Sꜣ-Mwt* surnommé Kyky», *Revue d'Égyptologie,* 30 (1978), pp. 115-146.

— «La grotte de la Vallée des Reines dans la pieté personelle des ouvriers de la tombe (BM 278)», en R. J. Demaree y A. Egberts (eds.): *Deir el-Medina in the Third Millennium* A.D.*: A tribute to Jac. J. Janssen,* Leiden: Nederlands Instituut voor het Nabije Oosten, 2000, pp. 331-336.

— «La piété personelle à Deir el-Médineh. La construction de l'idée de pardon», en G. Andreu: *Deir el-Médineh et la Vallée des Rois. Actes du colloque organesé par le Musée du Louvre les 3 et 4 mai 2002,* París: Éditions Khéops, pp. 2003, pp. 309-350.

Waraksa, E. A. y J. Baines: «Popular religion (Volksreligion)», en J. Assmann y H. Roeder (eds.), *Handbuch der altägyptischen Religion,* 2020, Leiden: Brill, pp. 1-46 (en prensa).

Wegner, J., «Decorated birth-brick from south Abydos: new evidence on childbirth and birth magic in the Middle Kingdom», en D. P. Silverman, W. K. Simpson y J. Wegner (eds.), *Archaism and innovation. Studies in the culture of Middle Kingdom Egypt,* New Haven, Department of Near Eastern Languages and Civilizations, Yale University - Filadelfia, University of Pennsylvania Museum of Archaeology and Anthropology, 2009, pp. 447-496.

Weiss, L.: «Personal religious practice: house altars at Deir el-Medina», *Journal of Egyptian Archaeology,* 95 (2009), p. 193-208.

— *Religious practice at Deir el-Medina*, Lovaina: Peeters, 2014.

— «The power of the voice», en B. J. J. Haring, O. E. Kaper y R. van Walsem: *The workman's progress: Studies in the village of Deir el-Medina and other documents from Western Thebes in honour of Rob Demaree*, Lovaina: Peeters, pp. 291-303.

Yoyotte, J.: *Les pèlerinages dans l'Égypte ancienne,* París: Du Seuil (Sources Orientales 3), 1960.

18. De mero dios a mortal adorado

Alliot, M.: «Un nouvel exemple de vizir divinisé dans l'Éypte ancienne», *Bulletin de l'Institut Français d'Archéologie Orientale,* 37 (1937), pp. 106-107.

Bidoli, D.: «Zur Lage des Grabes des Amenophis, Sohn des Hapu», *Mitteilungen des Deutschen Archäologischen lnstituts, Abteilung Kairo*, 26 (1970), pp. 11-14.

Caminos, R.: *The New Kigdom temples of Buhen*, i, Londres: Egypt Exploration Society, 1974.

Cherpion, N.: «La statue du sanctuaire de Medou-nefer», *Bulletin de l'Institut Français d'Archéologie Orientale,* 99 (1999), pp. 85-101.

Collombert, P.: «Houtsekhem et le septième nome de Haute Égypte I: La divine Oudjarenes», *Revue d'Égyptologie,* 46 (1995), pp. 55-79.

El-Enany, K.: «Le "dieu" nubien Sésostris III», *Bulletin de l'Institut Français d'Archéologie Orientale,* 104 (2004), p. 207-213.

Farout, D.: «Un saint intercessor à Edfou», *Égypte, Afrique et Orient* 53, 2009, pp. 3-10.

Fitzenreiter, M.: «Ancestor veneration and ancestor cult in pharaonic Egypt», *Internet-Beiträge zur Ägyptologie und Sudanarchäologie,* 20 (2018), pp. 55-75.

Galán, J. M., «Amenhotep son of Hapu as intermediary between the people and the divine», en Z. Hawass y L. Pinch Brock (eds.), *Egyptology at the dawn of the twenty-first century: Proceedings of the Eighth International Congress of Egyptologists (3 vols.), Cairo, 2000*, vol. 2, El Cairo, 2004, pp. 221-229.

Goedicke, H.: «Vergöttlichung», *LÄ* VI, cols. 989-992.

Habachi, L. *Elephantine* iv. *The sanctuary of Heqaib,* Maguncia del Rin: Philip von Zabern, 1985.

Habachi, L.: *Features of the deification of Ramesses II*, Glückstadt: J. J. Augustin, 1969.

HAMILTON, J.: «Casting light over graffiti in the chapel of Mehu at Saqqara», *Egyptian Archaeology*, 60 (2022), pp. 31-35.

JEBENS, H. (ed.): *Cargo, cult, and culture critique*, Honolulú: University of Hawaii Press, Honolulú, 2004.

KRÄMER, S.: *Die Vergöttlichung von Privatpersonen. Untersuchungen zu persönlichen Glaubensvorstellungen und zur Erinnerungskultur im Alten Ägypten. Die Persönlichkeiten des Alten Reiches*, Wiesbaden: Otto Harrasowitz (Philippika. Altertumskundliche Abhandlungen, 120), 2019.

LIEVEN, A. von: «Deified humans», *UCLA Encyclopedia of Egyptology*, 2010, pp. 1-6

MALEK, J.: «Old Kingdom rulers as "local saints" in the Memphite area during the Middle Kingdom», en M. Bárta y J. Krejčí (eds): *Abusir and Saqqara in the year 2000,* Praga: Academy of Sciences of the Czech Republic, Oriental Institute, 2000, pp. 241-258.

MONNIER, F.: «La scène de traction du colosse de Djéhoutyhotep. Description, traduction et reconstitution», *The Journal of Ancient Egyptian Architecture,* 4 (2020), pp. 55-72.

MORALES, A. J.: «Traces of official and popular veneration to Nyuserra Iny at Abusir. Late fifth dynasty to the Middle Kingdom», en M. Bárta, F. Coppens, J. Krejčí (eds.): *Abusir and Saqqara in the year 2005. Proceedings of the conference held in Prague (june 27-july 5, 2005),* Praga: Czech Institute of Egyptology, Faculty of Arts, Charles University in Prague, 2006, pp. 311-341.

MORENO GARCÍA, J. C.: «Oracles, ancestor cults and letters to the dead: the involvement of the dead in the public and private family affairs in pharaonic Egypt», en A. Storch (ed.), *Perception of the invisible: religion, historical semantics and the role of perceptive verbs,* Colonia: Rüdiger Köppe, 2010, p. 133-153.

NAUNTON, C.: *Searching for the lost tombs of Egypt,* Londres, Thames & Hudson, 2018.

OLABARRÍA, L.: *Kinship and family in ancient Egypt. Archaeology and anthropology in dialogue,* Cambridge: Cambridge University Press, 2020

QUAEGEBEUR, J.: «Les "saints" égyptiens préchrétiens», *Orientalia Lovaniensia Periodica,* 8 (1977), pp. 129-143.

RICHARDS, J.: «Local saints and national politics in the late Middle Kingdom», en G. Andreu-Lanoë y F. Morfoisse (eds): *Sésostris III et la fin du Moyen Empire. Actes du colloque des 12-13 décembre 2014, Louvre-Lens et Palais des Beaux-Arts de Lille*), 2017 pp. 139-160 = *Cahiers de Recherches de l'Institut de Papyrologie et dÉgyptologie de Lille,* 31.

ROBICHON, C. y A. VARILLE: *Le temple du scribe royal Amenhotep fils de Hapou,* El Cairo: Institut Français d'Archéologie Orientale du Caire (FIFAO, 11), 1936.

SERRANO JIMÉNEZ, A.: *Descendant of a lesser god. Regional power in Old Kingdom Egypt,* El Cairo: The American University in Cairo Press, 2023 [Hay edición española: *Descendientes de un dios menor. Poder regional en el Egipto del Reino Antiguo y Medio,* Madrid: Dilema (Egipto Mayor), 2025.].

SIMMANCE, E. B.: *Amenhotep son of Hapu. Self-presentation thruougt statues and their texts in pursuit of semi-divine status,* Trabajo Fin de Master, Universidad de Birmingham, 2014.

Vandersleyen, C.: *Iahmès-Sapaïr: Fils de Séqénenré Djéhouty-Aa (17e dynastie) et la statue du Musée du Louvre E 15682*, Bruselas: Éditions Safran, 2005.
Wildung, D.: *Egyptian saints: deification in pharaonic Egypt*. Nueva York: New York University Press (Hagop Kevorkian series on Near Eastern art and civilization), 1977.
Wilkinson, J. G.: *A popular account of the ancient egyptians*, Londres, 1854.

19. Aparta, que ya me encargo yo

Allam, S.: *Hieratischer Papyrus Bulaq 18,* Tubinga: Im Selbstverlag des Herausgebers (Urkunden zum Rechtsleben im alten Ägypten, 2), 2019.
Almansa-Villatoro, V.: «Renaming the queens. A new reading for the crossed arrows sign and a religious approach to the Early Dynastic onomastics», *Studien zur Altägyptischen Kultur,* 48 (2019), pp. 35-51.
Baines, J., «On the genre and purpose of the "Large commemorative scarabs of Amenhotep III», en N. Grimal, A. Kamel y C. M. Sheikholeslami (eds.): *Hommages à Fayza Haikal*, El Cairo, Institut Français d'Archéologie Orientale (Bibliothèque d'Étude, 138), 2003, pp. 29-44.
Callender, V. G.: «The nature of the Egyptian "harim": dynasties 1-20», *Bulletin of Australian Center for Egyptology,* 5 (1994), 7-25.
— «Materials from the reign of Sobeknofru», en C. J. Eyre (ed.): *Proceedings of the Seventh International Congress of Egyptologists, Cambridge, 3-9 September 1995,* Lovaina: Peeters (Orientalia Lovaniensia analecta, 82), 1998, pp. 227-236.
— *In Hathor's image. I. The wives and mothers of Egyptian kings from Dynasties I-VI*, Praga, Charles University, Faculty of Arts in Prague, 2011.
Cooney, K.: *The woman who would be king: Hatshepsutis rise to power in ancient Egypt,* Londres: Oneworld, 2015. [Hay edición española: *La mujer que se convertiría en rey. El ascenso de Hatshepsut al poder,* Madrid: Dilema (Egipto Mayor), 2024.]
— *When women ruled the world: six queens of Egypt,* Washington DC: National Geographic, 2018.
Dodson, A.: *Nefertiti, Queen and pharaoh of Egypt: her life and afterlife*, El Cairo: The American University in Cairo Press, 2020. [Hay edición española: *Nefertiti. Reina y faraón de Egipto. Su vida y posteriodad*, Madrid: Dilema (Egipto Mayor), 2023.]
Dreyer, G.: «Ein Siegel der frühzeitlichen Königsnekropole von Abydos», *Mitteilungen des Deutschen Archäologischen Instituts, Abteilung Kairo,* 43, 1986, pp. 33-43.
Gabolde, M.: *Toutânkhạmon*, París: Pygmalion (Les Grands pharaons), 2015.
Gitton, M., *L'épouse du dieu Ahmes Néfertary. Documents sur sa vie et son culte posthume*, París, Les Belles Lettres (Annales littéraires de l'Université de Besançon, 172. Centre de recherches d'histoire ancienne, 15), 1975.
Grajetski, W.: *Ancient egyptian queens. A hieroglyphic dictionary,* Londres: Golden House Publications, 2005.
Grandet: «L'execution du chancelier Bay O. IFAO 1864», *Bulletin de l'Institut Français d'Archéologie Orientale,* 100 (2000), pp. 339-345.

Hawass, Z. *et al.*: «Revisiting the harem conspiracy and death of Ramesses III: anthropological, forensic, radiological, and genetic study», *British Journal of Medicine* (2012) 345:e8268.

Maragioglio, V. y C. A. Rinaldi: *L'architettura delle piramide menfite* vi*: La Grande Fosse di Zauiet el-Aryan, la Piramide de Micerino, il Mastabat Faraun, la Tomba di Khentkaus*, Rapallo: Tipografia Cannesa, 1967.

Martin, G. T.: *The hidden tombs of Memphis,* Londres: Thames & Hudson, 1991.

Matić, U.: «"Her striking but cold beauty": Gender and violence in depictions of queen Nefertiti smiting the enemies», en U. Matić y B. Jensen (eds.): *Violence and gender in ancient Egypt,* Londres: Routledge (Archaeology of Gender and Sexuality), 2021.

Parra Ortiz, J. M.: *Historia 2. El imperio egipcio,* Barcelona: National Geographic., 2013.

— «Reinas de Egipto. La mujer en la corte de los faraones», *La Aventura de la Historia* 238 (2018), pp. 48-52.

Petrie, W. M. F.: *The royal tombs of the first dynasty,* Londres: Egypt Exploration Found (Memoir of the EEF, 18), 1900.

Picton, J.: «Living and working in a New Kingdom harem town» en S. L. Budin y J. M. Turfa (eds.): *Women in Antiquity. Real women across the ancient world,* Londres: Routledge, 2016, pp. 229-242.

Pirelli, R. y D. Arnold, *Les reines de l'Égypte ancienne*, París, White Star, 2008.

Redford, D. B.: «Studies on Akhenaten at Thebes, II: A report on the work of the Akhenaten Temple Project of the University Museum, the University of Pennsylvania, for the Year 1973-4», *Journal of the American Research Center in Egypt,* 12 (1975), pp. 9-18, 1975.

Robins, G.: «A critital examination of the theory of the right to the throne of ancient Egypt passed trought the female line en the 18th dynasty», *Göttinger Miszellen,* 62 (1983), pp. 67-77.

Roth, S.: «Regentin oder weiblicher König? Zum verhältnis von Königsideologie und "female sovereignty" in der Frühzeit», en R. Gundlach y C. Raedler (eds.), *Selbstverständnis und Realität. Akten des Symposiums zur ägyptischen Königsideologie in Mainz 15.-17.6.1995*, Wiesbaden, Harrassowitz Verlag in Kommission (Beiträge zur altägyptischen Königsideologie, 1. Ägypten und Altes Testament. Studien zu Geschichte, Kultur und Religion Ägyptens und des Alten Testaments, 36/I), 1997, pp. 99-113.

Roth, S.: *Die Königsmütter des Alten Ägypten von der Frühzeit bis zum Ende der 12. Dynastie,* Wiesbaden: Harassowitz, 2001.

Ryholt, K.: «The Late Old Kingdom in the Turin king-list and the Identity of Nitocris», *Zeitschrift für Ägyptische Sprache und Altertumskunde* 127 (2000), pp. 87-100.

Schoske, S., «At the centre of power: Tiye, Ahhotep and Hatshepsut», en C. Ziegler (ed.), *Queens of Egypt*, 2008, pp. 188-199.

Strouhal, E.: «Queen Mutnodjmet at Memphis: anthropological and paleo-pathological evidence», en *L'égyptologie en 1979: Axes prioritaires de recherche,* ii, París: Éditions du Centre national de la recherche scientifique (Colloques

Internationaux du Centre National de la Recherche Scientifique, 595), 1982, pp. 317-322.

TALLET, P.: *12 reines d'Égypte qui ont changé l'histoire,* París: Pygmallion, 2013. [Hay edición española: *12 reinas de Egipto que cambiaron la historia,* Madrid: Dilema (Egipto Mayor), 2022.]

TROY, L.: *Patterns of queenship in ancient Egyptian myth and history,* Uppsala, University of Uppsala (Boreas. Uppsala Studies in Ancient Mediterranean and Near Eastern Civilizations, 14. Acta Universitatis Uppsaliensis), 1986.

— «The ancient Egyptian queenship as an icon of the state», *Journal of Gender Studies in Antiquity,* 3 (2002), pp. 1-24.

— «The queen as a female counterpart of the pharaoh», en C. Ziegler (ed.), *Queens of Egypt,* 2008, pp. 154-170.

VERNER, M., *Abusir III. The pyramid complex of Khentkaus,* Praga: Universitas Carolina Pragensis-Academia, 1995.

WILKINSON, R. H. (ed.): *Tausret. Forgotten queen and pharaoh of Egypt,* Oxford: Oxford University Press, 2012.

ZIEGLER , Z. (ed.), *Queens of Egypt. From Hetepheres to Cleopatra,* París-Mónaco: Somogi Art Publishers-Grimaldi Forum, 2008.

20. Si ellos pueden nosotras también

ALLAM, S.: «Quelques aspects du mariage dans l'Égypte ancienne», *Journal of Egyptian Archaeology,* 67 (1981), pp. 116-135.

— J. ČERNÝ: *Hieratische Ostraka und Papyri aus der Ramessidenzeit,* Tubinga: Edición del los autores, 1973.

BIERBRIER, M. L.: «Paneb rehabilited», en R. J. Demaree y A. Egberts (eds.): *Deir el-Medina in the Third Milenium. A tribute to Jac J. Janssen,* Leiden: Nederlands Institu vor het Nabije Oosten, 2000, pp. 51-54.

BRUYÈRE, B.: *Tombes thébaines de Deir el Médineh à décoration monochrome,* El Cairo: Institut Français d'Archéologie Orientale (MIFAO 82), 1952.

BRYAN, B. M.: «Evidence for female literacy from Theban tombs of the New Kingdom», *Bulletin of the Egyptological Seminar,* 6 (1995), pp. 17-32.

DONKER VAN HEEL, K.: *Mrs. Naunakhte & family. The women of ramesside Deir al-Medina,* El Cairo: The American University in Cario Press, 2016.

EYRE, C. J.. «Crime and adultery in ancient Egypt», *Journal of Egyptian Archaeology,* 70 (1984), pp. 92-105.

FISCHER, H. G.: *Egyptian women of the Old Kingdom and of the heracleopolitan period,* Nueva York: Metropolitan Museum of Art, 1989.

GARDINER, A. H.: «Ramesside texts relating to the taxation and transport of corn», *Journal of Egytian Archaeology,* 27 (1941), pp. 19-73.

GRAJETZKI, W.: «Women and writing in the Middle Kingdom: stela Louvre C 187», *Revue d'Égyptologie,* 60 (2009), pp. 209-214.

GRANDET, P.: *Catalogue des ostraca hiératiques non littéraires de Deîr el-Médînéh. Tome 9. N.os 831-1000,* El Cairo: Institut Français d'Archéologie Orientale (Documents de Fouilles de l'IFAO 41), 2003, pp. 96-97 y 355-356.

HUÉ-ARCÉ, C.: *La violence interpersonelle en Égypte au nouvelle Empire et à l'époque gréco-romaine,* Wallahasey: Abercromby Press, 2020.

ILIN-TOMICH, A.: «Female titles specific to southern Upper Egypt in the Late Middle Kingdom and Second Intermediate Period», *Bulletin of the Australian Centre for Egyptology,* 26 (2016-2018), pp. 19-36.

JANSSEN, J. J.: «An allusion to an egyptian wedding ceremony?», *Göttinger Miszellen,* 10 (1974), pp. 25-28.

— «Marriage problems and public reactions (P. BM 10416)», en J. Baines *et al.*: *Pyramid studies and other essays dedicated to I. E. S. Edwards,* Londres: Egypt Exploration Society (Ocassion Publication, 11), 1988, pp. 134-137.

JOHNSON, J. H.: «The legal status of women in ancient Egypt», en A. K. Capel y G. E. Markoe (eds.): *Mistress of the house, mistress of heaven: women in ancient Egypt,* Nueva York: Hudson Hills Press, 1996, pp. 175-186.

KANAWATI, N. y J. SWINTON: *Egypt in the sixth dynasty. Challenges and responses,* Wallasey: Abercrombie Press, 2018.

LESKO, B.: «"Listening" to the ancient Egyptian woman: letters», en E. Teeter y J. A. Larson (eds.), *Gold of praise: studies on ancient Egypt in honor of Edward F. Wente.* Chicago: Oriental Institute of the University of Chicago, 1999, pp. 247-254 .

MCDOWELL, A. G.: «Teachers and students at Deir el-Medina», en R. J. Demarée y A. Egberts (eds.): *Deir el-Medîna in the Third Millennium* A.D. *A tribute to Jac. J. Janssen,* Lovaina: Petters (Egyptologische Uitgaven14), 2000, pp. 217-233.

MENU, B.: «La condition de la femme dans l'Égypte pharaonique», en B. Menu (ed.), *Recherches sur l'histoire juridique, économique et sociale de l'ancienne Egypte,* II, El Cairo: Institut Français d'Archéologie Orientale (Bibliothèque d'Étude, 122), 1998, pp. 3-25.

ORRIOLS LLONCH, M.: «La traición a la *maat.* La violencia contra las mujeres en el antiguo Egipto», M.ª D. Molas Font (ed.): *Violencia deliberada. Las raíces de la violencia patriarcal,* Barcelona: Icaria (Mujeres y Culturas), 2007, pp. 57-70.

PARRA ORTIZ, J. M.: «La violencia doméstica en el antiguo Egipto», *Trabajos de Egiptología,* 5 (2009), pp. 139-150 = Actas III Congreso Ibérico de Egiptología, vol. II.

— «Ser mujer en Egipto», *Historia y Vida,* 614, 2019, pp. 48-55.

PHILIP-STÉPHAN, A.: *Dire le droit en Égypte pharaonique. Contribution à l'etude des structures et mécanismes juridictionnels jusqu'au Nouvel Empire,* Bruselas: Safran (Connaisance de l'Égypte Ancienne, 9), 2008.

ROBINS, G., «Some images of women in New Kingdom art and literature», en B. Lesko (ed.), *Women's earliest records,* Atlanta, 1989, pp. 105-116.

— «Some principles of compositional dominance and gender hierarchy in egyptian art», *Journal of the American Research Center in Egypt,* 31 (1994), pp. 33-40.

— *Women in ancient Egypt,* Londres, British Museum Press, 1993. [Hay edición española: *La mujer en el antiguo Egipto,* Madrid, Akal (Arqueología), 1996.]

SÁNCHEZ CASADO, R.: «Some notes on the female *ka*-servant in the Old Kingdom», *Prague Egyptological Studies,* 23 (2019), pp. 125-131.

SHUBERT, S. B.: «Does she or doesn't she? Female literacy in ancient Egypt», en C. Rocheleau (ed.): *Proceedings of the Near & Middle Eastern civilizations graduate students'annual symposia, 1998-2000*, Mississauga: Benben, 2001, pp. 55-56.

Siesse, J.: *La xiiie dynastie. Histoire de la fin du Moyen Empire égyptien*, París: Sorbonne Université Presses, 2019. [Hay edición española: *La xiii dinastía. Historia del final del Reino Medio egipcio*, Madrid: Dilema (Egpto Mayor), 2025.

Sweeney, D.: «Women's correspondence from Deir el-Medineh», en *Sesto Congresso internazionale di egittologia: atti*, Turín: International Association of Egyptologists, 1993, pp. 523-529.

Toivari Viitala, J.: «Marriage at Deir el-Medina», en C. J. Eyre (ed.): *Proceedings 7th Int. Congress of Egyptologists. Cambridge, 3-9 September 1995*, Lovaina: Peeters (Orientalia Lovaniensia analecta, 82), 1998, pp. 1157-1163.

Vandier d'Abbadie, J.: *Catalogue des ostraca figurés de Deir el Médineh. Tome duexième: n.º 2256-2722*, El Cairo: Institut Français d'Archeologie Orientale (DFIFAO 2.2), 1937.

21. Con mi dinero hago lo que quiero

Allam, S.: «An allusion to an egyptian wedding ceremony?», *Göttingen Miscellen*, 13 (1974), pp. 9-11.

— «A new look at the adoption papyrus (reconsidered)», *Journal of Egyptian Archaeology*, 76 (1990), pp. 189-191.

— «Quelques aspects du mariage dans l'Égypte ancienne», *Journal of Egyptian Archaeology*, 67 (1981), pp. 116-135.

— «Comprar y vender en el antiguo Egipto», *Boletín de la Asociación Española de Egiptologia*, 9 (1999), pp. 93-101.

— «Women as owners of immovables in pharaonic Egypt», en B. S. Lesko (ed.), *Women's earliest records from ancient Egypt and Western Asia: proceedings of the Conference on Women in the ancient Near East, Brown University, Providence, Rhode Island, November 5-7, 1987*, Atlanta: Scholars Press, 1989, pp. 123-135.

Ayad, M. F. (ed.): *Women in ancient Egypt. Revisiting power, agency, and autonomy*, El Cairo: The American University in Cairo Press, 2022.

Bakir, A. M. O.: *Slavery in pharaonic Egypt*, El Cairo: Imprimerie Institut Français d'Archéologie Orientale (Supplément aux Annales du Service des Antiquités de l'Égypte, 18), 1952 (reimp. 1978).

Berger, S.: «A note on some scenes of land-measurement», *Journal of Egyptian Archaeology*, 20 (1934), pp. 53-56.

Černý, J., «The will of Naunakhte and the related documents», *Journal of Egyptian Archaeology*, 31 (1945), pp. 29-53.

Donker van Heel, K.: *Mrs. Tsenhor. A female entrepreneur in ancient Egypt*, El Cairo: The American University in Cario Press, 2014.

Eyre, C. J.: «The market women in ancient Egypt», en N. Grimal y B. Menu (eds.): *Le commerce en Égypte ancienne*, El Cairo: Institut Français d'Archéologie Orientale (Bibliothèque d'Étude, 121), 1998, pp. 173-191.

Gardiner, A. H.: *The inscription of mes: a contribution to the study of egyptian judicial procedure*, J. C. Hinrichs (Untersuchungen zur Geschichte und Altertumskunde Agyptens 3-4), 1905.

Gardiner, A. H.: «Adoption extraordinary», *Journal of Egyptian Archaeology,* 26 (1941), pp. 23-29.

— *The Wilbour papyrus,* 3 vols., Oxford: Oxford University Press, 1941-1948.

Graves-Brown, C.: *Dancing for Hathor. Women in ancient Egypt,* Londres: Continuum, 2010.

Haring, B.: «From oral practice to written record in ramesside Deir el-Medina», *Journal of the Economic and Social History of the Orient,* 46 (3), 2003, pp. 249-272.

Katary, S. L. D.: *Land tenure in the ramesside period,* Londres: Kegan Paul International, 1989.

— «Land-tenure in the New Kingdom: The role of women smallholders and the military», en A. Bowman y E. Rogan. (eds.): *Agriculture in Egypt: From pharaonic to modern times,* Oxford: Proceedings of the British Academy 96, 1999, pp. 61-82.

Kelly, S. A.: «Women in the economic domain: first to sixth dynasties», en M. A. Ayad (ed.): *Women in ancient Egypt,* 2022, pp. 165-185.

Peet, T. E.: *The great tomb-robberies of the twenthieth egyptian dynasty,* Oxford: Clarendon Press, 1930.

Pestman, P. W. y S. P. Vleeming: *Les papyrus démotiques de Tsenhor (P. Tsenhor). Les archives privées d'une femme égyptienne du temps de Darius Ier*, Lovaina: Peeters (Studia Demotica, 4.1 y 4.2), 1994.

Routledge, C.: «Did women "do things" in ancient Egypt? (*c.* 2600-1050 bce)», en C. Graves-Brown (ed.): *Sex and gender in ancient Egypt. "Don your wig for a joyful hour"*, Swansea: The Classical Press of Wales, 2008, pp. 157-178.

Skumsnes, R.: «Family contracts in New Kingdom Egypt», en M. A. Ayad (ed.): *Women in ancient Egypt,* 2022, pp. 227-242.

Smither, P. C., «A tax-assessor's journal of the Middle Kingdom», *Journal of Egyptian Archaeology,* 27 (1941), pp. 74-76.

Este libro, por encomienda de la editorial Almuzara, se terminó de imprimir el 14 de febrero de 2025. En esa misma fecha, en el año 748, durante la revolución abasí, los rebeldes de Hashimí, liderados por Abu Muslim Jorasani, tomaron Merv, entonces capital de la provincia omeya de Jorasán, consolidando así el levantamiento abasí.